王阳明大传

知行合一的心学智慧

王陽明大伝
生涯と思想

上册

[日] 冈田武彦 著

杨田 冯莹莹 袁斌 孙逢明 译
钱明 审校

重慶出版集团 重慶出版社

Copyright©2002, 2003, 2004, 2005 Takehiko Okada Original Japanese edition published by Meitokushuppansha

版贸核渝字（2024）第071号

图书在版编目（CIP）数据

王阳明大传：知行合一的心学智慧：精装典藏版 /（日）冈田武彦著；杨田等译. -- 重庆：重庆出版社，2024.9. -- ISBN 978-7-229-18790-3

Ⅰ. B248.2

中国国家版本馆CIP数据核字第20249VM400号

王阳明大传：知行合一的心学智慧（精装典藏版）
WANGYANGMING DAZHUAN: ZHIXINGHEYI DE XINXUE ZHIHUI
(JINGZHUANG DIANCANG BAN)

［日］冈田武彦　著
杨　田　冯莹莹　袁　斌　孙逢明　译　钱　明　审校

出　　　品：	华章同人
出版监制：	徐宪江　连　果
特约策划：	卓文天语
责任编辑：	陈　丽
营销编辑：	史青苗　刘晓艳
责任校对：	李　翔
责任印制：	梁善池
图片提供：	杨德俊
刷边书法：	计文渊藏
书籍设计：	人马艺术设计·储平

重庆出版集团
重庆出版社　出版

（重庆市南岸区南滨路162号1幢）
天津丰富彩艺印刷有限公司　印刷
重庆出版集团图书发行有限公司　发行
邮购电话：010-85869375
全国新华书店经销

开本：880mm×1230mm　1/32　印张：34.625　字数：760千　图片：8幅
2024年9月第1版　2025年5月第4次印刷
定价：198.00元

如有印装质量问题，请致电023-61520678

版权所有，侵权必究

中文版序一

阳明精神的虔诚践行者

我的恩师冈田武彦先生,是国际上享有盛誉的日本当代著名阳明学家。以他为首的九州学术圈,在为学方法、致思理路等方面有许多共同点,以致在一定程度上显示出有别于东京、京都等地学术圈的学派雏形,我将其称为"九州学派"。冈田先生是自幕末维新时期由楠本端山、楠本硕水兄弟开始,到端山之孙楠本正继承续的九州地区新儒教运动的主要推手,也是九州学派的主要代表,但他谦虚地用其恩师楠本正继的名字命名此学术思潮,称之为"楠门学"。后来,冈田先生的学生又在"楠门学"之后加上了"冈田学",想用"楠门学"和"冈田学"来概括和统称九州学派。

以楠本正继为代表的"楠门学"的基本特征,九州大学出身的难波征男、柴田笃、荒木龙太郎等先生已有详述。而以冈田先生为代表的"冈田学"的基本特征,以笔者之见,则是在虔诚践行阳明精神的基础上,把中国传统儒学尤其是阳明学中的"体认"精神加以充实和完善，并结合日本传统的神道教而使"体认"精神进一步体系化和理论化，进而创设了以"体认之学"为核心的"东洋之道"的致思趣向和为学宗旨。

我与冈田先生相识，实亦缘于阳明学。记得二十六年前的早春，一封并不太起眼的国际信函引起了当时兼任浙江省社科院哲学研究所秘书的我的注意：以九州大学学者为主的日本学术代表团来浙江进行王阳明遗迹探访活动，希望浙江省社科院给予协助。那时我刚开始研习阳明学，在我渴望拜读的有限的日文资料中，就有冈田先生等九州大学学者写就的有关阳明学方面的著作。所以见信后，我喜出望外。几个月后，我怀着忐忑不安的心情，随时任浙江省社科院院长的王凤贤先生去杭州笕桥机场迎接冈田先生一行。当时冈田先生虽年已古稀，但神采奕奕，精神矍铄，给我留下了和蔼可亲、慈祥宽厚的第一印象。

日本学术代表团在杭州停留期间，我院提出进行两国中青年学者交流的建议与设想，冈田先生欣然同意，并表示将尽快制订出具体的交流计划。在绍兴停留期间，当日本学术代表团一行探寻到杂草丛生、破败不堪的阳明墓时，冈田先生的心情很是沉重，流露出资助修复阳明墓的意向。后来，不到一年时间，这两件事都有了着落。翌年4月，我与吴光先生便应冈田先生之邀访问了九州及日本其他地区。这是我第一次出国进行学术交流，对我之后的学术发展和人生旅途所产生的影响可想而知。

1989年3月，由冈田先生发起，在日本筹集三百万日元资助的绍兴王阳明墓修复工程顺利竣工。同年4月，冈田先生亲率三十三人的"王阳明遗迹探访团"再次来华访问。在考察完贵州的王阳明遗迹后，他们又专程赶往绍兴出席"王阳明墓修复揭碑仪式"，并参加了浙江省社科院和余姚县政府共同举办的"首届国际阳明学学术研讨会"。在总共十五天的日子里，我随同冈田先生探访遗迹、参拜陵墓、讲学研讨，并以酒会友，虽言语不通，但先生的人格力量和渊博学识令我受益匪浅。

1992年4月9日至5月19日，由日本斯人会与浙江省社科院组织的"王阳明遗迹中日联合学术考察团"对广西、广东、江西的王阳明遗迹以及宋明思想文化遗址做了实地考察。尽管当时这些地区的各方面条件还比较落后，但冈田先生不顾八十四岁高龄，与两国团员一起跋山涉水，同甘共苦，以践行和传布阳明精神及其"体认之学"的理念。

有一件事令我至今难以忘怀。1992年4月30日上午，晴朗了半个多月的天空突然变得阴沉沉的，冈田先生一行伫立在江西大余县青龙镇的章江岸边，面朝南，口吟诗，洒酒问苍天，吊慰阳明灵。看到冈田先生泪流满面的样子，我的眼睛也湿润了。事后，大余县政府提出要在青龙镇修建阳明纪念碑亭，冈田先生非常赞同。回国后他立即发出倡议，得到两百八十人和一些民间团体的慷慨资助，由浙江省社科院协力修建阳明纪念碑亭一事于是很快得到落实，最终有了1994年4月28日至5月8日的"第五回王阳明遗迹考察"暨"王阳明先生落星之处"纪念碑亭的落成仪式。

后来，当冈田先生得知浙江省余姚市的王阳明故居瑞云楼修复工程在资金上尚有较多困难，再次义无反顾地承担起在日本募集资金的重任，并于1996年10月31日至11月5日，亲自携捐款，率二十一人的代表团赴余姚出席瑞云楼的修复落成典礼。参加完典礼，冈田先生又与京都将来世代国际财团理事长矢崎胜彦一起赶赴贵州修文县，出席由矢崎胜彦捐赠的王阳明铜像落成仪式和由蒋庆先生开办的阳明精舍奠基仪式。

从1986年至1996年，在冈田先生的亲自指导和感召下，中日两国学者和民间人士共组织了六次规模较大的王阳明遗迹考察。在这持续十年，横跨八个省（自治区）八十余个市县，行程两万余里，有一百多人次参加的"思想考古"活动中，冈田先生自始至终都是其中的灵魂人物。他以自己的执着和义无反顾的精神感染着中日两国的学者，并以对中国文化的真挚情感和对中国人民的友好情谊，向被考察地区的人们传播阳明学的真谛。他就像一块巨大的磁石，不仅吸引着他周围的日本人，而且影响了跟随他一路走来的中国人。

十余年时间，六次考察，三次募捐，无数次来华讲学和访问，倾注了冈田先生晚年的巨大精力和财力，也牵动了无数日本学者和友人的心。这份情谊，使每个与冈田先生有过接触和交往的中国学人和朋友都为之动容，特别是作为六次考察的直接参与者、三次捐款的中方联络人、数次讲学访问的陪伴者之一的我，作为受冈田先生教诲和关爱最多的中国弟子，对冈田先生的远大情怀和高尚人格有更真切、更深刻的感受与体会。

正是在冈田先生所发起的"阳明之旅"的推动下，当时中国各地的文化复兴事业得到了莫大鼓舞和启示。以余姚市为例，在短短十余年间就完成了以下事项：1993年，原新建中学更名为"阳明中学"；2002年，原管家弄居委会、山后新村居委会、候青门居委会合并,被命名为"阳明社区";2006年1月,原余姚西北街道更名为"阳明街道";2006年,余姚市政府出资八千万元,搬迁了寿山堂内的居民,修复了"王阳明故居",故居被列入全国重点文物保护单位,于2007年4月正式对外开放;2010年,余姚市与中国社科院历史研究所合作成立了"国际阳明学研究中心",并于2011年10月举办了首届"国际阳明学研讨会",此后每年举办一次,形成惯例。在此以前,王阳明的讲学场所——龙泉山"中天阁"也按王阳明讲学时的原貌修复开放;一条横贯阳明故居门前的东西长街被命名为"阳明东路"和"阳明西路";其他用王阳明命名的各类场所更是数不胜数。所有这一切,我想冈田先生若泉下有知,一定会感到欣慰。

现在呈现在中文世界读者面前的这部《王阳明大传:知行合一的心学智慧》,可以说是冈田先生晚年花费心血最多的著作,也是他组织和领导王阳明遗迹考察、践行阳明精神的心血结晶。在冈田先生呕心沥血地埋首撰写此书期间,我正好在九州大学做访问研究,基本上每周都要去先生府上拜访,聆听先生的教诲,偶尔先生也会向我询问有关阳明遗迹、世家、交游等方面的情况,所以说我对此书的整个撰写过程还是比较清楚的。然而遗憾的是,当此书于2002年12月开始出版时,冈田先生已重病在身,几乎无力对书稿进行仔细校对,而我又身在中国,帮不上先生任何忙。等到2005年10月此书最后一卷出版时,冈田先生已仙逝,没有看到这部倾注了其晚年大部分心力的大作的全部出版。因此,此书中出现个别错误是在所难免的,也是我这位学生的"失职"。对此,在全书的翻译过程中,我对书中的错误大多做了直接改正而未出校记。

冈田先生曾在《王阳明大传：知行合一的心学智慧》的前言中谈道：阳明学是体认之学，是培根之学，是身心相即、事上磨炼之学。而"冈田学"的实质，概而言之，也就是"体认之学"和"培根之学"。冈田先生数十年来孜孜不倦地践行阳明精神，其目的就是想尝试和再现这种"体认之学"和"事上磨炼之学"。从冈田先生极力倡导的"体认之学"和"事上磨炼之学"中，我们不仅可以看出先生为学、为人之风范，而且"可以看出宋明理学的现代日本式的开展"。而在冈田先生的所有学术著作中，我以为最能代表其"体认之学"的就是这部《王阳明大传：知行合一的心学智慧》。《冈田武彦全集》的编者特地把《王阳明大传：知行合一的心学智慧》作为《冈田武彦全集》之开篇，其深意似乎就在于此。

有鉴于此，我认为要解读冈田先生的思想体系及其传承道统的心路历程，仅仅凭借理论思考和学问辨析是远远不够的，而应主要依靠其所倡导的"体认"的方法和路径，去亲身实践和体悟其中的真谛。这是因为冈田先生提出的一系列独到的思想见解，不仅是其理论思辨的产物，也是他从自身数十年的人生磨炼和社会体验中逐渐领悟到的生命之道。这也许就是冈田先生常说的治学过程与体道历程的统一吧！而正是本着这种理念，冈田先生对我的教诲基本上采用了身体力行、寓智于情、行胜于言式的体验教学法，即使是在日常讲学中，先生也并不停留在知识层面上，而是更多地教我如何做人，怎样与古代圣哲进行心灵的沟通和对话，在"体认"中领悟先哲的情思和感怀。通过近二十年的交往，我从冈田先生身上不仅感受到一位思想大师的睿智和胸怀，更体察到这位几乎与20世纪同步的日本儒者的高风亮节。

因此，我坚信《王阳明大传：知行合一的心学智慧》中文版的出版，不仅有助于国人对心学大师王阳明的了解和认知，也有助于国人对日本当代儒学家冈田武彦的了解和认知。这也是我向中文世界的读者推荐此书的初衷。

浙江省社科院研究员　钱明
2014年11月谨序于杭州心闲斋

中文版序二

他山之石，攻吾之玉

阳明先生，中土之圣哲也。五百年来，中土之圣哲未有居于阳明先生之上者也。冈田武彦先生，东瀛之阳明学者也。百年以降，东亚之阳明学者未有居于冈田武彦先生之上者也。故处今之世，欲学圣贤，孔孟而外，当首推阳明；而欲借他山之石，攻吾之玉，阳明学失于吾国而求诸异邦，舍冈田武彦先生又何者适哉！

吾国自蕺山而后，阳明学断于中土，存乎东瀛。三百年来，东瀛阳明学代有传人，蒸为习尚；名儒迭兴，蔚为大观。至冈田先生出，其传不知几何矣！冈田先生早岁从楠木先生游，始悟东方之学非概念之学，遂信奉儒家心性体认之学。中岁后悟心性体认之学正宗在阳明学，遂倾毕生精力究心阳明学，终为阳明学之一代儒宗。依冈田先生，阳明学之根本特质为"体认培根"，阳明学即"体认培根之学"。故吾人循此以往，可得阳明学之真精神，可窥儒家心性学之真面目。

忆昔阳明铜像落成龙场，冈田先生至龙场主持典礼，余始与先生有道缘而相交焉。虽言语不通，然先生道容行谊，令余深为感动。先生信道之笃、卫道之坚，当世少有能及者。时先生年近九十，远赴龙场祭奠阳明先生。岁已入冬，先生衣单，余主祭，以天寒，兼先生年迈，请不脱外衣、不行跪拜礼，先生不许，坚依礼数以终。后余问道请益，如沐春风。及别，依依不舍，感泣无语，是道心之相通，同契之交感，无间于年齿语言者也。尔后，定忘年之交，受醍醐之赐，先生常致函教诲，并惠寄平生著述。至余建龙场阳明精舍，请先生题写山门，先生欣然命笔。如今阳明精舍山门之名为先生所题，铁画银钩，古雅苍劲，日日面对朝晖夕月、山雾松云。嗟乎！今先生往矣，余每过斯门如见先生其人，得悟先生之灵常存于龙场古驿，而为阳明子五百年前龙场悟道之大事因缘乎！

壬辰冬，余赴京与会，邓东文君携冈田先生所著《王阳明大传：知行合一的心学智慧》中译稿索序。是稿始于西元1977年，终于西元2002年，逾时二十五年，乃冈田先生费时费力最多之著述。王阳明是"行动圣哲"，阳明学是"行动儒学"，阳明学之精神贯穿于王阳明一生波澜壮阔之行事中，故欲深窥阳明学，必先详知阳明子之生平事迹也。因余与冈田先生有龙场之道交，又欲使国人依严肃之阳明传记见阳明学之真精神，故不辞邓君之雅意，谨为之序云。

阳明精舍山长　蒋庆
孔元二千五百六十三年冬
盘山叟蒋庆拜序于深圳莲花山畔之缮经斋

中文版序三

用一生演绎阳明心学

余生也晚，无缘面谒泰山，聆听冈田先生之教。早年读先生所著《王阳明与明末儒学》，只觉力透纸背，酣畅淋漓，深感古人"《汉书》可以下酒"之说不谬。

先生乃一代儒宗，认为阳明心学之精髓在体认，当于经验与磨炼中领悟，并以数十年身体力行践履这一同生命融为一体的"信仰哲学"，令我等后辈高山仰止，心向往之。

16世纪，宗教改革家马丁·路德提出：每个人都可以依靠自己的信仰，而不是外在的制度、牧师乃至教皇来得救。王阳明对儒学的贡献，与此类似。儒家的最高价值是让自己的精神在日常生活中体现，人人皆可成圣，意即每个人、每件事，都有它神圣的意义。而无论身处何种时代、何种体制，无人能替你照顾你的内心。此心光明了，世界便一同光明起来。因此，即便说"一生的结果皆出于心"亦不为过。

直面当下，物质文明的繁荣并没有赋予人生更具价值的意义,相反,欲望日渐膨胀,幸福感每况愈下。多少人迷失在成功学编织的所谓"梦想"之中不能自拔,蹉跎了青春,荒芜了精神,在循环的自我否定中走向消沉,走向封闭。放眼望去,许多人都在竭尽全力地攫取财富,却不清楚为什么自己的生活越来越迷惘纠结,日甚一日地充满挫折与焦虑,没有安全感和存在感。事实上,一个人成功与否,人们多以权力大小和财富多寡来衡量,但幸福与否,无法用外部指标来判定,只能借由内心去感受。毕竟,若仅剩物质,你会害怕;若有比物质更重要的事物,你就不必害怕。因此,最好的救赎之道便是把习惯向外追逐的目光收回来,关注放逐已久的心灵。康德对启蒙的定义不是"谁去教化谁",而是"人要摆脱自身造就的蒙昧"。从这个角度看,阳明心学就是让人敞开来检视自己、认识生命,从虚假信息和不良情绪搭建的自我意识中跳出来,站在心体的层面审视、监督意识,用正确务实的观念指导行动,用对人心深刻的体察来打破他人的心墙,树立起"终日有为而心常无为"的生活态度,达到"动容周旋而中礼,从心所欲而不逾"的境界,使人无论在怎样的境遇中都能心安自得,始终保持内心的强大。

同时,是非不用根据学者所讲的概念来区分,只需通过自己的内心来辨别。一个真实的自我可以让人有效地应对真实的世界,从而完整地把握世界。而当人厘清了生命的意义,把全部的意念都放在实践生命意义的斗志里,那种酣畅纯粹的美,就是心学。以冈田先生为例,身为哥伦比亚大学的客座教授,他定期在福冈、东京等地开设讲座,赢得了公众的爱戴和敬重。著作等身的他还多次来华考察,行程两万余里;为赞助修复阳明故居和阳明墓，他在日本发起广泛的募捐活动，用坚持不懈的努力诠释了知行合一的真谛。因此，即使先生的亲戚中出了不少企业家，即使先生的收入比兄弟们的收入低得多，但"冈田武彦"这四个字在冈田家族里的分量无人能及。

先生四十五岁那年顿悟"体认为本"，明白了言语很多时候是假的，实际经历过的事情才是真的。人，不应当活在概念里。就像歌德曾让他的弟子去参加贵族的聚会，年轻的弟子说："我不愿意去，我不喜欢他们。"歌德批评道："你要想成为一个写作者，就要和各种各样的人接触，这样才可以去研究和了解他们的一切特点，而且不要向他们寻求同情与共鸣，这样才可以和任何人打交道。"

命运通过失败的经历指出应该走的路。对真理的探寻，注定道阻且长，注定需要不断相信、不断怀疑、不断摧毁、不断重建。让意见与意见较量，用理性激发理性，在持续的"格物"与"诚意"中构建起思维图谱，日臻明觉良知之化境。

正如凡·高所说："没有什么事是不朽的，包括艺术本身。唯一不朽的，是艺术所传递出来的对人和世界的理解。"用一生演绎和再现阳明心学的冈田先生，为我们树立起了一座山高水长的丰碑。

《明朝一哥王阳明》作者　吕峥

2014年10月拜序于成都

前言

1977 年，福冈市的《Topics 九州》杂志社向我约稿，委托我撰写有关王阳明生平的连载。王阳明是明朝大儒，在所有儒学大家中最推崇"真切体认"之学，加上我当时也想向读者介绍一下王阳明的生平事迹和哲学思想，所以就很爽快地答应了。但很不幸的是，两年后这家杂志停刊了，我的连载也被迫停止。

其实在很早之前，我就打算用简单易懂的文字向日本读者介绍王阳明真切体认的哲学思想。作为一名儒学家，王阳明经历了别人未曾经历的困难——其一生简直可以用波澜壮阔一词来形容，历经千难万险最终才总结出真切体认的哲学思想。

我希望读者能够了解阳明思想的精髓，并将其转化为自身精神的一部分。如果每个人身上都能自然而然地流露出阳明思想的精髓，并以此约束自己的品行，那我将不胜荣幸。也正是基于这一信念，在《Topics 九州》杂志停刊后，我没有停笔，而是继续撰写王阳明传记。

早在三十岁之前，我就已经意识到"体认之学"的重要性。当时我读了一些阳明学的著作和《明儒学案》，发现明末诸儒都是通过真切体认之学悟得深刻的哲学思想的。他们挺身赴国难的事迹以及严格约束自身行为的态度，都让我深受感动，甚至使我一度落泪。

我们这些研究东方哲学思想的人，如果不去了解先哲们的人生经历，不去体验他们的经验，那么我们就无法深刻理解东方哲学思想区别于西方哲学思想的特点，所做的学问也就无法变成"活学"。大约十年之后，这一研究方法更是在我心中确立了牢固的地位。但让我感到痛苦的是，我发现普通的学术论文很难将先哲们的思想充分表述出来。

第二次世界大战之后，我原本打算总体介绍朱子的生涯和哲学思想，也写了一些东西，但是后来专心致力于研究明末阳明学者和朱子学者等。五十岁时，我因为劳累过度不幸得病，恰在此时，恩师楠本正继先生仙逝，我心中不胜悲痛。五十六岁时，大病终愈的我接受美国哥伦比亚大学之邀赴美任教。

在美授业期间，我了解到欧美学者与日本学者在东方哲学思想研究方法上的异同，也逐渐确立了自己独特的研究方法，这实乃我人生的一大幸事。

归国后不久，学生运动爆发，我的研究工作也被迫中断。从九州大学退休之后，我随即来到一所私立大学任教。在此期间，我经常出席海外的学术会议，繁忙至极。在诸事烦扰之下，终日萦绕心头的《王阳明大传：知行合一的心学智慧》的著述工作也变得难以进行。

从私立大学离任之后，我虽然想尽快完成《王阳明大传：知行合一的心学智慧》的著述，但周边状况一直不尽如人意，写作进度缓慢。在此期间，我联系浙江省社科院，和研究阳明思想的中国学者一起，多次踏访江苏、浙江、广东、广西、江西、安徽、湖南、贵州、四川和福建等与王阳明有关的遗迹，这些行动对我进一步研究阳明思想起到了非常重要的作用。

八十三岁时，我对王阳明遗迹进行了第四次踏访调查。在1992年4月至5月的四十多天的时间里，我踏访了很多过去未曾涉足的遗迹与遗址。1529年，王阳明病逝于江西南安府青龙铺（今江西省大余县青龙镇）章江的扁舟之中。当我站在章江岸边，遥想王阳明当时的心境时曾一度哽咽，那种感动令我终生难忘。

从中国回来后，我继续《王阳明大传：知行合一的心学智慧》的创作，但受身边诸事的干扰，写作进展依然缓慢。后来我患上眼疾，读书执笔日趋不便，借助放大镜才坚持写完王阳明平定宸濠之乱，此后便难以为继了。"致良知"说代表了王阳明晚年最成熟的思想，而我却不能执笔撰写这一章节，实在是人生一大憾事。

在著述《王阳明大传：知行合一的心学智慧》一书的过程中，太宰府市的森山文彦一直帮我打字，为该书的出版作出了巨大贡献。我将原先拟好的提纲交给他，请求他代笔。他非常了解我的心情，所以就爽快地答应了。

本书以《王文成公全书》为基本资料，同时也参考了东正堂[1]的手抄本《阳明先生全书论考》等相关资料。在此必须向读者阐明，文中部分内容还引用了墨憨斋主人[2]的传记小说《皇明大儒王阳

---

1 东正堂：又名东敬治，日本幕府末期的阳明学者，东泽泻的长子。——译者注，下同。

2 墨憨斋主人：冯梦龙的自号。

明先生出身靖乱录》。

可能有读者会问，《皇明大儒王阳明先生出身靖乱录》是传记小说，其中肯定会有虚构的成分，为什么还要引用呢？这是因为通过阅读这样的小说，读者可以更容易理解阳明思想的精髓。

阳明思想中最出彩的"体认"，其实是一种情感。西方哲学重理性，东方哲学重情感。如果我们把哲学思想比喻成一棵大树，那么阳明的东方哲学就可以被看作是对根的培养，而西方哲学则是对枝枝叶叶的探求。学问有本末之分，阳明哲学乃"培根之学"，西方哲学乃"枝叶探求之学"，何为本，何为末，各位读者要切记。

但是，综观现代哲学界，"培根之学"一直被人忽视。我之所以要著述《王阳明大传：知行合一的心学智慧》一书，坚持向大家阐述阳明的"培根之学"，其中也包含了反省的意图。日本哲学重视感性和实践性，并且比较含蓄，所以很多日本人对日本哲学并不十分了解。因为扎根于日本民族性的日本哲学思想和阳明学存在很多共通点，所以比起朱子学，日本人更喜欢阳明学。

《王阳明大传：知行合一的心学智慧》是《冈田武彦全集》的前三卷，此次《冈田武彦全集》能顺遂圆满付梓出版，承蒙日本心身修学协会会长村山实先生的不懈努力，以及明德出版社社长小林日出夫先生的大胆决断。在此，对两位先生以及热切期望《冈田武彦全集》出版的诸位表示深切的谢意。

冈田武彦

2002年10月吉日于福冈

目录

序章　　圣哲王阳明 1

文武双全的圣人 / 行动哲学阳明学 / 日本人与阳明学 / 对阳明学的误解

第一章　　阳明降世 13

中国的文艺复兴 / 余姚四贤人 / "守仁"之名由来

第二章　　阳明先祖 23

王家始祖 / 远祖名臣王导 / 书圣王羲之 / 忠臣六祖王纲 / 遁世高祖王与准 / 洒脱曾祖王杰 / 祖父竹轩先生 / 父亲龙山先生

第三章　　不羁少年 61

十岁的诗才神童 / 天下第一等人 / 巧用智谋惩戒庶母 / 怀抱经略四方之志

第四章　　五溺时代 75

心无定性 / "格竹"失败 / 新婚之日离家出走 / 苦练书法

第五章　　圣学之道 95

拜谒大儒娄谅 / 宋儒的"格物"说 / 新儒学的兴起 / 明初心学的传承 / 阳明中举 / 两次会试失败 / 钻研兵法 / 考中进士入仕途 / 上陈边防策 / 审查江北囚徒 / 求道访仙 / 结交"前七子" / 悟出佛道不足 / 莫逆之交的影响 / 西湖疗养 / 摆弄禅机教化弟子 / 排斥佛道 / 会稽山祈雨

第六章　　倡导圣学 195

笃信儒学 / 出任乡试主考官 / 阳明的政治策论 / 与湛甘泉共倡圣学 / 萌发隐遁之心

第七章　　龙场悟道 223

武宗与宦官 / 阳明入狱 / 别了，京城 / 摆脱刺客 / 再会无为道者 / 告别门人徐爱 / 前往贵州龙场 / 艰辛的龙场生活 / 龙场顿悟 / 创作《五经臆说》

第八章　　龙场教化 295

蛮荒之地建造居室 / 德化的力量 / 教化诸生 / 龙冈书院的学规 / 书院学的历史 / 阳明与书院教育 / 阳明的教育理念 / 感化思州主官 / 劝诫土著豪族 / 埋葬暴毙的吏目

第九章　　"知行合一"说 341

席元山入门 / 朱熹和陆九渊的学问 / 行而知之 / 如何修行"知行合一" / "知行合一"说的发展 / 学问即行，行即知 / 致良知 / 陆九渊与"知行合一"说

第十章　　庐陵知县 …..363

　　天诛宦官刘瑾 / 龙场之后 / 阳明评"静坐"说 / 卧治六月 / 吉安的阳明遗迹

第十一章　　京师讲学 …..383

　　和黄绾谈立志 / "明镜"论 / 众多门人聚学 / 送别方献夫 / 送别湛甘泉 / 送别黄绾 / 阳明的出世倾向 / "朱陆同异"论 / "未发已发"论和"体用"论

第十二章　　滁州讲学 …..429

　　与徐爱论学 / 《大学》学什么 / 由诚意到格物 / 心学的三大学说 / 儒学的三大论题 / 敬王通而轻韩愈 / 不妄议经书，不提倡著述 / 与门人游四明山 / 会晤了庵和尚 / 训诫弟子：理气之辨 / 到滁州上任 / 批评王嘉秀，开导王道 / 离开滁州

第十三章　　南京讲学 …..505

　　门人故交齐聚学 / 破山中贼易，破心中贼难 / 一定要在事上磨炼 / 立诚是根本 / 立志为培根之学 / 劝谏武宗迎佛 / 奏请停职休养

第十四章　　南赣戡乱 …..539

　　巡抚南赣汀漳 / 破流寇，抵赣州 / 探贼情，定战略战术 / 平定漳州贼匪 / 体恤民情，注意农时 / 征剿南赣三贼 / 一篇告谕的作用 / 喜得贼巢地图，奇袭横水 / 一日尽破桶冈贼匪 / 智取浰头贼首 / 征剿浰头贼众 / 奏请辞官 / 教化当地百姓 / 奏请设立和平县

第十五章　赣州时期 629

徐爱之死 / 畅游通天岩 / 期待归隐生活 / 赣州讲学 / 再论为学头脑与"立诚" / 刊刻《大学古本》 / 由"诚意"说到"致知"说 /《大学古本旁释》/ 刊刻《朱子晚年定论》/ 刊行《传习录》

第十六章　江西时期 685

阳明请求致仕 / 宁王之患 / 死里逃生 / 宁王谋反之资 / 宁王起事 / 阳明备战 / 运筹帷幄 / 阳明用计 / 安庆攻防战 / 南昌攻略战 / 鄱阳湖决战 / 生擒宁王 / 论功行赏

第十七章　阳明受难 763

武宗要御驾亲征 / 隐居净慈寺 / 与奸臣斗智 / 寄情山水 / 与罗钦顺论学 / 无心之境 / 为冀元亨申冤 / 始提"致良知"说

第十八章　倡导"良知"说 825

"致良知"诞生始末 / 王阳明、湛甘泉学说的异同 / 用"良知"解释生死 / 衣锦还乡，谢辞封爵 / 阻止陆澄辩护 / 论科举 / "乡愿"自省 / 咏良知诗 / 王阳明讲学 / 践行良知

第十九章　阳明晚年 885

书院四大记 /《自得斋说》和《博约说》/ 答顾璘之疑 / 批评"随处体认天理"说 / 良知"五论" / 天地一仁心 / 老年得子 / 王阳明晚年著述

第二十章　**思田靖乱** 945

王阳明三征 / 心学宗旨 / 最后的征程 / 此心只是个真诚恻怛 / 思恩、田州，降了 / 战后安民 / 最后一战：八寨、断藤峡 / 阳明功过之争

终章　**阳明临终** 987

拜谒伏波庙 / 广州府养病 / 与门人论学 / 最后的上疏 / 此心光明，亦复何言

附录一　**王阳明的《拔本塞源论》** 1017

前言 / 前篇 / 后篇

附录二　**王阳明的子孙** 1075

序章

——

圣哲王阳明

文武双全的圣人

———

英明豪迈、文武双全，左手执卷讲学授业，右手抚剑叱咤三军，旷世罕见的大圣人、大豪杰、大儒学家王阳明最终没能逃过疾病的魔爪，迎来了和自己波澜壮阔的人生永别的那一刻。

明嘉靖六年（1527）五月，五十六岁的王阳明受朝廷委任，拖着病躯前往酷暑难耐、恶疫肆虐的南方戡乱。平定盘踞各地的贼寇之后，他又采取了一系列有效的措施，加强治安，施以教化。但是，终日的劳累诱发了他的肺病顽疾。次年十一月，完成使命的王阳明在回乡途中病情加重，且出现了痢疾腹泻之症。当王阳明乘坐扁舟抵达江西南安（今江西大余县）境内时，他已经病得卧床不起了。

当时，王阳明的弟子周积正在南安为官，听闻恩师抵达南安，急忙前去迎候。周积来到船舱，见恩师卧病在床剧咳不止，急忙上前请安。王阳明勉强坐起来，问他："近来进学如何？"

"有所长进。如今政局大体平稳，恩师道体如何？"周积答道。

王阳明回答说："病势危急，所未死者，元气而已。"

两三天后，王阳明自觉生命之灯将尽，便让家童把周积叫到船舱来。周积躬身侍立在恩师床边，神情悲怆，静静地看着恩师消瘦的脸庞。王阳明徐徐睁开眼睛，把头转向周积一侧，对他说："吾去矣！"

周积抑制不住悲痛，眼泪夺眶而出，泣不成声。

孟子死后，儒教心学湮没不彰，王阳明重振心学，并将其发扬光大，开创新学风。其学为万世之师表，其德受万代之敬仰。在这静肃的一瞬间，圣哲的魂魄已脱离身躯，向着幽冥飞去。

"恩师，有何遗言？"周积压抑着呜咽，问道。

王阳明张开嘴唇，微笑着回答："此心光明，亦复何言！"然后，静静地闭上眼睛，撒手人寰。

王阳明遗言中的"此心"，指的就是良知。王阳明晚年所作的诗歌《中秋》（《王文成公全书》卷二十）中有如下词句："吾心自有光明月，千古团圆永无缺。"

"光明"指的就是良知的光辉。王阳明在晚年才开始提倡"致良知"说，此学说可以说是他历经千难万险之后才悟出的智慧结晶。

在王阳明看来，无论圣人还是凡夫，无论贤士还是愚人，无论学者还是白丁，只要是人，心中皆有良知，这是永远不灭的光明，是每个人与生俱来的东西。只要在万事万物上都"致良知"，那么任何人都可以成为圣人。只要听从良知的命令，无论遇到任何困难都可以轻松克服，并且不会误入歧途。

王阳明的"致良知"说振奋了弱者的心灵，给那些深陷权势和名利的旋涡而不能自拔、遭受现实重压而不能逃脱的世俗中人指出了一条正大光明、强而有力的快乐生存之路。"致良知"说不仅鼓舞了知识分子，也鼓舞了不通文墨的平民百姓，于是迅速在都市和乡村中传播开来，成为风靡一时的学说。

行动哲学阳明学

在日本，阳明学被认为是行动哲学，这也许是因为一提起阳明学，人们就会想到熊泽蕃山和山田方谷等人。熊泽蕃山是备前[1]冈山藩的家臣，具有经世之才，在处理藩政方面成绩卓著。山田方谷是备中[2]松山藩的家臣，幕府末期著名的阳明学者，具有经国济世之略，在藩政改革方面也是功绩卓著。日本民众对阳明学已经形成一种共识，即如果一种学说无法经世致用，无须诉诸具体实践，那么这种学说就不能被称为阳明学。

阳明学是一门重视实践的学问。只强调博闻强识，不修德行，或者对经世致用漠不关心，这些都违背了阳明学的主旨。儒学一直提倡经世致用，并且注重实践，不只是阳明学，朱子学也是如此。对朱子学者来说，一旦有了合适的职业和地位，他们都会谋求实现更高的人生价值。把注重实践说成是阳明学的独有特点，似有以偏概全之嫌，是不恰当的。

日本人认为阳明学是行动哲学还有一个很重要的原因，那就是信奉阳明学的学者往往会做出惊世骇俗的举动。大盐中斋、吉田松阴、东泽泻、西乡隆盛、三岛由纪夫等人都修习阳明学，最终都做出了不同寻常的举动。

---

[1] 备前：日本旧时地方藩国的名称，位于今冈山县东南部。
[2] 备中：日本旧时地方藩国的名称，位于今冈山县西南部。

大盐中斋在浪华[1]发动叛乱；长门[2]的吉田松阴密谋讨伐幕府，结果被捕入狱，被处以斩刑；周防[3]的东泽泻在庆应年间发动勤王运动，最终被流放异域；西乡隆盛挑起西南之役；作家三岛由纪夫受忧国之情驱使，煽动自卫队队员发动兵变，失败之后剖腹自杀，他的这一举动震惊了全世界。

但如果认为只有阳明学者才会做出如此壮烈的举动，那么得出这个结论就有些过于草率了。其实不只是阳明学者，朱子学者中有些人也做出过同样壮烈的举动，例如江户[4]的大桥讷庵。大桥讷庵是幕府末期的朱子学者，他和平户藩[5]的儒学家楠本端山（恩师楠本正继先生的祖父）一起师从佐藤一斋，并称为幕府末期的两大朱子学家。讷庵比端山年长几岁，在讷庵的指导之下，端山才最终把朱子学看作正学，并成长为一代大儒。二人后来都成为著名的儒学大师，其学问的深度和广度远远胜过他们的恩师佐藤一斋先生。

楠本端山在平户藩为官，为藩内的政治、教育革新作出了巨大贡献。在明治维新前后，他整顿藩政，保得一方安宁。而大桥讷庵却积极参加勤王讨幕运动，秘密储藏武器，鼓吹"攘夷论"，密谋暗杀阁老，最终被捕入狱。对于讷庵的行为，不只是同门，

---

1 浪华：大阪的旧称。
2 长门：日本旧时地方藩国的名称，位于今山口县西北部。
3 周防：日本旧时地方藩国的名称，位于今山口县东南部。
4 江户：东京的旧称。
5 平户藩：日本旧时地方藩国的名称，位于今长崎县北部，辖区主要位于今平户岛，在日本锁国前为日本的主要国际贸易港。

当时的很多阳明学者也对他提出了批评。

阳明学被认为是行动哲学，其实还与王阳明独创的"知行合一"说有关。"知行合一"说的中心是"行"，而不是"知"，这是一种实践主义的思想。所谓"行"，并不是与"知"对应的"行"，也不是局限于具体的实践行动。王阳明曾说："一念发动处即是行。"可以看出，"行"包含的范围很广，心中萌发意念也可以被看作是"行"。

阳明学是一门重德行、以"致良知"说为根本的学说。很多阳明学者对于自己的"一念之动"和行为都会进行深刻的反思，例如三原[1]的吉村秋阳、多度津[2]的林良斋和但马[3]的池田草庵等。吉村秋阳和大桥讷庵、楠本端山一样，都是佐藤一斋的弟子，他曾说过，人要不断地进行反思，这样才不会与外界形成对立。林良斋是大盐中斋的弟子，他和池田草庵都是阳明学者，同时也是至交。他们二人提倡"慎独[4]说"，强调独自一人时更要注意自己的"一时之念"，不要做出有违道德的事情来。

在阳明学者中，做事低调、治学严谨的人很多。他们的学问都做得很精深，德行也很高尚。可世人往往只看见我们前文所述的阳明学者的壮烈行为，并且认为那些是阳明学的精髓。其实这种看法是片面的，需要我们做出反思。

---

1 三原：今日本广岛县南部的一处地名。
2 多度津：今日本香川县西北部的一处地名。
3 但马：日本旧时藩国的名称，位于今兵库县北部。
4 慎独：中国古代儒家创造出来的具有中国特色的自我修身方法。最先见于《礼记·大学》和《礼记·中庸》，意指持守或牢固地保持自我的道德本性和本心。

日本人与阳明学

江户初期，阳明学传到日本。当时日本的大儒接触到王阳明的著作之后，对那些著作进行了详细的阅读。贝原益轩是福冈的一位大儒学家，因博文广识而闻名于世，在他的读书目录《玩古目录》中就有《王文成公全书》。可以推测，当时他应该读过王阳明的著作。

最早在日本介绍阳明学的是中江藤树。他先是在伊予[1]大洲藩为官，后来辞官回家侍奉双亲，被尊称为"近江[2]圣人"。中江藤树曾经创建藤树书院，并模仿朱子的《白鹿洞书院揭示》制定出《学舍座右戒》，招收弟子，讲学授业。藤树最初修习的是程朱学，一次偶然的机会他接触到王阳明的高徒、王学左派（良知现成派）巨匠王龙溪（王畿）的著作，读后激动万分，对阳明学的崇拜一发而不可收，最终将治学方向转向阳明学。

为什么王学左派的"良知"说会如此打动中江藤树呢？王学左派主张，无论我们多么卑微，都和圣人一样具有完满的良知，无须做学问，也无须痴迷于烦琐的修行，只要通过顿悟，就可以变成圣人。在当时的思想界，王学左派的主张可谓惊世骇俗，人们不再需要日积月累的学习，也不再需要对内心和品行进行苦修，一样可以达到圣贤的境界。

---

1 伊予：日本旧时地方藩国名称，位于今爱媛县。
2 近江：日本旧时地方藩国名称，位于今滋贺县。

王学左派的"良知"说很快就俘获了大众的心,成为风靡一时的学说。王学左派强调绝对的自我,提倡为民办事和男女平等,肯定人的欲望,所以信奉民主主义的欧洲学者大都喜欢研究这一思想。无论是谁,当有人对他说"你和圣人一样,都具有出色的良知。你本来就是圣人,只是还没意识到而已,只要意识到了,你就能变成圣人"时,这个人肯定会产生强大的自信。因此,中江藤树会对阳明学产生兴趣也就不足为奇了。

王学左派的思想是对王阳明"良知"说的极端化,它最大的功绩在于阐明了王阳明潜藏于内心而没有直接言明的思想,但同时也产生了极大的弊端。此派学者不赞同用伦理道德来约束自己,提倡人性解放与自由,主张依照情感和本能去做事,结果乱了世间纲纪。他们大都率性而为,一旦对社会和政治不满,便会毫无忌惮地发怒。同时也出现了一些"家伙",狂言酒色财气不碍菩提路,并把自己惊世骇俗的举动看作是顺应良知的行为。日本社会从战后一直延续到现在的风潮和明末的风潮极其相似。

如上所述,中江藤树因为王学左派的"良知"说而对阳明学产生了兴趣,但是藤树没有沿袭王学左派的行为。其实不只是中江藤树,所有日本的阳明学者都是如此,日本人对阳明学的吸收是积极的和稳健的。

自古以来,日本民族就推崇"同心同德",这和《论语》中的"吾非斯人之徒与而谁与"有些相似,所以日本人很容易接受推崇"仁爱精神"的儒学。日本是单一民族、单一语言,人与人的心灵自然相通,不存在严重的对立。由于这一民族特性,一直以来日本人都积极吸收外来文化。总而言之,日本人天生就具有"自他一体"的世界观，再加上没有遭遇过外族入侵，所以最终形成了兼容并蓄的民族性。

日本人"自他一体"的世界观，不仅体现在人与人的关系上，也体现在人与自然的关系上。日本列岛地形复杂、气候多样，漫长的海岸线呈锯齿状，四季的变幻形成绚丽的色彩，生长于斯的日本人和大自然融为一体，情感也变得丰富。具有这一民族特性的日本人，当然乐于接受以仁爱为本的儒家思想。

对日本人来说，很少有人会站在事物的对立面去思考问题，也很少有人会运用逻辑思维去探求事物的本源。我经常听到有人说日本人不喜欢"发言"，不喜欢表达自己的观点。其实，日本人在探究事物时，是整体性地去理解事物，而不是站在事物的对立面去研究。所谓"整体性理解"，指的是将事物和自己的内心合为一体之后再去理解，而不是把事物对象化，然后通过思辨的态度去理解。这就是日本人的感性理解方式。

日本人非常感性，并将这一特性贯穿到思想和文化领域。虽然感性的理解方式存在各种缺点，例如容易造成理性的缺失，陷入对事物的感性认知等，但它也有自身的长处，那就是对事物的整体性把握和赋予事物生命性等。

一旦理解方式整体化，被理解的事物自然就有了生命性，理解起来也会变得简单。我们在认知一个事物时，没有必要去摆弄那些烦琐的思辨和理论，也没有必要在抽象的世界里左顾右盼。对事物进行感性认识和整体把握，未必不是一条好的途径。

阳明学就蕴含着"整体性理解"，所以日本人才愿意接受它。阳明学不同于朱子学，它的"求道"方式是整体性的，简单易操作。

王阳明提倡的"良知"说是一个严格的生命体,它包含敏锐的道德感知,也包含道德批判;既有道德的好恶之情,也有道德的法则。根据阳明学的理论,只要顺应良知,人人都可以成为圣人,极其简单。越是简单的东西,其效果越具有真实性。日本人被阳明学的"良知"说吸引也是必然的了。

对阳明学的误解

1972年6月,"纪念王阳明诞辰500周年国际学术研讨会"在夏威夷大学东西方研究中心召开,我受邀参加,并做了《幕府末期的阳明学和明末儒学的关系》的演讲。研讨会一共举行了六天,参会人员都是来自世界各地的阳明学专家。有一天,小组讨论的主题是"日本文化与阳明学",因为只有我来自日本,所以我就责无旁贷地成为小组讨论的主角。

我率先介绍了日本的民族特性容易吸收阳明学的原因,之后是两位年轻的美国学者发言,其中一位学者坚持认为阳明学是"谋叛哲学",并举了大盐中斋之乱和三岛由纪夫的例子来佐证他的观点。

其实这种观点早就存在,中斋之乱后,日本学术界就出现了此种论调。当时京都有一位儒生名叫春日潜庵,他打算从朱子学转向阳明学,有朋友告诫他,阳明学是不稳之学,劝他不要信奉。

年轻的美国学者认为阳明学是"谋叛哲学",可能还与当时闹得沸沸扬扬的三岛由纪夫自杀事件有关。于是我反驳道："三岛虽然自称信奉阳明学，其实他并没有悟得阳明学的真谛。大盐中斋虽然在阳明学方面负有盛名，但仅凭他一人的举动，就定义阳明学为'谋叛哲学'，那就大错特错了！"

"当明朝发生有覆国之忧的大叛乱时，亲率大军前往征剿的正是王阳明。如果因为大盐中斋发动叛乱就认为阳明学是'谋叛哲学'，那么基督教教徒还发动了岛原之乱，为什么不说基督教也是'谋叛宗教'呢？"

时至今日，对阳明学产生类似这样的误解在日本国内依然还有很多。

第一章

阳明降世

中国的文艺复兴

王阳明是"明代第一理学大师",也是中国文艺复兴的大功臣。阳明学是中国最早提出尊重"人的个性"的学说,欧美学者对阳明学的关注也先于程朱理学。

中国的文艺复兴一般被认为始于宋代,严格来说,中国真正的文艺复兴始于王阳明。王阳明创立"良知"说,认为自我和圣人一样,生而伟大,存而无异,这种强调自我的主张正是文艺复兴开始的标志。

当今世界,科学、文艺、思想飞速发展,日新月异,若追溯其源头,皆可以说是始于西方的工业革命和文艺复兴。

王阳明出生于明宪宗成化八年(1472),他生活的15世纪下半叶恰好是西方文艺复兴时代。

"文艺复兴"一词源于法文"Renaissance",是"再生""复活"之意。文艺复兴运动最早兴起于意大利,后波及欧洲各地。它主张复古和人性解放,反对中世纪的一切文化思想,是思想意识的一次大革新。

由于人性的解放,这一时期的民众不再拘泥于既成观念,而充满了怀疑精神。在14世纪意大利作家的作品中,我们经常可以看到民众突破陈规陋习、随心所欲生活的例子。这一时期的民众不再受限于传统教会和国家的权威，他们按照自己的意志、信念和欲望自由自在地生活，对基督教修士恪守清规戒律的伪君子行为表示强烈反感。

阳明学在明末臻于成熟，西方的文艺复兴也恰好在这一时期达到巅峰，二者都高呼人性解放，反对旧道德对人性的束缚，强调男女平等，主张言论自由。阳明学对那些虚伪的儒学家充满憎恶，推崇率性而为、随心而动。虽然这种人性解放也产生了很大的问题，但在这里暂且不论。毋庸置疑，阳明学开启了中国真正的文艺复兴之路。

兴盛的地中海贸易造就了繁荣的商业都市，意大利的文艺复兴在这样的基础上应运而生。明朝中后期，中国文艺复兴的出现也与中国海外贸易的兴盛以及商业都市的繁荣有密切的关系。

余姚四贤人

明成化八年（1472）九月三十日，王阳明出生于浙江绍兴府余姚县（今余姚市）。余姚位于杭州湾南岸，风光秀丽，南有四明山和天台山，西南有会稽山，姚江穿县而过，因此阳明学又被称为"余姚之学""姚江之学"。

绍兴府古属吴越之地，气候温润，土地肥沃，物产丰饶，是观光览胜之佳所，自古以来就是江南的一处文化中心。受当地风土的影响，余姚的文化艺术向来兴盛，仰慕道家仙士的玄虚静退之风盛行，才子名士辈出。余姚有一座龙泉山，王阳明的父亲龙山公王华曾经在那里读书，王阳明晚年也曾在山腰处的中天阁传经授业，教诲弟子，兴盛时期门人弟子多达三百多人。

王阳明是"余姚四贤人"之一，其他三位分别是东汉的严光、明末清初的朱舜水和黄宗羲。

严光，字子陵，年轻时便负有盛名，曾与东汉光武帝刘秀一起在太学学习。刘秀登基后，他便改名易姓，隐身不见。

光武帝深知他的才能，想起用他，于是派人四处寻找，最终将他寻得。使者三次登门恳请，他才肯出山。严子陵抵达京都洛阳后，光武帝召他入宫，数日坐谈论道，一夜二人同榻而眠。相传严子陵熟睡后把脚压在了光武帝的肚子上。第二日，太史奏告，云有客星冲犯帝座。这本是犯上之罪，可是光武帝替他辩解说："朕故人严子陵共卧耳。"以此训诫那些企图责难严子陵的臣下。

光武帝授予严子陵谏议大夫一职，严子陵不肯接受，仍然回到富春山去过田园耕种生活，直到八十岁而终。严子陵的高风亮节赢得了后人的敬重，龙泉山上现在还留有碑文，记曰"汉高士严子陵"。

王阳明，幼名云，后改名守仁，字伯安，是阳明学的开山之祖。他曾在会稽山阳明洞建造草堂，世称"阳明先生"或"阳明翁"。因对国家有大功，生前被封为新建伯，死后追封为新建侯，所以他又被世人称为"新建伯""新建侯"或"王新建"，亦称"明翁"。

王阳明是南京吏部尚书王华（龙山公）的长子，少时沉迷于"五溺"，即任侠、骑射、辞章、神仙和佛氏。三十一岁之后，终于悟出老庄和佛教之不足，转而笃信儒教。

王阳明二十八岁中进士，三十五岁时因替大臣戴铣求情而入狱。当时戴铣因弹劾宦官刘瑾不成，反而被打入死牢。后来，王阳明被贬谪到贵州龙场。就是在那里，他悟出了"心即理"的思想，并提出"知行合一"说。

王阳明三十九岁出任庐陵知县，历任南赣汀漳巡抚、南京兵部尚书等职。在此期间，他先平定了南方叛乱，四十八岁时又平定了宁王宸濠之乱，立下大功。但由于武宗身边的佞臣挑唆，王阳明不但没有得到奖赏，反而遭到毁谤和诬陷。四十九岁时他创立"致良知"说，最终成为一代大儒。

朱舜水，名之瑜，字楚屿，又作鲁屿，号舜水，是一位定居日本的中国学者和诗人。明朝灭亡后，他遍访日本、交趾（现在的越南），致力于复兴明朝，最终于日本万治二年（1659）定居日本。九州柳川藩[1]的儒生安东省庵在长崎拜舜水为师，并且拿出自己的一半俸禄资助老师的生活。宽文五年（1665），朱舜水被水户藩主德川光国以"宾师"身份招入江户（今东京），对德川光国和水户学派影响颇深。朱舜水精通程朱理学，对阳明学也有所涉猎，并且熟知古文，对日本汉学影响颇深。后逝于日本，终年八十三岁。

黄宗羲，字太冲，号南雷先生，别号梨洲山人。其父黄尊素是明末清初东林党人，被魏忠贤迫害致死。黄宗羲幼时就与东林党人的子弟交往甚密，师从父亲好友刘宗周。明亡后，黄宗羲

---

1 九州柳川藩：日本旧时藩国的名称，位于今福冈县西南部。

组织家乡青壮年抵抗清军,最终失败。据说当时为了求得援军,黄宗羲曾经远渡日本。

反清复明的希望破灭后,黄宗羲撰写了《明夷待访录》。在该书中,黄宗羲详细描述了自己理想中的王朝,批判君主专制制度,阐明民主主义的立场。黄宗羲终身不仕清朝,其子黄百家、弟子万斯同后参与编纂《明史》。

黄宗羲继承先师刘宗周之学风,在思想上较之刘宗周更倾向阳明学,但他对阳明学末流沉迷禅学的行为提出了严厉批评。黄宗羲拒绝空谈阔论,主张研读经史,强调学术思想要真诚,因此又被称为"清代史学之祖"。黄宗羲一生著作颇丰,比较有名的有从史学角度研究宋明理学思想的《宋元学案》和《明儒学案》。

黄宗羲之师刘宗周是新阳明学者,他吸收了大量程朱理学的思想,不太认同王阳明以良知为学问之宗旨的思想,觉得"诚意"才是为学之宗旨,体现出对"良知"说中本体生命性的重视。

"守仁"之名由来

明成化七年(1471),二十六岁的龙山公迎娶郑氏。翌年九月三十日,王阳明诞生。

圣贤伟人的诞生一般都会伴有一段奇异的传说。昔时,尧的母亲怀胎十四个月才分娩,相传郑氏也是怀胎十四个月才生下王阳明。

一天夜里，王阳明的祖母岑氏做了一个奇怪的梦，梦见天上阳光明艳，祥云缭绕，许多神仙身着绯红色的衣服击鼓吹箫，乐声悠扬，其中一位仙人怀抱一婴儿，脚踩瑞云，自空中徐徐而降，径直朝着王家宅邸走来，将婴儿送入岑氏怀中。

仙人说："此子授汝。"

岑氏说："吾已有子。儿媳终日孝敬公婆，请将此子授伊。"

仙人回答："可矣！"

仙人说完之后，岑氏忽闻婴儿啼哭之声，不禁惊醒。此时，院内仿佛还有仙乐回荡。岑氏将这一奇事告知竹轩公（王阳明的祖父王伦），竹轩公也颇感奇怪，于是给新生婴儿取名为"云"，这就是后来的王阳明。

伴随着新生儿的诞生，岑氏的美梦也在街坊邻居中传开了，大家都觉得十分新奇，于是就将王阳明出生的那座房子命名为"瑞云楼"。瑞云楼现在还在，但屋子已易主，建筑物也已变为清代样式。王阳明的高徒钱绪山曾著《瑞云楼记》，其中就详细记述了王阳明的出生传说。

王云一直到五岁都还不会说话，王家人很是担心。有一天，王云和其他小孩一起在门外嬉戏玩耍，恰巧一位神僧路过，他盯着王云端详了一会儿后说："好个孩儿，可惜道破。"

此话正好被竹轩公听见，竹轩公心中一惊，顿时醒悟：给孙子取名为"云"，一语道破天机，泄露了王云出生的秘密，所以王云才迟迟不会说话。于是竹轩公将其名字改为"守仁"，王云便立刻会说话了。

有一次，竹轩公听到小守仁正在咏诵自己曾经读过的书，十分惊讶，问道："何以能诵？"

小守仁答曰："闻祖读时已默记矣。"（《皇明大儒王阳明先生出身靖乱录》）

王阳明的弟子黄绾在《阳明先生行状》[1]中的记载与上述内容有所不同。

一日，过路的僧人摸着王云的头顶，说道："有此宁馨儿，却叫坏了。"

龙山公听闻之后顿时醒悟，于是将王云的名字改为"守仁"，之后王云很快就显露出其非凡的才能。

按照人之常情，孩子出生之后，身边的亲人总是会将自己的理想寄托在孩子身上，并会给他取一个相称的名字，希望孩子长大之后真正能够人如其名。

爱菊好酒的陶渊明便是如此，他为长子取名"俨"。"俨"有恭谨之意，陶渊明之所以为长子取此名，是希望长子能够像古时的圣人那样温恭有礼。

孔子之孙孔伋（即子思）曾著有《中庸》。陶渊明希望儿子成为像子思一样的人，所以又为儿子取字"求思"。陶渊明有《命子》诗，诗云：

> 卜云嘉日，占亦良时。
> 名汝曰俨，字汝求思。
> 温恭朝夕，念兹在兹。

---

[1]《阳明先生行状》：收录在《王文成公全书》中。

尚想孔伋，庶其企而！
厉夜生子，遽而求火。
凡百有心，奚特于我！
既见其生，实欲其可。
人亦有言，斯情无假。

竹轩公为王阳明取名"守仁"，正是希望他日后能成为一名仁德兼备的圣贤。而王阳明不辱其名，终成一代圣贤。

朱熹，字元晦，宋朝大儒，也是宋学的集大成者，因创立朱子学而闻名于世。"元晦"二字是其恩师刘屏山（刘彦冲）给他取的。

朱熹之父朱韦斋（朱松）与刘屏山是至交，在朱熹十四岁时因病去世，临终之前曾留有遗言，让朱熹师从自己的四位好友刘彦修（刘子羽）、刘白水（刘勉之）、胡籍溪（胡宪）和刘屏山。四人都把朱熹当作自己的亲生儿子来看待，其中一位还将自己的女儿许配给朱熹。四人悉心教导朱熹，希望他日后能成大器。

元晦的"元"字有天地之德、人之仁德之意，但朱熹对于使用"元"字有一点儿惶恐，所以后来将"元"字省去，自号"晦庵"。

刘屏山为什么要给朱熹取一个"晦"字呢？他在《字朱元晦祝词》中说明了缘由："木晦于根，春容晔敷；人晦于身，神明内腴。"

树木的根扎得越深，到了春天枝叶就会越繁茂；人越内敛谨慎，他的精神就越清爽，内心也就越强大。朱熹一直谨记恩师的"木晦之教"。

刘屏山是一位倾向于禅学的儒学家，推崇"默坐澄心"，他教导朱熹要深刻探究人的内心世界，并最终助其成为一代哲学大师。

虽然朱熹后来也曾批判屏山的"默坐澄心"之学，但是到晚年时，他开始追怀往昔，再次推崇"木晦之教"。

王阳明到晚年时思想逐渐成熟，可以说达到了与"守仁"之名相符的境界。

王阳明四十九岁时提出"致良知"说，并不断完善此说。他主张良知本体是人的真心和对他人的体谅之情，所以只要"致良知"，就能实现天地万物的"一体之仁"。

王阳明秉承天理，提出"致良知"之说，并受"一体之仁"思想的驱动，以天下人的苦难为自身的苦难，以天下事为己任。虽然世人笑其疯癫，但他毫不为意，他的这份赤诚足以惊天地、泣鬼神。晚年的王阳明不顾世人的非议，为了拯救百姓而东奔西走，终日劳苦，无片刻休憩，在此方面简直可比肩孔子。阳明的精神，阳明的行为，都无愧于他的"守仁"之名。

第二章

阳明先祖

王家始祖

据俞嶙辑编的《王阳明先生全集》中的《年谱》记载，王阳明的祖先是东晋右军将军王羲之，可是《王文成公全书》中的《年谱》和王阳明的弟子黄绾所著的《阳明先生行状》中将王阳明的祖先定为西晋的王览。王羲之是王览的曾孙。王家的始祖到底是王览还是王羲之，现在还没有定论。据曾拜谒过王家家庙的东正堂的弟子介绍："羲之在上，子孙昭穆下列，辟别室单独奉祭阳明。"（东正堂《阳明先生全书论考》卷十四《年谱一》）

昭穆是指宗庙的辈次排列，以始祖居中，二世、四世、六世位于始祖的左方，称昭；三世、五世、七世位于始祖的右方，称穆。王羲之这一脉应该不是王览的正系，所以余姚王家没有把王览当作始祖，而是把王羲之当作始祖。王阳明的经历和王祥、王览兄弟有些相似，所以后人在著述过程中才误将王览当成了王家的始祖。

王祥的孝行

据《晋书》卷三十三记载，王祥（184—268），字休徵，王览之兄，汉代谏议大夫王吉的后裔，琅玡（今山东临沂）人。王祥至孝，但母亲早丧，继母朱氏不慈，屡进谗言，使王祥失爱于父。继母经常让王祥打扫牛棚，王祥却更加恭敬谨慎。父母有病，他衣不解带，煎汤熬药都先尝过，以验证是否有毒。

有一天继母想吃鲜鱼，当时天寒地冻，王祥脱下衣服正要去破冰捉鱼，就在此时，冰面忽然自动裂开，两条鲤鱼从水中跃出，于是王祥赶紧捉住鲤鱼，将鱼带回家去孝敬继母。继母想吃烤黄雀，神奇的是，有几十只黄雀飞入王祥的幕帐，王祥将它们烤好后孝敬给继母吃。同乡的人都惊叹不已，认为这是孝心感动了上天的结果。王祥家有一棵红柰[1]树，果实快成熟的时候，继母让他去看守，风雨来时，王祥抱树大哭，唯恐果子掉落。即使如此，他也从未怨恨过继母。他就是这样一位忠厚孝顺之人。

东汉末年，战事频发，为避战乱，王祥搀扶着继母、带着弟弟王览逃难到庐江。隐居三十多年后，继母去世，服丧期满，王祥仍不肯出仕为官，后来在弟弟王览的劝导下，年近六十才应召出仕。曹魏之时，王祥升任太尉；晋武帝继位之后，出任太保[2]。《蒙求》下卷中也有关于王祥的简单记载，名为《王祥守柰》。

护兄的王览

王览，字玄通，和王祥是同父异母兄弟。母亲朱氏对兄长王祥不好。王览五六岁时，每见哥哥被母亲鞭打，都会跑向前哭着

---

[1] 红柰：沙果的古时称呼。
[2] 太保：古代官名，为高级官职，不具职掌。

抱住哥哥，阻止母亲施暴。少年时，王览经常劝谏母亲，朱氏也因此而有所收敛。朱氏经常无故使唤王祥，王览就跟着哥哥一起干活。朱氏还虐待王祥的妻子，王览的妻子于是帮着一起做事。朱氏发现之后，只好作罢。

父亲去世之后，王祥渐渐有了名气。朱氏对此深为嫉恨，想用毒酒害死王祥。王览察觉后，立即起身去争夺哥哥的酒杯。王祥也怀疑酒中有毒，所以执意不给弟弟。朱氏立时夺下酒杯，返回里屋。自此之后，朱氏做给王祥吃的饭菜，王览都要先尝一下。朱氏担心王览被毒死，于是就断了下毒的念头。王览孝友恭恪，声名稍逊于兄长王祥。

后来王览出仕做官，官至光禄大夫。《蒙求》上卷中记载了王览的事迹，名为《王览友悌》。朱熹在《小学·善行》中也记述了王祥、王览两兄弟的故事。明代百姓都熟知王祥、王览的孝行和友悌，王阳明应该也不会例外。

始祖的孝道与阳明的解释

王阳明的继母也曾虐待过他。王阳明正是因为对孝道的切身感受，所以才从佛教和老庄思想中解脱出来，转投儒学。因此，从孝悌方面来说，将王览认作王家的始祖，也不是毫无道理的。

中国传说时代的帝王舜青年时期曾遭到继母的虐待，但他依然尽孝，他的故事被后世传为佳话。舜的父亲瞽叟和继母不喜欢舜，而喜欢舜的同父异母弟象。象数次谋划杀害舜，但每次都失败了。舜发觉之后，并没有记恨象，依然尽心孝顺父母。关于舜的孝悌之行，《尚书·尧典》有如下记载："瞽子，父顽，母嚚，象傲；克谐以孝，烝烝乂，不格奸。"

对于以上这段话，朱熹的弟子蔡沈在《书经集传》中如此解释："舜父号瞽叟。心不则德义之经，为顽。母，舜后母也。象，舜异母弟名。傲，骄慢也。谐，和也。烝，进也。言舜不幸遭此，而能和以孝，使之进进以善自治，而不至于大为奸恶也。"

蔡沈将"不格奸"解释为"不至于大为奸恶"，而王阳明则将其理解为"不去正他奸恶"。原文是"舜只是自进于乂，以乂薰蒸，不去正他奸恶"（《传习录》下卷）。

阳明又补充说："凡文过掩慝，此是恶人常态，若要指摘他是非，反去激他恶性。舜初时致得象要杀己，亦是要象好的心太急，此就是舜之过处。经过来，乃知工夫只在自己，不去责人，所以致得'克谐'，此是舜'动心忍性、增益不能'处。"（《传习录》下卷）

王阳明是根据自身经历做出以上解释的。据此，我们也可以看出朱熹和王阳明教化方法的差异。王阳明还说："古人言语，俱是自家经历过来，所以说得亲切；遗之后世，曲当人情。若非自家经过，如何得他许多苦心处？"（《传习录》下卷）

其实这是王阳明到晚年才做出的解释，年轻时他并不这样认为。他三十七岁时曾著《象祠记》（《王文成公全书》卷二十三），其中关于"不格奸"的解释和蔡沈相同，都是"不至于大为奸恶"。

王阳明十三岁丧母，父亲的小妾经常虐待他，他就想出各种奇招去应对，最终促使庶母悔悟。从中可以看出，少年时期的阳明与王祥、王览是不同的。随着人生阅历的积淀，晚年的阳明转变认识，开始赞同王祥、王览的举动，所以才有了对舜之孝行的那一番解释。

远祖名臣王导

王导（276—339），字茂弘，谥号文献公，王览之孙，王裁之子。东晋元帝时，王导出任宰相；明帝、成帝时，王导出任司徒、太傅。《晋书》卷六十五为其立传，《蒙求》也有其传记，名为《王导公忠》。

王导年少时就风姿飘逸，见识器量清越弘远。陈留高士张公见到他后非常惊奇，对他的堂兄王敦说："此儿容貌志气，将相之器也。"

当元帝还是琅玡王时，就和王导关系密切。当时王导察觉天下已经大乱，于是全心全意地辅佐琅玡王，立下兴复朝纲的志向。元帝移镇建邺（后改建康，今南京市）之后，吴越人士多不归顺，王导又和堂兄王敦一起宣示帝威，促其归顺。

西晋崩溃之际，大批中原士子携带家眷逃往江南避难。王导就从中挑选贤士，请他们辅佐国事。东晋建国后，王导出任宰相。元帝称颂他："卿，吾之萧何也。"

晋元帝即位受百官朝贺时，再三请王导同坐御床受贺，王导坚辞不受。他说："若太阳下同万物，苍生何由仰照！"

元帝这才作罢，任命王导为骠骑大将军、仪同三司。《蒙求》将王导的传记定名为《王导公忠》，也正在于此。

正德十五年（1520），王阳明平定宸濠之乱后，人生一度跌入低谷。在此期间，他作了一首《纪梦》(《王文成公全书》卷二十)，假托东晋忠臣郭璞梦中向自己示诗，来批判王导："世之人徒知王敦之逆，而不知王导实阴主之。"

王阳明为什么不顾社会舆论，假托郭璞之言，来批判自己的先祖呢？

据历史学家研究，王导曾遵照元帝的遗诏辅佐明帝和成帝，出任司徒和太傅，并受封为始兴郡公。王导完善学校制度以教化百姓，设置史官以保存文献，劝元帝打消废嫡之念，规劝堂兄王敦不要谋反，王敦谋反后，又率全家向朝廷请罪。苏峻之乱[1]后，王导力排众议，反对迁都。王导主张宽容政治，积极调和江南豪族与南迁北方大族之间的关系，为东晋的稳固奠定了基础。南迁士人经常慨叹南北风土人情之异，王导总是劝导他们说："当共戮力王室，克复神州，何至作楚囚相对泣邪！"

王敦（266—324），字处仲，王基之子，王导堂兄，与王导共同辅佐司马氏的江东政权。东晋元帝登基之后，王敦身居要职。后杜弢叛乱，王敦和陶侃一起平定杜弢之乱，受封镇东大将军。

王敦生性洒脱，喜好清谈，从不谈论财色，因此声名远播。后来他在平定南方之乱的过程中立下大功。手握重兵之后，王敦就萌发了夺权篡位的野心，以清君侧为名进攻建康。晋明帝时，王敦自任江州牧，将相全部出自门下。最后王敦以讨伐温峤为名，

---

1 苏峻之乱：苏峻在讨伐王敦的过程中立下大功，后来起兵叛乱，攻陷建康。苏峻之乱被平定后，建康一片凋敝，所以有大臣提议迁都豫章，三吴豪强则要求迁都会稽。

举兵叛乱，结果被晋明帝击败，最终病死。

阳明梦中出现的郭璞又是何许人？郭璞（276—324），字景纯，郭瑗之子，河东闻喜人，东晋著名诗人和卜筮学家。郭璞博学有高才，善辞赋，其辞赋被誉为东晋之冠，他的卜筮能力也堪称当时之首。郭璞早年曾参与王导的军事活动，元帝每遇大事，必求他占卜。后来郭璞出任王敦的记室参军，王敦叛乱时也曾求他占卜。郭璞告诫王敦万万不可，"明公起事，必祸不久"。王敦大怒，杀之。郭璞曾著《洞林》《新林》《卜韵》，并为《尔雅》《三苍》《方言》《穆天子传》《山海经》《楚辞》作注。

根据以上所述，王导劝诫王敦不要谋反，且在王敦叛乱之后举家请罪，真真切切是一代名臣。郭璞也是因为劝诫王敦不要起兵，所以才落得惨死的下场。按道理，郭璞应该对王敦而不是对王导充满仇恨。可是在阳明《纪梦》的序中，郭璞却对王导充满怨恨，所以才托梦示诗。如果王阳明所述为事实的话，那么王导肯定有不臣之处。作为王家的子孙，王阳明为什么要假托郭璞来批判自己的祖先呢？

王阳明少时不喜读书，父亲王华曾告诫他"吾家世以读书显"。此外，弘治十五年（1502），三十一岁的王阳明为叔父王衮写过一篇墓志铭《易直先生墓志》（《王文成公全书》卷二十五），其中提到："吾宗江左以来，世不乏贤。自吾祖竹轩府君以上，凡积德累仁者数世，而始发于吾父龙山先生。"

王阳明父子所感受到的祖先之德，其实是指王纲之后的祖先。《王文成公全书》卷三十七、卷三十八的《世德纪》为王纲之后的每一位祖先都做了详细的介绍，且《世德纪》中的《海日先生行状》和《王文成公全书》的《年谱》中都将王览以及他的曾孙王羲之视作王家的远祖,所以王阳明父子也会视王导为远祖。

王阳明在《纪梦》的序中记述了王导是王敦叛乱的幕后黑手一事,但是在流传下来的王导的传记中,都没有关于这一事件的描述。如果王导与王敦叛乱真的毫无关系的话,王阳明是不会写的。为什么史书上没有记载呢?可能是因为当时的舆论认为王导是忠臣,所以史官在写史时刻意将王导的不臣之实忽略了。

身为王家子孙,王阳明假借托梦之举对祖先提出批判,这种行为是不可思议的。当时的王阳明已经历经千难万险,"致良知"说的思想已初具雏形。王阳明批判祖先王导,可能是他仅凭"良知"所做出的一种举动,并没有其他的意图。对此,一些学者有不同意见。曾著有《阳明先生传纂》的余重耀先生认为,王阳明这是在借古讽今,假借托梦来讽刺奸邪谗佞之人。这种说法也不无道理。作为一名忠臣,王阳明对向武宗进献谗言的小人肯定充满愤懑之情,《纪梦》一诗也许是为了表达这一层意思。

王阳明在《纪梦》的序中写道:"正德庚辰八月廿八夕,卧小阁,忽梦晋忠臣郭景纯氏以诗示予,且极言王导之奸,谓世之人徒知王敦之逆,而不知王导实阴主之。其言甚长,不能尽录。觉而书其所示诗于壁,复为诗以纪其略……"

接下来是王阳明写的这首诗:

秋夜卧小阁,梦游沧海滨。
海上神仙不可到,金银宫阙高嶙峋。
中有仙人芙蓉巾,顾我宛若平生亲。

欣然就语下烟雾,自言姓名郭景纯。
携手历历诉衷曲,义愤感激难具陈。
切齿尤深怨王导,深奸老猾长欺人。
当年王敦觊神器,导实阴主相缘夤。
不然三问三不答,胡忍使敦杀伯仁?
寄书欲拔太真舌,不相为谋敢尔云!
敦病已笃事已去,临哭嫁祸复卖敦。
事成同享帝王贵,事败乃为顾命臣。
几微隐约亦可见,世史掩覆多失真。
袖出长篇再三读,觉来字字能书绅。
开窗试抽《晋史》阅,中间事迹颇有因。
因思景纯有道者,世移事往千余春。
若非精诚果有激,岂得到今犹愤嗔!
不成之语以箴戒,敦实气沮竟殒身。
人生生死亦不易,谁能视死如轻尘?
烛微先几炳易道,多能余事非所论。
取义成仁忠晋室,龙逢龚胜心可伦。
是非颠倒古多有,吁嗟景纯终见伸!
御风骑气游八垠,彼敦之徒,
草木粪土臭腐同沉沦!

最后,阳明记述了梦中郭璞展示给自己的诗:

我昔明《易》道,故知未来事。

时人不我识，遂传耽一技。
　　一思王导徒，神器良久觊。
　　诸谢岂不力？伯仁见其底。
　　所以敦者佣，罔顾天经与地义。
　　不然百口未负托，何忍置之死！
　　我于斯时知有分，日中斩柴市。
　　我死何足悲，我生良有以！
　　九天一人抚膺哭，晋室诸公亦可耻。
　　举目山河徒叹非，携手登亭空洒泪。
　　王导真奸雄，千载人未议。
　　偶感君子谈中及，重与写真记。
　　固知仓卒不成文，自今当与频谑戏。
　　倘其为我一表扬，万世万世万万世。
　　右晋忠臣郭景纯自述诗，盖予梦中所得者，因表而出之。

可以看出，这是王阳明在假托郭璞来表白自己的内心。

书圣王羲之

　　王家始祖最初居于山东琅玡县，至王羲之时，迁至浙江会稽山阴县，到二十三代王寿时，又迁到余姚县。

王羲之（303—361），字逸少，被后人尊称为"书圣"。在中国和日本，有很多书法家因为临摹王羲之的法帖，书法日益精进。王羲之生活在东晋，曾出任右军将军和会稽内史，世称"王右军"。王羲之不仅草书和隶书冠绝古今，文章也是精美绝伦，曾作有《兰亭[1]序》（又名《兰亭集序》）《乐毅论》《黄庭经》等。其子王献之也擅长书法，所以世人常将王羲之父子合称为"二王"。

在王羲之的所有书法作品中，《兰亭序》（《兰亭集序》）最为有名，这是他用行书为《兰亭集》作的序文。永和九年（353）三月三日，王羲之时任会稽内史，谢安等四十一位名士齐集会稽兰亭，饮酒作诗，好不痛快。后来，他们将此次所作的所有诗歌辑成一个集子，取名《兰亭集》，并由王羲之亲自作序。

《兰亭序》的真迹后来流传到酷爱书法的唐太宗手中，按照唐太宗的遗命，《兰亭序》作为陪葬品和他一起下葬，从此在世间绝迹。世人现在所看到的都是摹本，但从摹本中我们依然能够感受到王羲之的书风。

兰亭离王阳明在绍兴的住宅不远，附近还保存着王羲之的书楼和故居等旧迹。王羲之卸任之后，经常和文人墨客一起登山涉水，足迹遍布绍兴周边。王阳明向来景慕王羲之，这些遗迹他应该也都游历过。王羲之风骨硬朗，王阳明与他有诸多相似之处，无怪乎后来有人说："阳明景慕远祖，故风骨言行与羲之甚是相似。"

王羲之修习道教养生之术，经常和道士游山玩水，王阳明也

---

[1] 兰亭：位于会稽，谢安等名士在此设宴作诗时，王阳明的远祖、书圣王羲之亲自写下序文《兰亭集序》，因此闻名。

是如此。王阳明擅长书法，从其书风中可以窥见王羲之之风韵。

忠臣六祖王纲

王纲是王寿的五世孙，《王文成公全书》的《世德纪》中有其传记。王纲之后的诸位先祖的品行，都或多或少对王阳明有一定的影响。王纲是王阳明的六世祖，《明史》卷二八九的《忠义传》中也有其传记。以下将根据《世德纪》中收录的张壹民先生撰写的《王性常先生传》来介绍王纲的生平。

王纲（1302—1371），字性常，又字德常，弟弟字秉常，又字敬常，二人皆以文学造诣高而闻名于世。王纲有识鉴之才、文武之功。元末，王纲为避兵乱，和母亲避居于五泄山。一天，一位道士夜宿王纲家，王纲发现这位道士的气质不同寻常，应该是一位得道之士，所以对他礼敬有加。

王纲问他："君必有道者，愿闻姓字。"

道士回答说："吾终南隐士赵缘督也。"

二人彻夜长谈，赵缘督教给王纲占卜之法，并为王纲占卜说："公后当有名世者矣。然公不克终牖下。今能从吾出游乎？"

王纲因为家里还有老母，所以面露难色。

道士笑着说："公俗缘未断，吾固知之。"然后飘然而去。

王纲还与因军功卓著而被明太祖朱元璋封为诚意伯、以诗文驰名于世的刘伯温（刘基）是至交好友。

刘伯温是一位著名的儒学家,广涉经书和史书。他中过元代的进士,且一度出仕为官,后来辞官归乡,隐居在家乡青田。元至正二十年(1360),刘伯温接受朱元璋的邀请出山,向朱元璋献出"时务十八策"。他为朱元璋平定天下立下汗马功劳,后官职不断升迁,最终升任为弘文馆学士。明洪武八年(1375),刘伯温在家乡去世。刘伯温是开国文臣,与宋景濂[1]并称为"一代文宗",其诗歌也足以和高季迪(高启)比肩。

当刘伯温还是卑贱之身时,常造访王纲。王纲对他说:"子真王佐才,然貌微不称其心,宜厚施而薄受之。老夫性在丘壑;异时得志,幸勿以世缘见累则善矣。"

但是,刘伯温因爱惜王纲之才,最终向朝廷举荐了他。洪武四年,王纲来到京城,年逾七十的他齿发、精神仍如壮年。王纲向明太祖提出治国之策,太祖非常高兴,全部采纳,并任命他为兵部郎中。

没过多久,广东潮州地区的百姓起事,朝廷擢升王纲为广东参议,前往广东督兵粮。

王纲写信向家人诀别:"吾命尽兹行乎?"

然后,王纲和儿子王彦达[2]一起踏上前往广东的路。王纲等人乘一艘快船到达潮州,劝诫百姓不要谋反,潮州百姓感激涕零,

---

1 宋景濂(1310—1381):名濂,字景濂,号潜溪,别号玄真子、玄真道士、玄真遁叟。元末明初文学家,曾被明太祖朱元璋誉为"开国文臣之首",学者称"太史公"。宋景濂与高启、刘伯温并称为"明初诗文三大家"。

2 王彦达:阳明五世祖,当时十六岁。

纷纷叩头服罪。当王纲回到增城时，海盗曹真等人却突然出现，他们敲着大鼓，高喊着口号，列舟行礼，请求王纲出任他们的头领。王纲劝诫道："汝等究竟何许人？当今圣上下诏平定地方叛乱，汝等本是良民，理应在此太平盛世安心生活，却挑起动乱，无疑自寻死路。"

众海盗不听他的劝诫，于是王纲开始厉声斥骂。众海盗挟持王纲而去，并且特意设坛，让王纲端坐坛上，每日一起行礼膜拜，请求他担任首领。王纲不为所动，每日斥骂不止，终被海盗所杀。

当时，王彦达也被海盗掳去，看到父亲被海盗所杀，他痛苦不堪，一边痛哭，一边大声斥骂，要求海盗将自己一并杀死以陪伴父亲。海盗大怒，打算杀死他，但海盗的头目说："父忠而子孝，杀之不祥。"

海盗给王彦达东西吃，王彦达却不肯吃。海盗为王彦达的孝心所感动，他们把王纲的遗骸装在一个羊皮袋里，交给王彦达，放他离去。王彦达背负着父亲的遗骸，回到家乡浙江，将父亲葬在禾山（今余姚马渚镇开元村）。

洪武二十四年（1391），御史郭纯向朝廷详细报告了此事。朝廷决定在增城为王纲立庙，并起用王彦达。但王彦达痛心于父亲的忠死，遂自号"秘湖渔隐"，耕田养母，粗衣恶食，终身不仕。王纲遇害之时，王彦达年仅十六岁。

遁世高祖王与准

王与准，王彦达之子，字公度，号遁石，《王文成公全书》的《世德纪》中收录了国子监祭酒[1]胡俨为其作的传记《遁石先生传》。王彦达将父亲王纲遗留下的书籍全部传给王与准，并告诉他说："但毋废先业而已，不以仕进望尔也。"

于是，王与准便闭门做学问，熟读了祖父留下的所有书籍。当时乡里后进之士中有一些求学之人想拜他为师，王与准推辞说："吾无师承，不足相授。"

后来，他来到四明山赵先生处学《易》。赵先生为他的气节所打动，将本族的一位女孩许配给他，并劝他出仕为官。王与准对赵先生说："昨闻先生'遁世无闷'[2]之诲，与准请终身事斯语矣。"赵先生听完之后，颇感惭愧。

前文已述，曾有道士送给王纲占卜之书。王与准闲暇之时，也会捧起这些书，研究一下占卜之术，有时也会给人占上一卦，皆出奇的精准。后来远近之人都来求他占卜，就连县令也派使者前来，请他前往占卜，有时一日竟达两三次。王与准最终厌恶至极，在使者面前把占卜之书付之一炬。

"王与准不能为术士，终日奔走公门谈祸福。"这一举动招致县令的愤恨，王与准只好逃到四明山的石室中隐遁起来，一年多

---

1 国子监祭酒：国子监的最高负责人。
2 《易·乾·文言》："不成乎名，遁世无闷。"

不归。

当时朝廷正在征召全国的奇才，吏部使者来到余姚，打算起用王与准，可是余姚县令进谗言说："王与准以其先世尝死忠，朝廷待之薄，遂父子誓不出仕，有怨望之心。"

使者听后大怒，命人拘捕了王与准的三个儿子，并且派人入山搜捕王与准。王与准获悉之后，就逃往更深的山中，不慎失足跌入山崖，腿部受伤，最终被抓获。王与准虽然身受重伤，但是言行容貌似平常，这让使者非常惊讶。王与准被抓后详细叙述了自己焚烧占卜书籍、遁入山林的原因。使者明白了真相，释放了王与准，并对他说："足下不仕，终恐及罪，宁能以子代行乎？"

王与准不得不从，只好让儿子王杰到县学补弟子员，而自己则因足部受伤免于处罚。

王与准如此这般希望隐遁，究竟是为何呢？他曾对人说："吾非恶富贵而乐贫贱，顾吾命甚薄，且先人之志，不忍渝也。"又说："吾非伤于石，将不能遂栖遁之计。石有德于吾，不敢忘也。"因此，后来他自号"遁石翁"。

王与准身材魁伟，长髯飘逸，精通《礼》《易》，著有《易微》。他曾经为自己占卜过一次，遇到"大有"之"震"，遂对儿子说："吾先世盛极而衰，今衰极当复矣。然必吾后再世而始兴乎？兴必盛且久。"

然后，飘然而逝。

洒脱曾祖王杰

王杰，字世杰，王与准之子。其父曾在门前种植三棵槐树，所以王杰自号"槐里子"，世人尊称他为"槐里先生"。《世德纪》中收录了翰林院编修戚澜为他撰写的《槐里先生传》，前文所述的《遁石先生传》中也有关于王杰的部分记载。

王杰到县学补弟子员，当时的教谕是程晶。程晶负才倨傲，奴视诸生，在看到王杰时却面露敬意。他对人说："此今之黄叔度也。"

黄叔度是指东汉的黄宪，十四岁时就有人夸赞他几乎可以和孔子的高徒颜回相比肩。

有一年，朝廷举行科举考试，县里的官员都觉得王杰一定能够考取。可是王杰来到京城后，发现书生们因过于勤奋而披发祖衣，形容枯槁，于是叹道："吾宁曳履衡门矣。"于是归乡，不再参加科举考试。

宣德年间，宣宗皇帝发布诏书，要求各地举荐能够对社会施以教化的有才之士，若有此类人才，可以破格任用。当时的余姚县令黄维雅打算举荐王杰，并为他准备了行李和仆从，王杰却以家中尚有老父为由推辞不受，并将这个机会让给了好友汪叔昂。父亲遁石翁去世之后，县里又举荐王杰，王杰却以家中尚有老母为由推辞不受，将机会让给了好友李文昭。王杰一边耕田一边教授弟子，生活清苦，经常断顿，但仍安然自若。由于家里实在是太穷了，其母在临死之前留下遗言："尔贫日益甚，吾死，尔必仕。

毋忘吾言！"

王杰遵照母命，办完母亲的丧事之后便接受地方举荐进入南京国子监。祭酒陈敬宗见到王杰之后，对他施以友人之礼，不把他列入弟子之列。翌年，王杰被推荐到朝廷做官，还没到任，就去世了。

王杰容貌秀丽，秀目美髯，远远望去貌似神人。无论贤愚亲疏，他都一视同仁，敬爱有加。他以古时圣贤为榜样来约束自己的言行，曾经对弟子说："学者能见得曾点（曾晳）意思，将洒然无人而不自得，爵禄之无动于衷，不足言也。"

《论语·先进篇》中记载了曾点的故事。有一天，孔子让子路、冉有、公西华和曾点各述自己的志向，曾点之外的三人都陈述了自己的施政理想，唯独曾点与众不同，他在最后说："莫春者，春服既成，冠者五六人，童子六七人，浴乎沂，风乎舞雩，咏而归。"孔子喟然叹曰："吾与点也！"

由上述可知，王杰非常羡慕曾点的超脱和洒落。

王杰著有《槐里杂稿》《易春秋说》和《周礼考正》。撰写《槐里先生传》的戚澜的父亲冷川（戚熙）和王杰是好友，他极力夸赞王杰的《易春秋说》和《周礼考正》，称其为"近世儒者皆所不及"。

冷川在与他人品评人物时，称赞王杰是"当世之第一"。

国子监祭酒胡俨也称颂王杰说："古所谓'富贵不能淫，贫贱不能移，威武不能屈'者，吾诚于世杰见之，异时求当天下之大任者，非世杰而谁乎？"

祖父竹轩先生

王伦（1421—1490），字天叙，王杰之子，王阳明祖父。《世德纪》中收录了布政使[1]魏瀚为他撰写的《竹轩先生传》。

王伦生而好竹，在自家住宅周边遍植竹子，每日在竹林中吟啸，世称"竹轩先生"。王伦淡泊名利，早年秉承父训，终成德才兼备之人。二十岁时，浙江各地的富贾大户争相邀请王伦教育自己的子弟，凡是经他授业点拨的学生，其德行和学业都有明显长进。

父亲王杰英年早逝，所以王伦少时家中十分贫穷，父亲留给他的仅是数箱书。每当王伦打开书箱，都会暗自垂泪，他对自己说："此吾先世之所殖也。我后人不殖，则将落矣。"

于是王伦刻苦读书，尤其喜欢《仪礼》《左传》《史记》。

王伦擅长弹琴，每当风清月朗之时，都会焚香弹上数曲，之后咏诵诗歌，让弟子和之。

王伦心胸坦荡，认识他的人都说他有晋代陶渊明、宋代林和靖（林逋）之风。王伦的生活很清苦，主要靠教授弟子来维持家用。

王伦的母亲对王伦非常严厉，但性格和善，每遇亲戚中的丧父小儿，她都会给予深切的爱怜。王伦也深知母亲心意，每次都会积极地为他们提供衣食，却无暇顾及自家的饥寒。在弟弟王粲还很小的时候，父亲王杰就去世了，所以母亲对弟弟格外爱护。王粲幼年时，王伦在家塾里亲自教他，等他长大了，王伦就带着

---

1 布政使：明代一省的最高行政长官。

他一起游历天下，同甘共苦。

后来，王伦的儿子王华出任翰林，王华向朝廷请求将自己的俸禄分给父亲，而王伦却拿出其中一半用来照顾同族的子弟。当时乡里有同族起纠纷者，听说王伦的事迹后，都倍感惭愧，最终恢复了亲睦关系。

王伦身材魁伟，细目美髯，与人交际时蔼然可掬，但对门人弟子则矩范严肃，凛然不可犯。王伦做文章喜欢简素古意，讨厌浮夸华美。作诗提笔立就，不拘泥于章法，但亦不会脱离于规范之外。王伦著有《竹轩稿》和《江湖杂稿》若干卷。其子王华后来身居要职，出任翰林院修撰和礼部左侍郎。

父亲龙山先生

王华（1446—1522），王伦之子，字德辉，号实庵，晚年又号"海日翁"，曾在龙泉山的寺庙中读书，所以后世之人又尊称他为"龙山先生"。

《世德纪》中收录了王华的弟子、国子监司业陆深撰写的《海日先生行状》以及大学士杨一清[1]撰写的《海日先生墓志铭》。明末清初，墨憨斋主人写了传记小说《皇明大儒王阳明先生出身靖乱录》，其中也有很多关于王华的小故事。在此有必要说明一下，

---

[1] 杨一清（1454—1530）：字应宁，号邃庵，又号石淙。成化八年进士。

《海日先生墓志铭》是将《海日先生行状》中的一些内容抄录整理之后写成的。

明英宗正统十一年（1446）九月，王华降生。出生前夜，祖母孟氏（王杰之妻）做了一个奇怪的梦，梦见婆婆（王与准之妻）赵氏身穿绯衣，腰佩玉带，怀抱一个童子朝自己走来。婆婆把童子放入她手中说："妇事吾孝，孙妇亦事汝孝。吾与若祖丐于上帝，以此孙畀汝，世世荣华无替。"

于是婴儿出生之后，取名为华。王华的长兄名荣。通过两个孩子的名字，可以看出王家对荣华富贵的憧憬。

自王彦达以来，王家世代隐遁，生活贫困。王杰的母亲留下遗愿"吾死，尔必仕"，家族女人们的心中充满了对荣华的憧憬。到王华这一代，王家终于实现了荣华之愿。

少年时代的品德

王华生得聪明俊敏，会说话后，祖父王杰经常抱着他教授诗文，每次听完，他都能够背诵出来。等他年龄稍长，家人让他读书，他皆能过目不忘。

有时，母亲在窗下织布，王华就会坐在旁边读书。有一天，恰逢迎春佳日，孩童们都外出游玩，唯独王华在家中读书不辍。母亲问他："若亦暂往观乎？"王华回答道："大人误矣。观春何若观书？"母亲听后大喜，对他说："儿是也，吾言误矣。"

关于王华少年时期的传说还有很多，以下是《皇明大儒王阳明先生出身靖乱录》中的相关记载。

王华六岁时,和小伙伴们一起在水边玩耍。这时,一个醉汉来到水边洗脚,洗完之后扬长而去。王华最先发现那名醉汉落了东西,跑过去一看,原来是个钱包。他用手掂了一下,沉甸甸的。王华当时就想,这肯定是那名醉汉落下的,等他酒醒了,一定会回来找的。但他又怕被小伙伴们抢去,所以就把钱包扔进了水里。

小伙伴们跑过来问他:"汝投水是何物?"王华撒谎说:"石块耳。"

小伙伴们玩毕,到吃晚饭的时候,就招呼王华一起回去。王华假称自己肚子疼,没和大家一同走,而是坐在岸边静静地等那醉汉前来寻找。等了好一会儿,那醉汉酒醒后意识到自己丢了钱包,号啕大哭,一把鼻涕一把泪地回来寻找。王华站起来问他:"汝求囊中物耶?"

醉汉回答说:"然。童子曾见之否?"

王华告诉他:"吾恐为他人所取,为汝藏于水中。汝可自取。"

醉汉把钱包从水里捞出来,打开一看,里面分文未少。醉汉感到非常惊讶,就对王华说:"闻古人有还金之事,不意出自童子。"

于是醉汉取出一小锭金子,作为对王华的酬谢:"与尔买果饵吃。"

王华不要,笑着说:"吾家岂乏果饵,而需尔金耶?"说完,扬长而去。回家之后,王华也没有将此事告知父母。

《海日先生行状》和《海日先生墓志铭》的记载与以上所述稍有差异。据两文记载,最后王华对那名醉汉说:"不取尔数十金,乃取尔一金乎?"醉汉感到非常惭愧,便跟随王华回到家中,对王华家人无论老少一概鞠躬敬拜。

据上所述,可见王华少年时代的品德。

十一岁时,王华师从乡里的塾师钱希宠。初学对句。一个月后,学作诗。两个月后,学写文章。数月之后,塾生中已无人能及王华的才学。塾师赞叹说:"岁终吾无以教尔矣。"

有一次,县令率随从视察私塾,塾生们见后都抬头看热闹,唯有王华不为所动,依然伏案朗读课文。钱希宠感到非常惊奇,就跟他开玩笑说:"尔独不顾。令即谓尔倨傲,呵责及尔,且奈何?"王华说:"令亦人耳,视之奚为?若诵书不辍,彼亦便奈呵责也?"后来钱希宠对王伦说:"公子德器如是,断非凡儿。"

十四岁时,王华和数名亲友一起在龙泉山的一座寺庙中读书。寺庙古旧,有妖怪作祟。同读的亲友都是富家子弟,向来自负为豪侠,不相信寺庙里有妖怪,还经常欺侮寺庙的僧人,弄得僧人苦不堪言。第二天晚上,妖怪出来伤数人。

寺僧趁此机会夸大其事,搞得人心惶惶,同读的人仓皇而逃。王华没有逃跑,独自一人留在庙里,一如往常,妖怪再也没有出现过。寺僧感到很诧异,于是每晚登上房顶,大笑狂叫,或者用瓦片、石块投掷王华的卧榻,或者在风雨雷电之夜敲击王华房间的墙壁,想尽一切办法吓唬他,想看看他有什么反应。

寺僧透过墙壁的缝隙向里窥探,发现王华正襟危坐,神态自若,丝毫不为所扰。寺僧虽然都赞叹不已,但还是变着法子吓唬王华,结果依然没有任何效果。

当寺僧用尽所有手段仍不起效后,便只好去问王华:"向妖为祟,诸人皆被伤,君能独无恐乎?"

王华回答说:"吾何恐?"

寺僧又问:"诸人去后,君更有所见乎?"

王华回答说:"吾何见?"

寺僧再问:"此妖但触犯之,无得遂已者,君安得独无所见乎?"

王华笑着回答说:"吾见数沙弥为祟耳。"

寺僧闻之,相顾色动,怀疑王华已经发现了他们做的"好事",于是假装追问道:"此岂吾寺中亡过诸师兄为祟邪?"

王华笑着说:"非亡过诸师兄,乃现在诸师弟耳。"

诸寺僧回应道:"君岂亲见吾侪为之?但臆说耳。"

王华反驳说:"吾虽非亲见,若非尔辈亲为,何以知吾之必有见邪?"

众僧人听后惭愧无比,向王华道歉说:"吾侪实欲以此试君耳。君,天人也,异时福德何可量!"

这一传说在《皇明大儒王阳明先生出身靖乱录》中是另外一个版本:"年十四学成,假馆于龙泉寺。寺有妖祟,每夜出抛砖弄瓦。往时借寓读书者,咸受惊恐,或发病,不敢复居。公独与一苍头寝处其中,寂然无声。僧异之,乘其夜读,假以猪尿泡涂灰粉,画眉眼其上,用芦管透入窗棂,嘘气涨泡,如鬼头形。僧口作鬼声欲以动公。公取床头小刀刺泡,泡气泄。僧拽出,公投刀复诵读如常,了不为异。闻者皆为缩舌。"

才学毕显，任教祁阳

天顺六年（1462），王华十七岁，以"三礼"[1]参加乡试，文章优秀。数日之后，县令特意复试王华，出题之后，王华一挥而就。县令怀疑他可能押对了题，考试之前就做好了答案，所以三度出题。但每次出题，王华都能立刻写出答案。县令惊奇不已，赞叹道："吾子异日必大魁天下。"

此后，远近豪强大族皆备好礼，争相邀请王华教育自己的子弟。

有一次，松江提学张时敏测试余姚学子，王华和谢迁共登榜首。张时敏夸奖说："二子皆当状元及第，福德不可量也。"

结果真的如他所言，谢迁于成化十一年中状元，王华于成化十七年中状元。

浙江左布政使、祁阳人宁良请张时敏为自己的儿子推荐老师，张时敏推荐了王华，并说："但求举业高等，则如某某者皆可。必欲学行兼优，无如王某者。"

当时王华不过二十来岁，宁良亲自上门，奉王华为上宾，请求他做自己儿子的老师。王华来到祁阳之后，湖南之士数十人前来拜访，拜其为师。

王华在祁阳期间住在梅庄别墅，别墅内的藏书多达数千卷。王华日夜诵读这些书籍，三年未曾出门。永州陈氏听闻王华是笃学之士，就特意到梅庄别墅请教。陈氏随意取出一本书来提问，王华都能对答如流。陈氏惊叹道："昔闻'五经笥'，今乃见之。"

---

1 三礼：《周礼》《仪礼》《礼记》。

祁阳有叫妓女陪酒的习俗，王华对此极为反感。王华在祁阳待了三年，离别之际，祁阳士人在旅馆为他饯行，并偷偷将两名妓女藏于岸边。客人散去之后，两名妓女悄悄出现在王华身边。王华呼舟不得，于是卸掉亭子的门板，扶着门板渡河而去。世人为王华的态度所折服。

《皇明大儒王阳明先生出身靖乱录》的记载与上述不同，大意是：

有位富豪听闻王华的美名，就把王华请到自己的馆舍来住。一天晚上，一位美姬突然出现在王华的卧室里，王华惊讶异常，避之唯恐不及。

美姬说道："勿惊讶，我乃主人之妾也。因主人无子，欲借种于郎君耳。"

王华回答说："蒙主人厚意留此，岂可做此不肖之事。"

美姬从袖中取出一扇，说："此主人之命也，郎君但看扇头字当知之。"

王华看了一下扇面，确实是主人亲笔，上面写着："欲借人间种。"

王华看罢，在后面加了一句："恐惊天上神。"然后，厉色斥退美姬，美姬怅怅而去。

故事还没结束，后来那名富豪为求子嗣又请来巫师为其祈祷，巫师在祷告期间睡了好一会儿。等他醒来后，富豪问他原因。巫师回答说："适梦捧章至三天门，遭天上迎状元榜。久乃得达。故迟迟耳。"

富豪忙问状元是谁，巫师对他说："不知姓名。但马前有旗二面，旗上书一联云：'欲借人间种，恐惊天上神。'"

富豪惊愕不已。

状元的仕途

明宪宗成化十七年（1481），三十六岁的王华考中状元。此前，王华从祁阳归乡之后，屡次参加乡试，但都名落孙山。成化十六年，王华参加浙江乡试，考得第二名。翌年，参加殿试，考取头名。

礼部每隔三年会在京城举行由各省举人参加的人才选拔考试，合格者才有资格参加由皇帝主持的殿试。殿试中合格的举人被称为进士。王华在殿试中取得头名，高中状元。考中进士是一族的荣耀，考中状元更甚。一旦成为进士或状元，就可以保证整个家族的荣华。

考中状元当年，王华就被授以翰林院修撰之职。成化二十年，王华又被授予殿试弥封官（弥封官是负责将参加殿试的考生试卷上的姓名部分用纸糊上，并写上编号的官员）。成化二十三年，王华出任会试主考官。所谓会试，是指将各省举人汇集到京城进行的中央考试。在会试中合格的考生，被称为"贡士"。明孝宗弘治元年（1488），王华参与编写《宪宗实录》，出任经筵讲官，负责给皇帝讲读经书。

弘治二年，本应加官晋爵之际，王华忽闻父亲竹轩公病倒的消息，便立即请求辞官，希望回家照顾父亲。朝廷和身边好友都劝他不要辞官，王华说："亲有疾，已不能匍匐归侍汤药，又逐逐奔走为迁官之图，须家信至，幸而无恙，出岂晚乎？"

弘治三年，王华接到父亲去世的消息后即日南归，将父亲安葬在穴湖山，还在墓地旁边搭建起一间草屋为父亲守墓。据说，该墓地原是一处虎穴，所以老虎经常结队前来，但从不伤害王华。时间一长，老虎和王华也熟悉了，经常在小屋旁睡觉。人兽互不相犯，众人都认为这是老虎受王华感化的缘故。

弘治六年，王华为父亲守丧期满，重新出仕为官，升任右春坊右谕德[1]，后来又被任命为经筵讲官。在此期间，他向明孝宗进献《劝学疏》。王华在其中写道："今每岁经筵不过三四御，而日讲之设，或间旬月而始一二行，则缉熙之功，无亦有间欤？虽圣德天健，自能乾乾不息。而宋儒程颐所谓涵养本原，熏陶德性者，必接贤士大夫之时多，而后可免于一曝十寒之患也。"孝宗对此大加赞赏，欣然接纳。

弘治九年三月，王华被皇帝任命为每日进讲的日讲官。王华进讲时，声音洪朗，言辞贴切。他每日讲授圣人之学，规劝皇帝勤奋学习，远离逸乐，亲贤远佞。当时负责向皇帝进讲的还有数人，有些人在进讲之前会准备良久，但见到皇帝之后，还是会紧张失色，而王华则不做丝毫准备，进讲时却能雄辩异常，滔滔不绝。

一天，皇帝端坐御座，听日讲官进讲，当值的日讲官突然晕倒，意识全无，众人狼狈不堪，忙推荐王华代讲。王华从容来到书桌前，打开书本，整理了一下仪容，开始进讲，博得同行们的一片叹服。

当时，宦官李广得宠。有一次，王华进讲《大学衍义》[2]，其

---

1 右谕德：在东宫负责辅佐太子的官职。
2《大学衍义》：由朱熹的再传弟子真德秀撰写。

中有一段讲的是唐朝李辅国受唐肃宗宠信，坏事做尽，还勾结张皇后祸乱朝政的事。当讲到这一段时，周围的侍臣都竭力阻止他，以免触怒李广，但王华毫不理会，他字正腔圆地大声诵讲这一段，毫无停止之意，身边的大臣缩头吐舌，惊恐不已，而明孝宗却听得津津有味。进讲完毕后，明孝宗还特意赐给王华美食。

弘治九年四月，受诸位公卿推荐，王华升任东宫辅导。弘治十一年三月，他兼任东宫讲读，并且还出任顺天府的乡试官。弘治十四年，他又出任应天府的乡试官。弘治十五年，他担任翰林院学士，负责为皇帝拟定诏书。翰林院学士其实是一个名誉官职，只有优秀的学者才能获得这一职位。王华还受命指导鲁铎等庶吉士的学业（庶吉士是指从进士中挑选出来的士子，先在翰林院学习，之后量才授官）。此外，他还受命参与编写《大明会典》，并于弘治十六年完成。

弘治十六年，王华出任詹事府的少詹事兼翰林院学士，负责东宫内外的日常事务。同年五月，他参与编纂《历代通鉴纂要》[1]。六月，又升任礼部右侍郎，兼日讲官。王华的进讲主旨鲜明，内容丰富，深受明孝宗喜欢，所以他才能长期担任主讲官之职。

弘治十八年，他奉命祭祀江淮诸神，途中顺便回家省亲。还朝后，他以母亲岑氏年老为由，数次提出还乡意愿，但都没有被准允，后来还升任礼部左侍郎。

弘治十八年夏天，明孝宗驾崩，明朝第十位皇帝明武宗继位，翌年，改年号为正德。当时，宦官刘瑾专权，只要有人冒犯了他，

---

[1]《历代通鉴纂要》：此书由明代大臣李东阳等人奉敕编写。

就会立刻被投入监牢，真可谓刘瑾的一呼一吸都事关他人的祸福。很多士大夫都投奔其门，以求免祸自保。但王华并没有这样做，这让刘瑾耿耿于怀。

当时，王华之子王阳明是兵部主事，因为上书为狱中之人求情触怒了刘瑾，被贬谪到贵州龙场。当刘瑾还是卑贱之身时，曾跟随王华的一位同乡学习书史，从那人处听说了王华的忠孝仁义，所以一直以来都非常仰慕王华。后来刘瑾获悉王阳明是王华的儿子之后，对王阳明的怒气稍解。刘瑾派人告诉王华："吾于先生有旧，若一见可立跻相位。"

王华断然拒绝，这更加激怒了刘瑾。正德二年（1507），王华升任南京吏部尚书，刘瑾又派人前来道贺，并说："不久将大召。"却仍被王华拒绝。刘瑾怒不可遏，但他费尽心机也找不出治王华罪的理由，后来翻出一件王华任职礼部时的陈年旧事，虽然与王华毫不相干，还是找了个莫须有的罪名，逼迫王华辞职。王华却非常高兴，说："吾自此可免于祸矣。"

王华的性行与学识

有一次，王华的同年好友向朝廷诋毁王华。大家都劝王华向朝廷表明自己的清白，但他不肯这样做："某，吾同年友，若白之，是我讦其友矣。是焉能浼我哉？"

后来，王阳明回到京师，官复原职，听闻士大夫们言及此事，就打算向朝廷上书，替父亲辩明此事。王华修书一封，反劝王阳明说："是以为吾平生之大耻乎？吾本无可耻，今乃无故而攻发其友之阴私，是反为吾求一大耻矣。人谓汝智于吾，吾不信也。"

王华气质醇厚，平生无矫言饰行，仁恕坦直，不修边幅，谈笑议论由心而发，朝廷之上，家庭之内，言无两样。只要他人有些许优点，王华都会给予夸赞；若听闻他人有危难，他的内心就会焦虑，会想尽一切办法去救济。而他人有过失，王华也会直言不讳地说出来。正是因为这样的性格，王华时常遭人嫉恨，但当大家知道他的批评是出于真心之后，对他也就不那么怨恨了。

王华才识宏达，坚守志操，无论诸事多么纷杂，他都能从容应对。即使有大事发生，他也能做到临危不乱，从容以对。不过，王华从不刻意去表现自己的这些优点，所以知者甚少。

王华生活节俭，不计较利害得失。有一次，家中失火，资财付之一炬，当亲友前来救火时，他依然像往常一样和大家谈笑风生，毫无慌乱之举。众人都由衷地佩服他的品行和度量。

王华作诗文，提笔立就，以达意为旨，追求自然，不事雕琢，著有《龙山稿》《垣南草堂稿》《礼经大义》《诸书杂录》《进讲余抄》《海日翁日记》等。

前文已述，王华获悉父亲患病，便立即辞官归乡。父亲去世后，他又在墓旁建造草屋，不惧虎威，诚心守孝。后来他为刘瑾所逼，被迫辞官，此时已年逾七旬，母亲岑氏也年近百岁。王华朝夕陪伴母亲，还经常扮小儿状逗母亲一乐。他为母亲按摩，陪母亲散步，寸步不离其左右。有时王华受朋友之邀外出游山玩水，船刚离岸，他忽念家中老母，便立刻反棹驶回。

母亲去世之后，王华以土块为枕，草毡为被，捶胸顿足，悲恸大哭，最终因悲伤过度而得病。母亲出殡之时，王华裸足前行数里山道，病情益甚，进而卧床不起。数年之后才慢慢康复，但身体已日渐衰弱。

王华以圣贤之书为本，从不涉猎儒家经典之外的异端书籍。辞官归乡之后，来客中有人劝他修习神仙长生之术，王华拒绝说："人所以乐生于天地之间，以内有父母、昆弟、妻子、宗族之亲，外有君臣、朋友、姻戚之懿，从游聚乐，无相离也。今皆去此，而槁然独往于深山绝谷，此与死者何异？夫清心寡欲，以怡神定志，此圣贤之学所自有。吾但安乐委顺，听尽于天而已，奚以长生为乎？"

来客道歉说："神仙之学，正谓世人悦生恶死，故其所欲而渐次导之。今公已无恶死悦生之心，固以默契神仙之妙，吾术无所用矣。"

正德十四年（1519），宁王宸濠在南昌发动叛乱。王华素闻宸濠之恶，早就怀疑他会叛乱。有一次，他对亲友说："异时天下之祸，必自兹人始矣。"

他让家人在浙江上虞的龙溪置地，买田筑屋，为将来的隐遁生活做打算。

宁王宸濠起兵后，率领数千艘舰船向东挺进。当时王阳明正在赣州，奉朝廷之命前往福建剿灭当地乱军，但当他抵达丰城后，获悉宸濠已起兵谋反，于是沿赣江南下吉安府，驻留吉安传檄近邻，招募义兵，间不容发，举兵勤王。在此期间，王阳明遇害的消息在民间流传开来，有人劝王华到龙溪避难，王华却说："吾往岁为龙溪之卜，以有老母在耳。今老母已入土，使吾儿果不幸遇害，吾何所逃于天地乎？"并且告诫家人要注意自身的言行。

后来，王阳明起兵勤王的檄文传到家乡，亲朋好友纷纷前来祝贺。由于王阳明已成宸濠之敌，宸濠极有可能派刺客前来刺杀王华，所以众人都劝王华速回龙溪避难，王华却笑着说："吾儿能弃家杀贼，吾乃独先去以为民望乎？祖宗德泽在天下，必不使残贼覆乱宗国，行见其败也。吾为国大臣，恨已老，不能荷戈首敌。倘不幸，胜负之算不可期，犹将与乡里子弟共死此城耳。"

王华还派人告知郡县主事，宜速调兵粮，禁止谣言，以防民心动摇。

王阳明率军攻陷叛军的根据地南昌之后，宁王宸濠本欲攻击南京，获悉南昌失守，于是立即撤军反攻。王阳明和叛军在鄱阳湖决一死战，最终将叛军一举击败，宸濠和数千叛军被俘。

不到一个月，王阳明战胜的消息就传回家乡，亲朋好友纷纷携酒前来祝贺，王华却说："此祖宗深仁厚泽，渐渍人心。纪纲法度，维持周密。朝廷威灵，震慑四海。苍生不当罹此荼毒。故旬月之间，罪人斯得，皆天意也。岂吾一书生所能办此哉？然吾以垂尽之年，幸免委填沟壑；家门无夷戮之惨；乡里子弟又皆得免于征输调发；吾儿幸全首领，父子相见有日；凡此皆足以稍慰目前者也。"

后来，杨一清曾对王阳明父子的大度和忠义大加赞赏，他在文中写道："自古奸雄构乱，虽有忠臣义士，必假以岁月，乃能削平祸难。伯安奋戈一呼，以身临不测之渊，呼吸之间，地方大定。公闻变从容，群嚣众惑，屹然不为动。伯安得直前殉国。不婴怀回顾以成戀绩。公之雅量，伯安之忠义，求之载籍，可多见哉？"

当时，尽管王阳明已经擒获宸濠，但明武宗还是想亲自出征，过一把征讨之瘾。王阳明对宦官动之以情、晓之以理，说明这样做会使很多人丧命，最后折中的结果是在明武宗到达南京后，放出宸濠，让武宗亲自抓获宸濠，以取悦武宗。然而，明武宗身边的奸党嫉妒王阳明的功绩，想嫁祸于他。奸党们蠢蠢欲动，一时间流言四起，王阳明危在旦夕。

当时甚至有人来到王华家中，调查记录资产、房屋、壮丁和家畜等情况，打算抄家没收。亲朋好友都惊恐万分，不知如何才好。唯独王华安然自若，在家静心休养，并嘱咐家人不要外出，要谨言慎行。

正德十六年（1521），明世宗继位，发诏肯定王阳明的功绩，并将他召回京城。王阳明回京途中顺便回乡省亲。

后来，明世宗任命王阳明为南京兵部尚书，并封他为新建伯。朝廷派人赐给王阳明一些银子和丝织品作为嘉奖，同时也赐给王华一些羊肉和美酒。

宣旨的官员到余姚时，恰逢王华过生日，亲朋好友云集。王阳明举杯祝寿。王华郑重地说："吾父子乃得复相见耶！贼濠之乱，皆以汝为死矣而不死，皆以为事难平矣而卒平。然此仗宗社神灵，朝廷威德，岂汝一书生所能办？逸构横行，祸机四发，赖武庙英明保全。今国是既定，吾父子之荣极矣。然福者祸之基，能无惧乎！古云'知足不辱，知止不殆'。吾老矣，得父子相保牖下，孰与犯盈满之戒，覆成功而毁令名者耶？"

阳明跪拜回应道："大人之教，儿所日夜切心者也。"

众人听后，无不感动。后来王华又召集村邻和友人，举行酒宴长达月余。

正德十六年岁末，王华旧病复发，王阳明和诸弟日夜服侍左右。嘉靖元年（1522）正月，王华病情恶化，于二月十二日去世，享年七十七岁。临终之际，王华突然意识清醒，头脑清晰。

朝廷念及王阳明之功，追授其父王华、祖父王伦和曾祖父王杰皆为新建伯。王华去世当天，恰有吏部使者持公文前来，王华气色突变，忙令王阳明等人外出迎接，并对孩子们说："虽仓遽，乌可以废礼？尔辈必皆出迎。"

听闻王阳明等人行礼完毕后，王华才安然闭目离世。绍兴东边有一座山名为天柱峰，翌年八月，王阳明和诸弟将王华安葬在天柱峰南侧的一块平地里。

王华生前曾说："惟古贤人君子未遇之时，每以天下国家为己任。出而登仕，其所遭际不同，而其志有遂有不遂，非人之所能为也。"

杨一清回顾王华的一生，做了如下描述："公少负奇气，壮强志存用世。顾其职业恒在文字间，而未能达之于政。际遇孝宗，讲筵启沃，圣心简在，柄用有期。不幸龙驭上宾，弗究厥用。晚登八座，旋见沮于权奸，偃蹇而归。岂非天哉！然有子如伯安，所建立宏伟卓荦，凡公之所欲为，嗫而不得施用者，皆于其子之身而显施大发之，公又亲及见之，较之峻登大受既久且专，而泯然无闻于世者，其高下荣辱宜何如也？"

王华夫人郑氏，生来静婉，有慈孝之心，甘愿与王华同甘共苦。她每日都会早起，汲水、推磨、纺线，孝敬公婆。当王华富贵之后，郑氏更加恭俭。郑氏四十一岁时去世，比王华先离世三十六年。

郑氏去世之后，王华续弦纳赵氏，并娶杨氏为侧室。王华共有四子一女：长子守仁出于郑氏，次子守俭出于杨氏，三子守文出于赵氏，四子守章出于杨氏；一女出于赵氏，后来嫁给南京工部郎中徐爱[1]为妻。

王阳明系出名门，或多或少受到祖先遗德的影响，尤其是祖父和父亲的亲自教养，对他的影响最为明显。

---

1 徐爱(1487—1517)：字曰仁，号横山。明代哲学家。浙江余姚马堰(现属慈溪市)人。王阳明最早的入室弟子之一。

第三章

不羁少年

十岁的诗才神童

前文已述,明宪宗成化十七年(1481),王阳明的父亲龙山公考中状元后,被任命为翰林院修撰,当时王阳明年仅十岁。

明朝翰林院内的职务有好几类,修撰只是其一。这一职务相当于天子的顾问或秘书,不直接参与政治。只有状元才有资格被授予这一要职。可以说当年龙山公获得这一职位是非常荣耀的。

龙山公成为翰林院修撰之后,日益思念尚在家中的老父竹轩翁,希望把父亲接到京城来,安享晚年。翌年,成化十八年,竹轩翁和十一岁的小孙子王阳明踏上了前往京城的道路。

前文已述,王阳明五岁时就显露出神童的潜质,当时竹轩翁读书,他在一旁听完便能立刻背诵出来。赴京途中,竹轩翁顺便游览了江苏镇江的金山寺。镇江位于长江南岸,和扬州隔江相望,自古以来就是观景览胜之佳所。

竹轩翁在金山寺设赏月之宴,招待宾朋,觥筹交错间,陶然而醉。竹轩翁诗兴大发,但一时无应景的佳句,这时阳明对他说:"祖父,给我笔。"

竹轩翁非常惊讶,问他:"孺子亦能赋耶?"

王阳明立即作诗一首:"金山一点大如拳,打破维扬水底天。

醉倚妙高台上月，玉箫吹彻洞龙眠。"

顿时，四座皆惊，众人啧啧称奇。有人想再试一试王阳明的诗才，又以"蔽月山房"为题，令其吟诗一首。阳明不假思索，随即应口诵道："山近月远觉月小，便道此山大于月。若人有眼大如天，还见山小月更阔。"

两首诗都显得过于外露，缺乏古意——中国诗歌和绘画讲究一个"藏"字，所以会刻意避免过于外露——所以不能算作佳作，但对于一个十一岁的孩子来说，已实属不易。

前一首诗的大意是："微醉之际，披着月光倚在妙高台上远眺伸入江水中的金山，这时的金山看起来仅有拳头般大小。远处传来清幽的箫声，山洞里的龙也许已经睡了吧！"最后一句"玉箫吹彻洞龙眠"描述了一种仙境般的清幽境地。

后一首诗的幻想更为奇妙，似乎预示着王阳明终将成为一位大哲人。在这首诗中，山和月因为观赏者心境的不同而呈现出大小之别，诗歌的境界也超越了世俗，达到悟道之人的水平，充满禅诗的意趣。

以上的解释都是后人所为，当时十一岁的王阳明未必有如此深刻的认识，但我们可以据此推断出王阳明在少时就具备了洞察万物的慧根。山和月的对照，大和小的对比，少年时代的王阳明似乎已参透了《庄子·齐物论》中的理论。

听完王阳明的《蔽月山房》，四座宾朋更是惊叹，他们对竹轩翁说："令孙声口，俱不落凡。想他日定当以文章名天下。"

王阳明听罢，反驳说："文章小事，何足成名？"

小小孩童竟有如此认识，大家都赞叹不已。

据传，王阳明幼时沉迷于象棋，并因此而耽误学业，父亲龙山公震怒，将棋子全都扔进了河里。王阳明为此还特意作诗一首："象棋终日乐悠悠，苦被严亲一旦丢。兵卒堕河皆不救，将军溺水一齐休。"这首诗后来被收录到清人撰写的《坚瓠集》中。（见东正堂《阳明先生全书论考》卷十四《年谱一》）

因为沉迷象棋，遭到父亲斥骂，就能作出如此诗歌，真乃天才也。后来，王阳明被贬谪到龙场之后，作过名叫《晓霁用前韵书怀二首》（《王文成公全书》卷十九）的诗，其中有一句是："谩有虚名拟八叉。"

"八叉"是取自"八叉手"的典故。据说晚唐诗人温庭筠叉八次手，就能作诗一首，后来借指才思敏捷、立即成诗之人。上面这句诗是王阳明对别人评价自己是"八叉诗才"的批评。

天下第一等人

十二岁时，王阳明遵照父命，在京城入私塾读书。王阳明生来豪放，不愿被规矩拘束，所以经常偷偷跑出来，和外面的小朋友们玩"战争游戏"。王阳明自制了大大小小的旗子，让小伙伴们举着，侍立在四周，他是大将，坐在中间，指挥着大家忽而向左，忽而向右，就跟排兵布阵一样。

父亲龙山公获悉之后，怒斥他道："吾家世以读书显，安用是为？"

王阳明问:"读书有何用处?"

龙山公道:"读书则为大官。如汝父中状元,皆读书力也。"

王阳明问:"父中状元,子孙世代还是状元否?"

龙山公道:"止我一世耳。汝若要中状元,还是去勤读。"

王阳明笑道:"只一代,虽状元不为稀罕。"

龙山公听罢,更加感到愤怒,把他痛打了一顿。龙山公担心王阳明的豪放不羁,但王阳明的祖父竹轩公毫不在意,他觉得王阳明将来肯定会成为一位大人物。

有一次,王阳明问私塾先生:"天下何事为第一等人?"

塾师道:"巍科高第,显亲扬名如尊公,乃第一等人也。"

王阳明吟道:"巍科高第时时有,岂是人间第一流?"

塾师问道:"据孺子之见,以何事为第一?"

王阳明答道:"惟为圣贤方是第一。"

龙山公闻之笑道:"孺子之志何其奢也。"

孔子曾说:"古之学者为己,今之学者为人。"(《论语·宪问篇》)但是,宋代以后的一些学者,他们做学问不是为了科举考试,而是为了成为圣贤。

自汉至唐,儒生做学问都是为了科举考试,为了加官晋爵。但到了宋代,出现了一些儒生,例如程明道(程颢)等人,他们从过去的弊病中解脱出来,强调做学问不是为了科举考试,而是为了成为圣人。其实,这才是"孔孟之教"的根本,是最崇高的精神。

自汉代以来,人们却忘却了这一根本,把科举考试、加官晋爵当作自己做学问的目的。王阳明的塾师也是这么想的,并且把这一错误的看法传给了自己的学生。王阳明当时虽然年少,却一语道出了圣学的真谛。但当时的王阳明并不清楚这句话会给他以后的人生带来多大的影响!

据《皇明大儒王阳明先生出身靖乱录》记载,有一天,王阳明去市场上游逛,看到有人卖麻雀,他非常喜欢,就想要一只,但没带钱,那人无论如何也不肯给他,最后二人就争吵起来。

恰在此时,有一个人称"麻衣神相"的道士从王阳明的身边走过。道士看到阳明的面相之后非常惊讶,对众人说:"此子他日大贵,当建非常功名。"于是出钱买下麻雀,送给王阳明,并且摸着小阳明的脸说:"吾为尔相,后须忆吾言:须拂领,其时入圣境。须至上丹台,其时结圣胎。须至下丹田,其时圣果圆。"接着又嘱咐他自重自爱:"孺子当读书自爱。吾所言将来以有应验。"

王阳明受道士的感化,从此潜心读书,心无杂念,学问日进。

巧用智谋惩戒庶母

王阳明十三岁时,母亲郑氏去世,他悲痛异常,但是与朱熹相比,王阳明要幸福得多。朱熹十四岁丧父,由父亲的好友抚养成人,而王阳明至少还有父亲和祖父,而且父亲的地位还非常显赫。

父亲龙山公有一爱妾,但这位庶母对王阳明不太好,王阳明一直感到很不舒服。

一天，王阳明去街上闲逛，见到一个人在卖鸮鸟，就立刻出钱买了一只，然后来到巫婆的住处，给了她五钱银子，告诉巫婆过会儿见到庶母要如此这般说。叮嘱完毕，王阳明就若无其事地回家了。他偷偷走进庶母的卧室，把鸮鸟藏在被子底下。

庶母回到卧室，一掀开被子，里面突然飞出一只鸮鸟，鸮鸟在屋子里乱飞，还发出阵阵怪声。这下可把庶母给吓坏了，她惊叫了一声，赶紧打开窗子，把鸮鸟赶了出去。

在民间，野鸟入室是不祥的征兆，更何况还是一只发出怪声的鸮鸟，那真的是太不吉利了。庶母寻思，这只鸮鸟是怎么进到自己的被子里的？屋里挂着窗帘，锦被也非常厚重，鸮鸟根本不可能钻进去。庶母越想越觉得害怕。

王阳明听到庶母发出惊叫声，佯装什么都不知道，进屋询问原因。

庶母向他详述了这一怪事，阳明听罢，说："何不召巫者询之？"

庶母立刻派人请来巫婆。

巫婆一进门就嚷嚷："家有怪气。"然后又盯着王阳明的庶母看了一会儿，说："夫人气色不佳，当有大灾晦至矣。"

继母将被子里飞出鸮鸟一事告知巫婆。巫婆听后对她说："老妇当问诸家神。"

于是点好香烛，让庶母跪拜诸神。仪式结束后，巫婆又假托王阳明生母的亡灵附体，警告庶母说："汝待我儿无礼。吾诉于天曹，将取汝命。适怪鸟即我所化也。"

第三章 不羁少年

庶母信以为真，跪拜无数，认罪忏悔，并且表示："此后再不敢。"

过了好长时间，王阳明生母的"亡灵"才离去。巫婆苏醒后又说："适见先夫人，意色甚怒，将托怪鸟啄尔生魂，幸夫人许以改过，方才升屋檐而去。"

此事过后，庶母对王阳明的态度大有好转，不敢再无礼。

虽然以上所述未必为真，却显示了王阳明从小就善于运用权谋。正是因为如此，他日后才能从刺客手中死里逃生，才能平定长年作乱的贼寇，并神速果敢地平定了宸濠的叛乱，完成救国之大业。

但是，如果王阳明对于庶母的所作所为是真的话，那么此举就完全有别于其祖先王祥、王览的孝行。前文已述，王祥、王览的孝行是世间的典范，而王阳明则是用权谋术策惩戒自己的庶母，并最终助其向善，二者之间存在着根本差别。

后世有人指责王阳明善权谋，认为阳明学充满了权术和霸术，但那都是王阳明少年时期的所作所为，暂且不论他使用的手段，单从最终促使庶母悔悟这一点来看，就不应该对王阳明横加指责。

怀抱经略四方之志

仰慕伏波将军

成化二十一年（1485），王阳明十四岁，开始学习弓马之术，研读《六韬》《三略》等兵法书籍。他认为儒生最大的缺点就是不懂兵法。虽然孔子曾说"有文事者，必有武备"，但当世的儒生仅仅是巧于章句，平时只关注科举及第和荣华富贵。儒生做文章粉饰太平，一旦遇事就束手无策，实乃儒生之耻。

翌年，王阳明十五岁，和父亲同游居庸关。王阳明怀抱经略北地之志，对诸夷狄的族类及其村落进行调查，倾听针对夷狄的防御对策，认为应该采取措施赶走夷狄的骑兵，阻止他们进一步南侵。

一日，王阳明梦见自己拜谒伏波祠，还赋诗一首，据此可以看出王阳明当时的志向。

伏波将军马援（前14—49），右扶风茂陵（今陕西兴平东北）人，是东汉光武帝时期的名将。马援最初在北方以畜牧为业，王莽朝时出仕为官。后来追随光武帝，因讨伐羌族有功，被封为伏波将军。

此后马援又屡立战功，先后平定交趾叛乱，征讨匈奴和乌桓，讨伐南方武陵郡五溪蛮暴动等。老年时，再次出兵匈奴，最终病死疆场。马援深得光武帝的信任，并将皇帝的威仪传及诸夷，是一位彪炳史册的大将军。正因为有光武帝这样的明君，才会出现马援这样的大将军。

武陵蛮夷暴动之时，马援已年过六旬。他上书光武帝，要求亲自带兵出征。光武帝考虑他年事已高，没有应允。马援立即在光武帝面前披挂整齐，上马驰骋，环视四方，以夸示自己体力尚好。光武帝笑着说："矍铄哉是翁也。"于是派马援率领大军前往征剿。

马援曾说："大丈夫立志，穷当益坚，老当益壮。"并申明壮志说："方今匈奴、乌桓尚扰北边，欲自请击之。男儿当死于边野，以马革裹尸还葬耳，何能卧床上在儿女子手中邪？"

马援以社稷为重，不顾己身，不追求功名利禄，实乃东汉之一大豪雄。他对自家子弟的言行也非常用心地进行教诲。他南征交趾时，在前线听说侄儿们到处乱发议论，讥讽别人，而且与一些轻狂不羁的人物结交往来，便立即写信劝诫他们：

吾欲汝曹闻人过失，如闻父母之名，耳可得闻，口不可得言也。好议论人长短，妄是非正法，此吾所大恶也，宁死不愿闻子孙有此行也。汝曹知吾恶之甚矣，所以复言者，施衿结缡，申父母戒，欲使汝曹不忘之耳。龙伯高敦厚周慎，口无择言，谦约节俭，廉公有威，吾爱之重之，愿汝曹效之。杜季良豪侠好义，忧人之忧，乐人之乐，清浊无所失；父丧致客，数郡毕至，吾爱之重之，不愿汝曹效也。效伯高不得，犹为谨敕之士，所谓刻鹄不成尚类鹜者也；效季良不得，陷为天下轻薄子，所谓画虎不成反类狗者也。

马援的忠诚和人品令少年王阳明推崇备至。

王阳明在梦中所作之诗《梦中绝句》，收录于《两广诗》二十一首（《王文成公全书》卷二十）中。

伏波祠位于今广西横州市东部的乌蛮滩上游。嘉靖六年（1527），王阳明五十六岁，受朝廷之命前往广西思恩和田州平定叛乱。归乡途中，王阳明拜谒了伏波祠，并作诗两首，题曰《谒伏波祠》。当时，他想起了四十多年前，自己十五岁时在梦中所作的绝句，还特意为《梦中绝句》作了序："此予十五岁时梦中所作。今拜伏波祠下，宛如梦中。兹行殆有不偶然者，因识其事于此。"

王阳明十五岁时作的这首诗，似乎预言了他晚年平定思恩和田州叛乱之事。

《梦中绝句》这样写道："卷甲归来马伏波，早年兵法鬓毛皤。云埋铜柱雷轰折，六字题文尚不磨。"

"卷甲归来"是指马援平定交趾叛乱后胜利归来。当时，马援在边境立了一根铜柱，上面题了六个字。据东正堂考证，这六个字应该是"铜柱折，交趾灭"（《阳明先生全书论考》卷十四《年谱一》）。《大明一统志》卷九十的安南部分记载了马援的誓文，其中就有这六个字。

王阳明在《梦中绝句》中表现了他的英雄气概，年仅十五岁就能写出如此高风亮节的诗，真让人惊叹。阳明在少年时代创作的诗歌虽然无法与他二十多岁时"以心入文"的诗歌相比，却充满了奇趣、理性和个性，应该说这是他少年时代诗歌的一大特色。

第三章 不羁少年

经略四方的志向

明朝中叶以后,大明王朝内忧外患。王阳明十二岁时,鞑靼入侵大同,明军战败。

据《王文成公全书》中的《阳明先生年谱》和《阳明先生行状》记载,王阳明十五岁时,各地或洪水泛滥,或旱灾频发,盗贼乘机作乱。石英和王勇在京城周边肆意掠夺,陕西的石和尚和刘千斤也发动叛乱,攻城略地,抢夺府银,官军对此束手无策。内忧外患令王阳明的忧国之情顿生,他打算直接向皇帝上书,陈述对策。

据《皇明大儒王阳明先生出身靖乱录》记载,当时王阳明对龙山公说:"欲以诸生上书请效终军故事,愿得壮卒万人,削平草寇,以靖海内。"

龙山公听罢,惊讶道:"汝病狂耶!书生妄言取死耳。"

从此,王阳明不敢再言及此事,开始专心致志做学问。

王阳明所言及的"终军故事"是何典故呢?终军是汉武帝时期的一名侍臣,博闻多识,文采飞扬,官至谏大夫,后来主动请缨,去劝说南越王归顺汉朝。南越王表示愿意归顺,但是南越的大臣极力反对,他们发兵攻打南越王和汉使者,终军亦被杀害,时年二十余岁。

终军少年时就胸怀大志,赴长安进入函谷关时,关史给终军"繻",即如今的通行证,以帛制之,上面写字,分作两半,出入合符,方能通行。终军说:"大丈夫四游,必取功名,出关何用此物?"说完便弃繻而去,即"终军弃繻"。

虽然受到龙山公的训诫之后，王阳明放弃了上书的想法，但他效仿终军的志向非常难得。

在此需要解释一下，《王文成公全书》中的《阳明先生年谱》和《阳明先生行状》中关于石英、王勇、石和尚和刘千斤的记载存在纰缪。这些人物的事迹其实都发生在王阳明出生之前，后世的一些学者对此专门做过考证。

毛奇龄在《王文成传本》上卷中说："石和尚、刘千斤在成化二年作乱，越一年遂平。又越五年至八年而公始生，是作疏讨贼皆公前世事也。"

此外，《明通鉴》卷三十中也有关于这一叛乱的详细记载。

第四章

五溺时代

心无定性

　　王阳明的一生波澜壮阔，他在转投圣人之学——儒学之前，走了不少弯路。王阳明曾和湛甘泉一起在京城为复兴圣学而努力，他去世后，湛甘泉为他写了墓志铭（《王文成公全书》卷三十七），其中写道："初溺于任侠之习，再溺于骑射之习，三溺于辞章之习，四溺于神仙之习，五溺于佛氏之习。正德丙寅，始归正于圣贤之学。"

　　这就是"阳明五溺说"，记述了王阳明年轻时的精神历程。王阳明年轻时善感多变，心无定性，最初沉溺于"任侠"，后又修习弓马骑射之术和兵法、沉迷于辞章诗文、执着于道教神仙，最后却又迷上了佛学。明武宗正德元年（1506），王阳明三十五岁，是年他转投圣贤之学，开始笃奉儒学。

　　前文已述，王阳明十四五岁时，沉迷于弓马骑射之术和兵法，怀抱经略北地之志，但是后来开始专心致志读书。

　　为什么会出现这么大的转变呢？原因可能有二，其一是受同在太学读书的王寅之和刘景素的勉励，其二与龙山公的训诫有关。

　　王寅之和刘景素的具体情况，已无从得知。正德七年，王阳明四十一岁时，曾写过一封《答储柴墟》的信（《王文成公全书》卷二十一），其中提到这二人。根据王阳明与二人的交往来看，阳明当时应该懂得了真正的师友之道。

按照常识，老师一般都是年长于自己的前辈，而友人则是同龄人。但其中也不乏一些特例，例如有些人虽然年纪比较小，但他们在某一方面做得非常优秀，也可以被尊称为老师；有些人彼此之间虽然年纪相差很大，但并不妨碍他们成为忘年之交。关于这一点，王阳明在给储柴墟（储巏）的信中写道："夫大贤吾师，次贤吾友，此天理自然之则也。"

在王阳明看来，要想成为自己的老师或者好友，必须是修得"人之道"或者"心之德"的人，与身份、地位和年龄无关。对于那些没有修得"道"和"德"的人，用世间一般的礼仪来对待就可以了。

这就是王阳明的师友论，他不以老师的身份来对待自己的弟子，而是以师兄师弟之谊来对待门人。储柴墟批评他的这一做法有悖于"诚心直道"，王阳明反驳说：

> 前书所谓"以前后辈处之"者，亦谓仆有一日之长，而彼又有求道之心者耳。若其年齿相若而无意于求道者，自当如常待以客礼，安得例以前后辈处之？是亦妄人矣。又况不揆其来意之如何，而抗颜以师道自居，世宁有是理耶？夫师法者，非可以自处得也，彼以是求我，而我以是应之耳。嗟乎！今之时，孰有所谓师云乎哉！
>
> 今之习技艺者则有师，习举业求声利者则有师，彼

第四章　五溺时代

诚知技艺之可以得衣食，举业之可以得声利，而希美官爵也。自非诚知己之性分，有急于衣食官爵者，孰肯从而求师哉！

夫技艺之不习，不过乏衣食；举业之不习，不过无官爵；己之性分有所蔽悖，是不得为人矣。人顾明彼而暗此也，可不大哀乎！

将王阳明的以上言论总结一下，那就是："当今之人，对老师没有正确的认识，也不了解求师之道，所以难以求得良师。只有那些对自己的道德心进行了深刻剖析和反省，并且毅然以圣贤之道自任者，才能求得真正的老师。"

接下来，王阳明又举了孔子的弟子曾子（曾参）和北宋儒学家张载[1]的例子，来说明真正的"求师之道"。

在孔子所有的弟子中，曾子以"孝"闻名天下。他虽然脑子有些迟钝，但这并不妨碍他修炼自己的德行。曾子最终掌握了儒学的精髓，得到了孔子的真传，并将其传至后世。据说，孔子学派分为八派，但只有曾子一派发扬光大。曾子将所学传给孔子的孙子子思，子思又将所学传给孟子。孟子去世之后，此派学说一度失传，但是到宋代之后，又有人将其传承下去，并且一直延续到后世。

有这样一则故事。一天，曾子卧病在床，病情危急，弟子乐

---

[1] 张载（1020—1077）：北宋哲学家，理学创始人之一，程颢、程颐的表叔，理学支脉"关学"创始人。封先贤，奉祀孔庙西庑第三十八位。

正子春坐在床边，儿子曾元和曾申坐在床脚，书童坐在角落里，手里拿着蜡烛。

忽然，书童盯着曾子身下铺的席子说："先生身下铺的席子华丽而光滑，是大夫这种身份高贵的人才能享用的吧？"

书童突然冒出这样的问题，让乐子春觉得这是对病床上的曾子的失礼，于是赶紧制止书童说："住嘴！"

曾子听到这话，惊惧地说："是的，那是季孙氏的赏赐，我没能把它换下来。曾元，扶我起来，换竹席！"

曾元说："您的病情非常严重，不能移动身子，等到天亮了，我一定遵从您的意思换了它。"

曾子说："你不如书童爱我啊。君子爱人以德，小人爱人以姑息。我现在还贪求什么呢？只盼望死得合乎正礼罢了。"

于是大家扶起曾子，更换了席子，再把曾子扶回床上。还没有放安稳，曾子就去世了。

曾子临终之际担心自己的行为有违礼节，所以就逼着儿子换掉了席子。席子古时称"箦"，因此这个故事又被称为"曾子易箦"。"易箦"既可指换掉席子，也可指换掉病床，后来演变为对死亡的一种讳称。

依照王阳明的说法，曾子正是不断反省自己、以圣贤之道为己任、真正明白求师之道的贤人。

张载是北宋大儒，为宋学的创立作出了巨大贡献。他早年精通《周易》，能够用"阴阳二气"说来解释宇宙和世间的现象，后来聆听程颢和程颐两兄弟的讲学后，深感自己的学问不精，甘愿拜二人为师，虚心向学。王阳明称赞他道："若非舍弃私见私欲，大勇豪杰独立之士，难以做出此等行为。"

王阳明能够明白真正的师友之道，并不仅仅是他讲学修德的结果，与太学同学王寅之和刘景素的影响也密不可分。

据王阳明所述，尽管王寅之每次考试的成绩都比刘景素优秀，但王寅之总觉得自己比不上刘景素，最终决定拜刘景素为师，行弟子之礼。王阳明见后非常敬服："寅之者，真可为豪杰之士。使寅之易此心以求道，亦何圣贤之不可及！"

"格竹"失败

王阳明在京城和父亲同住期间，曾遍寻朱熹的著作，如饥似渴地阅读。当时王阳明曾和好友钱氏热烈讨论如何才能成为圣贤的问题，最后他们达成一致，要想成为圣贤，必须掌握朱熹所说的"格物穷理"。

朱熹的著作中曾经提到程伊川（程颐）的"众物必有表里精粗，一草一木，皆涵至理"。

父亲就职的官署中有许多竹子，王阳明读到程颐的这句话之后，立刻和钱氏一起"格竹子"，二人日夜沉思，但是毫无所得。

三天之后，钱氏因为疲劳过度病倒了，于是不得不放弃"格竹子"。王阳明觉得这是钱氏精力太弱的缘故，所以更加发奋图强、不分昼夜地全力"格竹子"。但王阳明也失败了。七天之后，王阳明也因劳累过度病倒了。因此，二人叹息说："圣贤是做不得的，无他大力量去格物了。"

就这样，王阳明放弃了宋儒的格物之学。十七岁时，王阳明开始潜心于神仙养生之道，这可能与他的个人经历有关。

前文所述的"格竹"内容，被记录在《传习录》下卷中，但《王文成公全书》中的《阳明先生年谱》将此记述为阳明二十一岁时的事情。后来据清华大学哲学系教授陈来考证，王阳明十九岁时，祖父竹轩公去世，父亲龙山公回余姚守丧三年，阳明二十一岁时应该在余姚，所以《阳明先生年谱》中的记载有误。

为什么王阳明"格竹"会失败呢？最根本的原因在于他没有按照朱熹的教诲去"格物穷理"。清初的朱子学者陆桴亭（陆世仪）对王阳明的这一做法持批评态度，他认为王阳明完全没有理解朱子格物穷理的主旨，他的做法类似于禅宗的"竹篦子话"。

竹篦由剖开的竹子制成，弓形、弯曲状，长约三尺，头部多缠绕藤条，下部装饰有绢带结成的穗饰。禅林中师家指导学人时，大抵手持此物，作为点醒学人悟道之工具。一旦学人答出规定答案之外的答案，师家就会用竹篦击打学人的掌心，这在禅学中被称作"竹篦商量"。确实如陆桴亭所说，王阳明的"格竹"之法不是依照朱熹"格物穷理"的理论，而是更接近于禅宗参禅悟道的一种形式。

朱熹在给陈齐仲的书信中说："且如今为此学而不穷天理、明人伦、讲圣言、通世故，乃兀然存心于一草一木器用之间，此是何学问！"

清初朱子学者吕晚村也曾指出："阳明求竹理之法，为朱子所排斥，故失败乃是必然。"

第四章 五溺时代

朱熹曾说过，"穷天理""明人伦"是他"格物穷理"理论的根本，这些内容圣人都已教过，因此认真学习圣人之言非常重要，朱熹推崇"读书穷理"的原因也正在于此。但是，朱熹的"格物穷理"并不仅仅局限于道德和人伦，而是扩展到自然界的万事万物。虽然范围扩大了，但其大纲还是人伦道德。如果舍弃大纲，仅就具体的一草一木去探求其理，那就丧失了朱熹思想的精髓。

王阳明的格竹之法，其实更接近于禅学。当时阳明之所以选择格竹，是因为竹子就在那儿。说得极端一点，如果当时在那个地方的不是竹子，而是别的东西，那么王阳明也会去格别的东西。依照王阳明当时的想法，格什么东西不重要，重要的是穷尽其理。

如果换作朱熹去"格竹"，他会采取什么办法呢？恐怕朱熹首先会弄清楚竹之理和其他草木之理的不同。这就和水墨画家画山水木石一样，在画之前要首先明白山之理、水之理、木之理、石之理，然后才能绘出山水木石。

格物也是一样，首先需要弄清楚每种事物特有的法则，然后才能进一步探究其存在的生命根本之理。朱熹认为，总合天地万物之理，会形成大的"一理"，每个事物分开来又都有各自之理，千差万别的事物都是"一理"的体现，即所谓"理一分殊"[1]。然而，王阳明在"格竹"时不这样认为，他希望通过"格竹"立刻悟出总合天地万物的大的"一理"。他没有看到分殊之理，而是直接

---

[1] 理一分殊：中国宋明理学讲理一与万物关系的重要命题。宋明理学家采纳了华严宗和禅宗的思想，提出了"理一分殊"的命题。朱熹从本体论角度指出，总合天地万物之理，只是一个理，分开来，每个事物都各自有一个理。

来探求大的"一理",因此说他的做法更接近于道家和禅家的做法。儒家注重分殊之理,所以儒生才会那么重视出仕。

有儒者认为佛教持高远参悟之说,但他们基于建立在人之上的政治,而不能不对人人施以教化。

这句话反映了儒者注重分殊之理的态度,但当时的王阳明还不知道朱熹格物之学的根本就是探究分殊之理。

物是理的载体,理不能脱离物而存在。格物必须有物,有物才能穷其理,因此朱熹说:"盖言理,则无可捉摸,物有时而离;言物,则理自在,自是离不得。"

在探究竹子之理时,如果忽视竹子这一客观事物的存在,仅将其视为一种方法或手段,这就不是儒家之道,而是道家或禅家之道。《庄子·知北游》篇中有如下记载:

东郭子:"所谓道,恶乎在?"庄子:"无所不在。"东郭子:"期而后可。"庄子:"在蝼蚁。"东郭子:"何其下邪?"庄子:"在稊稗。"东郭子:"何其愈下邪?"庄子:"在瓦甓。"东郭子:"何其愈甚邪?"庄子:"在屎溺。"

东郭子听到这里,惊得目瞪口呆。庄子接着说:"夫子之问也,固不及质。正、获之问于监市履狶也,'每下愈况'。汝惟莫必,无乎逃物。至道若是,大言亦然。"

从王阳明的"格竹"中,我们仿佛看到了《庄子》中"道"的影子。此事姑且不论,王阳明"格竹"是想一举求得穷极之理,

第四章 五溺时代

但按照他当时的资质，这一目的显然是不可能达到的。

王阳明的这一穷理方法虽然违背了朱熹之道，却和陆九渊的穷理之道如出一辙。陆九渊主张"心即理"，把理看成心的体现，阳明的穷理方法和他的主张极其相似。朱熹与陆九渊不同，他主张的是"格物穷理"。

在朱熹之前，有一位知名画家叫郭熙。当时的画家不再满足于画出具体的事物，而是开始去探究事物背后之理，了解事物的特性，悟得造化之理和天地之心，然后再将这一切通过物象表现出来。一石一木可观造化之理，一山一水可知天地之心，这就是郭熙所谓格物之学。

那么，如何才能穷尽竹子之理、穷尽竹子之性呢？陈献章[1]在一首诗中写道："窗外竹青青，窗间人独坐。究竟竹与人，原来无两个。"

在这首诗中，竹与人已经融为一体，这样一来，自然就能够穷尽竹子之理，穷尽竹子之性。如果王阳明当初能够放弃刻意格竹之心，以平常心去格竹子，他或许也能达到诗中所描述的那种境界。但这对一个十几岁的孩子来说，实在是太难了。

朱熹的"格物穷理"之法与以上所述完全不同，倒是与郭熙的方法有些类似。如果读一下郭熙的画论，就会发现朱熹的格物之学和郭熙的如出一辙。郭熙在画论《林泉高致》中写道：

---

[1] 陈献章（1428—1500）：字公甫，号石斋，别号碧玉老人、玉台居士、江门渔父、南海樵夫、黄云老人等，因曾在白沙村居住，人称白沙先生。明代思想家、教育家、书法家、诗人。

学画花者，以一株花置深坑中，临其上而瞰之，则花之四面得矣。学画竹者，取一枝竹，因月夜照其影于素壁之上，则竹之真形出矣。学画山水者何以异此？盖身即山川而取之，则山水之意度见矣。真山水之川谷，远望之以取其势，近看之以取其质。真山水之云气，四时不同：春融怡，夏蓊郁，秋疏薄，冬黯淡。画见其大象，而不为斩刻之形，则云气之态度活矣。

郭熙在绘画时，为求画作完美，总是客观地、经验性地、合理地、理智地去寻求物象之理。他学书法也是如此，讲究广闻博识，广泛吸收古今书法之精华，自成一家。郭熙的主张简直就是朱熹的"格物之学"在书画上的翻版。如果让朱熹去格竹，结果又会怎么样呢？恐怕会与郭熙做的一样。

新婚之日离家出走

明孝宗弘治二年（1489），十八岁的王阳明与诸氏完婚。这一年，王阳明从京师回到家乡余姚。同年七月，他前往江西洪都（今南昌）迎娶妻子诸氏。诸氏是当时江西布政使司参议诸养和之女，阳明在洪都期间就住在诸养和的官邸中。诸养和也是余姚人士，而且和龙山公是至交，所以王阳明才会和诸氏成亲。

王阳明迎娶的这位夫人究竟是位怎样的女性呢？

宸濠之乱时，阳明为了家人的安全，打算和家人分开，单独乘船走。但是他又放心不下妻子，所以一直犹豫不决，这时诸氏从怀中取出一把短刀，激励阳明说："我身上带着这把刀，什么贼人来了我都不怕，您赶紧乘船走吧！"从中可以看出诸氏应该是一位女中豪杰。

据《阳明先生年谱》和《阳明先生行状》记载，王阳明在婚礼当天突然离家出走。翌日早上，众人将他寻回，当时他正在一座道观中静坐，在众人的劝说之下，阳明才同意回家。

故事的真伪已无从考证，也许是后人觉得他在这一时期潜心于神仙养生之道，所以才杜撰出这样一段逸事。虽然王阳明一向豪放不羁，但他当时身患结核病，内心充满不安，做出这样的举动也不是完全没有可能。

自宋代以来，儒学家在年轻时大多沉迷于道教。道士基本上都是隐士，在世人看来，他们脱离尘世，志向高远，因而受到世人尊敬。加之宋朝建立伊始，皇帝特意召见隐士，向他们咨询治世之道，致使很多有识之士都想成为道士，或者沉迷于道教。

王阳明十一岁时就能写出充满哲学意趣的诗，后来沉迷于道教也是必然的。但是在婚礼当天离家出走，和道士会面，并在道观度过一宿，这样的行为如果仅以他痴迷于道教来解释，就有点儿说不通了。应该还有其他的原因，那就是当时他对自己的健康状况充满了不安，这种不安促使他从探究外向型行为转变为开始探究人的内心世界。王阳明最终成为心学大师，也许和这种转变有密切关系。

阳明学的源头在陆象山（陆九渊），陆象山与王阳明一样，也患有结核病。因为身体状况的原因，他们不再执着于复杂理性的思辨，也不再纠结于事物终极的存在，而是转向通过简单直接的直观方法来探究事物之理。

《皇明大儒王阳明先生出身靖乱录》中记录了王阳明当时拜访道观铁柱宫的一段逸闻。

婚礼当天，王阳明信步来到铁柱宫，进入本堂之后，见一位道士正在一旁盘腿静坐。王阳明走近才发现这名道士眉毛粗厚，头发花白。

王阳明立刻被他的容貌打动，于是叩问道："道者何处人？"

道士回答说："蜀人也，因访道侣至此。"

王阳明又问道："道者今年高寿？"

道士回答说："九十六岁矣。"

王阳明继续问道："可否知先生姓名？"

道士回答说："自幼出外，不知姓名。人见我时时静坐，呼我曰无为道者。"

这位道士虽然已年近百岁，但身体硬朗，气力旺盛，声如洪钟。王阳明觉得他一定是一位得道高人，于是就向他问询神仙养生之术。

王阳明当时虽是英姿勃发的年纪，但受疾病所扰，面容稍显憔悴。道士望了望他消瘦憔悴的面庞，对他说："养生之诀，无过一静。老子清净，庄生逍遥。惟清净而后能逍遥也。"然后又教给王阳明导引之术。

导引之术是信奉道教的道士修炼的一种功法。

道教是将老子、庄子等人的思想宗教化后形成的。道教以老子的"自然无为"为根本，杂糅神仙之学，追求长生不老。道教还吸收了"阴阳五行"学说，具有浓厚的迷信色彩。道教为了增强自身的权威，还从儒学和佛教中吸收了很多教义。道教中追求长生不老的方法有很多，例如修炼、服丹药、房中术、符咒和积善等，此外还有导引之术、长生之术和飞升之术等。

铁柱宫的无为道士教给王阳明的导引之术其实是一种呼吸方法，是将宇宙之气引入自己体内，让它在体内流动，最终实现"心神"和"虚无"不知不觉地合二为一的一种修炼方法。导引之术适于养生，所以不仅是道士，很多儒生和僧侣也会用这一方法来修行。通过调节呼吸来使精神专一的方法古已有之，并且一直延续到现在。不只是在中国，印度也有类似的方法。导引之术追求的不单是身体的养生，同时还包含精神的修炼。

禅宗也有通过调节呼吸来使精神专一的做法。在禅宗中，坐禅是为了调心，为了达到这一目的，还必须调身和调息，三者浑然一体才能达到修炼的目的。调息指的是用丹田呼吸，唐代禅僧圭峰宗密曾如此解释调息："出入息有声音，谓之风息；出入息阻滞不通畅，谓之喘息；出入息不细弱，谓之气息。"他认为风息、喘息和气息都是不调的表现。没有声音，没有阻滞，不粗烈，连贯无中断，似有似无，心境平和，情绪欢乐的出入息才是调息的表现。

调息又称调气，自古以来就是养生和养心的重要方法。《庄子》中有"真人呼吸以踵"，因此，用脚后跟呼吸被看作是圣人的行为。"呼吸以踵"指的是什么呢？这可能和圭峰宗密所说的

"似有似无"类似，是一种深入沟通天地之气的状态。

调息术和服丹药、禁性欲以及房中术一样受到道家的重视。随着时代的变迁，导引之术也发生了一些变化，最终演变成一种通过静坐来调息或者数息，最终实现长生不老的修炼方法。

贝原益轩是日本为数不多的儒医，他生来体质就比较弱，所以对调息法非常关注，他在自己所著的《初学知要》中介绍了道家的这一养生方法，并且在《慎思录》中再次提到调息的内容："养气须先调息，调息才能养气，这样才能心境平静。气息若乱，内心必乱……调息养气乃儒家之道，不可忽视。"

宋代大儒朱熹著有《调息箴》，其中介绍了调息之法：静坐之后，将目光集中在鼻尖处，全部注意力集中于此，然后再调节气息。虽然朱熹提到了调息，但他调息的目的和道家完全不同。

日本的天木时中对此评论说："儒家乐于调息，并不为修得神仙之术。道家喜好神仙之术，辟五谷以求长寿，平时练习导引之术，炼其外形，养其内气，修炼到精微之处，则渣滓污浊皆消，只剩清虚之气，故身体轻如鸿毛，可寝卧云霄，亦可自由行之于天，此为道家修行者之至善也。而儒家则与此不同，儒家调息只为将精力集于一处，使之不分散外泄，出入气息力求和合，期冀活至一千二百岁也能身体康健，即使日夜忙碌，也不觉疲惫，此为儒家调息之目的。"

综合上述，儒家调息的目的完全不同于道教。无为道者教给王阳明的导引之术，其内部贯穿的应该是道家的思想和目的。

王阳明习得导引之术后，立即开始和道士对坐，练习此术。王阳明虽然感觉恍惚，但似乎有一种顿悟的感觉，他越来越喜欢这种感觉。于是两人闭目对坐，仿佛是两棵枯木。不觉天色已晚，两个人都废寝忘食，就这样一直静坐下去。

王阳明在新婚之日突然离家出走，并且到了晚上都不归家，这令诸氏非常担心，她将此事告知了父亲诸养和。诸养和派衙役四处寻找，众人找了一整夜都没有找到，翌日清晨才终于在铁柱宫寻得阳明。衙役告知阳明，他们是奉其岳父之命劝其回家的，王阳明不得不回，于是和无为道者作别。道士对他说："珍重珍重，二十年后，当再见于海上也。"

根据《皇明大儒王阳明先生出身靖乱录》的记述，果然如道士所言，二十年后，他们再次在海上相遇。

苦练书法

王阳明成亲后，暂住在诸养和的官邸里。官邸内有数箱纸，王阳明每日用这些纸练习书法。翌年十二月，当王阳明启程回余姚时，盛纸的箱子都已经空了，可见王阳明练习书法的刻苦程度。在此期间，王阳明的书法大有长进。

根据《阳明先生年谱》的记载："吾始学书，对模古帖，止得字形。后举笔不轻落纸，凝思静虑，拟形于心，久之始通其法。"

王阳明练字，并不是简单描摹字形，而是要掌握写出这一字形的方法，所以必须拟形于心，凝思静虑。

王阳明的书法意趣不同于唐代书法家，他学习书法的精神和宋代画家学习绘画的精神是相通的。

范宽是北宋著名画家，为宋代水墨画的发展做出过巨大贡献。范宽虽然是山水画名家，但他画山水不仅仅局限于具体的景象。据说范宽为画山水，终日静坐于山林中，观察周围的一切，寻求自然的意趣。哪怕是降雪之日，或者是月夜，他也会去林中徘徊，仔细观察，静静沉思，然后回到住处，将自己的所见所感渲之于纸。

宋代画家高克明也经常徒步郊外寻找山林之趣，或者终日静坐山林，观察周围景致，然后回到家中，排除一切欲念，在安静的屋子里沉思。

这些画家在绘画时，都注重静思澄虑、潜心涤虑和去欲脱尘等心法的运用。他们的画作不是表现物之形，而是探求物之理。为了表现物之理，画家必须看清物之所以能成为物的本质，也必须去感受宇宙之心和天地之理的脉动。他们通过物象来表现物之心，描绘物之理。

对这些画家来说，画山水就要穷尽山水之理和山水之性，主观性在其中发挥着很大的作用。画家画的是"胸中丘壑"，而不是山水的自然形态。说得极端一点，自然山水只是画家在内心创立理想形象的一个诱因，是单纯的素材，没有其他的意义。

王阳明学习书法的态度和上述画家的精神是相通的，这表明他具有成为一流书法家的潜质。

北宋大儒程颢的思想是象山心学之源，其弟程颐的思想是朱子理学之源。阳明思想受程颢的影响颇深，他在书信中屡次引用程颢之语，来阐述自己的思想。程颢曾说："某写字时甚敬，非

是要字好，只此是学。"(《二程遗书·明道先生语》)

在程颢看来，书法不是一种技巧，而是一种心法，这种心法同时也是做学问的根本。王阳明读过这句话后，颇有感触："既非要字好，又何学也？乃知古人随时随事只在心上学，此心精明，字好亦在其中矣。"

以上所述选自《阳明先生年谱》。《皇明大儒王阳明先生出身靖乱录》中的记载略有不同："夫既不要字好，所学何事？只不要字好一念，亦是不敬。"众人听后，都由衷敬服。王阳明觉得刻意求字好之心，或者不求字好之心，都违背了"敬"。"敬"是一种心的修行，是一种心法。宋儒在做学问时，对"敬"都非常重视。

王阳明曾如此解释《大学》中的"格物"："所谓致知格物者，致吾心之良知于事事物物也。吾心之良知，即所谓天理也。致吾心之良知之天理于事事物物，则事事物物皆得其理矣。"

王阳明在此阐述了心学"格心穷理"的"格物"说，对朱熹"格物穷理"的"格物"说提出批判。王阳明为了解释自己的"格物"说，特意引用自己学习书法的故事，其目的还是为了阐明自己的主旨。

谈到书风，世人都会想到"晋书重韵，唐书重法，宋书重意"的说法。那么明代书法看重的是什么呢？我个人认为，明代书风应该是重情。这是受时代风潮影响而形成的一种书风。

日本现存有一件王阳明书法的真迹。正德八年（1513），日本遣明正使了庵桂悟归国，王阳明特意为他写了一篇送别序。内藤湖南对此评价说："王阳明此书，先学元代赵孟頫，再学王羲之，晚年又融合了北宋黄庭坚的书风，终成明代一大书法名家。王阳明与同时代文徵明的书风有些相似，但情有余而巧不及。"

在保存下来的王阳明书法真迹中，有两幅是家书。其中一封是王阳明对两个弟弟的谆谆教导，内容是关于日常生活的心得。另外一封是王阳明在去世前一年写给养子的家书。嘉靖六年（1527），王阳明受朝廷之命前往广西思恩和田州讨伐叛贼，在赶赴广西途中，他给养子王正宪写了一封信，内容是关于日常行为的训诫。第一封家书的书法流畅清丽，不重技巧，率真而作，从中可以窥见王阳明的俊敏之气。笔者认为这封家书应该是他在四十岁左右时所写。

正德九年（1514），王阳明四十三岁，他送给妻子的外甥诸伯生一幅书法作品。这幅作品的书风和前面两封家书的风格极其相似，是用他晚年圆熟的字体写成，字体遒劲苍秀，透出典雅之气。

除此之外，王阳明的书法作品还有《何陋轩记》《客座私祝》《矫亭说》等。正德三年，王阳明三十七岁，他因为得罪宦官，被流放到荒蛮之地贵州龙场，这才有了后来的"龙场顿悟"。《何陋轩记》是他顿悟之后写的作品。虽然龙场的生活非常艰苦，但他在文中感叹此处"何陋之有"。这幅作品的字体有黄庭坚之风、文徵明之韵，气势蓬勃，充满霸气，笔锋自然，毫无滞拙之态。

《客座私祝》是王阳明在出征思恩和田州的前夕所作，记录了他对弟子日常生活上的训诫。全文由楷书大字写成，笔锋遒劲，字体刚毅，表现出王阳明所特有的书风。

《矫亭说》是王阳明书法作品中的逸秀之作。当时，王阳明父亲的好友方时举建造了一座亭子，命名为"矫"，特意向龙山公求文，王阳明就代替父亲写了这幅作品。整幅作品的字体细长流畅，书风雄健直达、神采苍秀。清代学者王育将王阳明的书法与朱熹的书法比较后说："朱熹的书法骨劲老练，有苍松怪石壁立千仞之势。王阳明的书法骨挺神骏，有鹰击长空之态。二者的书法骨骼清奇，实乃二人功业德行使然。"

陈瑚评价《矫亭说》之书风说："今阅其手迹，笔墨飞腾，似有龙凤翔举之势，亦可窥见内心之精明。"

钱大昕评曰："笔势纵逸，酷似李北海。平生所见真迹，此为最上。"李北海，名李邕，唐代著名书法家，颜真卿的前辈。他最初模仿王羲之，后来从王羲之的书法中脱离出来，形成了自己的书风。

总而言之，王阳明的书风雄健奔放、流丽清奇，既继承了其远祖王羲之的书风，又融合了李邕、黄庭坚和文徵明等人的书风，最终形成了自己独特的书法风格。

第五章

圣学之道

拜谒大儒娄谅

弘治二年（1489），王阳明十八岁。是年十二月，王阳明偕夫人诸氏返回家乡余姚。王阳明在洪都生活了十四个月。在此期间，他热衷于书法。至于他究竟读了哪些书籍，做了什么学问，已无从得知。但不妨设想一下，他至少应该读过一些儒家的书，也游览过名山大川，以便寻仙问道。

王阳明四十九岁时写了《火秀宫次一峰韵三首》，在最后一首中有这样一句："当年曾此寄一迹，屈指忽复三千春。"

大西晴隆和近藤元粹都认为，此处的"三千"有误，应该是"三十"。江西峡江县东南有一座玉笥山，山中有一座道观，名为大秀法乐洞天，其中的主殿叫大秀宫。近藤元粹指出，王阳明拜访的应该是大秀宫，而不应是火秀宫，题目中的"火秀宫"可能是笔误。（见《王阳明诗集》）

据《阳明先生年谱》记载，王阳明四十九岁时，"六月，如赣"，"十四日，从章口入玉笥大秀宫"。可见，《火秀宫次一峰韵三首》中的"火秀宫"，实乃"大秀宫"之笔误。

通过以上记述，可以想象得出王阳明滞留洪都期间应该经常游山玩水，对神仙之境心驰神往。

那么，王阳明为何要在十二月返乡呢？

这可能和他的祖父竹轩公翌年去世有关。在得知祖父病重的消息之后，王阳明便启程返乡。他带着妻子从洪都出发，经过鄱阳湖，然后沿信江逆流而上，从东部离开江西境。又从钱塘江上游的常山出发，经过衢州到达杭州，最终回到家乡余姚。

在沿信江逆流而上，到达广信府上饶时，王阳明顺便拜谒了娄谅[1]，向他请教宋儒的"格物"说。

娄谅是吴与弼[2]的三大高徒之一。据说，娄谅曾告诉王阳明"圣人必可学而至"，这与王阳明当时的心境深度契合。儒学是王阳明的家学，他在内心深处对儒学充满信赖，这也正是他要拜谒娄谅的原因。

宋儒的"格物"说

娄谅教给王阳明的"格物"说，其实是他自己的理解，也可

---

1 娄谅（1422—1491）：字克贞，别号一斋。明代著名理学家，江西广信府上饶（今江西上饶）人。其学以"收心、放心"为居敬之门，"何思何虑，勿忘勿助"为居敬要旨。著有《日录》四十卷，《三礼订讹》四十卷。

2 吴与弼（1391—1469）：字子傅（一作子传），号康斋，初名梦祥、长弼。明代著名理学家、教育家。清代黄宗羲在他的《明儒学案》一书中把《崇仁学案》位列第一，又把吴与弼列为《崇仁学案》的第一人，表明了吴与弼在明代学术思想界的重要地位。

以说是他自己的"格物"说。娄谅的恩师吴与弼是明初的朱子学者，娄谅继承了恩师的学风。

"格物"说在儒家教学中具有非常重要的地位。朱熹和王阳明对"格物"说的不同解释体现了二者思想的差异，这种差异其实源自他们各自独特的精神世界。

"格物"一词最早出现于《大学》，是"八条目"中的一条。关于儒学之道，《大学》列举了"三纲领"和"八条目"。"三纲领"分别是明明德、亲民（朱熹将其读为"新民"）和止于至善。"八条目"是指格物、致知、诚意、正心、修身、齐家、治国、平天下。总而言之，"三纲领"和"八条目"都是修己治人之道。修己重在修身，它主要体现于格物、致知、诚意和正心；治人重在经世，它主要体现于齐家、治国、平天下；修己与治人共同构成了儒学的根基。修身是经世的基础，而格物、致知、诚意、正心又是实现修身的必要手段。

在儒学中，修己和治人是一个整体，不可分割。因此，明明德和亲民是一体的，修身与齐家、治国、平天下也是一体的，不分轻重，忽视任何一方都不能达到至善。如果儒学忽视治人而只重视修己，那它就会变得和佛教、老庄一样，重视出世、超脱和独善其身。如果儒学忽视修己，而只重视治人，那它又会变得和法家、纵横家一样，重视功利和权力。前者虽然纯真，却忽视现实；后者虽然重视现实，却缺乏纯真。能将二者有机结合起来的只有儒学。儒学主张修己是治人之根本，这体现了儒学的特点——重视人的自由性和主体性。

《大学》和《中庸》原是《礼记》四十九篇中的两篇。到宋代时，《大学》和《中庸》格外受重视，被单独列出，和《论语》《孟子》并称为"四书"。"四书五经"都是儒家经典，儒生在学习"五经"之前，必须先学习"四书"。宋儒的代表人物朱熹曾亲自给《大学》《孟子》《论语》《中庸》作注，并把给《大学》作的注释命名为《大学章句》，足以看出他对《大学》的重视。儒生必须先学《大学》，以明白儒学的学习方法和做学问的方向；然后再学习《孟子》，以激起自己的道义精神；接下来再学习《论语》，以约束自己的日常行为；最后要学习《中庸》，以了解儒学思想的终极境界。

在《大学》中有如下语句："欲修其身者，先正其心；欲正其心者，先诚其意；欲诚其意者，先致其知；致知在格物。"

"格物"是儒学的根本。到宋代后，儒家更加重视"格物"。"格物"一度成为儒学区别于其他学说的重要标志。对"格物"的认识促进了儒者思想的形成，儒者的不同思想又促成了对"格物"的不同认识，所以说宋明儒学的思想史其实就是对"格物"的认识史。王阳明的儒学思想也是建立在他对"格物"的认识之上的。

朱子这样解释格物：格物之"格"乃"尽"之意，穷尽事物之理，是为格物。宇宙万物都是由"理"和"气"构成，气是构成一切事物的材料，理是事物的本质和规律。在现实世界中，理、气不能分离，但从本原上来说，理先于气而存在。

各种事物都由气构成，格物就是要穷尽各个事物之理。事物不同，它们各自的"理"也不同，这是"分殊"。但这不同的理，

第五章 圣学之道

又都源于一个理,这是"一理"。这和佛教中"一即多"[1]的理论有些相似。要先穷尽"分殊"之理,经过积累之后,才能最终悟出大的"一理"。

如上所述,宋儒是通过"理"与"气"的关系来探讨儒学的根本原理的。其实最早使用"理"和"气"来描绘世界观的是北宋的二程(程颢和程颐),朱熹后来接受并发展了"理气"论。

二程的"理气"论存在两个方向,程颢坚持"理气一元"论,朱熹的辩友陆九渊继承了这一观点;程颐坚持"理气二元"论,朱熹继承和发展了他的观点。此外,朱熹还认为欲穷尽天下万物之理,必须依照《大学》中言及的格物之法,通过格天下万物,明白各自之理,当积累到一定程度,才会在忽然之间将万理归一,最终悟出世间大的"一理"。也正因为如此,朱熹才会一直强调要博识广闻。

朱熹在世之时,其学说受到朝廷的压制。他去世之后,其学说才获得大发展。到明朝时,朱子学被定为科举考试内容,风靡一时。

新儒学的兴起

孟子去世后,儒学迅速衰落。西汉初年,占据统治地位的思

---

[1] 一即多:又作"一即十,十即一","一即多,多即一"。谓一与一切,其体用相融而不二。即谓一与多可以等同,用以说明"法界缘起"中的现象间之相,即关系。

想是追求高远的道家思想。后来，儒学逐渐复兴，但受道家思想的影响颇深，变得越来越深奥，从《大学》和《中庸》中也可以看出这一变化。在此后很长一段时间内，儒学在思想和精神方面都没有大的发展，直到宋代才出现飞跃，这被称作"新儒学的兴起"。唐代中期以后，禅学流行，这也促使当时的儒生开始探究儒学深层的奥妙，儒学深远的哲学思想逐渐为世人所知。

宋代儒生参照禅学的教学特点，从《大学》中发掘出"三纲领"和"八条目"，从而确定了儒学的教学特色。《大学》中提及的"明明德""正心"和"诚意"实际上就是内心的修行和具体的实践。受禅学思想的影响，儒生最终找到了做学问的方法。宋代儒生一般都修习过禅学，这也使他们对儒学教义的解释更加深奥和微妙，尤其是《大学》"八条目"中的"格物"，它是儒学区别于佛教和老庄之学的重要标志，所以儒生愿意花大力气对其进行解释。

在宋代以前，虽然儒生也曾对"格物"进行解释，但是在整个思想架构中，"格物"占的比例并不是很大。宋代以后，对"格物"的解释逐渐成为儒家思想的主体，越来越受到重视。

朱熹的"理气"论

要想了解朱熹的"格物"思想，必须明确朱熹在理性和实践性方面对"格物"以及《大学》中"八条目"的认识。此外，还需要了解他的"心性论"和世界观。朱熹的世界观是他所有认识和思想的前提。

根据朱熹的思想,"格物"就是要理性地、一个一个地去探究心外事物之理。世间万物无论是物质层面还是精神层面,都是由气的运转流动形成的。世间万物必须如此,这就是"规范",而为何必须如此,这就是"原理"。朱熹将前者称为"所当然之则",将后者称为"所以然之故",二者构成了朱熹思想中的"理"。

例如,子女必须对父母尽孝,这是每个子女必须遵守的"规范",而为什么必须去尽孝,这就是"原理"。"规范"和"原理"合在一起就是朱熹的"理"。

在朱熹的思想中,"理"实际上是一种精神的存在,是形而上的东西,而气则是形而下的东西,二者是"一即二,二即一"的关系,即二者虽然是两种状态,却不可分离,虽然不可分离,但又各自独立。

朱熹认为人心是千变万化的,所以需要"持敬"[1],"持敬"是穷理之本。格天下物,穷极其理,是谓"格物穷理"。居敬持志,修养本心[2],是谓"居敬养存"。二者是一个整体,不可分离。朱熹还主张"性即理",他认为每个人都是一个"小宇宙",宇宙万理就蕴藏于"人心"。气的灵活运转形成"人心",若不持敬,则不能明理。

说到这里,也许有人会觉得既然宇宙万理就蕴藏于"人心",

---

1 持敬:朱熹认为,持敬就是收敛起放纵散逸之心,使心如止水、明镜般地专静纯一,以这样一种心态去读孔孟书和格天下物,穷极其理,而不是闭目塞听、绝物弃智地空寂禅坐。

2 本心:将内心的杂质去除之后,留下纯净的像良心和良知一样的东西。

那么直接"格心穷理"就得了，这样既简单又好操作，何必不厌其烦地去"格物穷理"呢？这不是和王阳明主张的"格心穷理"一样了吗？其实不然，朱熹提及的"人心"并不是从本性出发的心，其中掺杂了一些不纯的东西，因此需要"持敬"，去除这些渣滓。

在朱熹看来，"格心穷理"最终会变成"格心求心"。这样一来，内心就会变得躁动不安，也难以求得理之要点。因此，对自己的内心要"居敬养存"，对心外之物要理性地"格物穷理"，只有二者同时进行，才能将"心外之理"化为"心内之理"，才能实现"心外之理"和"心内之理"的一致。

"理"表现于"心"，如果能直接把握住自己的"本心"，那么"穷理"也会变得简单。"本心"是"性"纯净的表现，对"本心"进行直接体认，是穷理的根本。

在这一点上，陆九渊和朱熹的主张不同。陆九渊主张"心即理"，认为人皆具有心，心皆具有理，所以"心即理"。朱熹则认为人的心中有一些不纯的东西，如果"心即理"，那么求得的理中也会掺有杂质，所以他主张"性即理"，排斥"心即理"。他主张欲穷理，必先格尽心外之物，同时还要对内心"居敬存养"。

总而言之，朱熹和陆九渊都认为"性"与"心"是一体，但朱熹追求的是严正的"性"，其学说也以"性"为根本，所以其学说被认为是"性宗之学"，而陆九渊追求的是生命的跃动，其学说以"心"为根本，所以他的学说被认为是"心宗之学"。

二人对"心"的不同看法导致两人的学说不同，朱熹看到的是"心之不纯"，而陆九渊看到的则是"心之纯净"。这种不同导致朱熹在"格物穷理"时要求"居敬"，需要对内心进行反省，而陆九渊则相信"心即理"。

元明朱子学

在这一章节,我将简要介绍一下元明时期朱子学的动向,以使大家更好地了解王阳明拜谒娄谅这一事件在思想史上的重要地位。

宋朝末年,朱子学逐渐兴盛,并且一度风靡于世。至元明时期,受时代思潮的影响,朱子学的内容也发生了一些变化。

首先,朱子学开始重视实践工夫,即开始重视"心学"方面的一些内容。

其次,朱子学的"二元论"变为"一元论"。朱熹为了阐述"理"和"性"的关系,同时也为了树立自己学说的威信,将"理"与"气"、"性"与"心"看作两个不可分割的整体,同时将二者加以严格区别,确立了自己的"二元论"主张。但是到了元明时期,"二元论"逐步演变为"一元论"。

再次,"朱陆调和"论。在元明时期,无论是朱子学还是陆学,都被认为是圣人之学,二者逐渐趋向统一。

最后,朱子学也变得重视"体认",对人文、社会和自然等世界万物的理性"穷理"变得越来越弱,逐渐趋向于陆学。

元朝时,朱子学被定为科场程式,受到所有儒生的重视,陆学只能勉强维持。元朝有三位大儒,分别是北方的许衡[1]、刘

---

[1] 许衡(1209—1281):字仲平,人称鲁斋先生。元代杰出的思想家、教育家和天文历法学家。怀州河内(今河南沁阳)人。

因[1]和南方的吴澄[2]。

许衡发现当时的朱子学者陷入训诂记诵之流弊，不再重视知识与思索，转而注重"涵养践履"。在《大学》中，正心被认为是诚意、格物、致知、修身、齐家、治国、平天下的基础。在《中庸》中，"尊德性"和"道问学"被认为是治学之本。朱子学主张"道问学"，陆学主张"尊德性"。许衡是朱子学者，他以"正心"为治学的基础，虽然对陆学提出批判，但他的很多思想也倾向于陆学。

吴澄也注意到朱子学者陷入训诂记诵的流弊，并对此提出激烈批评。他认为朱子学和陆学无论在重"道问学"还是重"尊德性"方面都存在偏颇之处，所以对二者都持批评态度，但比较起来，他还是比较倾向于"尊德性"。吴澄信奉朱子学，同时对陆学也大加赞扬，最终促成了朱子学和陆学的统一，开启"朱陆调和"论之端。其实，"朱陆调和"论最早起源于朱熹的再传弟子真德秀和他的辩友汤存斋（汤千），后经吴澄的弟子虞集传至赵汸，赵汸又将其传给明代的程敏政，至此这一学说才得以完善。后来，王阳明也接受了这一学说，并且提出了自己的论断。

刘因重视处理人间大义的义理，并将这一义理视作沟通天地之道的天理，认为其中蕴藏了天地之生机。这一天理不以人的意

---

1 刘因（1249—1293）：字梦吉，号静修。元代著名理学家、诗人。河北容城（现属河北省保定市）人。

2 吴澄（1249—1333）：字幼清，晚字伯清，人称草庐先生。元代杰出的思想家、教育家。抚州崇仁（今江西崇仁县）人。他与当时的经学大师许衡齐名，并称为"北许南吴"。

志为转移，它是人生的根源。刘因理解的治学之根本是将天理藏于心，然后静静地去体认融释，最终力图悟得"天之心"。在境界上，刘因与追求超脱悠远的曾子以及北宋大儒邵雍[1]有些相似。此外，刘因还追求对喜怒哀乐的持中状态。在这一点上，他和朱熹的老师、追求"理"与"心"相融释的李侗[2]有相通之处。

此外，刘因还吸收了老庄思想的批判精神，对一般的朱子学者提出批评。他指责这些人虽然整天宣扬孔孟理义、程朱明理，但骨子里还是掺杂着道家的权术思想，只为一己之私利，而不知义理天命为何物。

明代理学的开山鼻祖是薛瑄[3]和吴与弼，二人都是朱子学者，但二人对朱熹的"博学致知"研究得并不多，他们更注重的是"涵养践履"，二人开启了明代朱子学的新篇章。

薛瑄严格遵守宋儒的矩矱[4]，他关于"太极""理气""心性"的诸说都是沿袭宋儒的。虽然他不太赞同朱熹关于理先气后的论断，但他对于"理气二元论"精神的理解在明代无人能及。

---

[1] 邵雍（1011—1077）：北宋哲学家、易学家，有"内圣外王"之誉。创"先天学"，认为万物皆由"太极"演化而成。著有《观物内外篇》《先天图》《伊川击壤集》《皇极经世》等。

[2] 李侗（1093—1163）：字愿中，人称延平先生。南宋学者，程颐的二传弟子，年轻时拜杨时、罗从彦为师。朱熹曾从游其门，并将其语录编为《延平答问》。

[3] 薛瑄（1389—1464）：字德温，号敬轩。明代著名理学大师，河东学派的创始人。山西河津（今稷山县）人。

[4] 矩矱：规矩、法度和基准之意。

薛瑄做学问重视躬行，认为"居敬"和"致知"都是"复性"[1]的途径，只有"居敬"才能穷理。这样一来，"复性"与"穷理"就都统一到"居敬"上面来了。薛瑄所言的"居敬"是一种严肃虔诚的"存心"[2]工夫，同时又包含浑厚包容、从容宏大的一面，它是一种从容自在的境界，和云开雾散、阳光乍现时的感觉有些类似。

在明代，真正维护朱子学正统的是胡居仁[3]。胡居仁是吴与弼的高徒，他信奉纯正的朱子学，排斥异端学说。胡居仁主张"穷理"与"存心"并用，以"居敬存养"为自己治学之根本。他痛感从朱熹的再传弟子开始，朱子学已堕入训诂注释、辞章功利的歧途，才高之士向往佛教和老庄思想等异端思想，精神陷入虚无空荡、灭伦弃物之流弊，所以他主张刊落一切浮华，回归真实的本心。

胡居仁对异端的辨析极其精细，他一一道破佛教和老庄思想的本质，分别对它们加以批判。胡居仁的论析精切详密，程朱以来的诸儒无人能及。依据胡居仁的解释，老子灭绝道德，佛教灭绝心性，所以"气"才会被误认为"理"，犯下"心即理"的错误。

---

[1] 复性：中国传统儒学的一个重要概念，也是实践儒学的一条重要指导思想。人性本善，但由于受到蒙蔽，纯真的人性难以显露出来。复性的目的就是使被蒙蔽的纯真人性显露出来。

[2] 存心：源自《孟子·尽心上》中的"存其心，养其性，所以事天也"之句，为保持赤子之心之意，是儒家宣扬的修养方法。

[3] 胡居仁（1434—1484）：字叔心，号敬斋。明代学者。江西上饶余干县梅港人。他认为"气之有形体者为实，无形体者为虚；若理则无不实也"。穷理的方法不止一端："读书得之虽多，讲论得之尤速，思虑得之深，行事得之最实。"胡居仁性行纯笃，不为利禄所动。著有《易象抄》《居业录》《居业录续编》等。

因此，胡居仁严格遵循朱熹的"理气二元论"，对其他异端学说加以批判。

胡居仁不仅批判陆九渊的心学，对北宋的邵雍和张载也进行了批判。他认为邵雍之学放旷不实用，张载的"太虚"说和"太和"说把气当作道之本体，没有把握住道之要义。

此外，他对程门弟子谢良佐[1]也提出批评，认为他提倡的"心之开放"掺入了太多庄子和佛教的异端思想。总之，胡居仁对于先儒诸贤的学说，只要他认为是异端或者与陆学相似的，都会毫无顾忌地予以排斥。即使是对师出同门的陈献章和娄谅，他也会一一列出其异端学说，并加以批判，批评他们陷入禅学思想。

胡居仁以程朱学为宗，认为程学和朱子学存在一些小的差异。他认为程学更注重涵养之功，所以践履纯正，而朱学重视穷理之功，所以文理纤悉。在道德方面，二者也不相同，程学主张针砭时弊，而朱学则不注重这些。

胡居仁以"居敬存养"为治学之根本，"居敬"沿袭的是程颐的"整齐严肃"。他贯彻"动静未已发"思想，非议"主静"；重视"存心涵养"，排斥"求索"。他还从"入头""接续""无间断"和"效验"四方面来阐述"敬"，认为"敬"既有积极的存心之功，也有消极的闲邪之功；既有容貌威仪等外在的东西，也有程颐所

---

[1] 谢良佐（1050—1103）：字显道，蔡州上蔡（今河南上蔡）人，人称上蔡先生或谢上蔡。北宋官员、学者。从程颢、程颐学，与游酢、吕大临、杨时号称"程门四先生"。谢良佐创立了上蔡学派，是心学的奠基人、湖湘学派的鼻祖，在程朱理学的发展史上起到了承上启下的作用。

说的"主一无适"[1]等内在的东西。此外，他还论述了敬与理、敬与诚、修气与主敬的关系，论述详细周密，不留丝毫漏洞。

胡居仁虽然激烈抨击异端学说和陆学，但是从他把"居敬"当作治学根本这一点可以看出，他不知不觉中也受到了各种学说包括陆学的影响。

到明朝中叶，又出现了一位大儒——罗整庵[2]（罗钦顺）。他曾和王阳明论过道（在后文中，我将会对他的学问以及论道的详细内容予以介绍）。

若将王阳明视作明学的代表人物，那么明学的始祖就是吴与弼，而不是薛瑄。吴与弼虽然信奉朱子学，但他受陆九渊心学的影响也非常深，所以说他是明学的始祖。

从宋、元和明的文化层面来看，宋代的文化是官僚知识阶层的文化；到元朝时，蒙古人开始统治中国，自视清高的宋代文化一败涂地，昔日的官僚知识阶层文化逐渐平民化；明代文化是对元代平民文化的继承和发展。文化风潮的变化必然会对人们的思想造成影响，因此在元代，简单易操作的心学开始受到越来越多人士的重视。

---

1 主一无适：由程颐提出，后来朱熹也对其进行了解释，是指心存敬意，精神集中，则内心就不会为外界所扰。

2 罗整庵（1465—1547）：名钦顺，字允升，号整庵。明代教育家。江西吉安泰和县人。

明初心学的传承

比较宋明之学的差异，会发现前者是唯"理"论，后者是唯"心"论；前者是"性宗之学"，后者是"心宗之学"。若单从心学来看，明初心学是始于吴与弼的高徒陈献章。《明史·儒林传》在序中将明初诸儒都视作朱熹弟子的支流余脉，直到陈献章和王阳明，学术才开始出现分流。但是，朱子学在明初已经呈现出重视内心的倾向。

明初的宋濂和王祎[1]以及稍后一点的薛瑄和胡居仁，都是著名的朱子学者，但从其学说中可以看出，他们的思想已经出现转向心学的倾向。虽然他们都声称自己恪守朱子学，但已经不再执着于朱子学的核心思想——"理气二元论"，也不再追求朱子学主张的纤细分析和博闻广识，他们开始重视心的存养，出现"一元论"的倾向。从明初开始，朱子学逐渐趋向于陆学，但真正确立心学思想的是陈献章。

陈献章的老师吴与弼对朱熹极度崇拜，甚至做梦都会梦见朱熹，并在梦中祈求朱熹教授自己学问。吴与弼是江西人，当时陆学余脉在江西比较兴盛，他的一些好友就信奉陆学。受明初文化风潮以及江西陆学的影响，吴与弼之学与薛瑄、胡居仁之学相比，受陆学影响的痕迹更加明显。

---

[1] 王祎（1322—1374）：字子充，号华川。明代官吏、学者。浙江义乌人。洪武初参与编纂《元史》，与宋濂同为总裁。

虽说吴与弼的陆学风格很浓，但他又不同于陆九渊那种生动活泼、充满生命力的风格，而是更接近陆九渊的弟子杨简[1]的风格。杨简的心学以静虚为宗，在这一点上，吴与弼与他有些相似，但二者也有不同，例如吴与弼追求艰苦地反省克己、对神明要有敬畏之心、皈依神明以求心安等，而杨简则不主张这些。

吴与弼之学传至陈献章时，心学的立场更加明确。陈献章主张："其观于天地，日月晦明，山川峙峙，四时所以运行，万物所以化生，无非在我之极……"他认为道至大，天地之不及。道乃虚无，超越言诠。道乃难以名状之物。若想求道，必须默识神通，贵在自得。

陈献章的"自得"之学认为道就蕴藏于人的内心之中，只有去领悟，才能得道。他认为，虚无之妙道，思虑所不及，非穷尽万物之理，通过外求和积累所能达到。

陈献章主张"静坐退藏"，排斥"安排思索"，主张通过"洗心"来发现"天机"。他在一首诗中描述了去除"天机障"后，达到"物我一体"的状态："窗外竹青青，窗间人独坐。究竟竹与人，原来无两个。"

陈献章理解的"天机"，其实就是自由自在的"生机"，是有与无、动与静的枢纽，依托于"心"而存在。陈献章还将能够

---

[1] 杨简（1141—1226）：字敬仲，世称"慈湖先生"，与袁燮、舒璘、沈焕并称"甬上四先生"或"四明四先生"。他曾师事陆九渊，是陆学的主要代表人物，并从不同的角度传播了"心学"，在儒学发展史上占有显著地位。主要著作有《慈湖遗书》《慈湖诗传》《杨氏易传》。

揭露天机的东西称为"端倪"[1]。他主张先通过静坐使内心"虚明静一",然后才能去求"端倪"。单从"静虚为宗"这一点来看,陈献章的学说和宋代周敦颐[2]以及程门弟子杨时[3]、罗从彦[4]和李侗等"主静派"的学说有些相似。但若从"端倪"说来看,陈献章的学说中又有陆学唯心主义的影子。陈献章曾说:"为学须从静坐中养出端倪来,方有商量处。"言下之意就是通过静坐养出个"端倪"来,这对做学问非常重要。如果悟出了"端倪",那么天地将会由我而立,万物将会由我而生,宇宙也会在我内心,一切皆可及。陈献章认为这就是道之"霸柄",主张"反求诸身,霸柄在手"。

陈献章担心儒生做学问时失去"自然性"[5],所以才提出"端倪"说。在这一点上,他和周敦颐等"主静派"的观点不一致。通过静坐来养出端倪,从而提高自己涵养的修行方法是陈献章学说的一大特色。端倪是"本心"的线索,这和王阳明的"良知"说有些相近。陈献章主张通过静坐来提高自己的涵养,而王阳明则是将万事都寄托于生命力的迸发。二者虽然同属心学,但是各

---

[1] 端倪:指本心的萌芽。

[2] 周敦颐(1017—1073):字茂叔,号濂溪。北宋著名哲学家,是学术界公认的宋明理学开山鼻祖。

[3] 杨时(1053—1135):原字行可,后因犯友人父讳,改为中立,号龟山先生。著名政治家、理学家,"程门四先生"之一。南剑州将乐(今属福建明溪)人。

[4] 罗从彦(1072—1135):字仲素,号豫章先生。闽学的奠基人之一,朱熹父亲的老师。南剑州剑浦(今南平市)人。

[5] 自然性:此处的自然包含三层意义:其一,指天理自然;其二,指为学方法自然;其三,指精神境界自然。

有其趣。

陈献章的心学既有恩师朱子学大家吴与弼的影子，又有曾子和邵雍的超脱之风，还有程颢浑厚的气概。黄宗羲认为陈献章的学说吸收了杨简的"主静"思想。杨简是陆九渊的弟子，陆九渊直接承袭孟子心学，思想"主动"，而杨简则与老师不同，他主张"清虚澄明"，倾心"主静"之学。

黄宗羲还提出疑问："有明之学，至白沙始入精微，其吃紧工夫，全在涵养。喜怒未发而非空，万感交集而不动。至阳明而后大。两先生之学最近，阳明后来从不说起，其故何也？"（《明儒学案》卷五《白沙学案》）

王阳明当时肯定了解陈献章的学说。陈献章的心学"主静"，而王阳明的心学追求的是简单直接，尊重生命跃动，可能是他觉得陈献章的学说没有魅力，所以才没有提及。王阳明和陈献章虽然都坚持"唯心论"，但是王阳明继承的是孟子和陆九渊的学说，主张"动"，而陈献章继承的是杨简的学说，主张"静"。二者之间是动与静之别，同时也是明学与宋学之别。

在阳明学和陆学之间起到媒介作用的是娄谅之学，而不是陈献章之学。

娄谅少时就有志于圣学，遍求名师于四方，但最终也没能求得。他认为当时的儒生都是"率举子学，非身心学"，后来听说吴与弼的声名，就前往临川听他讲学，最终拜他为师。

娄谅天性聪明豪迈，不屑于世务，但后来对一些琐碎小事也能躬行。四十三岁时，娄谅出任成都府训导[1]，但不久就辞职返乡（江西广信上饶）。返乡之后，以矫正邻里风俗为己任，专心教授弟子，著书立说。据说娄谅当时事无巨细都会加以晓谕禁诫，经常得罪一些人。

娄谅著有《日录》四十卷、《三礼订讹》四十卷、《诸儒附会》十三篇和《春秋本意》十二篇，但遗憾的是他的所有著作都散佚不见，今人对他的学说无从了解。

吴与弼对娄谅的学说也给予了高度评价。娄谅主张"居敬存养"，他认为《易》中的"何思何虑"和《孟子》中的"勿助勿忘"是"居敬"之要旨，"收心放心"为"居敬"之门。娄谅的学说以"静修"为本，主张做学问的"自然性"，与陈献章的"主静"之学存在一些差异。

胡居仁对师出同门的陈献章和娄谅都进行过批判，认为他们二人都陷入了异端。胡居仁批评他们说："娄克贞说他非陆子之比，陆子不穷理，他却肯穷理。公甫不读书，他勤读书。以愚观之，他亦不是穷理，他读书，只是将圣贤言语来护己见，未尝虚心求圣贤指意，舍己以从之也。"

"娄克贞见搬木之人得法，便说他是道。此与运水搬柴相似，指知觉运动为性，故如此说。夫道固无所不在，必其合乎义理而无私，乃可为道，岂搬木者所能？"

---

[1] 训导：中国古代文官官职名，明清于府设教授，州设学正，县设教谕，掌教育所属生员，其副职皆称训导。

据此可以看出，娄谅穷理重在用心，"心之妙用"可致理现。胡居仁批判他陷入禅学，其原因也正在于此。总而言之，娄谅之学深受吴与弼学风的影响，其中充满陆学的元素。无怪乎黄宗羲会说："姚江之学（阳明学），一斋（娄谅）为发端也。"

王阳明出生八年前，薛瑄去世；王阳明出生三年前，吴与弼去世；王阳明十三岁时，胡居仁去世；王阳明二十岁时，即拜谒娄谅两年之后，娄谅去世；王阳明二十九岁时，陈献章去世。

王阳明拜谒娄谅时，娄谅有没有向他提起以上几位，我们已无从得知，但他应该向王阳明介绍过自己的恩师吴与弼以及自己的同门师兄弟。王阳明没有见过陈献章，但对他的学风性行应该有所耳闻。可以说，在明初儒学中，吴与弼和娄谅的学风与王阳明的学风还是存在一定联系的。

以上用了较大的篇幅来介绍宋、元、明的儒学，希望大家不要介意，因为这些将有助于我们更好地去理解阳明学的精髓。

问学娄谅

王阳明向娄谅请教宋儒格物之说。除了学说，娄谅可能还传授了一些自己的生活方式以及做学问的态度等。娄谅告诉王阳明，任何人都可以通过做学问成为圣人，这又燃起了阳明自少年时代就有志于通过做学问成为圣人的热情。王阳明当时肯定是想通过修习格物之学而使自己成为圣人。

王阳明与娄谅的会面和朱熹与李侗的会面有些相似。李侗是朱熹父亲的好友，朱熹在和他会面之后，开始意识到佛学和老庄思想的不足，转而笃信儒学，最终成为宋学的集大成者。在宋学确立之前，整个时代风潮都是倾向于佛学和老庄思想的。如果没有和李侗的会面，朱熹应该不会转向儒学，也不会把当时的时代风潮从佛学和老庄思想扭转过来。

和娄谅会面之后，王阳明开始有志于圣学，但在真正以圣学为宗之前，他还是经历了一段迷茫期，在那段时期他曾被异端学说所蛊惑。如果没有和娄谅的这次会面，王阳明不会笃志于圣学，也不会开创明代儒学的新篇章。

从这一层面上来说，娄谅和李侗的作用几乎一样，他们都是伟大的启蒙老师。

阳明中举

弘治三年（1490），王阳明十九岁。是年，祖父竹轩公去世，龙山公从京师回余姚为父治丧。出殡之后，竹轩公被葬于余姚东边的穴湖山。龙山公在墓旁搭一草庐，为父亲守丧。

在此期间，龙山公吩咐从弟王冕、王阶、王宫及妹婿等人，与王阳明一起学习经书。王阳明白天跟随众人努力学习科考书籍，夜深人静时，则搜寻经史子集，勤奋攻读。当时科举考试考的是八股文，也就是从经书中选出一句话，让考生写文章。

中国的科举制度古已有之，唐代考诗赋，宋代考策论。宋神宗熙宁四年（1071），在王安石的倡导下，科举考试废止考诗赋，改为考经义。所谓经义，即以经书中文句为题，应试者作文阐明其义理。至此，八股文现出端倪。

元仁宗皇庆二年（1313），科举考试改为"四书"试"士"，把朱熹的《四书章句集注》作为科举考试的教科书，考生的作文字数限定在三百字以上。

到了明朝，明太祖朱元璋和刘伯温商量之后，决定延续宋代的科举之法，每次分别从"四书"中选三篇、"五经"中选四篇作为考试内容。明朝天顺年间之前，科举制度和宋元时期相比并没有大的变化，还是仅仅局限于朱熹的集注。明宪宗成化二十三年（1487）之后，八股文的形式基本形成。八股文是明清两朝科举考试的一种文体，又被称作八比文、时文、制艺、举业和四书文等。

具体地说，就是考官在命题时，将经书中的一句、一节或者一段挑出来，考生围绕这一主题作答，依照八股文的形式写成一篇文章。八股文由破题、承题、起讲、入题（领题）与四股和结束构成。

破题是指在文章开头，用两三句话概括全文主旨。破题全部由对句构成，是文章中最重要的部分。破题的巧拙决定着文章的优劣。

承题是承接破题的部分，简单明了地承接主题，短者三四句，长者五六句，和破题并称为"破承"。

起讲是指阐明主题大意的部分，又被称作原起或者发凡，通常由数句或者十几句构成。

四股又被称为四比，由提股（前比或者提比）、虚股（虚比）、中股（中比）和后股（后比）四个段落构成。每个段落都有两股排列对偶的文字，共有八股，故称八股文。

结束也被称作束语结句，位于文章的结尾，由小结和大结构成。小结和起讲对应，大结和破、承对应。

一破承、二起讲、三入题，这是文章的开始。四提股、五虚股、六中股、七后股，这是文章的中心。八结束，这是文章的结尾。八股文就是这样的文体。

明宪宗成化以后，八股文的形式被最终确立，并一直沿用到清朝末年。清光绪二十四年（1898），康有为上书痛陈八股之弊，于是清政府废除八股文，改用策论代替。

在王阳明生活的时代，八股文已经非常完备。王阳明若想出仕，就必须参加科举考试，也就必须学习八股文。王冕、王阶等人见王阳明的文章日益精进，愧叹弗如，于是总结道："彼已游心举业外矣，吾何及也！"

在待人接物上，王阳明最初是"和易善谑"，爱开玩笑。突然有一天，他开始后悔自己以前的行为方式，变得"端坐省言"。王冕、王阶等人见他变化如此之大，都不敢相信。王阳明却郑重地说："吾昔放逸，今知过矣。"王冕、王阶等四人受阳明的感化，也开始变得谨言慎行。

弘治五年（1492），二十一岁的王阳明参加浙江乡试，得中举人，获得去北京参加会试的资格。当时，与王阳明一起中举的还有孙燧和胡世宁。

据《皇明大儒王阳明先生出身靖乱录》记载，在王阳明参加乡试的前夜，巡场之人在巡视考场时发现两个巨人，一个身着绯红色衣服，一个身着绿衣服，二人东西相向而立，大声谈论说："三人好做事！"言毕就突然不见了。到放榜之日，王阳明和孙燧、胡世宁同榜中举。

这虽然是传说，但三人都和宸濠之乱有着很深的渊源，这不能不让人感到惊奇。后来，宁王宸濠发动叛乱，胡世宁检其奸，孙燧死其难，王阳明则平其乱。

孙燧，字德成，浙江绍兴府余姚人，弘治六年（1493）进士，历任刑部主事、河南右布政使。正德十年（1515），升任右副都御史，被任命为江西巡抚。他发现宸濠有谋逆之心后，七次上书痛陈宸濠必将叛乱，但每次都被人从中作梗，其奏折未能送达皇帝手中。正德十四年，宁王宸濠最终发动叛乱，孙燧也惨遭杀害。后来，朝廷追授他为礼部尚书，谥号"忠烈"。

胡世宁，字永清，号静庵，浙江杭州仁和人，弘治六年进士。胡世宁性格刚直，精通兵法，历任德安府推官和南京刑部主事。胡世宁在任时，曾上书直言时政之弊，和李承勋、魏校、余祐并称为"南都四君子"。后来胡世宁迁任江西兵备副使，上书痛陈宸濠之奸诈。宸濠之乱后，胡世宁升任兵部尚书，不断就兵政和边境防御问题向朝廷进言献策，但由于与张璁、桂萼意见不同，后来托病归乡，卒年六十二岁。朝廷追授他为少保[1]，谥号"端敏"。

嘉靖十七年（1538），杭州当地官府在杭州祥符桥[2]旁边建了一座同仁祠，将孙燧、胡世宁和王阳明合祭其中。（大西晴隆《王阳明》）

---

1 少保：官名，职责是辅佐太子。明、清时期，少保皆为正二品闲职。
2 祥符桥：位于今杭州市拱墅区祥符镇运河支流宦塘河上。

两次会试失败

弘治六年（1493），二十二岁的王阳明参加会试，结果以失败告终。身边好友纷纷前来劝慰他，连宰相李东阳也鼓励他说："汝今岁不第，来科必为状元，试作来科状元赋。"

王阳明听了之后援笔立就，身边诸老都惊叹："天才！天才！"

前文已述，进士中的第一名被称为状元。会试取中者称为贡士（中式进士），有资格参加皇帝亲自主持的殿试。殿试的前三名，被赐"进士及第"[1]，第一名就是状元。考取进士是所有读书人的梦想，考中状元更是令天下人羡慕。王阳明的父亲龙山公就是状元。

会试每三年举办一次。王阳明第二次参加会试已是弘治九年，这一年他二十五岁。非常遗憾的是，他又失败了。据《阳明先生年谱》记载，王阳明第一次会试失败后立刻写出一篇文章，受到李东阳的夸赞，但引起了很多人的嫉妒，这也成为他第二次会试失败的导火索。据说，当时在场的有些人事后私底下嘀咕："此子取上第，目中无我辈矣。"

然而，王阳明有志于圣人之学，所以即使两次会试都失败了，他也毫不介意。

既有志于圣人之学，又要修科举之业，这岂不相互矛盾？宋代程颢见到周敦颐之后，开始认识到圣人之学，于是他果断地放弃了科举之业，开始专注于圣人之学。如果真正有志于圣人之学，

---

[1] 进士及第：科举殿试时录取分为三甲，一甲头三名，赐"进士及第"的称号。

就应该放弃科举之业。王阳明有志于圣人之学，那他为什么还要参加科举考试呢？他对圣人之学和科举之业的关系是如何理解的呢？

这个问题，是萦绕在所有儒生心头的大问题。

宋代之前，儒生认为参加科举考试是自己的使命，将科举之业视作自己的第一要务。宋代之后，部分儒生将修习圣人之学当作自己的第一要务，而认为科举之业是次要的。但是儒学历来主张经世致用，将出仕当作人生的目的。要想出仕，就必须处在一个较高的位置上，这样才能发号施令，推行自己的政治主张。为此，就有必要通过科举考试成为进士，进而达到出仕的目的。但这样一来，就会受到功利心的驱使。

圣人之学是"为己之学"，重在完善自己的人格，而科举之学则重在出仕，这种矛盾该如何解决呢？

年轻时的王阳明糊里糊涂地参加了科举考试，后来他不断反思这一问题。其实，这不仅仅是王阳明一人需要思考的问题，同时也是所有儒生必须去思考的大问题。

圣学与科举之业

那么，王阳明对于科举之业究竟持何种态度呢？我们从他的文章和书信中可以略知一二。正德三年（1508），三十七岁的王阳明被贬谪到贵州龙场。在此期间，他写了一篇《重刊〈文章轨范〉

序》(《王文成公全书》卷二十二)。《文章轨范》是宋末谢枋得[1]所作。谢枋得参加过科举考试，并且获得"进士及第"的荣耀。他为了助后来者举业之事，特意编著了此书。

侍御王济到达贵阳之后，慨叹当地修习科举之业的人太少，于是根据自己的记忆，誊写了《文章轨范》六十九篇，并拿出自己的俸禄重新刊印发行，还委托王阳明为重刊本作序。

王阳明在序中阐述了参加科举考试的必要性，指出如果不参加科举考试，不获取功名，就不能出仕为官，也就不能实现自己的政治理想。他说：

> 夫自百家之言兴，而后有"六经"；自举业之习起，而后有所谓古文。古文之去"六经"远矣，由古文而举业，又加远焉。士君子有志圣贤之学，而专求之于举业，何啻千里！然中世以是取士，士虽有圣贤之学，尧舜其君之志，不以是进，终不大行于天下。
>
> 盖士之始相见也必以贽，故举业者，士君子求见于君之羔雉耳。羔雉之弗饰，是谓无礼；无礼，无所庸于交际矣。故夫求工于举业而不事于古，作弗可工也；弗工于举业而求于幸进，是伪饰羔雉以罔其君也。虽然，羔雉饰矣，而无恭敬之实焉，其如羔雉何哉！是故饰羔雉者，非以求媚于主，致吾诚焉耳；工举业者，非以要

---

[1] 谢枋得（1226—1289）：字君直，号叠山，别号依斋。与袁继咸、文天祥并称为"江右三山"。

利于君，致吾诚焉耳。

世徒见夫由科第而进者，类多徇私媒利，无事君之实，而遂归咎于举业。不知方其业举之时，惟欲钓声利，弋身家之腴，以苟一旦之得，而初未尝有其诚也。邹孟氏曰："恭敬者，币之未将者也。"伊川曰："自洒扫应对，可以至圣人。"夫知恭敬之实在于饰羔雉之前，则知尧舜其君之心，不在于习举业之后矣；知洒扫应对之可以进于圣人，则知举业之可以达于伊、傅、周、召矣。吾惧贵阳之士谓二公之为是举，徒以资其希宠禄之筌蹄也，则二公之志荒矣，于是乎言。

王阳明将"举业"比喻成臣下向君主进献的贡品，给世间轻视科举之人当头一棒。同时，王阳明还对世人通过科举考试沽名钓誉的行为提出了批评：举业若无恭敬之实，则徇私谋利矣。

王阳明认为，在有志于圣学的基础上，再来修习举业，这样参加科举才会有意义。最后他还指出，修习举业是古之圣贤建功立业的重要一步，阐明了参加科举的必要性。

自宋代圣学觉醒以来，举业就陷入是与非的争论中。二程最早致力于举业，但后来遇到周敦颐之后便放弃了举业，转而修习圣人之学。朱熹的辩友陆九渊更是激烈批评科举之弊甚于佛学和老庄思想等异端学说。

总而言之，王阳明将修习圣学看作是参加科举考试的目的。正德六年（1511），王阳明四十岁，在给妻弟诸经（字用明）的回信（《王文成公全书》卷四）中再次提到了举业与圣学的关系。诸经信中说自己的两个孩子虽然年少，但都已参加科举考试，还劝告王阳明不要辞官[1]。

对此，王阳明在回信中写道：

> 得书，足知迩来学力之长，甚喜！君子惟患学业之不修，科第迟速，所不论也。况吾平日所望于贤弟，固有大于此者，不识亦尝有意于此否耶？便中时报知之。
>
> 阶阳诸侄，闻去岁皆出投试，非不喜其年少有志，然私心切不以为然。不幸遂至于得志，岂不误却此生耶？凡后生美质，须令晦养厚积。天道不翕聚，则不能发散，况人乎？花之千叶者无实，为其华美太发露耳。诸贤侄不以吾言为迂，便当有进步处矣。
>
> 书来劝吾仕，吾亦非洁身者，所以汲汲于是，非独以时当敛晦，亦以吾学未成。岁月不待，再过数年，精神益弊，虽欲勉进而有所不能，则将终于无成。皆吾所以势有不容已也。但老祖而下，意皆不悦，今亦岂能决然行之？徒付之浩叹而已。

在上面这封信中，王阳明告诫妻弟不要急于让两个外甥参加科举考试，专心做学问才是最重要的。

王阳明不排斥科举，因为在当时的社会状况下，如果不考取进士，就很难实现自己经世济民的理想。但是，如果只重视科举，

---

[1] 正德十年，王阳明一度打算辞官回乡。

不注重身心修行的话，又会陷入功利霸道之歧途。王阳明对此深感忧虑，所以劝诫妻弟在让外甥们参加科举考试之前，一定要让他们先做学问，好好修行。

正德十三年（1518），王阳明四十七岁。是年，他平定了江西赣州之乱。在平定叛乱后，他给家乡的知名人士邦英、邦正兄弟写了两封信（《王文成公全书》卷四），其中也阐述了圣学与举业、生活与举业的关系。他说：

> 昆季敏而好学，吾家两弟得以朝夕亲资磨砺，闻之甚喜。得书备见向往之诚，尤极浣慰。
>
> 家贫亲老，岂可不求禄仕？求禄仕而不工举业，却是不尽人事而徒责天命，无是理矣。但能立志坚定，随事尽道，不以得失动念，则虽勉习举业，亦自无妨圣贤之学。若是原无求为圣贤之志，虽不业举，日谈道德，亦只成就得务外好高之病而已。此昔人所以有"不患妨功，惟患夺志"之说也。夫谓之夺志，则已有志可夺；倘若未有可夺之志，却又不可以不深思疑省而早图之。
>
> 每念贤弟资质之美，未尝不切拳拳。夫美质难得而易坏，至道难闻而易失，盛年难遇而易过，习俗难革而易流。昆玉勉之！

在另一封信中，王阳明写道：

> 得书，见昆季用志之不凡，此固区区所深望者，何

幸何幸！世俗之见，岂足与论？君子惟求其是而已。

"仕非为贫也，而有时乎为贫"，古之人皆用之，吾何为独不然？然谓举业与圣人之学相戾者，非也。程子云："心苟不忘，则虽应接俗事，莫非实学，无非道也。"而况于举业乎？谓举业与圣人之学不相戾者，亦非也。程子云："心苟忘之，则虽终身由之，只是俗事。"[1] 而况于举业乎？忘与不忘之间，不能以发，要在深思默识所指谓不忘者果何事耶，知此则知学矣。贤弟精之熟之，不使有毫厘之差千里之谬，可也。

在上面两封信中，王阳明认为，不通过举业而求仕官，与不尽人事而责怪天命一样，都是错误的。举业和圣人之学并不相悖，重要的是有无圣贤之志。如果不立圣贤之志，即使每日谈论道德，也不会成为圣贤，最终只会陷入追求功利的世俗之学，或者陷入追求高远的佛老异端。

王阳明的这一观点，其实程颐早已论之。王阳明以及宋朝之后的许多儒生也都将"圣人之志"当作做学问的根本。

在王阳明看来，秉持圣人之志与致力于举业、科举及第一样，都是儒生的美好夙愿。王阳明坚持不懈地参加科举考试，即使失败两次也没有放弃，最终取得进士，为后来建功立业打下了基础。但是，程颐拒绝参加科举考试，他说："儒者出仕为官，需君主至敬至礼请之，而不可自己求之。"

---

[1] 程子两引文皆系张载语，见明朝吕柟《张子抄释》卷三，此处为王阳明的误用。

程颐的这一主张有些过于理想化，是否参加科举应该根据时间和处境作出相应的调整。王阳明在信中道："仕非为贫也，而有时乎为贫。"

因为过于贫困，而不能尽到孝养之责，这时就应该参加科举考试，改变自己的处境，以使自己有能力侍奉双亲。所以说是否参加科举考试并不是仅靠主观意志决定的，有时候还会受到现实情况的影响。

会试再次落第

弘治九年（1496），二十五岁的王阳明参加会试，再次落第。当时，同僚中有人因为落第而感到羞愧，王阳明安慰他说："世以不得第为耻，吾以不得第动心为耻。"那人听后，对王阳明佩服不已。

会试落第之后，王阳明回到家乡余姚，结诗社于龙泉寺，整日赋诗作乐。恰在这时，魏瀚也辞掉了布政使一职，回到余姚。魏瀚经常来龙泉寺与王阳明下棋或者联句，但每次的佳句都出自王阳明，这令他慨叹不已。

魏瀚曾为王阳明的祖父竹轩公立传。其父菊庄翁和竹轩公是至交好友，二人曾一起结社吟诗。其子魏朝端和王阳明一起参加乡试，且都中了举人。这样说来，王家和魏家应该算是世交。魏瀚向来以自己富于诗才自居，但他的诗才稍逊于王阳明，据此可知王阳明在诗文方面是多么才华横溢了。

归乡途中，王阳明顺道游览了山东任城（济宁）。他登上李白住过的太白楼,写下《太白楼赋》(《王文成公全书》卷十九),其中写道:"开元之绍基兮,亦遑遑其求理。生逢时以就列兮,固云台麟阁而容与。夫何漂泊于天之涯兮?登斯楼乎延伫。信流俗之嫉妒兮,自前世而固然。怀夫子之故都兮,沛余涕之湲湲。"

在赋中,王阳明说,李白是因为受世俗之人嫉妒,心中郁闷,所以才登上此楼。王阳明借李白的典故,暗指自己科举落第的原因——为俗人所嫉妒。

在《太白楼赋》的最后,王阳明用了以下两句结尾:"舟之人兮俨服,亦庶几夫之踪者!"

王阳明在此表明了自己将一直追寻圣人之道的决心。

在这篇赋中,王阳明对李白的遭遇表示同情。日本阳明学者东正堂认为,人们在《太白楼赋》中感觉不到像屈原《离骚》那样的愤懑牢骚之气,而可以感受到像李白那样的豪放磊落之风。

从这篇赋中也可以窥见王阳明是一位出色的诗人!

钻研兵法

弘治十年(1497),王阳明二十六岁。是年,他再赴京城。这时,明朝的边境已有些动荡。

弘治元年,鞑靼向明朝派使,希望通好。弘治八年正月,鞑靼进犯凉州。弘治十年五月,鞑靼小王子又攻扰潮河川,明朝指挥官刘钦等人战死。是年十月,朝廷起用王越,封为三边(大同、延绥、甘宁）总制。

边境危险，急报频传，朝廷狼狈不堪，遍求良将而不得。王阳明慨叹说："武举之设，仅得骑射击刺之士，而不可以收韬略统驭之才。平时不讲将略，欲备仓卒之用，难矣。"

于是，王阳明开始遍寻兵法秘书，并精心研读。会见宾客或者参加宴会时，他常用果核排兵布阵，向他人展示兵法。这一时期的积累使他以后能在南方各地发生叛乱之际，灵活巧妙地使用兵法，在短短数月之内平定贼寇，最终建立了卓越的功勋。

从王阳明讨伐贼寇的计谋中，我们可以看出他是一个兵法奇才。前文已述，王阳明在少年时代就已显出奇才，十三岁时就使用计谋促使继母改过自新，这似乎暗示着他终将成为一位伟大的战略家。

王阳明二十六岁时攻读过哪些兵书呢？关于这一点，《阳明先生年谱》和《阳明先生行状》中都没有记载，对此我们也无从得知，但我猜测可能会是《武经七书》这一类的兵书。《武经七书》中最出名的就是《孙子兵法》。有人评价《孙子兵法》是前世所有兵法的集大成者，后世所有兵书都是对《孙子兵法》的注解，故《孙子兵法》被称作"兵法圣书"。

史书中没有孙子使用自己的兵法建功立业的记载，但后世有通过使用他的兵法而取得巨大战果的事例。王阳明在讨伐贼寇时使用的兵法就非常神妙。

兵法和名剑都是冷酷无情之物，名剑会由于使用者的不同，而变为"活人剑"或者"杀人剑"。兵法也是如此，也会由于使用者的不同，而变为"活人兵法"或者"杀人兵法"。

王阳明的兵法确实有冷酷无情之处，但那是兵法的本来面目。王阳明的儒学家身份为他的兵法注入了一些"仁慈"元素，这也使得他的兵法成了"活人兵法"。如果不弄清这一点，就容易对王阳明形成误解。

后来，王阳明在论述"良知"说时，曾提到先秦的纵横家、外交家苏秦和张仪："苏秦、张仪之智，也是圣人之资。后世事业文章，许多豪杰名家，只是学得仪、秦故智。仪、秦学术善揣摸人情，无一些不中人肯綮，故其说不能穷。仪、秦亦是窥见得良知妙用处，但用之于不善尔。"

无论是兵家、法家，还是纵横家，他们都是从现实主义的角度出发，希望将他人控制于股掌之间。为了达到这一目的，他们会使用一些计谋，使他人即使被控制也感觉不到。对儒生来说，他们不仅要修身，还要经世致用，这就要求他们必须去直面他人和社会。为了更好地应付周围的一切，他们不可避免地会使用一些权术。

王阳明运用兵法权诈之术讨伐叛贼，最终立下大功，他对苏秦和张仪做出以上评价也是理所当然的。后来，一部分儒学家批评王阳明善权术，其实如果他们能够仔细体会王阳明对苏秦和张仪的评价的话，就不会误解王阳明的本意，对他也会有一个更客观的认识。

王阳明不愧是龙山公的后代，虽然有时候心游儒学之外，但内心深处还是对儒学充满敬重，且会经常流露出来。弘治十一年（1498），二十七岁的王阳明心中又燃起修习圣学的志向。当时，他遍寻天下适合自己的良师益友，却一无所得，故心中充满困惑。一日，他偶然间读到朱熹给宋光宗的奏折，其中写道："居敬持志，为读书之本；循序致精，为读书之法。"王阳明幡然醒悟，痛悔自己之前的学习虽求广博，但未曾循序渐进，最终导致自己的学问不精，甚至可以说是一无是处。于是王阳明开始循序渐进去穷理，并努力将物之理与自己的身心融为一体。

但是，物之理和王阳明之心最终没能合二为一，仍然是判若两物。王阳明心情沉郁，旧疾复发。他心中充满了挫败感，深感若想成为圣贤还是需要天分的。在此期间，王阳明在余姚经常游山玩水，偶尔听到道士的养生之道，遂萌发了逃脱尘世、隐遁山林的想法。

考中进士入仕途

弘治十二年（1499），王阳明再次参加会试，这次一举成功，名列前茅。后来又参加由皇帝主持的殿试，被赐予二甲进士出身第七人。前文已述，乡试合格的考生称举人，殿试合格的考生称进士。参加殿试的考生根据成绩又分为一甲、二甲和三甲。一甲中的前三名，分别被称为"状元""榜眼""探花"。

据收录于《世德纪》的湛甘泉的《阳明先生墓志铭》记载，

王阳明在会试时本来是第一名，但由于徐穆[1]的反对，才被列为第二名。另外，王阳明那年参加会试的主考官程敏政因为泄题而遭到弹劾，朝廷命令李东阳重新校阅试卷（大西晴隆《王阳明》）。

王阳明考取进士后，观政工部，负责政府的土木建设工作。朝廷派他前往河南浚县，让他主持建造威宁伯王越的坟墓。

王越，字世昌，浚县人，明景泰二年（1451）进士，曾任兵部尚书，晚年被任命为三边（大同、延绥、甘宁）总制，为防范鞑靼侵扰立下卓越功勋，后被朝廷封为威宁伯。他曾三次出兵与鞑靼作战，收复了河套地区。王越是一位伟大的战略家，有数十年的作战经验，兵法出奇制胜，一旦出兵，必凯旋。

弘治十一年（1498），也即王阳明考取进士的前一年，王越在甘州去世，享年七十六岁，谥号"襄敏"，著有《襄敏集》。王越性格豪爽，知人善用，乐于提拔人才，所以部下都甘愿为他赴汤蹈火。

东正堂在《阳明先生全书论考》（卷十四《年谱一》）中提及了一些王越的逸事，由此也可知此人的品格。

> 一日，天降大雪，王越坐在暖炉旁饮酒取暖，身边有四位美姬为他弹曲斟酒。恰在此时，一名士兵从前线侦察胡虏敌情归来。王越立即将他招入帐中，听他禀报

---

[1] 徐穆（1467—1511）：字舜和，江西吉安吉水人。明弘治六年（1493）中进士，授翰林院编修。任满升侍读，参与修纂《历代通鉴纂要》。正德元年（1506），明武宗命徐穆为正使，出使朝鲜颁布大明历法。博学有才识，下笔千言，为文雅致。

前方敌情。那名士兵汇报得非常详细，王越大悦，于是将手中的金杯递给他，请他饮酒。之后又问了他几个问题，那名士兵回答得也很好，王越更加高兴，于是让美姬们给士兵弹曲斟酒，并且还将那只金杯赏赐给了他。王越和那名士兵聊天，越聊越高兴，最后干脆将美姬中最漂亮的也赏赐给了他。因此，那名士兵誓死效忠王越。

还有一则逸事：

一天夜里，王越率兵偷袭胡虏阵营，突然狂风大作，吹得人连眼睛都睁不开。士兵们都踌躇不前，希望撤兵回营。这时，一位老兵从队列中走出来，对天空大喊"天助我也"！王越听到后，更加坚定了偷袭胡虏阵营的决心，觉得这种天气正是上天赐给自己的好时机。于是他立即下马，走到那名老兵面前，向他行礼，对他的提醒表示感谢。

王阳明年轻时奉朝廷之命建造王越墓，晚年时和王越一样奇袭敌营，立下赫赫战功，二人在冥冥之中似乎有着某种因缘。

王阳明还没考取进士时，一天夜里突然梦见威宁伯王越。在梦中，王越解下腰间宝剑，把它送给王阳明。王阳明醒来之后对他人说："吾当效威宁，以斧钺之任垂功名于竹帛，吾志遂矣。"

王阳明没有说错，他的这个梦最终变成了现实。

王阳明非常崇拜王越的兵法，所以当他来到浚县后，立即向王越的后人询问王越的兵法。王越的后人也很乐意将自己所知的兵法告诉他。王阳明很快便将兵法应用到了建造坟墓中。他用"什伍之法"来管理民工，每十个人或者五个人分为一组，组内人员负有连带责任。这样一来，管理就轻松多了。闲暇之时，他还会推演诸葛亮的八卦阵[1]，以锻炼自己排兵布阵的能力。

坟墓竣工之后，王越家人为答谢王阳明，送来一些黄金和布帛，被他拒绝了。后来，王越家人又将威宁伯的佩剑作为礼物送给王阳明，这正好与王阳明梦中的情景一样，于是他欣然接受了。

据《皇明大儒王阳明先生出身靖乱录》记载，王阳明前往浚县时，没有乘轿，而是骑马。当行至一处险隘之地时，坐骑受惊，将王阳明摔在地上。王阳明胸部受到撞击，当时就吐血了。随行人员担心他的安全，都劝他乘轿，但王阳明认为这是一个锻炼骑术的好机会，于是坚持继续骑马前行。有人推测王阳明后来患上肺病，可能与他的这次受伤有关。

其实王阳明的肺病早已有之。《阳明先生年谱》中记载了他年轻时数次"染疾"以及"旧疾复发"的情况，此处的"疾"，应该就是肺病，无非症状较轻而已。

---

[1] 八卦阵：诸葛亮根据八卦图创立的一种阵法。

上陈边防策

王越的坟墓竣工之后，王阳明回到京城。当时有彗星从京城上空扫过，被认为是不祥之兆，又加上鞑靼正在侵扰西北边陲，明孝宗深感忧虑。王阳明年轻时就深切关注边境防务，值此内忧外患之际，他立即上了一篇《陈言边务疏》，内陈"边务八策"。

在上书中，王阳明通过古今之实例来阐述兵法，强调边境防务要慎重务实。他首先痛陈时政之弊，写道：

臣愚以为今之大患，在于为大臣者外托慎重老成之名，而内为固禄希宠之计，为左右者内挟交蟠蔽壅之资，而外肆招权纳贿之恶。习以成俗，互相为奸。忧世者谓之迂狂，进言者目以浮躁，沮抑正大刚直之气，而养成怯懦因循之风。故其衰耗颓塌，将至于不可支持而不自觉。

今幸上天仁爱，适有边陲之患，是忧虑警省、易辕改辙之机也。此在陛下，必宜自有所以痛革弊源、惩艾而振作之者矣。

新进小臣，何敢僭闻其事，以干出位之诛？至于军情之利害，事机之得失，苟有所见，是固刍荛之所可进，卒伍之所得言者也，臣亦何为而不可之有？虽其所陈，未必尽合时论，然私心窃以为必宜如此，则又不可以苟避乖剌而遂已于言也。

接着他列出了自己的"边务八策"。

第一策：蓄材以备急

王阳明给出的解释是：

> 臣惟将者，三军之所恃以动，得其人则克以胜，非其人则败以亡，其可以不豫蓄哉？今者边方小寇，曾未足以辱偏裨。而朝廷会议推举，固已仓皇失措，不得已而思其次，一二人之外，曾无可以继之者矣。如是而求其克敌制胜，其将何恃而能乎！
>
> 夫以南宋之偏安，犹且宗泽、岳飞、韩世忠、刘锜之徒以为之将，李纲之徒以为之相，尚不能止金人之冲突；今以一统之大，求其任事如数子者，曾未见有一人。万如房寇长驱而入，不知陛下之臣，孰可使以御之？若之何其犹不寒心而早图之也！
>
> 臣愚以为，今之武举仅可以得骑射搏击之士，而不足以收韬略统驭之才。今公侯之家虽有教读之设，不过虚应故事，而实无所裨益。诚使公侯之子皆聚之一所，择文武兼济之才，如今之提学之职者一人以教育之，习之以书史骑射，授之以韬略谋猷；又于武学生之内，岁升其超异者于此，使之相与磨砻砥砺，日稽月考，别其才否，比年而校试，三年而选举。至于兵部，自尚书以下，其两侍郎使之每岁更迭巡边，于科道部属之内择其通变

特达者二三人以从，因使之得以周知道里之远近，边关之要害，虏情之虚实，事势之缓急，无不深谙熟察于平日；则一旦有急，所以遥度而往莅之者，不虑无其人矣。

王阳明认为举用人才不能再像过去那样挑选纸上谈兵之人，而要注重实地训练，挑选真正的有用之才，这样才能确保边境有急时能够迅速应对。

第二策：舍短以用长

王阳明对此解释说：

臣惟人之才能，自非圣贤，有所长必有所短，有所明必有所蔽。而人之常情亦必有所惩于前，而后有所警于后。

吴起杀妻，忍人也，而称名将；陈平受金，贪夫也，而称谋臣；管仲被囚而建霸，孟明三北而成功，顾上之所以驾驭而鼓动之者何如耳。故曰：用人之仁，去其贪；用人之智，去其诈；用人之勇，去其怒。夫求才于仓卒艰难之际，而必欲拘于规矩绳墨之中，吾知其必不克矣。

臣尝闻诸道路之言，曩者边关将士以骁勇强悍称者，多以过失罪名摈弃于闲散之地。夫有过失罪名，其在平居无事，诚不可使处于人上；至于今日之多事，则彼之骁勇强悍，亦诚有足用也。且被摈弃之久，必且悔艾前非，以思奋励。

今诚委以数千之众，使得立功自赎，彼又素熟于边事，加之以积惯之余，其与不习地利、志图保守者，功宜相远矣。古人有言："使功不如使过"，是所谓"使过"也。

"使功不如使过"，可以称得上是一条妙策。王阳明在晚年平定地方叛乱时，就使用过这一妙策。他敢于使用归顺之士去讨伐其他叛贼，并且取得了不错的战果。

后来王阳明说过："善恶两端，非冰炭相反，实乃一物耳。"这句话其实是从程颢那里得来的。程颢曾说："善恶皆天理。谓之恶者，本非恶，但于本性上过与不及之间耳。"

王阳明年轻时已经有这样的善恶观，所以才提出"舍短以用长"的策略。

第三策：简师以省费

王阳明引用《孙子兵法》解释说：

臣闻之兵法曰："日费千金，然后十万之师举矣。"（《孙子兵法·作战篇》）夫古之善用兵者，取用于国，因粮于敌，犹且"日费千金"。今以中国而御夷虏，非漕挽则无粟，非征输则无财，是故固不可以言"因粮于敌"矣。然则今日之师可以轻出乎？

臣以公差在外，甫归旬日，遥闻出师，窃以为不必然者。何则？北地多寒，今炎暑渐炽，虏性不耐，我得其时，一也；虏恃弓矢，今大雨时行，觔胶解弛，二也；虏逐水草以为居，射牲畜以为食，今已蜂屯两月，边草殆尽，野无所猎，三也。

以臣料之，官军甫至，虏迹遁矣。夫兵固有先声而后实者，今师旅既行，言已无及，惟有简师一事，犹可以省虚费而得实用。

夫兵贵精不贵多，今速诏诸将，密于万人之内取精健足用者三分之一，而余皆归之京师。万人之声既扬矣，今密归京师，边关固不知也，是万人之威犹在也，而其实又可以省无穷之费。岂不为两便哉？况今官军之出，战则退后，功则争先，亦非边将之所喜。彼之请兵，徒以事之不济，则责有所分焉耳。今诚于边塞之卒，以其所以养京军者而养之，以其所以赏京军者而赏之，旬日之间，数万之众可立募于帐下，奚必自京而出哉？

"简师以省费"是以上所述的主旨，王阳明在晚年时也使用过这一策略。

第四策：屯田以给食

王阳明对此解释说：

臣惟兵以食为主，无食，是无兵也。边关转输，水陆千里，踣顿捐弃，十而致一。故《兵法》曰："国之贫于师者远输，远输则百姓贫；近师贵卖，贵卖则百姓财竭。"此之谓也。

今之军官既不堪战阵，又使无事坐食以益边困，是与敌为谋也。三边之戍，方以战守，不暇耕农。诚使京军分屯其地，给种授器，待其秋成，使之各食其力。寇至则授甲归屯，遥为声势，以相犄角；寇去仍复其业，因以其暇，缮完房所拆毁边墙、亭堡，以遏冲突。如此，虽未能尽给塞下之食，亦可以少息输馈矣。此诚持久俟时之道，王师出于万全之长策也。

正如孙子所谓，长途运输兵粮实为用兵之大忌，所以王阳明建议用兵屯田。

第五策：行法以振威

王阳明对此解释说：

臣闻李光弼之代子仪也，张用济斩于辕门；狄青之至广南也，陈曙戮于戏下。是以皆能振疲散之卒，而摧方强之虏。

今边臣之失机者，往往以计幸脱。朝丧师于东陲，暮调守于西鄙，罚无所加，兵因纵弛。如此，则是陛下不惟不置之罪，而复为曲全之地也，彼亦何惮而致其死力哉？夫法之不行，自上犯之也。

　　今总兵官之头目，动以一二百计，彼其诚以武勇而收录之也，则亦何不可之有！然而此辈非势家之子弟，即豪门之夤缘，皆以权力而强委之也。彼且需求刻剥，骚扰道路；仗势以夺功，无劳而冒赏；懈战士之心，兴边戎之怨。为总兵者且复资其权力以相后先，其委之也，敢以不受乎？其受之也，其肯以不庇乎？苟庚于法，又敢斩之以殉乎？是将军之威，固已因此辈而索然矣，其又何以临师服众哉！

　　臣愿陛下手敕提督等官，发令之日，即以先所丧师者斩于辕门，以正军法。而所谓头目之属，悉皆禁令发回，毋使渎扰侵冒，以挠将权，则士卒奋励，军威振肃。克敌制胜，皆原于此。不然，虽有百万之众，徒以虚国劳民，而亦无所用之也。

在这一对策中，王阳明直陈军法之混乱、军威之无存，指出军律严明才是制胜之根本，敦促皇上要自我振作。王阳明认为，士兵在战场上的同仇敌忾之心非常重要。他的这一观点和孙子的观点相同。

第六策：敷恩以激怒

王阳明对此解释说：

臣闻"杀敌者，怒也"（《孙子兵法·作战篇》），今师方失利，士气消沮。三边之戍，其死亡者非其父母子弟，则其宗族亲戚也。今诚抚其疮痍，问其疾苦，恤其孤寡，振其空乏，其死者皆无怨尤，则生者自宜感动。

然后简其强壮，宣以国恩，喻以虏仇，明以天伦，激以大义。悬赏以鼓其勇，暴恶以深其怒。痛心疾首，日夜淬砺。务与之俱杀父兄之仇，以报朝廷之德。则我之兵势日张，士气日奋，而区区丑虏有不足破者矣。

兵家认为，士兵的怒气会演变为杀敌的动力。王阳明在这一策中详细阐述了激发士兵怒气的方法，大致可以归纳为两点：一是宣以国恩，二是明以天伦。

第七策：捐小以全大

王阳明对此解释说：

臣闻之《兵法》曰："将欲取之，必先与之。"又曰："佯北勿从，饵兵勿食。"（《孙子兵法·军争篇》）皆捐小全大之谓也。

今虏势方张，我若按兵不动，彼必出锐以挑战。挑战不已，则必设诈以致师，或捐弃牛马而伪逃，或掩匿精悍以示弱，或诈溃而埋伏，或潜军而请和，是皆诱我以利也。信而从之，则堕其计矣。

然今边关守帅，人各有心。虏情虚实，事难卒辩。当其挑诱之时，畜而不应，未免必有剽掠之虞。一以为当救，一以为可邀。从之，则必陷于危亡之地；不从，则又惧于坐视之诛。此王师之所以奔逐疲劳，损失威重，而丑虏之所以得志也。今若恣其操纵，许以便宜。其纵之也，不以其坐视。其捐之也，不以为失机。养威为愤，惟欲责以大成。而小小挫失，皆置不问。则我师常逸而兵威无损，此诚胜败存亡之机也。

王阳明指出，不中敌人的圈套，不使王师奔逐疲劳，"我师常逸"，"兵威无损"，此乃制胜安国之道。

第八策：严守以乘弊

王阳明对此解释说：

臣闻古之"善战者，先为不可胜，以待敌之可胜"（《孙子兵法·军形篇》）。盖中国工于自守，而胡虏长于野战。今边卒新破，虏势方剧，若复与之交战，是投其所长而以胜予敌也。为今之计，惟宜婴城固守，远斥候以防奸，勤间谍以谋虏；熟训练以用长，严号令以肃情；而又频加犒享，使皆畜力养锐。譬之积水，俟其盈满充溢，而后乘怒急决之，则其势并力骤，至于崩山漂石而未已。

昔李牧备边，日以牛酒飨士，士皆乐为一战，而牧屡抑止之。至其不可禁遏，而始奋威并出，若不得已而后从之，是以一战而破强胡。

今我食既足，我威既盛，我怒既深，我师既逸，我守既坚，我气既锐，则是周悉万全，而所谓不可胜者，既在于我矣。由是，我足，则虏日以匮；我盛，则虏日以衰；我怒，则虏日以曲；我逸，则虏日以劳；我坚，则虏日以虚；我锐，则虏日以钝。

索情较计，必将疲罢奔逃；然后用奇设伏，悉师振旅，出其所不趋，趋其所不意，迎邀夹攻，首尾横击。是乃以足当匮，以盛敌衰，以怒加曲，以逸击劳，以坚破虚，以锐攻钝，所谓胜于万全，立于不败之地，而不失敌之败者也。

王阳明在这一策中指出，《孙子兵法》中的"故善战者，立于不败之地，而不失敌之败也"，正是对付胡虏的良策。

王阳明在"边务八策"的结尾处写道：

右臣所陈，非有奇特出人之见，固皆兵家之常谈，今之为将者之所共见也。但今边关将帅，虽或知之而不能行，类皆视为常谈，漫不加省。势有所轶，则委于无可奈何；事惮烦难，则为因循苟且。是以玩习弛废，一至于此。

陛下不忽其微，乞敕兵部将臣所奏熟议可否，传行提督等官，即为斟酌施行。毋使视为虚文，务欲责以实效，庶于军机必有少补。臣不胜为国惓惓之至！

通过这篇上书，我们可以看出王阳明年轻时就对《孙子兵法》很有研究，甚至可以说精通。虽然王阳明当时年仅二十八岁，但他已经具备了大战略家的眼光。后来，王阳明能够荡尽南方诸贼、平定宸濠之乱，也是意料之中的。王阳明的这些作为都是普通儒生很难达到的。

《阳明先生集要》的编写者施邦曜[1]高度赞扬王阳明的"边务八策"，称"阳明先生的'边务八策'胜过《孙子兵法》十三篇"（大西晴隆《王阳明》）。近年来，水野实和永富青地还完成了对尚存于中国的《阳明兵策》的收集整理、解说和日译工作。

审查江北囚徒

弘治十三年（1500），王阳明二十九岁。是年六月，他出任刑部云南清吏司主事。明朝刑部下设十三清吏司，负责各省诉讼事务，云南清吏司是其中最大的一个，所以王阳明异常繁忙。七月，提牢厅[2]重修。九月，重修完毕。提牢厅的主事是每月轮番

---

[1] 施邦曜（1585—1644）：字尔韬，号四明。明代官员。浙江绍兴府余姚县人。
[2] 提牢厅：刑部下属机构，掌管狱卒，稽查南北所监狱的罪犯，发放囚衣、囚粮及药物等。

制，由十三个清吏司的主事轮流担任。十月，恰值王阳明负责提牢厅事务。王阳明当时身患咳嗽之疾（支气管结核），他在《提牢厅壁题名记》(《王文成公全书》卷二十九）中描述了当时的情景："夫予天下之至拙也，其平居无恙，一遇纷扰，且支离厌倦，不能酬酢，况兹多病之余，疲顿憔悴，又其平生至不可强之日。"

但王阳明当时丝毫没有受疾病所扰，他励精图治，制定了狱中规则，并为后世所沿用。（大西晴隆《王阳明》）

弘治十四年八月，王阳明三十岁，受命前往直隶和淮南地区审查犯人。在和当地的地方官员仔细沟通之后，王阳明平反了很多冤假错案。弘治十五年，审查完毕后，王阳明原本打算回京复命，但由于旧病复发，只好作罢。

弘治十五年八月，他上奏《乞养病疏》(《王文成公全书》卷九），希望能够回乡养病。他在疏中写道：

> 切缘臣自去岁三月，忽患虚弱咳嗽之疾，剂灸交攻，入秋稍愈。遽欲谢去药石，医师不可，以为病根既植，当复萌芽，勉强服饮，颇亦臻效。
>
> 及奉命南行，渐益平复。遂以为无复他虑，竟废医言，捐弃药饵。冲冒风寒，恬无顾忌，内耗外侵，旧患仍作。及事竣北上，行至扬州，转增烦热，迁延三月，尪羸日甚。心虽恋阙，势不能前。追诵医言，则既晚矣。
>
> 先民有云："忠言逆耳利于行，良药苦口利于病。"臣之致此，则是不信医者逆耳之言，而畏难苦口之药之过也。今虽悔之，其可能乎！

> 臣自惟田野竖儒，粗通章句；遭遇圣明，窃禄部署。未效答于涓埃，惧遂填于沟壑。蝼蚁之私，期得暂离职任，投养幽闲，苟全余生，庶申初志。伏望圣恩垂悯，乞敕吏部容臣暂归原籍就医调治。

从这道疏中可以看出，王阳明审查完江北囚徒之后，一度北上，打算回京复命。但在弘治十五年五月行至扬州时，突然病情加重，继而卧床不起。迫不得已，他只好向朝廷请假，乞求回乡养病。

疏中还透露出，王阳明在弘治十四年三月已经患病，也就是在前往直隶和淮南地区的五个月之前。

《阳明先生行状》中记载了王阳明当时患病的原因。王阳明白天在衙署伏案起草公文，处理日常事务，晚上回家之后也不歇息，秉烛夜读"五经"和秦汉书籍，诗文日益精进。父亲龙山公担心他积劳成疾，就命令佣人不要把灯带入阳明的书房。王阳明怕父亲担心，就等父亲就寝之后再点灯读书，通常都会读到深夜，最终因劳累过度染上咯血之疾。

通过以上所述可以看出，王阳明在诗文雕琢方面下了大功夫。此外，王阳明旧疾复发，以致不能回京复命，可能还跟他游览九华山有关。

求道访仙

弘治十五年（1502），王阳明三十一岁。是年春天，他审查完江北囚徒之后，前往道教名山茅山游玩。在茅山，他偶遇同在茅山游玩的丹阳人士汤云谷。汤云谷当时也向往神仙之学，还向王阳明详细介绍了呼吸屈伸之法和凝神化气之道。

王阳明和汤云谷登上"三茅[1]之巅"，在洞窟中小憩，于道观中休息，踏访陶弘景[2]留下的遗迹，慨叹现世之秽浊，飘然有脱屣人间之志。王阳明在《寿汤云谷序》（《王文成公全书》卷二十二）中写道："予时皆未之许也。"

王阳明生来身体孱弱，一直对神仙的超脱境界羡慕不已，这一念头萦绕在他心头多年。后来，他终于悟得道教神仙之不足，迎来了自己思想的大转变。汤云谷最初也是向往道教神仙的，但最终还是踏入了官场。十二年后，王阳明和汤云谷再会于丹阳。

王阳明从茅山下来之后，又前往位于青阳县西南方的九华山游玩。该山也称九子山，因山峰酷似九瓣莲花，故又称九华山。九华山是地藏王菩萨的道场，至今还保留着诗仙李白的书斋。关于王阳明游览九华山的具体时间，不同文献的记载稍有差异。《阳明先生年谱》中记载的时间不是弘治十五年春天，而是弘治十四年。

---

1 三茅：句曲山为三茅山，简称茅山。
2 陶弘景（452—536）：南朝齐梁时著名道士，茅山派道教代表人物，被后人尊称为"山中宰相"。

王阳明登上九华山后，遍访无相寺和化城寺等古刹，并下榻化城寺。九华山有五个洞窟，此外还有山岭十一座、山泉十七处、水源两处，溪流潭瀑等名胜众多。王阳明夜宿古刹，白天观奇览胜，心中充满无限感慨，于是作赋一首，题曰《九华山赋》(《王文成公全书》卷十九)。他在赋中写道：

嗟有生之迫隘，等灭没于风泡；亦富贵其奚为？犹荣蕣之一朝。旷百世而兴感，蔽雄杰于蓬蒿。吾诚不能同草木而腐朽，又何避乎群喙之呶呶！

已矣乎！吾其鞭风霆而骑日月，被九霞之翠袍。抟鹏翼于北溟，钓三山之巨鳌。道昆仑而息驾，听王母之云璈。呼浮丘于子晋，招句曲之三茅。长遨游于碧落，共太虚而逍遥。

王阳明在赋中感慨人生如梦，荣华富贵犹如木槿之花，朝荣夕逝。他慨叹自己虽有几分雄杰之质，虽然没有被俗情所迷惑，但仍是一无所获，如同这草木一样正在慢慢腐朽，真是遗憾至极。成事者，不应介意周边小人的诽谤，要真正为民办事，但非常遗憾的是，这样的济世之业，自己至今都没能完成。于是，王阳明不由得羡慕起道教神仙，羡慕那种超脱尘世秽浊的境界，羡慕那种志存高远的精神。

但是，王阳明在赋的结尾处写道："乱曰：蓬壶之藐藐兮，列仙之所逃兮；九华之矫矫兮，吾将于此巢兮。匪尘心之足搅兮，念鞠育之劬劳兮。苟初心之可绍兮，永矢弗挠兮！"

王阳明因为牵挂对自己有养育之恩的父亲和祖母，所以不忍弃世入山，如果没有这些羁绊，他也许早就出家修行去了。或许正是念及"鞠育之劬劳"，他才最终悟出佛教、老庄思想之不足，转而笃信儒学。

因为思慕超脱尘世的神仙之境，王阳明才会游览茅山和九华山。当他听闻有道士在九华山中修行，就萌发了前去拜访以探寻神仙养生之道的念头。

据《皇明大儒王阳明先生出身靖乱录》记载，王阳明夜宿化城寺，恰巧碰见一位姓蔡的道士正在大堂中静坐。这位道士蓬头垢面，衣服破烂不堪，似癫若狂。王阳明心想这定非凡人，于是毕恭毕敬地上前打招呼："请问神仙可学否？"

道士摇头回答说："尚未，尚未。"

过了一会儿，王阳明屏退左右侍从，将道士引入后亭，再次行礼，又问了同样的问题，但是道士仍然摇头回答："尚未，尚未。"

王阳明没有作罢，继续恳求不已。最终道士对他说："汝自谓拜揖尽礼，我看你一团官相，说甚神仙？"

王阳明听后，大笑而去。蔡道士的一番话恰巧击中了王阳明的内心。

王阳明又听说九华山的地藏洞中有一位老道正在修行。这位老道坐卧松毛，不食人间烟火。王阳明非常好奇，决定立刻前往拜访此人。他扶着树木爬上悬崖，一直爬到山顶，见一老道正蜷腿熟睡。王阳明坐在旁边，用手抚摸老道的脚。过了好一会儿，老道才醒来，发现有人坐在旁边，惊讶不已。他问王阳明："如此危险，安得至此？"

阳明回答："欲与长者论道，不敢辞劳也。"

老道被王阳明的热忱所打动，将佛教和道教的要义直言相告，后来又将话题转到儒学上："周濂溪（周敦颐）、程明道（程颢），是儒者中两个好秀才。朱考亭(朱熹)是个讲师，只未到最上一乘。"

王阳明非常喜欢老道的谈论，乃至天色已晚都不肯归去，但最终也只好作罢。翌日，王阳明又去拜访老道，但老道已徙居他处。有诗为证："路入岩头别有天，松毛一片自安眠。高谈已散人何处，古洞荒凉散冷烟。"

这是《皇明大儒王阳明先生出身靖乱录》中的一首诗，至于是否为王阳明本人所作，已无从考证，但这首诗真实地反映了王阳明当时的心境。

正德十五年（1520），王阳明四十九岁。时隔十九年后，他再次拜访化城寺，并作诗两首，题曰《重游化城寺二首》(《王文成公全书》卷二十）。在第一首诗中，他回忆了自己当时游览九华山的情景：

> 爱山日日望山晴，忽到山中眼自明。
> 鸟道渐非前度险，龙潭更比旧时清。
> 会心人远空遗洞，识面僧来不记名。
> 莫谓中丞喜忘世，前途风浪苦难行。

"会心人远空遗洞"，知己已远去，空留一山洞，指的就是地藏洞中的老道。

结交"前七子"

在明朝弘治和正德年间（1488—1521），文学界活跃着七大才子，人称"前七子"，分别是李梦阳、何景明、徐祯卿[1]、边贡、康海、王九思和王廷相。在嘉靖年间（1522—1566），又出现了七大才子，人称"后七子"（又称"嘉靖七子"），分别是李攀龙、宗臣、梁有誉、谢榛、王世贞、徐中行和吴国伦。这些人后来又被合称为"前后七子"。他们提倡复古，文必言秦汉，诗必称盛唐，才思泉涌，睥睨天下。

宋代的诗注重思想性和哲学性，因此又被称为"理学诗"。宋代的知识分子喜好禅学，受其影响，宋代诞生了提倡性理学[2]的"新儒学"。宋代人已经不再满足于唐代人所追求的"外观性文化"，而是喜欢探究事物存在的根本，喜欢探求事物成立的原因。宋代文化是理性的、内观性的，这种思想也直接影响文学界，所以宋诗倾向于表现事物之"理"。

一般来说，对唐诗持较高评价的人，往往会贬损宋诗。宋代

---

1 徐祯卿（1479—1511）：字昌谷，一字昌国。明代文学家，与祝允明、唐寅、文徵明齐名，号"吴中四才子"，因"文章江左家家玉，烟月扬州树树花"之绝句而为人称誉。
2 性理学：指宋儒程（程颢、程颐）朱（朱熹）派理学。本于程颐"性即理也"之说。因别于陆九渊、王阳明"心即理也"之说，故清儒以"性理之学"标举程朱派理学。

的"理诗"充满思想性，历代诗人中写"和陶诗"[1]最多的就是宋代诗人。如果从诗的思想性这个角度来看，就不应该贬损宋诗。

王阳明晚年时，其哲学思想逐渐成熟，其诗的思想性也变得越来越强。

按照世俗的说法，宋代以后，诗渐衰落，但进入明代后，由于李梦阳和何景明等人的复古运动，使明诗出现了一段小高潮。就在这一时期，王阳明结识了这群才子，和他们切磋诗艺，唱和赋诗。

佐藤一郎曾援引铃木虎雄在《李梦阳年谱略（附：关于李梦阳与王阳明的交游及〈空同集〉）》（《艺文》第20卷第1号）中指出：

> 《空同集》中有《甲申中秋寄阳明子》五言律诗一首……王阳明壮年时"沉溺"于辞章，"沉溺"是"用情颇深"之意。弘治十一年，李梦阳任兵部主事时，开始提倡古文辞令。王阳明从弘治十年开始一直到正德二年被贬谪到贵州龙场为止，这段时间一直身处京师。王阳明正是在这一时期和李梦阳等人相识。据《阳明先生年谱》记载，弘治十一年，王阳明已经意识到自己的辞章艺能难以达到至善至精的水平。弘治十八年，他痛感学者沉溺于辞章记诵而不知身心之学，于是决定把复兴

---

[1] 和陶诗：晋代以后，以苏轼、郝经为代表的诗人非常推崇陶渊明的诗歌，并以步韵、次韵、依韵等形式创作了大量的作品。所谓和陶诗，为晋代以后诗人创作的和陶诗的总称。真正意义上的"和陶诗"自苏轼始。

儒学当作自己的重任。在这一时期，他认识了翰林院庶吉士湛甘泉……在涉及王阳明的著作中，有很多关于他学习古诗的记载，却没有他和李梦阳交往的任何记录，可能是后人在编写这些集子的时候，把很多跟理学没多大关系的内容都删除了的缘故。（佐藤一郎《明清时代对王阳明诗文的评价》，《国学院杂志》第86卷第11号）

《阳明先生年谱》中关于王阳明审查完江北囚徒、乞求回家养病的记载存在一些错误。《阳明先生年谱》中的记载是他在弘治十五年五月审查完江北囚徒后回京复命，然后到八月，感觉身体不适，这才上书乞求回家养病。而真实的情况应该是：王阳明根本没有回京。到扬州后，王阳明就因病情突然加重，在扬州请假，后来得到朝廷应允，便从扬州直接回家乡余姚了。

据《阳明先生年谱》记载，王阳明在和京师旧友谈论古体诗文时，曾说过：“吾焉能以有限精神为无用之虚文也！”

《阳明先生年谱》中的这处记载可能也存在错误。王阳明真正悟得辞章记诵之弊端，应该是在他归乡之后，而不应该是在京城之时。据王阳明的高徒王畿记载，王阳明在归乡之后曾教导他说：“使学如韩、柳[1]，不过为文人。辞如李、杜，不过为诗人。果有志于心性之学，以颜、闵[2]为期，非第一等德业乎？”

此外，《传习录》上卷还记载了王阳明排斥空洞诗文的论述：

---

[1] 韩、柳：韩愈和柳宗元。
[2] 颜、闵：颜回和闵子骞，二人都是孔子的高徒，都以孝行闻名于天下。

退之（韩愈），文人之雄耳。文中子[1]，贤儒也。后人徒以文词之故，推尊退之。其实退之去文中子远甚。

种树者必培其根，种德者必养其心。欲树之长，必于始生时删其繁枝；欲德之盛，必于始学时去夫外好。如外好诗文，则精神日渐漏泄在诗文上去。

王阳明二十多岁时曾与"前七子"交往，学习古体诗文。在这一过程中，他逐渐悟出辞章之学的不足。至于王阳明和"前七子"具体是如何交往的，已无从得知。

但是正德六年（1511），王阳明四十岁时曾写过一篇《徐昌国墓志》（《王文成公全书》卷二十五），其中记述了他和徐祯卿的交往。此外，余重耀编写的《阳明先生传纂》附《阳明弟子传纂》卷三中的《南中王门弟子传》也收录了徐祯卿的传记："徐祯卿，字昌谷，又字昌国，吴县人，弘治十八年（1505）进士。少时和祝枝山、唐伯虎、文徵明齐名，并称'吴中四才子'。登进士后，与李梦阳、何景明等人交往颇深，二十三岁（实为三十三岁）卒于京师。著有《迪功集》六卷，附《谈艺录》一卷。"

清代毛奇龄将徐祯卿认作是王阳明的弟子，其实这是不对的。王阳明在《徐昌国墓志》中写道："始昌国与李梦阳、何景明数子友，相与砥砺于辞章，既殚力精思，杰然有立矣。一旦讽

---

[1] 文中子：王通（580—617），字仲淹，号文中子。著名教育家、思想家。隋朝河东郡龙门县人。

道书，若有所得，叹曰：'弊精于无益，而忘其躯之毙也，可谓知乎？巧辞以希俗，而捐其亲之遗也,可谓仁乎？'于是习养生。"

据此可知，徐祯卿受过道士的点化，向往道教的玄虚之境，他还研习过养生之术，期望长寿。

正德五年，王阳明三十九岁。是年冬天，王阳明返回京城。据《徐昌国墓志》记载，王阳明与李梦阳、何景明等"前七子"都是好友，并且都曾沉溺于佛学、老庄思想。徐祯卿获悉王阳明抵京的消息后非常高兴，立刻前来拜访，并与王阳明一起探讨摄形化气的养生之术。当时，广东增城的湛甘泉也正好在座，徐祯卿和湛甘泉意见不合，最后沮丧而去。

第二天，徐祯卿前来继续和王阳明探讨养生之道，王阳明笑而不语，于是他干脆在王阳明家中住了一宿，并问王阳明："吾授异人五金八石[1]之秘，服之冲举可得也，子且谓何？"

王阳明还是笑而不答。徐祯卿接着又问："吾隳黜吾昔而游心高玄，塞兑敛华而灵株是固，斯亦去之竞竞于世远矣。而子犹余拒然，何也？"

王阳明仍然笑而不应。徐祯卿沉默了好一会儿，问王阳明："子以予为非耶？抑又有所秘耶？夫居有者，不足以超无；践器者，非所以融道。吾将去知故而宅于埃壒之表，子其语我乎？"

这次王阳明终于开口了："谓吾为有秘，道固无形也；谓吾谓子非，子未吾是也。虽然，试言之。夫去有以超无，无将奚超

---

[1] 五金：指金、银、铜、铁、锡。八石：指朱砂、雄黄、云母、空青、硫黄、戎盐、硝石、雌黄。

矣？外器以融道，道器为偶矣。而固未尝超乎！而固未尝融乎！夫盈虚消息，皆命也；纤巨内外，皆性也；隐微寂感，皆心也。存心尽性，顺夫命而已矣，而奚所趋舍于其间乎？"

徐祯卿点头表示同意，过了一会儿，他又问王阳明："冲举有诸？"

阳明回答说："尽鸢之性者，可以冲于天矣；尽鱼之性者，可以泳于川矣。"

徐祯卿回应道："然则有之。"

王阳明接着说："尽人之性者，可以知化育矣。"

徐祯卿听罢，低头沉思，突然猛地站起来，对王阳明说："命之矣！吾且为萌甲，吾且为流澌，子其煦然属我以阳春哉！"

数日之后，徐祯卿前来道谢："道果在是，而奚以外求！吾不遇子，几亡人矣。然吾疾且作，惧不足以致远，则何如？"

王阳明问他："悸乎？"

他回答说："生，寄也；死，归也。何悸？"

这说明徐祯卿当时已经将生死置之度外。此后，二人就再也没见面。数月之后，突然有人来报徐祯卿去世，王阳明便和湛甘泉前往凭吊，并与徐祯卿的后人聊起家常。徐祯卿的长子伯虬对二人说："父昌国垂殁，整衽端坐，托徐子容以后事。子容泣，昌国笑曰：'常事耳。'谓伯虬曰：'墓铭其请诸阳明。'气益微，以指画伯虬掌，作'冥冥漠漠'四字，余遂不可辨，而神气不乱。"

通过上文可知，王阳明早年在京师时，曾和徐祯卿探讨过道教养生之术，后来他被贬谪到贵州龙场。正德五年（1510），王阳明返回京城。此时的王阳明已开始带头批判辞章记诵之学和佛学、老庄思想，并与湛甘泉一起提倡圣学。《阳明先生年谱》中记载了这样一句话："学者溺于辞章记诵，不复知有身心之学。先生首倡言之，使人先立必为圣人之志。"

当时的徐祯卿已经从辞章之学转向道教养生之术。既然他来拜访王阳明，王阳明当然会劝他放弃道教养生之术而转向儒学。徐祯卿在和王阳明接触之后，终于从佛学、老庄思想的空、虚无世界中解脱出来，转而笃信圣学。王阳明爱惜徐祯卿之才，一直想把他引上圣学之路，但他没有使用华丽的辞藻来劝说徐祯卿，而是靠自己的感召力把徐祯卿引向了圣学。但没过多久，徐祯卿就病逝了。徐祯卿英年早逝，年仅三十三岁。王阳明觉得非常可惜，于是为他写了墓志铭。

前文已述，弘治十五年（1502），王阳明就已悟得辞章之学的不足。龙场悟道之后，王阳明开始在京城提倡儒学。宋儒的"文以载道"思想最终帮助王阳明悟出了辞章之学的不足，但他在此期间修习的古文功底为他的诗文创作打下了坚实的基础。王阳明后来之所以能够写出那么多"达意"的文章，和这一时期的积累是分不开的。

在《王文成公全书》中，王阳明使用古文写的文章一共有两篇：一篇是弘治九年二十五岁时写的《太白楼赋》，另一篇是弘治十五年三十一岁时写的《九华山赋》。

王阳明三十一岁返乡，悟出辞章之学之不足。收录于《王文成公全书》中的诗都是王阳明三十一岁之后作的，之前的诗一首也没有。王阳明早年可能和李梦阳、何景明等人一起合写过诗，但是没有一首留存下来。这可能是因为钱绪山等弟子在编写《王文成公全书》时，将恩师王阳明沉溺于辞章时的诗刻意删除了。

浜隆一郎评价王阳明的诗文说：

> 人生所能有的成就有三：道德、学问和事功。三者兼备才能成为伟人。综观中国历史上的所有人物，能够做到三者兼备的只有三人：三国的诸葛亮、明朝的王阳明、清朝的曾国藩。三人品格高尚，学问精深，并且都有征战沙场之功。如果单从做学问来看，由于诸葛亮修习申、韩[1]刑名之学，不能算作正学，故王阳明的学问是三人之首。王阳明是继孔孟之后，与朱熹齐名的旷世大儒。
>
> 若比较三人的诗文，诸葛亮和曾国藩都不及王阳明。诸葛亮存世的文章中，脍炙人口的仅有《出师表》和《梁甫吟》（是否为其所作，后世有异议），曾国藩留世的则仅有一部《曾文正公全集》。
>
> 王阳明的文章以苏洵为范，但在博大昌达方面又远超苏洵，文章实乃明朝之首。日本学者河内屋藤四郎编集的《王阳明文粹》成为后世文章的典范。王阳明的诗秀逸高雅，普通诗人难以企及。仅从他十一岁时作的两首绝句，便可知他天资聪颖，恃有诗才。后来王阳明沉溺于辞章，也是必然的。

---

[1] 申、韩：指申不害、韩非子，法家的代表人物。

王阳明既反对文章复古，也排斥外表华丽、败絮其中的八股文。他主张文章要写实，要注重内涵。随着他思想的成熟，他所写的文章的内涵也越来越精妙。其实这一状态是很难企及的，王阳明之所以能够做到这一点，肯定下了不少功夫。嘉靖五年（1526），王阳明五十五岁。是年，他给高徒邹守益（号东廓）写了一封信（《王文成公全书》卷六），其中写道：

书院记文，整严精确，迥尔不群，皆是直写胸中实见，一洗近儒影响雕饰之习，不徒作矣……后世大患，全是士夫以虚文相诳，略不知有诚心实意。流积成风，虽有忠信之质，亦且迷溺其间，不自知觉……今欲救之，惟有返朴还淳是对症之剂。故吾侪今日用工，务在鞭辟近里，删削繁文始得。然鞭辟近里，删削繁文，亦非草率可能，必须讲明致良知之学。

在王阳明心中，"鞭辟近里""删削繁文"才是真文章。王阳明恪守儒家传统，推崇文以载道，此处的"道"指的是"心中的天理"。王阳明的文章的一大特色就是"直写胸中实见"，重在表现这种"心中的天理"。在这一点上，他和陈献章有些相似。总而言之，王阳明的文章已经超越了复古派的框架，形成了自己独特的文风。

明朝末年，王阳明的思想风靡一时，其文章也受到高度评价。

归有光[1]虽然是朱子学者,但他对于王阳明的文章给予了很高评价,他将王阳明、方孝孺[2]、宋濂和王祎并列为四大文豪,而且将王阳明列为首位。茅坤[3]评价王阳明说:

> 八大家以下,予于本朝独爱王文成公。论学诸书及记学、记尊经阁[4]等文,程、朱所欲为而不能者。江西辞爵及抚田州等疏,唐陆宣公、宋李忠定公所不逮也。即如浰头及桶冈军功等疏,条次兵情如指诸掌。况其设伏出奇、先后本末,多合兵法。嗟乎!公固百代殊绝人物,区区文章之工与否,所不暇论。予特附揭于此,以见我本朝一代之文豪,而后世之品文者,当自有定议云。

但是,清代以后,阳明学受到激烈批判,对阳明文章的评价也变得非常低(佐藤一郎《明清时代对王阳明诗文的评价》)。

---

[1] 归有光(1507—1571):字熙甫,又字开甫,别号震川,又号项脊生。明代官员、散文家。南直隶苏州府昆山县人。归有光与唐顺之、王慎中均崇尚内容翔实、文字朴实的唐宋古文,并称为"嘉靖三大家"。

[2] 方孝孺(1357—1402):字希直,一字希古,号逊志。明代文学家、散文家、思想家。浙江台州府宁海县人。曾以"逊志"命名其书斋,世称"正学先生"。福王时追谥为"文正"。在"靖难之役"期间,拒绝为篡位的燕王朱棣草拟即位诏书,刚直不屈,孤忠赴难,被诛十族。

[3] 茅坤(1512—1601):字顺甫,号鹿门。明代散文家、藏书家,浙江湖州府归安县(今浙江湖州)人。明末儒将茅元仪祖父。文武兼长,雅好书法,提倡学习唐宋古文,反对"文必秦汉"的观点,至于作品内容,则主张必须阐发"六经"之旨。茅坤与王慎中、唐顺之、归有光等,同被称为"唐宋派"。

[4] 尊经阁:尊经是指尊重经书,尊经阁是收藏经书的图书馆。

悟出佛道不足

弘治十五年（1502），王阳明三十一岁。是年，他向朝廷上书，乞求归乡养病。获得批准后，他回到家乡余姚，筑室于四明山之阳明洞。

据《皇明大儒王阳明先生出身靖乱录》记载："洞在四明山之阳，故曰阳明。山高一万八千丈，周二百一十里，道经第九洞天也。为峰二百八十有二，其中峰曰芙蓉峰，有汉隶刻石于上，曰'四明山心'。其右有石窗，四面玲珑如户牖，通日月星辰之光。先生爱其景致，隐居于此，因自号曰阳明。"

大西晴隆介绍阳明洞说：

> 明人张鼎思的《琅玡代醉篇》卷三中引用了王阳明的再传弟子薛应旂[1]的一句话，"宛委山上有石匮，壁中有孔穴，号阳明洞，即《归经》中所云三十六洞天之十一洞天也。"
>
> ……
>
> 道教有十大洞天、三十六小洞天和七十二福地之说。洞天福地均为上天派遣群仙治理的地方。《云笈七

---

[1] 薛应旂（1500—1575）：字仲常，号方山。南直隶常州府武进县（今江苏常州市武进区）人。著有《宋元资治通鉴》《考亭渊源录》《甲子会记》《四书人物考》《高士传》《薛子庸语》《薛方山纪述》《宪章录》《方山先生文录》《浙江通志》等。

签》卷二十七中收录的"洞天福地部"中的《天地宫府图》把会稽山洞定为三十六小洞天的第十小洞天，其中写道："会稽山洞周回三百五十里，名曰极玄大元山，在越州山阴县镜湖中，由仙人郭华治之。"此外，《洞天福地岳渎名山记》中的记载和以上所述稍有差异："会稽山极玄阳明洞天三百里，在越州会稽县，夏禹探书。"宋代学者李宗谔[1]编修的《龙瑞观·禹穴[2]·天经》中也有会稽山洞的记载，他引用的是《龟山白玉经》中的"会稽山周回三百五十里，名阳明洞天"。

前文所谓"筑室于阳明洞"，可能就是王阳明在会稽山山脚下搭了一个草堂。（大西晴隆《王阳明》）

在大西晴隆看来，"阳明洞"并不是指真的山洞。阳明洞共有三处，其中一处就是上文所言的四明山阳明洞。但是根据浙江省社会科学院阳明学专家的调查发现，阳明洞并不是位于四明山之阳，而是在四明山之阴，也就是现在禹王庙所在的位置。其他两处阳明洞都是王阳明亲自取的名字。

第二处阳明洞位于贵州龙场，王阳明称其为"阳明小洞天"。它是个钟乳洞，能容纳百人左右。

---

1 李宗谔（964—1012）：字昌武。景德年间为翰林学士，迁谏议大夫。河北道西路深州饶阳（今河北饶阳县）人，李昉之子。风流儒雅，藏书数万卷，曾参与编《续通典》。

2 禹穴：位于会稽山的一座山峰之上，相传夏禹曾藏书于此。

第三处阳明洞位于江西南部，王阳明称其为"阳明别洞"。当时王阳明在江西征讨叛贼，来到玉石双洞天之后，特别喜欢这里的景致，取名"阳明别洞"。后来，王阳明还再次拜访过此地。

前两处阳明洞都不能算山洞，只有第三处阳明洞才真正称得上是山洞。

此外，钱德洪[1]在《阳明先生年谱序》中记载："筑室于阳明洞天。"

在《阳明先生行状》中，黄绾写道："养病归越，辟阳明书院，究极仙经秘旨，静坐，为长生久视之道，久能预知。"

据说，王阳明在草堂中修习神仙导引之术一个月之后，感觉阳神已经能够从身体中自由出入，而且还能够预知未来。有一天，他对身边的童子说："有四位相公来此相访，汝可往五云门迎之。"

童子来到五云门静候，果见王文辕、许璋等四人前来拜访。此四人都是王阳明的好友，童子将受王阳明差遣、特意前来相迎一事告知四人。四人都颇感诧异，见到王阳明之后，问他："子何以预知吾等之至？"

王阳明笑着回答说："只是心清。"

这种预知未来的记载古已有之，又被称作"透视眼"或者"千里眼"。北宋程颐曾听说一位隐士具有预知未来的能力，觉得他可能是一位圣贤，所以特意前去拜访，结果大失所望，因为那位

---

[1] 钱德洪（1496—1574）：名宽，字德洪，改字洪甫，号绪山，人称绪山先生。浙江绍兴府余姚县人。明朝中后期思想家、教育家。于嘉靖二年（1523年）师事王守仁，与王畿疏通王学大旨，一时称为教授师。嘉靖十一年（1532年）中进士，出为苏学教授，后官至刑部郎中。

隐士并非圣贤。后来程颐得出结论，只要做到心清，谁都可以预知未来。

儒学中也有预知未来的说法，如《中庸》中就有："至诚之道，可以前知……故至诚如神。"

后来经常有人前来拜访王阳明，向他请教吉凶祸福。不可思议的是，王阳明大多都能言中。众人都夸赞他，以为是得道的缘故，但是王阳明说："此簸弄精神，非正觉也。"随后绝口不言，不再为他人预知未来。王阳明追求心的宁静，希望脱离尘网，弃绝杂念，渴望超然出世的隐遁。

《王文成公全书》卷十九中记载了他在归乡养病期间作的《归越诗》三十五首。通过这些诗歌，我们可以窥见王阳明当时访寺问仙、倾慕仙境的情怀，也可以看到他希望超脱世俗、无念无思的愿望。以下是其中两首绝句：

> 人间酷暑避不得，清风都在深山中。
> 池边一坐即三日，忽见岩头碧树红。
>
> *
>
> 两到浮峰兴转剧，醉眠三日不知还。
> 眼前风景色色异，惟有人声似世间。

王阳明当时正像诗中"池边一坐即三日"和"醉眠三日不知还"所描绘的那样，独坐于深山之中，弃绝一切俗念，在融通无碍的世界中畅游。

在这一时期的诗中，人们经常可以看到"袒裼坐溪石""醉拂岩石卧"这样风格的诗句，使人不禁怀疑王阳明当时是不是在进行"坐忘"的修行。

"坐忘"是《庄子·大宗师》中的一个词语。《庄子·大宗师》记载了一段孔子和其弟子颜回的对话，其中言及了"坐忘"这一概念，后来逐渐演变成一则寓言：

> 颜回曰："回益矣。"仲尼曰："何谓也？"曰："回忘仁义矣。"曰："可矣，犹未也。"他日复见，曰："回益矣。"曰："何谓也？"曰："回忘礼乐矣！"曰："可矣，犹未也。"他日复见，曰："回益矣！"曰："何谓也？"曰："回坐忘矣。"仲尼蹴然曰："何谓坐忘？"颜回曰："堕肢体，黜聪明，离形去知，同于大通，此谓坐忘。"仲尼曰："同则无好也，化则无常也。而果其贤乎！丘也请从而后也。"

根据孔子和颜回的对话，可以看出"坐忘"其实就是达到物我两忘境界的一种修行方法。

在《庄子·齐物论》的开头部分，作者曾用非常优美的文学语言描述过物我两忘的境界："南郭子綦隐机而坐，仰天而嘘，答焉似丧其耦。颜成子游立侍乎前，曰：'何居乎？形固可使如槁木，而心固可使如死灰乎？今之隐机者，非昔之隐机者也？'子綦曰：'偃，不亦善乎而问之也！今者吾丧我，汝知之乎？汝闻人籁而未闻地籁，汝闻地籁而未闻天籁夫！'"

"天籁"是超脱于现实世界的一种声音，是一种来自上天的声音,这种声音肉眼凡胎听不见。文中的"忘我""无我""坐忘"一样,都是谋求超脱现世的修行方法。

《庄子》中的"坐忘"和佛教中的"无相无想"有些相似。"无相"指的是逃脱物质束缚,悟出万法皆空,最终实现内心的清净无垢。说得简单一点,就是放弃一切牵绊的心境。"无想"是指心无牵挂,超越物相和心相的状态。总而言之,"无相无想"就是万物皆空,不承认事物的客观存在,要求修行者必须放弃七情六欲。

王阳明追求心灵的平静,希望自己也能达到《庄子》中的"坐忘"以及佛教中的"无相无想"的境界,超越世间的一切羁绊。

但在王阳明的心中还有一份无论如何都挥之不去的牵挂。他的祖母岑太夫人已经八十多岁了,一直对他疼爱有加,父亲龙山公对他有养育之恩,王阳明对他们充满了感激之情。王阳明心里明白,如果不放下这段感情,就不可能达到出世的境界。他也曾努力地去放下,但越是这样去做,心中的牵挂反而越强烈。

踌躇不决之际,他忽然觉悟到:"此孝弟一念,生于孩提。此念若可去,断灭种性矣。此吾儒所以辟二氏。"

至此,王阳明心中的迷雾一扫而空,他悟出了佛学和道教的不足,转而笃信儒学。佛教追求的是弃绝人伦,也就是放弃对亲人的恩爱之念,这完全有悖于王阳明有志于家国民生的志向。

王阳明以孝为本,转而批判佛学、老庄思想,这一转变的意义十分深远。众所周知,孝道是孔孟之教即儒学之根本,也是儒学区别于道教、佛教的关键所在。如果比较陆九渊、王阳明与程颐、朱熹的孝道思想,就会发现陆九渊、王阳明更注重孝道,这也是为什么阳明学者中会出现那么多重孝道的思想家。

程、朱、陆、王虽然都批判道教和佛教，但他们并不是完全否定道教和佛教，对其中一些积极的思想也给予了肯定。比如佛教、老庄思想不同于法家和世俗的现实主义思想，追求的是把人引入永远光明的世界，在这一点上是好的。但是，如果过于拘泥于此，又会使人泯灭"本性"。他们觉得，道教和佛教的最大缺点就是没有以人为本，没有顾及人的"本性"。

道教认为，"真正的超脱之道就蕴藏在天地万物之中"。佛教主张，"即心即佛""即身成佛"。由此可见，虽然道教和佛教都主张通过出世来探究道之本源，但求道的最终结果还得回归现实本身。从本源上看，儒学与道教、佛教的出发点不同，儒学主张以人为本，要求直接从现实出发去求道。

在王阳明的观念中，孝道是人本性的流露，是一个人必须具备的品质，而佛教和道教则将孝道视作假和空。毫不夸张地说，孝道就像横在道教和佛教咽喉处的一把刀。

莫逆之交的影响

上文中提到四位才子曾前往阳明洞拜访王阳明，其中两位是王文辕和许璋。二人的思想对王阳明有一定的影响。

《明儒学案》中的《姚江学案》记载了王文辕和许璋的事迹。此外，耿定向的《天台集》中的《先进遗风》、张履祥的《杨园先生全集》中的《近古录第三》，还特地对许璋做过详细介绍。

王文辕，字司舆，也作思舆，号黄舆子，绍兴山阴人。王文辕成年后，身体多病，故修行静坐隐居之术。此外，王文辕读书喜欢自己体会，不喜欢章句训诂。他曾对别人说："朱子注说多不得经意。"众人听后，都非常惊讶。

王文辕和王阳明是莫逆之交，他对儒学经典的解释对王阳明有一定影响。

日本古文学派和古文辞学派的儒学家们一直批评朱熹在对经典做注释时杂糅了太多的佛教、老庄思想，但如果换个角度看，这也不能不说是朱熹的独创。朱熹向来尊重汉唐的训诂之学，并在此基础上对经典进行注释。他的经典注释充满了独创性。

如果读一下王阳明的《传习录》，我们会发现他在很多地方并没有把经典当作经典而对它们做客观的解释，而是根据自己的理解自由发挥。说得极端一点，王阳明是在借解释经典之机阐述自己的思想。这样的经典解释方法在欧美学者中比较常见。据此也可以看出东西方学者做学问的根本性差异。

无论如何，王阳明对经典的解释方法深受王文辕的影响。但是在清代，这一解释方法受到清朝文人的激烈批判。《明史·儒林传》对此评价说：

> 原夫明初诸儒，皆朱子门人之支流余裔，师承有自，矩矱秩然。曹端、胡居仁笃践履，谨绳墨，守儒先之正传，无敢改错。学术之分，则自陈献章、王守仁始。宗献章者曰江门之学，孤行独诣，其传不远。宗守仁者曰姚江之学，别立宗旨，显与朱子背驰，门徒遍天下，流传逾

百年，其教大行，其弊滋甚。嘉、隆而后，笃信程、朱不迁异说者，无复几人矣。要之，有明诸儒，衍伊、雒之绪言，探性命之奥旨，锱铢或爽，遂启歧趋，袭谬承讹，指归弥远。

同情阳明学的明末僧人智旭评价王阳明说："余每谓明朝功业士，远不及汉、唐、宋，理学则大过之。阳明一人，直续孔颜心脉。"（《灵峰宗论》卷第六之四《西方合论序》）

正德十一年（1516）九月，王阳明受朝廷之命，前往江西南赣[1]及福建汀、漳二州巡查，平定盘踞在当地的贼匪。出发前夕，王文辕对王阳明的弟子说道："阳明此行，必立事功。"

众人问其缘由，王文辕回答说："吾触之不动矣。"

王文辕死后，王阳明开始讲授良知之学，时人多有批评非难之声。王阳明愤慨地说："安得起王司舆于九原乎？"

许璋是王文辕的好友，王阳明在阳明洞养生时，他时常前去拜访。

许璋，字半圭，绍兴上虞人。许璋性格淳厚，潜习"性命之学"，对世事恬淡无欲。此外，他还善权谋之术，精通天文、地理、兵法和奇门遁甲。他曾将诸葛亮的阵法和奇门遁甲之术传授给王阳明。

正德十四年（1519），四十八岁的王阳明果断出兵，迅速平定

---

[1] 南赣：明弘治十年（1497）始置，治赣州（今江西赣州市），辖江西的南安、赣州，广东的韶州、南雄，湖广的郴州，福建的汀州。

了宁王宸濠之乱，并且生擒宸濠，立下大功。这和许璋的教诲密不可分。后来王阳明为了报答许璋之恩，赠送给他一些钱财和布帛，但被许璋拒绝了。据说王阳明还经常坐着竹轿去山中拜访许璋。

许璋曾经拜访过陈献章，王阳明应该从他那里听闻过陈献章的心学。陈献章的心学以"静虚"为宗，主张通过静坐来养出"端倪"。王阳明去拜访娄谅时，也可能听过陈献章的心学。但阳明当时年仅十八岁，内心比较单纯，还未受到形形色色的思想的影响，对心学的认识也没有那么深。当王阳明和许璋交往时，他的思想成熟了很多，陈献章的心学应该已经深深地烙在了他的心上。但王阳明从来没有论及陈献章。

前文已述，《明儒学案》的著者黄宗羲在《白沙学案》的序中写道："有明之学，至白沙始入精微。其吃紧工夫，全在涵养。喜怒未发而非空，万感交集而不动，至阳明而后大。两先生之学，最为相近，不知阳明后来从不说起，其故何也。"

陈献章提倡"端倪"说，王阳明提倡"良知"说，其实在"端倪"说中也可以看到"良知"说的影子。陈献章主张从"静"中养出"端倪"，而王阳明则主张良知的"扩充向上"和"发用流行"。二者虽然同属心学，但一个主"静"，一个主"动"。

阳明学派的唐顺之[1]曾说："白沙先生尝言，静中养出端倪，

---

[1] 唐顺之（1507—1561）:字应德。南直隶常州府武进县（今江苏常州武进区）人。因爱好荆溪山川，故号荆川。嘉靖初年与王慎中同为当时古文运动的代表，世称"王唐"。后又与归有光、王慎中三人合称为"嘉靖三大家"。后人把唐、归、王三人与宋濂、王阳明、方孝孺共称为"明六大家"。

此语须是活看。盖世人病痛,多缘随波逐浪,迷失真源,故此耳。"

在唐顺之看来,陈献章是明代心学的开端者,王阳明则是光大者。多亏了王阳明的"主动心学",陈献章的"主静心说"才能变为"活看"。但是严格来说,陈献章的"主静心学"和陆九渊的"主动心学"在本质上还是不同的,而王阳明继承的正是陆九渊的"主动心学"。

前文已述,陈献章和王阳明的学说虽然同属心学,却存在着静与动之别,这恰恰也是"宋学"和"明学"的区别。从这一点上可以看出,陈献章并不是明代心学的开端,王阳明也不是他的继承者。

朝鲜的李退溪[1]对此评价说:"陈白沙、王阳明之学,皆出于象山,而以本心为宗,盖皆禅学也。然白沙犹未纯为禅,而有近于吾学。故自言其为学之初,圣贤之书无所不讲,杜门累年,而吾此心与此理,未凑泊吻合,于是舍繁求约,静坐久之,然后见心体呈露,日用应酬,随吾所欲,体认物理,稽诸圣训,各有头绪来历,始涣然自信云。"

又说:"至如阳明者,学术颇忒其心,强狠自用。其辩张惶震耀,使人眩惑而丧其所守。贼仁义,乱天下,未必非此人也。"

因为李退溪是纯粹的朱子学者,所以他对陈献章的人品和学问都给予了肯定,而对王阳明则既排斥其学说,又贬低其人品。

---

[1] 李退溪(1501—1570):名滉,字季浩,后改景浩,号退溪、退陶。16世纪朝鲜李朝朱子学大师。他的学说主要以朱子学为宗,而对当时的诸子性理学之异同,亦得旁通曲畅,折中于朱子。

王阳明应该从许璋处了解到许多有关陈献章的事迹。后来王阳明和陈献章的弟子湛甘泉、杨景端成为好友，不可能不知道陈献章的事迹和思想，但他为什么从未提及陈献章呢？这可能和王阳明对陈献章的"虚静""存养"之说不感兴趣有关，此外还可能跟王文辕、许璋尤其是许璋的影响有关。据《明儒学案》中的《许璋传》记载，许璋潜心于"性命之学"，对陈献章的"虚静心学"不感兴趣。

不管怎么说，事实就是王阳明虽然从许璋处了解到陈献章的"虚静心学"，但最终并没有被白沙学所吸引。许璋还教给王阳明权谋之术，使他接触到儒学的"性命之学"和"体认之学"，为其最终转向儒学助了一臂之力。

从佛教和道教中解脱出来、转而笃信儒学的王阳明立志要成为一个对社会有用的人，他同时也意识到要实现这一目标须有强健的体魄，于是第二年，即弘治十六年（1503），他来到了西子湖畔疗养身心。

西湖疗养

西湖位于浙江杭州。杭州昔属吴越国，为南宋立都之地。西湖的名山胜水得天独厚，古刹隐士不可胜数，文人墨客往来不绝。王阳明曾经畅游杭州，遍访当地的古刹名寺。

北宋初年著名的隐逸诗人、被后人尊称为"和靖先生"的爱梅之士林逋[1]曾经在西湖居住。林逋是杭州钱塘人，结庐于西湖的孤山，二十年不曾踏入城市半步，并且在草庐旁为自己修建了坟墓。林逋终生未娶，唯喜植梅养鹤，常驾小舟遍游西湖周边的寺庙。林逋有一首咏诵西湖的诗歌，赞美了西湖的景致：

> 混元神巧本无形，匠出西湖作画屏。
> 春水净于僧眼碧，晚山浓似佛头青。
> 栾栌粉堵摇鱼影，兰杜烟丛阁鹭翎。
> 往往鸣榔与横笛，细风斜雨不堪听。

王阳明也作过两首与西湖有关的诗，题为《西湖醉中漫书二首》：

> 十年尘海劳魂梦，此日重来眼倍清。
> 好景恨无苏老笔，乞归徒有贺公情。
> 白凫飞处青林晚，翠壁明边返照晴。
> 烂醉湖云宿湖寺，不知山月堕江城。
> *
> 掩映红妆莫漫猜，隔林知是藕花开。
> 共君醉卧不须到，自有香风拂面来。

---

[1] 林逋（967—1028）：字君复，谥和靖。一生清淡自适，自谓"梅妻鹤子"。尽管其诗文清澈严整，奇句较多，但大多都在写成后被本人丢弃，所以如今现存的仅有三百余首。后人辑有《林和靖先生诗集》四卷。

在第二首诗歌的最后两句中，王阳明说没有必要到莲池旁去赏花，醉卧岸边，自有微风将莲花的芬芳吹到面前。

日本有近江八景，中国有潇湘八景，西湖同样也有十大名胜，被称为"西湖十景"，分别是：苏堤春晓、曲院风荷、平湖秋月、断桥残雪、花港观鱼、柳浪闻莺、三潭印月、双峰插云、雷峰夕照、南屏晚钟。

王阳明选择了西湖这片风光明媚的胜地来疗养身心，并且一有闲暇，就去拜访当地的古刹。据《阳明先生年谱》记载，王阳明曾经游览过南屏山的净慈寺和大慈山的虎跑寺。

净慈寺是禅宗名寺，百丈怀海法师曾在此寺教化弟子大慈寰中。此外，法眼宗的道潜和延寿、云门宗的慧林宗本、大通善本都曾在净慈寺修行过。据久须本文雄的调查，当时在西湖地区除了净慈寺和虎跑寺之外，还散落着法镜寺、法净寺、灵隐寺、护国寺、葛仙祠（抱朴道院）和理安寺等古刹。王阳明很有可能也游历过这些古刹。

一日，王阳明去虎跑寺游玩，听闻有一禅僧已经坐关三年，终日闭目静坐，不发一语，不视一物。

王阳明径直来到禅僧面前，粗声粗气地说："这和尚终日口巴巴说什么？终日眼睁睁看什么？"

和尚受惊不已，立刻起身。摆弄禅机如股掌之物的禅僧反而被王阳明的禅机吓了一跳，觉得王阳明定非凡人，于是毕恭毕敬地行礼问："小僧不言不视已三年于兹。檀越（施主）却道口巴巴说什么，眼睁睁看什么，此何说也？"

王阳明没有直接回答，反而问他："汝何处人，离家几年了？"

第五章 圣学之道

和尚回答说："某河南人，离家十余年矣。"

王阳明问："汝家中亲族还有何人？"

和尚答曰："止有一老母，未知存亡。"

王阳明问："还起念否？"

和尚答曰："不能不起念也。"

于是，王阳明说道："汝既不能不起念，虽终日不言，心中已自说着；终日不视，心中自看着了。"

禅僧听闻这番话，幡然醒悟，合掌向王阳明请教说："檀越妙论，更望开示。"

王阳明答曰："父母天性，岂能断灭？你不能不起念，便是真性发现。虽终日呆坐，徒乱心曲。俗语云：爹娘便是灵山佛，不敬爹娘敬甚人。"

王阳明的话还没有说完，禅僧便不禁大哭起来，对王阳明更是感激不已。他对王阳明说："檀越说得极是，小僧明早便归家省吾老母。"

王阳明放心不下，翌日再次拜访该寺，发现坐禅的禅僧不见了。寺内的僧人告诉王阳明，禅僧一早就收拾行李启程返乡了。

摆弄禅机教化弟子

前文已述，王阳明通过摆弄禅机即刻感化了禅僧，这则逸事令人惊叹。王阳明生来就具有奇谋，少年时代就曾用计谋促使继母改过自新。在后来教授门人弟子时，他也会时不时地摆弄一下禅机。

在王阳明之后，著名朱子学者陈清澜（陈建，清澜乃其号）对朱子学极其虔诚，而将程王之学视作禅学而对其极度排斥，甚至一度痛斥不已。朱子学在明末有所抬头，和陈清澜的大力推动密不可分。陈清澜排斥王阳明的一大原因，就是因为王阳明对禅机实在是太熟悉了，可谓是运用灵活。接下来就介绍几个他运用禅机教化门人的例子。

王阳明创立自己的心学之后，经常运用禅机教化门人。虽然经常摆弄禅机，但他并没有为禅学所浸染。王阳明分得非常清楚，阳明学以儒学的世界观为基础，而禅学以佛教的世界观为基础，二者本源不同，不可混为一谈。

若读《传习录》，随处可见让人激情澎湃的问答。若读《朱子语类》，这样的感动就会很少。朱熹重理性，观察纤密尖锐，解释自己的学说时偏向于理论性，所以人们读起来就少了那份生命的跃动。

王阳明阐述自己学说的方式则是简单明了，直中要害，做学问同样如此。阳明学重视体验，有一些神秘主义哲学的特性，所以王阳明才会在不知不觉中摆弄禅机。但不管他如何的重体验，如果他不够足智多谋，也不可能摆弄禅机。

王阳明在江西作《无题》（《王文成公全书》卷二十），其末尾有如下两句："同来问我安心法，还解将心与汝安。"

禅宗二祖慧可是达摩祖师的入室弟子，有一次他请求师父："我心未宁，乞师以安！"

达摩回答道:"将心来,与汝安。"

后来,二祖慧可和三祖僧璨之间也有类似的会话。王阳明将这一典故写入了《无题》中。王阳明也曾用禅宗的禅机来教化弟子。《传习录》中记载了这样一段对话:"萧惠:'己私难克,奈何?'王阳明:'将汝己私来,替汝克。'"

萧惠是王阳明的弟子,曾经痴迷于道教和佛教。王阳明告诫他说:"吾亦自幼笃志二氏。自谓既有所得,谓儒者为不足学。其后居夷三载,见得圣人之学若是其简易广大。始自叹悔错用了三十年气力。大抵二氏之学,其妙与圣人只有毫厘之间。汝今所学乃其土苴,辄自信自好若此,真鸱鸮窃腐鼠耳!"

萧惠貌似没有把老师的告诫放在心上。

萧惠:"请问二氏之妙?"

王阳明:"向汝说圣人之学简易广大,汝却不问我悟的,只问我悔的!"

萧惠:"惭愧备至,请问圣人之学?"

王阳明:"汝今只是了人事问,待汝办个真要求为圣人的心来与汝说。"

萧惠再三恳求。王阳明对他说:"已与汝一句道尽。汝尚自不会。"

《传习录》下卷中也有王阳明运用禅机教化弟子的记录。曾有弟子问王阳明自己不能切实修行的原因,王阳明说:"学问工夫,我已曾一句道尽。如何今日转说转远,都不着根!"

弟子回应说:"'致良知'盖闻教矣,然亦须讲明。"

王阳明回答说:"既知'致良知',又何可讲明?良知本是明白,实落用功便是。不肯用功,只在语言上转说转糊涂。"

弟子又回应:"正求讲明致之之功。"

王阳明又回答:"此亦须你自家求,我亦无别法可道。昔有禅师,人来问法,只把尘尾提起。一日,其徒将其尘尾藏过,试他如何设法。禅师寻尘尾不见,又只空手提起。我这个良知就是设法的尘尾,舍了这个,有何可提得?"

过了一会儿,又有其他弟子问修行的要点。王阳明环顾左右说:"我尘尾安在?"

这时,一座弟子都站了起来,对老师佩服不已。王阳明就是这样,在教诲他人时,一句话就足以让人领悟。

《传习录》下卷中还记载了另一段对话,有助于我们了解王阳明晚年创立的"致良知"说,也可以窥见他随机应变、运用禅机来教诲弟子的实态。

有一天,弟子王艮外出归来,王阳明问他:"游何见?"

王艮回答说:"见满街人都是圣人。"

王阳明对他说:"你看满街人是圣人,满街人倒看你是圣人在。"

过了几天,董沄[1]外出归来,对王阳明说:"今日见一异事。"

王阳明问:"何异?"

---

[1] 董沄(1458—1537):字复宗,号萝石、从吾道人。浙江嘉兴府海盐县人。著名诗人。一生布衣,未入官场。董沄比阳明年长十四岁,他听了王阳明的讲说后深受感动,于是请求拜师,但被王阳明拒绝了。王阳明表示希望作为师友交往,后因董沄强烈要求才将他收入门下。因此,在阳明的门人中,他是个特别的人。

董沄回答说:"见满街人都是圣人。"

王阳明对他说:"此亦常事耳,何足为异?"

王艮傲气过重,自以为是圣人,故说"见满街人都是圣人"。王阳明讽刺他说是你自以为是圣人,满街人都看你装模作样地扮个圣人。董沄质朴守分,尊重世人,故其说"见满街人都是圣人"时,王阳明知其心中确实诚笃如此,故而说这是平常之事,我辈儒者皆应有见及此,故而无须特异。

王阳明的弟子后来分成三派,分别是良知现成派(左派)、良知归寂派(右派)和良知修证派(正统派)。良知现成派中多有才之士,他们大多具有搏龙斗蛇的气概,拥有使人瞬间醒悟的能力,并且经常摆弄禅机。良知现成派的这些特点给阳明学带来了诸多弊害,最终导致了阳明学的没落。顺便补充一句,在日本的阳明学者中没有良知现成派。

排斥佛道

王阳明排斥佛教与道教中的神仙养生之说,认为儒学中才存在真正的养生之道。弘治十八年(1505),王阳明作《赠阳伯》,其中写道:

阳伯即伯阳,伯阳竟安在?
大道即人心,万古未尝改。

长生在求仁，金丹非外待。

谬矣三十年，于今吾始悔！

大道即人心，长寿的秘诀在于求仁，《论语·雍也篇》中就曾提出"仁者寿"。王阳明认为服用仙丹并不会使人长寿，自己过去三十多年来一直追求的道教长生不老之法谬误至极，于是后悔不已。通过"大道即人心"这句诗，我们已经能够窥见王阳明心学的一些端倪。

明武宗正德三年（1508），王阳明三十七岁。是年，他被贬谪到蛮荒的贵州龙场，龙场生活对他的健康造成了极大的影响。翌年，有人问他道教与佛教的神仙养生之道，他在回信中写道："仆诚生八岁而即好其说，今已余三十年矣。齿渐摇动，发已有一二茎变化成白，目光仅盈尺，声闻函丈之外，又常经月卧病不出，药量骤进，此殆其效也。"（《王文成公全书》卷二十一）

按照常理，王阳明应该笃信神仙养生之术才对，但他并没有这样做，反而认为儒学中才有真正的长寿之道。王阳明当时没有轻率地批判佛、道的神仙养生思想，这可能和他不能完全否定很多道教人士确实长寿有关。

后世道教出现的一些拔宅飞升和秘术曲技等，王阳明对此是极力否定的。王阳明得出这样的结论并不是单纯靠理论，而是通过自己的内心体认才最终悟出的。所以说，王阳明对佛、道神仙养生的批判是他悟得人生奥义的结果。

王阳明又指出："盖吾儒亦自有神仙之道，颜子三十二而卒，至今未亡也。足下能信之乎？后世上阳子之流，盖方外技术之士，未可以为道。若达摩、慧能之徒,则庶几近之矣,然而未易言也。"

在王阳明看来,儒家亦有神仙养生之道,故"颜子三十二而卒,至今未亡也"。虽然道教因养生之道闻名于世,一些方外之士也被传得神乎其神,但他们都未曾真正得道,反而是达摩、慧能这些佛家弟子离神仙之道更近一些。无怪乎钟惺会赞叹说:"阳明虽未论神仙,却知晓神仙之道。"

通过以上所述可以看出,王阳明在龙场时已经形成了以儒学为本、三教合一的思想。这一倾向在他的后世弟子良知现成派中体现得特别明显。

王阳明在悟得道教和佛教之不足后,开始排斥道教与佛教。王阳明曾作《长生》(《王文成公全书》卷二十)诗,其中阐述了自己排斥佛道的思想:

> 长生徒有慕,苦乏大药资。
> 名山遍探历,悠悠鬓生丝。
> 微躯一系念,去道日远而。
> 中岁忽有觉,九还乃在兹。
> 非炉亦非鼎,何坎复何离。
> 本无终始究,宁有死生期?
> 彼哉游方士,诡辞反增疑。
> 纷然诸老翁,自传困多歧。
> 乾坤由我在,安用他求为?
> 千圣皆过影,良知乃吾师。

这首诗是嘉靖六年（1527）九月，五十六岁的王阳明途经浙江金华常山县时所作。王阳明年轻时向往神仙之道，中年时悟得佛、道之不足，转而笃信儒学。在诗的开头六句，王阳明介绍了自己早年修习道家的养生之术却一无所得，反而离真正的道越来越远的窘状。

此外，王阳明还作过两首题为《书汪进之太极岩二首》（《王文成公全书》卷二十）的诗：

一窍谁将混沌开？千年样子道州来。
须知太极元无极，始信心非明镜台。
                *
始信心非明镜台，须知明镜亦尘埃。
人人有个圆圈在，莫向蒲团坐死灰。

这两首诗是王阳明在江西时所写的很重要的诗，也可以被称作哲学诗。正德十五年（1520），王阳明四十九岁，平定宸濠之乱后，他来到九华山散心，在太极岩前作了这两首诗。在诗中，王阳明对比了庄子的"混沌"和周敦颐的"无极太极"论，并且借用六祖慧能的"心非明镜台"来阐述自己"心即理"的主张，同时指出禅宗追求心死乃大错，并且对世人施以劝诫。

"混沌"之典出自《庄子·应帝王》。南海的大帝名叫儵，北海的大帝名叫忽，中央的大帝叫混沌。儵与忽常常相会于混沌之处，混沌用丰盛的酒菜款待他们，于是儵和忽在一起商量报答混沌的深厚情谊，说："人人都有眼、耳、口、鼻七个窍孔可以视、听、吃、呼吸，唯独混沌没有，我们为他凿开七窍。"他们每天

第五章 圣学之道

凿出一个孔窍，凿了七天，七窍生成了，可是混沌死了。庄子借用这一典故，想表明即使以再英敏的智慧去分析未分化的混沌，也难以得其要领。

可是在千年之后，道州营道县人士周敦颐只将混沌凿了一个窍，就将其本质公之于众。王阳明认为周敦颐是儒学千年传统的真正传人，是他的思想贡献才让儒学这棵老树发出了新枝。周敦颐著有《太极图说》，开篇就说"无极而太极"，这是对《周易·系辞》的"易有太极，是生两仪"的解释。周子认为，太极生万物，无限定，故太极即无极，同时太极又蕴藏于生成的万物之中。

"明镜"论取自《六祖坛经》。五祖弘忍为了挑选禅宗衣钵的继承人，命弟子作偈。神秀和六祖慧能各作了一首。

"身是菩提树，心为明镜台。时时勤拂拭，勿使惹尘埃。"（神秀）

"菩提本无树，明镜亦非台。本来无一物，何处惹尘埃。"（慧能）

在王阳明看来，心也是无极的，和六祖慧能所言一样，心本无形，不可能像明镜台，明镜本身就是尘埃。心就如同周敦颐的太极图中画的那个圆圈，是人与生俱来的东西，不需要像禅僧那样，坐在蒲团上打坐，也不需要舍弃三昧，心如死灰。《书汪进之太极岩二首》是一组批判禅学的诗，王阳明在其中引用了周敦颐的"无极太极"论。通过这两首诗，我们还可以发现当时王阳明已经觉得任何人都具有良知，并且这种良知堪比皎洁的明月。

儒佛的本质区别

王阳明接触到的佛学主要是禅学。根据他的理解，儒学和佛学都是以心学为宗的学说。嘉靖四年（1525），五十四岁的王阳明写了一篇《重修山阴县学记》(《王文成公全书》卷七)，在文中他这样说道：

> 夫圣人之学，心学也。学以求尽其心而已。
> ……
> 夫禅之学与圣人之学，皆求尽其心也，亦相去毫厘耳。圣人之求尽其心也，以天地万物为一体也。吾之父子亲矣，而天下有未亲者焉，吾心未尽也；吾之君臣义矣，而天下有未义者焉，吾心未尽也；吾之夫妇别矣，长幼序矣，朋友信矣，而天下有未别、未序、未信者焉，吾心未尽也；吾之一家饱暖逸乐矣，而天下有未饱暖逸乐者焉，其能以亲乎？义乎？别、序、信乎？吾心未尽也。
> 故于是有纪纲政事之设焉，有礼乐教化之施焉，凡以裁成辅相、成己成物，而求尽吾心焉耳。心尽而家以齐，国以治，天下以平。故圣人之学不出乎尽心。
> 禅之学非不以心为说，然其意以为是达道也者，固吾之心也，吾惟不昧吾心于其中则亦已矣，而亦岂必屑屑于其外。其外有未当也，则亦岂必屑屑于其中。
> 斯亦其所谓尽心者矣，而不知已陷于自私自利之偏。是以外人伦，遗事物，以之独善或能之，而要之不可以治家、国、天下。
> 盖圣人之学无人己，无内外，一天地万物以为心；

而禅之学起于自私自利，而未免于内外之分；斯其所以为异也。今之为心性之学者，而果外人伦，遗事物，则诚所谓禅矣；使其未尝外人伦，遗事物，而专以存心养性为事，则固圣门精一之学也，而可谓之禅乎哉！

"圣人之学，心学也。学以求尽其心而已"，这其实是陆九渊的主张。王阳明认为在"学以求尽其心"方面，禅学和儒学是相同的，但其中还是存在毫厘之差的。禅学将心分为内外两部分，由于担心"外"会扰乱"内"而主内斥外，所以禅学讲的"尽其心"是自私自利的心。而儒学的"尽其心"则与其不同，儒学追求内外统一，万物一体，讲究典章制度和礼乐教化。总而言之，儒学和禅学都是以心学为宗的学说，是否追求"经世致用"是二者的本质区别。

在《传习录》下卷中，王阳明从道教和佛教的本质区别入手，对道教和佛教加以批判：

仙家说到虚，圣人岂能虚上加得一毫实？佛氏说到无，圣人岂能无上加得一毫有？

但仙家说虚，从养生上来；佛氏说无，从出离生死苦海上来，却于本体上加却这些子意思在，便不是他虚无的本色了，便于本体有障碍。

圣人只是还他良知的本色，更不着些子意在。良知之虚，便是天之太虚。良知之无，便是太虚之无形。日、月、风、雷、山、川、民、物，凡有貌象形色，皆在太虚无形中发用流行，未尝作得天的障碍。

圣人只是顺其良知之发用，天地万物俱在我良知的发用流行中，何尝又有一物起于良知之外能作得障碍？

这是王阳明晚年提倡"致良知"说时发表的对道教和佛教的批判。在王阳明看来，儒学的本体是"良知"，追求的是天地万物的绝对虚无，其中不含半点私欲。而道教和佛教虽然也都坚持虚无，但他们追求的是长生不老和脱离生死苦海，说到底追求的还是自己的私欲，所以他们并没有得到真正的虚无。

佛教还执着于"相"（现实的形态），王阳明对此也提出了批判。《传习录》下卷中记载了一段黄直[1]和王阳明之间的对话。

黄直问："先生尝言'佛氏不着相[2]，其实着了相，吾儒着相，其实不着相'，请问。"

王阳明答："佛怕父子累，却逃了父子；怕君臣累，却逃了君臣；怕夫妇累，却逃了夫妇。都是为个君臣、父子、夫妇着了相，便须逃避。如吾儒，有个父子，还他以仁；有个君臣，还他以义；有个夫妇，还他以别。何曾着父子、君臣、夫妇的相？"

父子、君臣和夫妇这些关系都是客观存在的事实，可佛教极力否定，不承认它们的存在。佛教的目的是"不着相"，可是刻意为之就变成"着相"了。儒学与佛教完全不同，儒学承认客观

---

[1] 黄直（1500—1559）：字以方，号卓峰。江西抚州府金溪县人。明朝中期学者、净臣。

[2] 着相：执着于外相、虚相或个体意识而偏离了本质。

事实的存在，顺势而为之，看起来是"着相"，其实已经变成佛教所追求的"不着相"了。

在《传习录》下卷中，王阳明批判了佛教动静分离、厌动求静的思想。

黄直问："儒者到三更时分，扫荡胸中思虑，空空静静，与释氏之静只一般。两下皆不用，此时何所分别？"

王阳明答："动静只是一个。那三更时分，空空静静的，只是存天理，即是如今应事接物的心。如今应事接物的心，亦是循此理，便是那三更时分空空静静的心。故动静只是一个，分别不得。知得动静合一，释氏毫厘差处亦自莫掩矣。"

在佛教看来，儒学是主动的；在儒学看来，佛学是主静的。佛教主张的动静合一是以静为主，而儒学主张的动静合一则是以动为主。在问答中，王阳明通过天理的有无来区分佛教和儒学的不同，这使得二者在动静问题上的差别更加明显。

自宋代以来，就常有儒学家批判佛教抛弃人伦事物、轻视经世的弊端。王阳明也认为，佛教把心看作幻想，与世间没有什么关系，所以不能治天下。前文已述，王阳明虽然承认儒学和佛教都是以心学为宗，但认为儒学追求的是心物合一，并且人伦和事物之理都蕴藏其中，所以说在心法方面，儒学和佛教还是有很大区别的。

有人问："释氏亦务养心，然要之不可以治天下，何也？"

王阳明答："吾儒养心，未尝离却事物，只顺其天则自然就是工夫。释氏却要尽绝事物，把心看作幻相，渐入虚寂去了，与世间若无些子交涉，所以不可治天下。"

王阳明在写给陆澄[1]的回信中，从"良知"说的角度对佛教的利己主义进行了批判。其实，这也是宋代以来儒学家批判佛教的一个重要内容。

不思善、不思恶时认本来面目，此佛氏为未识本来面目者设此方便。本来面目即吾圣门所谓良知。今既认得良知明白，即已不消如此说矣。随物而格是致知之功，即佛氏之"常惺惺"，亦是常存他本来面目耳。

体段工夫大略相似。但佛氏有个自私自利之心，所以便有不同耳。今欲善恶不思，而心之良知清静自在，此便有自私自利，将迎意必之心，所以有"不思善、不思恶时"，用致知之功，则已涉于思善之患。孟子说"夜气"[2]，亦只是为失其良心之人指出个良心萌动处，使他从此培养将去。

今已知得良知明白，常用致知之功，即已不消说"夜气"。却是得兔后不知守兔，而仍去守株，兔将复失之矣。

欲求宁静，欲念无生，此正是自私自利、将迎意必之病，是以念愈生而愈不宁静。

良知只是一个良知，而善恶自辨，更有何善何恶可思？良知之体本自宁静，今却又添一个求宁静，本自生

---

1 陆澄：字原静，又字清伯。浙江湖州府归安县（今湖州市）人。正德年间进士。潜心于通过静心来养生。

2 夜气：晚上静思所产生的良知善念。

> 生，今却又添一个欲无生，非独圣门致知之功不如此，虽佛氏之学亦未如此将迎意必也。
>
> 只是一念良知，彻头彻尾，无始无终，即是前念不灭，后念不生。今却欲前念易灭，而后念不生，是佛氏所谓"断灭种性"，入于槁木死灰之谓矣。

根据王阳明的理解，佛教中所提的"本来面目"就是"良知"。如果能够明确认识"良知"，那就没有必要再去提"本来面目"。良知的本体是"本自宁静""本自生生"，本来"无善无恶""善恶自辨"，但佛教非要"欲求宁静""欲念无生"，非要去求一个"无善无恶"，这正体现了佛教的自私自利之心，是佛教仍然执着于尘世的一种表现。

弘治十七年（1504），王阳明出任山东乡试的主考官，他所拟定的考试题目就是"异端论"。在后文中，我们将对此进行详细介绍。

此处所说的"异端"主要是指道教和佛教。在王阳明看来，"人伦之学"，即儒学以外的所有学说都是异端，都要加以排斥。

> 人伦明于上，小民亲于下，家齐、国治而天下平矣，是故明伦之外无学矣。外此而学者，谓之异端；非此而论者，谓之邪说；假此而行者，谓之霸术；饰此而言者，谓之文辞；背此而驰者，谓之功利之徒、乱世之政。
>
> 虽今之举业，必自此而精之，而后不愧于敷奏明试。虽今之仕进，必由此而施之，而后无忝于行义达道。

上文是嘉靖四年（1525）王阳明五十四岁时在杭州作的《万松书院记》(《王文成公全书》卷七）中的两段话。王阳明提出的"明伦之外无学矣"，实乃千古之卓见，一语道破了儒学的本质。异端指的就是明伦之外的所有学说。

万松书院位于杭州南部凤凰山麓，弘治年间由浙江右参政[1]周木在一座荒废寺庙的旧址上修建而成。嘉靖四年，侍御[2]潘景哲到杭州视察，为了教育当地的秀才，下令扩建万松书院。王阳明在《万松书院记》中详细介绍了修建书院的经过，同时还强调"古圣贤之学，明伦而已"，并对其加以论述。

"良知之学"与三教合一

王阳明在晚年时觉得如果修习自己创立的"良知之学"，那么佛教所追求的"解脱"和道教所追求的"长生"可以一并获得。

据《阳明先生年谱》记载，嘉靖二年（1523），王阳明五十二岁。十一月，都御史林见素[3]前往萧山[4]，王阳明迎接，林见素的随行弟子张元冲[5]在舟中问王阳明："二氏与圣人之学所差毫厘，

---

1 参政：明代在布政使下设左右参政，分领各道。
2 侍御：监督地方官员的官职。
3 林见素（1452—1527）：名俊，字待用，号见素，晚号云庄。福建兴化府莆田县人。成化十四年进士。明世宗时升任刑部尚书。
4 萧山：今浙江杭州萧山区。
5 张元冲：字叔谦，号浮峰。浙江绍兴府山阴县人。嘉靖戊戌进士。曾任右副都御史、江西巡抚。

第五章　圣学之道

谓其皆有得于性命也。但二氏与性命中着些私利,便谬千里矣。今观二氏作用,亦有功于吾身者,不知亦须兼取?"

王阳明回答说:"说兼取,便不是。圣人尽性至命,何物不备?何待兼取?二氏之用,皆我之用。即吾尽性至命中完养此身,谓之仙;即吾尽性至命中不染累,谓之佛。但后世儒者不见圣学之全,故与二氏成二见耳。"

"譬之厅堂三间共为一厅,儒者不知皆吾所用,见佛氏,则割左边一间与之;见老氏,则割右边一间与之;而己则自处中间,皆举一而废百也。"

"圣人与天地民物同体,儒、佛、老、庄皆吾之用,是之谓大道。二氏私其身,是之谓小道。"

据此可以看出,王阳明在晚年时已经形成了以儒学为主、三教合一的思想,但他没有刻意强调自己的这一思想。在上文中,王阳明指出,如果认真修行儒学,那么佛教所言的"解脱"和道教所言的"长生"可以一并求得。除此之外,王阳明还论述了道教与佛教的偏颇之处,并对其加以批判。

当良知现成派形成后,王阳明的弟子们开始强调他的三教合一思想。例如,王阳明的高徒、良知现成派的代表人物王畿就曾评价说:"先师的良知之学乃三教之灵枢。"同时还指出:"吾儒未尝不说虚,不说寂,不说微,不说密,此是千圣相传之秘藏。从此悟入,乃是范围三教之宗。"(《三山丽泽录》)

会稽山祈雨

悟得佛教和道教之不足的第二年，即弘治十六年（1503），王阳明三十二岁。是年，他受绍兴知府佟珍之邀，从杭州来到会稽山为百姓祈雨，并作《祈雨文》一篇。

据《送绍兴佟太守序》(《王文成公全书》卷二十九）记载，成化十八年（1482），竹轩公带着王阳明到北京定居，后来佟公搬到了他家隔壁。当时的王阳明虽然尚幼，但已经觉得佟公将会成为一位栋梁之材。佟公吏治严明，刚健果敢，后来转任苏州，政绩斐然，深得苏州当地士大夫的钦佩。王阳明对其更加信任。此后，佟公又转任王阳明老家绍兴府的知府。王阳明对他充满期待，特意送序一首。在序的末尾，王阳明写道："公虽不久于吾郡矣，如其不得公也，则如之何！"

据此也可以看出王阳明对佟公的期待是多么大了！

弘治十六年四月至八月，绍兴地区遭遇大旱。佟公特意邀请王阳明前来祈雨。王阳明最初坚决不肯，但经不住佟公的多次邀请，最终决定前往会稽山祈雨，并作《祈雨文》一篇。

古时祈雨多用书符或者咒水，方术之士有时也会通过法术来求雨，但是儒家经典中对此皆无记载。

之所以邀请王阳明来祈雨，可能跟佟知府了解王阳明在阳明洞中修行道术、能够发挥灵能的传闻有关。王阳明熟悉佟知府的才德，同时也被他的爱民之心所打动，最终答应了佟公的请求，愿意前往会稽山求雨。王阳明在《答佟太守求雨》(《王文成公全书》

卷二十一)的开篇写道:"昨杨、李二丞来,备传尊教,且询致雨之术,不胜惭悚!今早谌节推辱临,复申前请,尤为恳至,令人益增惶惧。天道幽远,岂凡庸所能测识?然执事忧勤为民之意真切如是,仆亦何可以无一言之复!"

王阳明在《答佟太守求雨》中发誓将排斥前文提到的异端之术,专心致力于修己治人的儒学之道,用自己的诚心来感动山川社稷之神。在文章的末尾,王阳明写道:

夫以执事平日之所操存,苟诚无愧于神明,而又临事省惕,躬帅僚属致恳乞诚,虽天道亢旱,亦自有数。使人事良修,旬日之内,自宜有应。

仆虽不肖,无以自别于凡民,使可以诚有致雨之术,亦安忍坐视民患而恬不知顾,乃劳执事之仆,仆岂无人之心者耶?

一二日内,仆亦将祷于南镇,以助执事之诚。执事其但为民悉心以请,毋惑于邪说,毋急于近名,天道虽远,至诚而不动者,未之有也!

通过《答佟太守求雨》一文,我们也可以窥见王阳明信奉儒学、排斥道教神仙之学的态度。

第六章

倡导圣学

笃信儒学

本节将向各位读者介绍王阳明笃信儒学的经过，以使各位能够更好地理解王阳明儒学和朱熹儒学的不同立场。

前文已述，结婚翌年，即弘治二年（1489），十八岁的王阳明拜访了广信府的大儒娄谅。娄谅向他介绍了宋儒的"格物"说，并且告诉他"圣人必可学而至"，这使得王阳明开始对儒学产生较强的兴趣。

当时恰是朱子学的鼎盛时期，一提起儒学，一般都指朱子学。在京城期间，王阳明迷上了朱熹的著作。朱子学的特点是"格物穷理"，朱熹也曾言"一草一木皆涵至理"，于是王阳明就按照朱熹的教诲去修习格物之学。其父所在官署的庭院内有很多竹子，王阳明觉得每棵竹子都应该有其理，于是不分昼夜地盯着竹子看，打算穷尽竹子之理。时间一长，王阳明感到疲劳困乏，加上他生来体弱多病，所以最终病倒了。王阳明"益委圣贤有分"，于是放弃了修习朱子学。后来他又沉迷于文学，学习兵法，修习神仙养生之道等，度过了一段思想的混乱期。

王阳明有志于朱子学时还不到二十岁，年龄、学识和经验都很不成熟，再加上他想直接悟出旷世大儒朱熹所说的"物之理"，由于缺乏积淀和不切实际，失败也是理所当然的。王阳明生来体弱多病，但富有豪气。他不想循序渐进，只想一气呵成地体悟到朱子学的穷极之理，这是导致他失败的根本原因。

朱熹的"格物之学"其实源自北宋的程颐。朱熹重视"格物"，他把"格物穷理"视作儒学入门的第一步。在四十岁左右时，朱熹通过"格物"，意识到自己以前的学问中存在着一些错误。在这个过程中，朱熹一直刻苦读书，一有疑问便会去问老师，如果对老师的回答仍有疑问，他又会去问别的老师，一直到问明白为止。经过刻苦学习和积累，朱熹最终明白了"格物"的奥义，并将其确立为自己学问的基础。朱熹的勤学之苦和积累之功是常人所不能比的。

若比较朱熹和王阳明做学问的方法，我们会发现朱熹是学究型，而王阳明很难这样做。王阳明尝试格竹时还不满二十岁，在这样的年龄就想穷尽朱熹"格物之学"的精髓，本身就是一个非常失策的举动。

王阳明在修习朱熹的"格物之学"上碰壁之后，转而走上了异学异端之途。三十一岁时，他又悟出了异端之学的不足，于是重新转向儒学，至此才从"五溺"中解脱出来，开始归正于圣贤之学。

朱熹和王阳明确立自己学问立场的过程存在着巨大差异。朱熹在内省己心的同时，还注重苦读和向师友咨询，最终才确立起自己学问的基础。而王阳明则更注重内省和体验。王阳明是在克服内心苦恼的过程中，体会出真正之道即人伦之道后，才发现儒学之道和自己悟出的人伦之道完全相符，这才开始笃信儒学。

一言以蔽之，在王阳明看来，修习圣贤之学就是依照人伦道德去真实地生活。这是王阳明一生的坚守和选择。

前文已述，朱子学注重"格物穷理"和"存心涵养"，重点是"格物穷理"，而阳明学则更注重"存心涵养"，并且认为"存心涵养"中包含了"格物穷理"。世人普遍认为，宋代之后的新儒学是指心学，王阳明主张求道于心，仅从字面来看，阳明学可以说就是心学。

王阳明曾说："向心内求理，方得真知。"在他后来的人生中，这一做学问的方法也是一以贯之的。

王阳明三十一岁笃信圣学，此后就再也没有被异端之说迷惑过，并且还对异端之说进行了批判。朱熹和王阳明一样，自从信奉儒学之后就再也没有动摇过。

出任乡试主考官

弘治十六年（1503），王阳明结束西湖疗养之后，回到京城。翌年，王阳明三十三岁。是年秋天，他出任山东乡试的主考官。王阳明能够出任主考官和陆偁有很大的关系。陆偁时任山东巡按监察御史[1]，

---

[1] 巡按监察御史：巡按之名起于明朝，并不是固定的职官，多临时由朝廷委派监察御史担任，分别巡视各省，考核吏治。明朝的监察御史为正七品官，又称为"巡按御史"，级别虽低，但权力极大。

久闻王阳明的大名，所以特派使者前往京城，邀请他出任山东乡试的主考官。

乡试的主考官必须是文章精粹之士，而且王阳明赴任的山东是孔孟之乡，是昔时齐、鲁、宋、卫之地，孔子的诸位高徒也多出生于此，因此能够出任山东乡试主考官，为国家挑选拔擢人才贤士，对主考官本人来说是至高无上的荣耀。

王阳明非常感激陆偁能给自己这样的机会，同时也深感自己的责任重大。科举考试的主考官，大多是从京官中挑选的。有明一代，在王阳明生活的数十年间，乡试主考官大多是由负责教学的官员担任。王阳明当时是刑部主事，按理说是不应该出任主考官的。由此可以看出，这次任命是一次打破常规的人事安排。

那么，成为山东乡试主考官的意义何在？它可以成为王阳明能否以一个儒学家的身份留名青史的试金石。

王阳明后来写了一篇《山东乡试录》（《王文成公全书》卷二十二），其中记录了山东乡试的一些情况。通过《山东乡试录》的序文，我们能够窥见王阳明作为一名儒学家的远大抱负：

> 山东，古齐、鲁、宋、卫之地，而吾夫子之乡也。尝读夫子《家语》，其门人高弟，大抵皆出于齐、鲁、宋、卫之叶，固愿一至其地，以观其山川之灵秀奇特，将必有如古人者生其间，而吾无从得之也。今年为弘治甲子，天下当复大比。山东巡按监察御史陆偁辈以礼与币来请守仁为考试官。
>
> 故事，司考校者惟务得人，初不限以职任。其后

三四十年来，始皆一用学职，遂致应名取具，事归外帘，而糊名易书之意微。自顷言者颇以为不便，大臣上其议。天子曰："然，其如故事。"于是聘礼考校，尽如国初之旧。

而守仁得以部属来典试事于兹土，虽非其人，宁不自庆其遭际！又况夫子之乡，固其平日所愿一至焉者，而乃得以尽观其所谓贤士者之文而考校之，岂非平生之大幸欤！虽然，亦窃有大惧焉。

夫委重于考校，将以求才也。求才而心有不尽，是不忠也。心之尽矣，而真才之弗得，是弗明也。不忠之责，吾知尽吾心尔矣；不明之罪，吾终且奈何哉！

盖昔者夫子之时，及门之士尝三千矣，身通六艺者七十余人。其尤卓然而显者，德行言语则有颜、闵、予、赐之徒，政事文学则有由、求、游、夏之属。

今所取士，其始拔自提学副使陈某者盖三千有奇，而得千有四百，既而试之，得七十有五人焉。呜呼！是三千有奇者，皆其夫子乡人之后进而获游于门墙者乎？是七十有五人者，其皆身通六艺者乎？

夫今之山东，犹古之山东也，虽今之不逮于古，顾亦宁无一二人如昔贤者？而今之所取苟不与焉，岂非司考校者不明之罪欤？

虽然，某于诸士亦愿有言者。夫有其人而弗取，是诚司考校者不明之罪矣。司考校者以是求之，以是取之，而诸士之中苟无其人焉以应其求，以不负其所取，是亦诸士者之耻也。虽然，予岂敢谓果无其人哉！

夫子尝曰："鲁无君子者，斯焉取斯！"颜渊曰："舜何？人也。予何？人也。有为者亦若是。"

夫为夫子之乡人，苟未能如昔人焉，而不耻不若，又不知所以自勉，是自暴自弃也，其名曰不肖。夫不肖之与不明，其相去何远乎，然则司考校者之与诸士，亦均有责焉耳矣。

嗟夫！司考校者之责，自今不能以无惧，而不可以有为矣。若夫诸士之责，其不听者犹可以自勉，而又惧其或以自画也。诸士无亦曰吾其勖哉，无使司考校者终不免于不明也。斯无愧于是举，无愧于夫子之乡人也矣。

王阳明将"理"与"情"融入这篇序文中，让人读罢能够感受到一股温情。王阳明的学术思想中充满着温情，晚年的"拔本塞源"论和"万物一体"论就是这种温情学术思想的结果。

《山东乡试录》的全文由王阳明亲自执笔写成。接下来我们就简要介绍一下这篇文章的目录及各部分的要旨。

四书三题

一、所谓大臣者以道事君，不可则止。

这一部分介绍了该如何做好一名臣子。臣子应该以仁义之言来引导君王，如果君王不听，那么臣子就应该奉身而退。

二、齐明盛服，非礼不动，所以修身也。

其中介绍了修身是《中庸》的"治国九经"之本，同时还论述了"存静持敬"和"克己复礼"的重要性。

三、禹思天下有溺者，由己溺之也；稷思天下有饥者，由己饥之也。

在这一部分中，王阳明认为一个人的地位决定了他要负的责任和义务。上古时代的大禹和后稷身居要职，治国安民是他们的责任，所以他们都热心于救民。颜子因为没有官职，也就不存在救民的责任和义务，故而他才能安于自守，自得其乐。但到了后世，人们忘却了职位与责任的关系，为官之士以获取高位为荣耀，隐退之士以忘却尘世为高节，结果导致了进不能忧大禹、后稷之忧，退不能乐颜子之乐。

易二题

一、先天而天弗违，后天而奉天时。

王阳明认为，在圣人眼中，人道即天道，道无天人之别，本来就是一个整体。然而常人由于受私欲所扰，将天人分别视之，只知有其分，而不知有其理。末尾，王阳明指出"循理则与天为一"。

二、河出图，洛出书，圣人则之。

王阳明认为天地万象都可以通过"河图""洛书"中的数字来显现，圣人也是据此作《周易》。

书二题

一、王懋昭大德，建中于民，以义制事，以礼制心，垂裕后昆。

予闻曰："能自得师者王。"

王阳明认为君王必须修其大德，同时还需要在百姓之间建立中庸之道，通过"义"来裁决事务，通过"礼"来控制内心。要想做到这一切，就必须得到良师的教诲和辅佐。

二、继自今，立政其勿以憸人，其惟吉士。

王阳明认为用人就必须用"善人"，而不能用"恶人"。一旦用了"善人"，就要用人不疑，这才是王者之道。

诗二题

一、不遑启居，猃狁之故。

王阳明指出周文王执政顺应民心，同时也让国民了解到边境防御是为了百姓自己的安宁，故戍边之士兵役虽苦，但无人厌烦。王阳明在这一部分还介绍了日常防备在国防中的重要性。

二、新庙制以顺人心。

王阳明介绍了君王施政要顺应民心，并举了鲁僖公的例子。鲁僖公非常擅长这一施政之道，他为了顺应民心，曾修建过一座华美巨大的寺庙。顺应民心的施政之道其实始自鲁国国君伯禽，这一优良传统一直为鲁国后代国君所沿用。

春秋二题

一、楚子入陈，楚子围郑，晋荀林父帅师，及楚子战于邲，晋师败绩。楚子灭萧[1]。晋人、宋人、卫人、曹人同盟于清丘。

王阳明介绍了上文的春秋笔法，并阐述了战国时期战争与防御的正道。楚王本来是侵略陈国[2]与郑国，但《春秋》中并没用"侵"字，而仅用"入陈"和"围郑"两词，"入""围"二字其实是为了掩盖楚王的罪责。此外，还特意列出了晋国败将的名字，其目的是指出失律丧师之戒。当提到萧国灭亡时，没有用"萧国溃亡"，而是用"楚子灭萧"，一个"灭"字就断定了楚王的罪责。晋、宋、卫、曹四国结盟本是四国公卿所为，但《春秋》中将其记为"晋人、宋人、卫人、曹人"，没有指明具体的公卿名字，这表现了对列国公卿的蔑视，同时也暗示着这份同盟条约不可能得以实行。

二、楚子、蔡侯、陈侯、许男、顿子、沈子、徐人、越人伐吴。

王阳明介绍了由于吴王无德，吴国陷入夷狄之道，故楚王联合蔡侯、陈侯、许男、顿子、沈子、徐人和越人一起讨伐吴国。《春秋》在提到蔡国、陈国、许国、顿国和沈国的国君时，用的是他们的封号，或为"侯"，或为"男"，或为"子"，但提到徐国和越国，用的是"人"，即作者认为徐国和越国是蛮夷之国。在《春秋》中，将蛮夷之国徐国、越国与蔡国、陈国等国并列，这是典型的"春秋笔法"，表现了作者对徐国和越国的认可。王阳

---

[1] 楚子灭萧：萧国是战国时期的一个小国，楚王在邲之战胜晋军之后，趁机侵犯萧国，"伐萧不已，而围其城；围萧不已，而溃其众"。楚王通过灭亡小国而宣扬自己声威的做法为当时的士大夫所不齿，故《春秋》中认定灭萧的罪责在楚王。
[2] 陈国：春秋战国时期的一个小国，其都城位于陈州（今河南周口淮阳区）。

明指出，君子应该与人为善，不应该拘于世俗观念而把"蛮夷"拒绝在外。

礼记二题

一、君子慎其所以与人者。

王阳明介绍了君子与人交往应该遵守礼乐之道，还指出了"慎独"的重要性。

二、心好之，身必安之；君好之，民必欲之。

王阳明介绍了内心与身体、国君与百姓的统一性，即"心里爱好什么，身体必定能习惯它们；国君爱好的，民众必定也想得到它们"。同时，他还指出心是身体的主宰，身体需要服从于心。民以君为心，君以民为体。如果君主仁义，那么百姓也肯定仁义；如果君主残暴，那么百姓也肯定会以暴制暴。二者是一个整体，不可分离。君主必须依存于百姓，如果君主遵循人伦道德，百姓也会遵守人伦道德，这样君主才能实现长治久安。

论一题

一、人君之心惟在所养。

王阳明指出若想实现以善养心，必须克服内心的私利私欲。此外，还需要存养省察，即在无事时，要注意存养自己的心性；有事时，要注意省察克服自身的私欲。

表一题

一、拟唐张九龄[1]上《千秋金鉴录表》。

《千秋金鉴录》是张九龄在唐玄宗生辰时上的奏表,语言诙谐,充满警世之语。王阳明觉得向皇帝送这样的贺仪最为恰当,不应该送美玉等珍奇的宝物。

策问"策五道"

王阳明在主持山东乡试过程中,共出了十三道经义题、五道策论题,此外,论、表还各出一题。经义题选的大多是"四书五经"中跟经世致用有关的语句,策论主要是考查考生对当时急务的对策。王阳明在《山东乡试录》中不仅列出了自己出的题目,还附上了标准答案。王阳明的高徒王畿在《阳明文选》中收录了《山东乡试录》中"策五道"的答案全文,并且还附有钟惺的批评和赞词,可知其皆由王阳明亲自执笔写就。(东正堂《阳明先生全书论考》卷十四《年谱一》)

---

[1] 张九龄(678—740):字子寿。历史上的名相。唐玄宗开元二十一年出任中书侍郎、同中书门下平章事。

阳明的政治策论

王阳明之所以要做一份标准答案，可能是为了判阅的统一，以确保考试的公平性。接下来，简要介绍一下王阳明"策五道"的要旨。

一、礼乐论

自上古以来，礼乐就是中国政治中不可或缺的组成部分。王阳明也依照传统，认为礼乐有治世与匡正风俗之功。王阳明还特意论及了礼乐精神，认为礼乐是人情的产物，且是一种非常美好的表现形式。山东是孔子故里，先王圣贤的礼乐制度一直在流传，山东考生有必要明白这一点，所以阳明才出此策问。但是，王阳明的礼乐论和以前诸儒的观点并没有什么差别，所以在此就不赘言了。

二、佛老批判论

在这道策论中，王阳明论述了佛老的弊端，并且承认批判和排斥佛老并不是一件容易的事。王阳明"佛老批判论"的主旨是，只要切实了解圣人之道，自然就能够消除佛老思想的弊害。这样的佛老批判论其实宋已有之，但读罢王阳明的对策，还是会发现很多独特的见解。

天下之道，一而已矣，而以为有二焉者，道之不明也。孔子曰："道之不明也，我知之矣，知者过之，愚者不及也；道之不行也，我知之矣，贤者过之，不肖者不及也。"呜呼！道一也，而人有知愚贤不肖之异焉，此所以有过与不及之弊，而异端之所从起欤？然则天下之攻异端者，亦先明夫子之道而已耳。夫子之道明，彼将不攻而自破，不然，我以彼为异端，而彼亦将以我为异端，譬之穴中之斗鼠，是非孰从而辨之？

今夫吾夫子之道，始之于存养慎独之微，而终之以化育参赞之大；行之于日用常行之间，而达之于国家天下之远。人不得焉，不可以为人，而物不得焉，不可以为物，犹之水、火、菽、帛而不可一日缺焉者也。

然而异端者，乃至与之抗立而为三，则亦道之不明者之罪矣。道苟不明，苟不过焉，即不及焉。过与不及，皆不得夫中道者也，则亦异端而已矣。而何以攻彼为哉？

今夫二氏之说，其始亦非欲以乱天下也，而卒以乱天下，则是为之徒者之罪也。夫子之道，其始固欲以治天下也，而未免于二氏之惑，则亦为之徒者之罪也。

何以言之？佛氏吾不得而知矣。至于老子，则以知礼闻，而吾夫子所尝问礼，则其为人要亦非庸下者，其修身养性，以求合于道，初亦岂甚乖于夫子乎？独其专于为己而无意于天下、国家，然后与吾夫子之格、致、诚、正而达之于修、齐、治、平者之不同耳。

> 是其为心也，以为吾仁矣，则天下之不仁，吾不知可也；吾义矣，则天下之不义，吾不知可也。居其实而去其名，敛其器而不示之用，置其心于都无较计之地，而亦不以天下之较计动于其心。此其为念，固亦非有害于天下者，而亦岂知其弊之一至于此乎？
> ……

宋代的儒学家在批判佛教时，出现了一些以佛教的理论来批判佛教的情况。例如，杨时就曾提出批判佛教要"操戈入室"，要用对方手中的武器去攻击对方，这样才能从根本上消灭佛教。

王阳明的佛老批判论和杨时等人的比较起来，要稳妥恰当得多。王阳明认为，从佛老学说的主旨来看，它们是不存在弊害的，但是在后世的学习和传承中，由于一些人为的错误，导致佛教与道教产生了弊端。

前文已述，王阳明在晚年时提出了以儒学为本、儒释道三教合一的理论，并且认为只要修行"良知"说，道教的"养生"之道和佛教的"超脱"之道皆可自然而得，佛教和道教其实皆被包含于儒学之中。通过王阳明的佛老批判论，我们已经能够窥见他"三教调和"论和"三教合一"论的端倪。

三、伊尹论与颜回论

王阳明在策问中说："求古人之志者，必将先自求其志，而后能辨其出处之是非；论古人之学者，必先自论其学，而后能识其造诣之深浅。此伊尹之志、颜子之学,所以未易于窥测也。"

王阳明提到的"伊尹之志"究竟是何志?而"颜子之学"又是何学呢?

伊尹是商之贤相,出仕前曾在"有莘之野"躬耕务农。经商汤三次请聘,伊尹才出任宰相辅佐商汤,最终助商汤灭掉了夏朝暴君桀。

商汤王的孙子太甲即位之后不遵守汤规,横行无道,于是伊尹将其放之于桐宫,令其悔过和重新学习汤规。三年后,伊尹迎回太甲复位。孟子赞赏伊尹以天下为己任的精神,称伊尹为"圣之贤者也"。但也有人认为伊尹废立天子太甲是不忠不臣之举,孟子对此反驳说:"如贤者有伊尹爱君之志,则可以放君。如无伊尹秉忠心以爱君,则放君而生篡夺君位之心者也,以为不可矣。"

颜回以德行著称,位列"孔门十哲"[1]首位。颜回天资聪颖,虽然家境贫寒,但是极为勤奋好学。颜回二十九岁时头发全白,三十二岁时去世,被后世尊称为"复圣"。颜回去世之后,孔子非常悲恸。在《论语·雍也篇》中有如下记载:

鲁哀公:"弟子孰为好学?"

孔子:"有颜回者好学,不迁怒,不贰过。不幸短命死矣,今也则亡,未闻好学者也。"

---

[1] 孔门十哲:孔子门下最优秀的十位学生,即子渊(颜回)、子骞、伯牛、仲弓、子有、子贡、子路、子我、子游、子夏。

此外,《论语·雍也篇》中还记载了孔子对颜回的一句感叹:"贤哉回也!一箪食,一瓢饮,在陋巷,人不堪其忧,回也不改其乐。贤哉回也!"

孔子曾教授颜回"四勿之训"和"博约之功"。"四勿"是孔子对修行仁德的理解,即非礼勿视、非礼勿听、非礼勿言和非礼勿动。颜回终生都忠实于孔子的这一教诲,故王阳明将此称为"四勿之训"。

关于"博约之功",孔子曾说:"君子博学于文,约之以礼,亦可以弗畔矣夫!"

颜回恪守"博约之功",因此能够立刻对所有事物都做出是非判断,并且在实践过程中也毫不迟疑逡巡。可以这样说,颜回真正理解了孔子的穷极之道。

王阳明认为若想实现"非礼勿视、非礼勿听、非礼勿言、非礼勿动",首先需要弄清楚什么是"非礼"。此外,王阳明还认为如果不能对所有的事物都做出确实的判断,就谈不上"博约"。

颜子的"箪瓢之乐"恰恰体现了他的贤明之处,但众人若想了解他的这一乐趣并不是一件容易的事,故周敦颐才会命令二程(程颢和程颐)先去探求颜子之乐究竟是何乐。

如果仔细分析会发现,颜子能实现"箪瓢之乐",其根本原因在于"穷理",而"穷理"的根本又在于"慎独"。唐朝韩愈曾说"学问贵在正心诚意",王阳明对此评价说:"退之之学,言诚正而弗及格致,则穷理慎独之功,正其所大缺。则于颜子之乐,宜其得之浅矣。"

王阳明批评韩愈之学没有涉及"格致",缺乏"穷理慎独之功",所以他对颜子之乐的理解就非常浅薄。

总而言之,在王阳明看来,只有有志于伊尹之志,才能理解伊尹之志,否则就会视伊尹的所作所为为不忠不臣之举;只有以颜子之学为己学,才能理解颜子之学,否则就不会明白颜子之乐,甚至还会认为颜子误入歧途了。

在这篇策问中,王阳明论述了"穷理"和"慎独"在做学问时的重要性,这和宋儒所言的"穷理"和"居敬"有些相似。所以说,这一时期王阳明的思想和宋儒们的思想并没有什么大的差异,而且我们通过王阳明所说的"至于颜子四勿之训,此盖圣贤心学之大",也可看出当时的王阳明已经开始有重视"居敬"和"慎独"的倾向。

四、风俗论

王阳明觉得世间的风气已经陷入让人非常忧虑的境地,忠信、廉洁、朴直和道义等好的品质遭轻视,人们只注重形式,而忘却了心术[1]的重要性;只崇尚"和同",而鄙视不与他人苟合的精神。

王阳明还引用了《论语·阳货篇》中的话:"乡愿,德之贼也!"乡愿是指乡村中的伪君子。王阳明指出必须排斥这样

---

[1] 心术:指心意的动向和性质。语出《礼记·乐记》:"应感起物而动,然后心术形焉。"《管子·七法》:"实也,诚也,厚也,施也,度也,恕也,谓之心术。"尹知章注:"凡此六者,皆自心术生也。"

的伪君子。

五、急务论

天下祸起纲纪之不振，而造成这种结果的主要原因是在选拔和任用官吏的时候胡乱而为，只求结果，不注重实效，故而有许多"急务"需处理。王阳明为"急务论"出的题目是："明于当世之务者，惟豪杰为然，今取士于科举，虽未免于记诵文辞之间，然有司之意，固惟豪杰是求也。非不能钩深索隐以探诸士之博览，然所以待之浅矣，故愿相与备论当世之务。"王阳明还列出了六条亟须解决的"急务"：

1. 藩国由中央发放食禄，并且藩国数量众多，彼此不统一，因而要统一起来。

2. 军队的编制和配置要考虑地理因素，同时还要照顾到人之常情。

3. 要时刻准备应对外敌的入侵，做到有备无患。

4. 蝗灾旱魃之年，由于冗官太多，事务难以取得进展，故造成大量民众流离失所。

5. 由于赋税繁重，百姓生活不安，故诉狱众多，盗贼横行，故而朝廷必须铲除赋税繁重这一弊害。

6. 权贵和富豪贪图私利，导致百姓怨声载道，朝廷必须通过"礼制"来控制这些阶层的贪欲。

王阳明所处的时代，政情已经出现混乱，纲纪废弛，外敌屡次入侵，并且盗贼四起。上文中的六条建议是王阳明为明朝政府应对紧急事务提出的对策,是他代作的"标准答案"的主要内容,从中也可以看出王阳明经世的抱负多么宏大。

王阳明主持山东乡试时,山东考生穆孔晖拔得头筹,中了解元。穆孔晖性格端雅好学,后出任侍讲学士、南京太常寺卿,去世后被追认为礼部右侍郎,谥号"文简"。穆孔晖最初并不认同王阳明的学说,后来对王阳明的学说变得笃信,并且亲自推广。但也有说法认为他后来比较倾向于佛教。

王阳明主持山东乡试期间曾登过泰山,并作《登泰山五首》(《王文成公全书》卷十九)。其中第五首是:

> 我才不救时,匡扶志空大。
> 置我有无间,缓急非所赖。
> 孤坐万峰巅,嗒然遗下块。
> 已矣复何求?至精谅斯在。
> 淡泊非虚杳,洒脱无蒂芥。
> 世人闻予言,不笑即吁怪。
> 吾亦不强语,惟复笑相待。
> 鲁叟不可作,此意聊自快。

王阳明在诗中描述了自己登顶之后,抛却世俗之心、纯净无垢的洒脱心境,并表示只有孔子才能理解自己的这一心境。

王阳明登泰山后,还想起了欧阳修的《庐山高》,于是也作了一首《泰山高次王内翰司献韵》(《王文成公全书》卷十九),歌颂泰山之高峻,抒发自己俯仰古今的心境。在结尾处,王阳明写道:

"嗟予瞻眺门墙外，何能仿佛窥室堂？也来攀附摄遗迹，三千之下，不知亦许再拜占末行。"尽管在门墙外难以窥见孔子的厅堂，但我还是想成为孔子的弟子，哪怕忝居末席也好。王阳明借登泰山之诗，表达了自己对孔子的仰慕之情。

与湛甘泉共倡圣学

前文已述，弘治十七年秋，王阳明出任山东乡试的主考官。同年九月，王阳明被转任为兵部武选清吏司主事，负责选拔武官的考试，回京师赴任。

当时的学者都沉溺于辞章记诵之学，而不知身心修行之学为何物。于是王阳明开始讲学，希望借此启迪大家的心智，使他们树立圣人之志。一时间闻者兴起。翌年，即弘治十八年，已有人愿意拜在阳明门下，跟随他学习。

王阳明竭诚提倡圣贤之学，但当时的很多学者因为沉溺记诵之学和口耳之学太深，反而批判王阳明是在提倡异端、为自己博取声名。

但非常庆幸的是，当时有一位学者对王阳明非常支持，那位学者不是别人，正是翰林院庶吉士湛甘泉。对王阳明来说，当时的心情几乎可以用"久旱逢甘霖"来形容。二人一见如故，共同致力于复兴圣学。无论王阳明多么强大，仅凭一己之力，不可能逆转时代潮流，从而去除数百年积累下来的学术弊病。王阳明与湛甘泉的会面，再一次唤醒了阳明旺盛的精力。

王、湛二人的联合在明代儒学史上具有重要意义。尽管王阳明在晚年提出了"良知"说，创立了明代心学，但如果没有和湛甘泉的联合，他能否成为代表明朝的一代大儒，还很难说。

王阳明和湛甘泉会面时，王阳明三十四岁，湛甘泉四十岁。当时的湛甘泉和王阳明一样，也是痛感记诵辞章之学的弊端，于是专心致力于身心体认之学。因此二人一见如故，意气相投，共同发誓要为复兴圣学而努力。王阳明和湛甘泉是明代中期的思想双璧，是两大学派的巨头，据说二人皆称赞对方"此等人物，未曾遇见"！

湛甘泉，名若水，字元明，号甘泉，世称"甘泉先生"。明宪宗成化二年（1466）出生于广东增城县甘泉郡，明世宗嘉靖三十九年（1560）去世，享年九十五岁。去世后，和穆孔晖一样，被赐谥号"文简"。湛甘泉比王阳明年长六岁，但比王阳明晚去世三十二年。

明孝宗弘治五年（1492），湛甘泉二十七岁。是年，湛甘泉参加地方乡试一举成功，但由于他不喜欢仕途，于是跟随陈献章学习儒学。其后，湛甘泉遵从母命，进入国子监学习。弘治十八年（1505），四十岁的湛甘泉中进士。当时的主考官张元祯和杨廷和[1]见到湛甘泉的答卷后，称赞说："非白沙之徒不能为此。"

湛甘泉最初任翰林院庶吉士，后来被提拔为翰林院编修，明

---

[1] 杨廷和（1459—1529）：字介夫，号石斋，四川成都府新都县（今成都新都区）人。成化十四年进士，正德年间升太子太师、华盖殿大学士，曾于武宗驾崩、世宗尚未登基的近四十天时间里执掌国家大权。

武宗正德七年（1512）出使安南。正德十年，由于母亲去世，湛甘泉回老家守丧三年。守丧完毕之后，湛甘泉在广东南海县的西樵建造学院，招收门人弟子，传经授业。

嘉靖元年，湛甘泉再次补任翰林院编修。翌年，出任翰林院侍读。嘉靖三年，出任南京国子监祭酒。此后，任南京兵部尚书。嘉靖十九年，辞职归乡。

湛甘泉在很多地方都创立过书院，直到晚年仍坚持讲学，门人弟子满天下，据说人数多达四千。湛甘泉晚年身体硬朗，九十岁时还去游览南岳。著有《二礼经传测》《春秋正传》《古乐经传》《圣学格物通》《心性书》《杨子折衷》《遵道录》《甘泉新论》《白沙诗教解注》《甘泉集》等。

湛甘泉师从陈献章。前文已述，陈献章是吴与弼的弟子，和娄谅师出同门。王阳明向娄谅请教过宋儒的"格物"说，而湛甘泉是陈献章的弟子，二人又在京城谋面，这不能不说是一段奇缘。此外，二人同时提倡体认之学也不是毫无理由的。

陈献章虽然信奉程朱理学，但他并不是特别遵守，后来创立了自己的"主静心学"。从心学的发展来看，陈献章应该算是王阳明的前辈。湛甘泉也非常有主见，提出了"随处体认天理"学说。他本来以为恩师会批评自己，但陈献章对此大加赞赏，称其为："此乃参前倚衡之学。"

陈献章允许湛甘泉去发展自己的学说，这也成为湛甘泉后来做学问的缘起。"参前倚衡"语出《论语·卫灵公篇》。子张问如何才能使自己的主张行得通，孔子回答说："言忠信，行笃敬，虽蛮貊之邦行矣。言不忠信，行不笃敬，虽州里行乎哉？立，则见其参于前也。在舆,则见其倚于衡也,夫然后行。"孔子的意思是:若想让自己的主张被他人接受,就要在站着的时候,仿佛看到"言忠信,行笃敬"就显现在眼前,坐车的时候,仿佛看到"言忠信,行笃敬"就刻在车前的横木上。只有达到这种程度,你才能到处行得通。据此,程颢得出"学只要鞭辟近里",深切地体认。陈献章称赞湛甘泉之学为"参前倚衡"之学,实际上也就是称赞他为"深切体认"之学。

程颢重视对天理的体认。湛甘泉应该是通过陈献章继承了程颢的体认之学。可以说,自陈献章开始,宋明理学出现了一个大的转变。

王阳明最初和湛甘泉会面的时候,对心学的认识还不是十分深刻。虽说王阳明的心学没有严格的师承关系,但它总归还是以体认为主的学说。此外,从王阳明的性格秉性来看,他的心学中陆九渊心学的影子还是非常明显的。陆九渊曾说"吾之心学,因读《孟子》而自得之",但其中也不乏程颢学说的影响。这样一来,可以看出王阳明和湛甘泉二人的学说皆是以体认为本的学说,他们一见如故,意气相投,那也是必然。

但是在晚年,王阳明以"致良知"作为学问的主旨,而湛甘泉则坚守"随处体认天理",二人的观点变得水火不容,一度出现彼此相互批判的情形,但两人都抱有将彼此学说合二归一的心愿。两大学派在对峙中繁荣发展,但是甘泉学派不如阳明学派发展得隆盛,这一结果和当时的时代思潮不无关系。

正如黄宗羲在《明儒学案》中所指出的:"当时学于湛者,或卒业于王,学于王者,或卒业于湛,亦犹朱、陆之门下,递相出入也，其后源远流长。王氏之外，名湛氏学者，至今不绝，即未必仍其宗旨，而渊源不可没也。"

我们还会在后文中对王、湛二学的异同进行介绍。

萌发隐遁之心

前文已述，弘治十七年（1504），王阳明转任兵部武选清吏司主事。在京城期间，阳明与湛甘泉一起为复兴圣学而向弟子讲授身心之学，虽然忙碌，但对千里之外的故乡山水也时常挂念。他写了七首思念故乡的诗，寄托了自己的思乡之情，其中第一首是《忆龙泉山》（《王文成公全书》卷十九）。

我爱龙泉寺，寺僧颇疏野。
尽日坐井栏，有时卧松下。
一夕别山云，三年走车马。
愧杀岩下泉，朝夕自清泻。

龙泉山位于王阳明的老家余姚，山中有一座龙泉寺，王阳明的父亲龙山公曾经在此寺中读书。王阳明忆起当时游览此山的经历，写下了这首诗。"一夕别山云，三年走车马"，是指自己离开故乡已经三年，整日都是在俗世中奔走穿梭。"愧杀岩下泉，朝夕自清泻"的意思是：自己整日处于俗世中，内心已被浸染，而从龙泉山岩石上流下的泉水却依然清冽，跟泉水比起来，自己真是羞愧万分。

在第二首《忆诸弟》的诗中，王阳明吐露了自己思念龙泉山、厌弃俗世，希望早日拂衣隐遁而去的心情：

> 久别龙山云，时梦龙山雨。
> 觉来枕簟凉，诸弟在何许？
> 终年走风尘，何似山中住。
> 百岁如转蓬，拂衣从此去。

王阳明的家乡有一个叫鉴湖[1]的湖泊，唐代诗人贺知章曾在此隐居。王阳明在另一首题为《忆鉴湖友》的诗中，表达了自己对鉴湖的思念之情，同时希望自己能够抛却尘世，出世隐居：

> 长见人来说，扁舟每独游。
> 春风梅市晚，月色鉴湖秋。
> 空有烟霞好，犹为尘世留。
> 自今当勇往，先与报江鸥。

生出如此心境的王阳明自然也会思念自己曾经的养生之所——杭州西湖。在一首题为《寄西湖友》的诗中，王阳明表达了自己希望回到西湖旧居的心情：

---

[1] 鉴湖：位于今浙江省绍兴市南部。

予有西湖梦，西湖亦梦予。
三年成阔别，近事竟何如？
况有诸贤在，他时终卜庐。
但恐吾归日，君还轩冕拘。

王阳明一方面和湛甘泉一起燃起了复兴圣学的热情，教授弟子身心之学，希望去除时代之流弊；另一方面却抱有在以上诸诗中体现出来的隐遁之情，这究竟是为何呢？

儒学家都是思想家，他们会萌发出隐遁之情，那也是必然。但是儒家所言的隐遁和道家所言的隐遁是完全不同的概念。对儒家来说，虽然希望隐遁，但内心深处还是存有一旦有好的机遇，会选择再次入仕，为社稷民生竭尽全力的想法。尽管如此，可王阳明是经历了一番磨难才最终确立了儒学之志，这么快又萌发了隐遁之情，这确实让人有些难以理解。

当时提倡训诂的朱子学风靡于世，王阳明提倡身心之学，结果被人误认为是借异端之学为自己博取声名，这会不会是他萌发隐遁之心的动机呢？答案应该是否定的，尤其是在他结识了湛甘泉之后，二人志趣相同，都致力于复兴圣学，根本不可能产生隐遁之心。

那究竟是什么原因导致王阳明产生隐遁之心呢？这可能和当时的宦官刘瑾祸乱朝政有关。在下一章中，我们将对此进行详细介绍。

第七章

龙场悟道

武宗与宦官

弘治十八年（1505）五月，明孝宗驾崩，太子朱厚照即位，庙号武宗。翌年，改年号为正德。明孝宗是明代屈指可数的贤君，而明武宗则是明代头号愚傻皇帝。但是，据清代大儒毛奇龄在《武宗外纪》中记载，明武宗容貌端严，爱好读书，记忆力超群，还是太子时明孝宗以及诸位大臣都非常看好他。此外，明武宗还是明朝诸代皇帝中最喜欢动用武力的皇帝。

武宗即位时年仅十五，父亲去世之后他再无忌惮之人，于是就开始宠幸起平时跟自己比较亲近的刘瑾等八名宦官，人称"八虎"。这八名宦官自武宗幼时起就服侍武宗，当武宗被定为太子后，他们更是想各种花招逗武宗开心。

大学士刘健和谢迁看到刘瑾等人引诱武宗，都非常气愤，于是上书劝谏武宗疏远宦官。刘健和谢迁二人是孝宗驾崩前的托孤重臣，也是正气凛然之士，遇到问题都会直言不讳。刘瑾等人看到他们的上书之后，都非常恐惧，心中惴惴不安，主动向武宗请辞。这时，户部尚书韩文联合六部九卿诸位大臣联名上书，请求杀掉"八虎"，以图永绝后患。

在当时的宦官中，也有耿直刚正之士，司礼监[1]太监王岳便是如此。他虽身居太监要职，但不肯与刘瑾等"八虎"同流合污，并劝谏武宗除掉"八虎"。受众人的影响，武宗的想法也出现了动摇，他打算第二天就颁布圣旨，将"八虎"绳之以法。但这一决定不慎走漏风声。

"八虎"之中，数刘瑾最为奸诈多智，他获悉消息后没有丝毫迟疑，连夜召集"八虎"中的其他宦官，一起到武宗面前哭诉说："陛下为何要杀我们呢？我们平日对陛下忠心耿耿，言听计从，何罪之有啊？而王岳等人，他们对陛下毫无功劳，反而联合起来陷害我们。他们这是不臣之举，真正有罪的应该是他们。"

武宗看刘瑾等人哭得挺可怜，又想起他们以前对自己忠心耿耿，于是就改变了主意，下令逮捕了王岳。武宗当即任命刘瑾掌管司礼监，还任其为禁军总督。至此，刘瑾掌握了宫内和禁军要职，且朝廷内外其他重要职位也都由"八虎"担任。他们立即谋划剪除王岳和其他忠义之臣。

所有这一切变故都发生在一夜之间，诸位大臣对此还一无所知。第二天，他们齐聚大殿，等待武宗下达最后的诏书，但等来的结果和他们期待的完全相反。诸位大臣看到大势已去，于是纷纷上书请辞。刘瑾伪造圣旨，批准了刘健和谢迁的请求。

这样一来，刘瑾开始专权，祸乱朝纲。凡是可能会触怒武宗的劝谏，刘瑾都会处理掉。他对内迎合君心，对外施以严法，一旦有人违逆了他的意愿，他就会对其严加惩戒。后来，南京科

---

1 司礼监：明代管理宦官与宫内事务的"十二监"之一。

道[1]戴铣因为劝谏皇帝而入狱。王阳明也因为上书替戴铣求情而触怒武宗和刘瑾，最终被贬谪到贵州龙场。

东正堂对此评价说：

> 东汉末年，窦武、陈蕃等大臣想除掉宦官曹节，反被曹节所杀。唐文宗执政时，大臣郑注和李训想除掉宦官仇士良，后来也是被宦官所害。刘瑾之事和以上所述有些相似，都是因为密谋泄露，给对方造成了可乘之机，从而留下千古遗恨。由于这些大臣过于疾恶如仇，最终造成了"穷鼠咬狸"的惨剧。仔细想来，明孝宗托付的顾命大臣原来只是一些忠诚义愤有余、智慧谋略不足之士。

东正堂评价"武宗之罪"：明武宗最初还有挽救时局的机会，但随着他一系列错误的用人政策，这种机会就一去不复返了。武宗曾经到大学士杨一清的家中拜访，向他求书，二人还一起作诗，君臣之间充满难分难舍的奇特情感。通过武宗对杨一清的赞赏，我们可以看出武宗的爱才之心，也可以看出他有成为英明有为君主的潜质。但由于他上任伊始就出现用人失误，最终导致围绕在自己周边的全是小人。在这样的情况下，即使他某一天幡然醒悟，那也是后悔莫及了。（《阳明先生全书论考》卷十四《年谱一》）

---

[1] 科道：明、清两朝对六科给事中与都察院十三道监察御史的总称，俗称"两衙门"。这里指科道官。

宦官之祸

翻开中国的历史书,我们会发现宦官祸乱朝政的例子比比皆是。宦官又称宦者、宦寺、宦人或者阉官,是指生殖器被阉割之后,在宫中服务的男性。市村瓒次郎在《东洋史统》中指出,虽然人们都认为东汉和唐朝受宦官之害最深,但明朝所遭受的宦官之祸其实一点儿也不比以上两个朝代少。

宦官最初是由遭受宫刑[1]的人担任。宫刑被废止之后,宦官则由自宫者、去势[2]幼儿,以及去势的外国俘虏或者奴隶担任。自宫者多为成年男性,他们大多是自愿被阉割的。去势幼儿则是指在幼儿时期就被阉割,然后进入宫内服务的孩童。此外,在战争中俘获的一些外国俘虏以及奴隶也会被阉割,然后归入宦官,为宫中服务。再到后来,通过海路输入了一些外国的自宫者,所以在当时的港口地带,例如福建和广东等地,自宫者甚多。

明太祖朱元璋即位后,吸取宦官祸乱朝政的教训,大幅度缩减宦官数量,并且严格控制他们的权力。太祖严禁宦官参与政治,并且禁止宦官学习。禁止宦官学习,是害怕宦官通过学习获取知识,从而助长其不法行为。因此,太祖在位时,宦官大多从事杂役工作,不参与任何政治,看到官员要立正低头,以示谦卑。

但是到明成祖时,宦官迎来了参与政治的好时机。据说,成祖和建文帝在争夺皇位的过程中,曾有宦官将宫中内情透露给成

---

[1] 宫刑:指古时阉割男性生殖器、破坏女子生殖机能的一种刑罚。
[2] 去势:和阉割同义,是指以外来方式除去生殖器官或使其丧失功能的方法。

祖。成祖知恩图报，故对宦官加以厚待，并放宽了对他们的限制。而宦官则以此为契机，不断壮大自己的势力，后来不仅涉足政务和军务，还有一些宦官被皇帝派到各地担任钦差大臣，甚至一些宦官还被皇帝派到国外担任外交使节。此外，成祖不仅放宽了对宦官学习的限制，还规定宦官子弟可以享受官费教育。

宦官专横跋扈始自明朝第六位皇帝英宗时期。当时宦官金英和王振出任要职，他们祸乱朝纲，肆意妄为。在第八位皇帝宪宗时，宦官汪直也是极端专横。但在第九位皇帝孝宗时，没有出现宦官专权的情况。可是等第十位皇帝武宗即位后，又出现了一个大宦官刘瑾，他操纵朝纲，为所欲为。

刘瑾专权

刘瑾幼年便去势，很小的时候就陪伴武宗在东宫玩耍。武宗当时年纪尚幼，刘瑾就变着花样讨武宗的欢心，逐渐赢得武宗的宠信。武宗登基之后，立即任命刘瑾为内官监[1]。当时受武宗宠信的宦官除刘瑾之外，还有另外七人，分别是马永成、谷大用、

---

[1] 内官监：宦官组织的名称之一。明朝宦官组织庞大，为历代之最。明代宦官组织分为十二监、四司、八局，号称"二十四衙门"。其中十二监分别为：司礼监、内官监、御用监、司设监、御马监、神宫监、尚膳监、尚宝监、印绶监、直殿监、尚衣监、都知监。

张永[1]、罗祥、魏彬、丘聚、高凤。此八人被称为"八党",由于百姓都惧怕他们,因此又被称为"八虎"。

大学士刘健和李东阳看不惯他们的专横跋扈,于是上书指斥他们的行为。后来,户部尚书韩文等人也上书直陈"八虎"的罪行,予以痛斥。当时他们在上书中是这样写的:

> 太监马永成、谷大用、张永、罗祥、魏彬、刘瑾、丘聚、高凤等,置造巧伪,淫荡上心。或击球走马,或放鹰逐兔,或俳优杂剧错陈于前,或导万乘之尊与人交易,狎昵媟亵,无复礼体。日游不足,夜以继之,劳耗精神,亏损圣德。遂使天道失序,地气靡宁,雷异星变,桃李秋花,考厥占候,咸非吉祥。缘此辈细人,惟知蛊惑君上以行私,而不知皇天眷命,祖宗大业,皆在陛下一身。
>
> 高皇帝艰难百战,取有四海,列圣继承,传之陛下。先帝临崩顾命之语,陛下所闻也。奈何姑息群小,置之左右,为长夜之游,恣无餍之欲,以累圣德乎!

前文已述,刘瑾获悉有人弹劾自己之后,立即联合其他七人一起来到皇帝面前哭诉。结果,武宗不仅不再追究,反而还对他们加以重用,让刘瑾担任司礼监之要职。刘健、谢迁和韩文被罢

---

[1] 张永(1465—1529):字德延,号守庵。北直隶保定府新城县(今河北保定高碑店)人。初与刘瑾结党,为"八虎"中的一员,后与刘瑾反目,与杨一清等人一同上疏,奏请诛杀刘瑾。

免，皇帝身边的忠臣王岳也被处死。这样一来，刘瑾就完全控制了朝政。

明朝时期，奏折先是被送到内阁，然后由内阁官员代替皇帝批答臣僚的奏折，并将拟定之辞书写于票签之上，附本进呈皇帝，由皇帝做最终裁决。这就是明朝的"票拟"制度。刘瑾专权之后，所有的"票拟"都要依照刘瑾的意思书写。

阳明入狱

刘瑾上欺武宗，下乱朝纲，排斥忠臣，并且还安插自己的心腹掌管重要职位。正德元年（1506）十月，给事中[1]戴铣、御史薄彦徽共同上书弹劾刘瑾，请求留用刘健和谢迁，"皇上新政，宜亲君子，远小人。不宜轻斥大臣，任用阉寺"。

刘瑾知悉之后，向武宗进献谗言，说戴铣等人所述乃一派胡言，并将他们全部打入大牢。

戴铣，字宝之，江西婺源人。薄彦徽，字舜美，山西阳曲人。二人同为弘治九年（1496）进士，并且都是豪放忠直之士。

王阳明当时担任兵部武选清吏司主事，看到戴铣和薄彦徽等人被打入大牢，他义愤难平，于正德元年十一月向皇帝上书一封，

---

1 给事中：明朝置给事中，掌侍从、谏诤、补阙、拾遗、审核、封驳诏旨，驳正百司所上奏章，监察六部诸司，弹劾百官，与御史互为补充。

题为《乞宥言官去权奸以彰圣德疏》，试图将二人救出。全文如下：

> 臣闻君仁则臣直。大舜之所以圣，以能隐恶而扬善也。
>
> 臣迩者窃见陛下以南京户科给事中戴铣等上言时事，特敕锦衣卫差官校拿解赴京。臣不知所言之当理与否，意其间必有触冒忌讳，上干雷霆之怒者。
>
> 但铣等职居谏司，以言为责。其言而善，自宜嘉纳施行。如其未善，亦宜包容隐覆，以开忠谠之路。乃今赫然下令，远事拘囚，在陛下之心，不过少示惩创，使其后日不敢轻率妄有论列，非果有意怒绝之也。下民无知，妄生疑惧，臣切惜之！
>
> 今在廷之臣，莫不以此举为非宜，然而莫敢为陛下言者，岂其无忧国爱君之心哉？惧陛下复以罪铣等者罪之，则非惟无补于国事，而徒足以增陛下之过举耳。然则自是而后，虽有上关宗社危疑不制之事，陛下孰从而闻之？
>
> 陛下聪明超绝，苟念及此，宁不寒心！况今天时冻沍，万一差去官校督束过严，铣等在道或致失所，遂填沟壑，使陛下有杀谏臣之名，兴群臣纷纷之议，其时陛下必将追咎左右莫有言者，则既晚矣。伏愿陛下追收前旨，使铣等仍旧供职。扩大公无我之仁，明改过不吝之勇。圣德昭布远迩，人民胥悦，岂不休哉！

在奏疏中，王阳明入情入理地劝说武宗放掉戴铣等人，还劝他广开言路。他在题目中用了"去权奸"一词，没有涉及弹劾刘瑾的词句。尽管如此，刘瑾看到这封奏疏之后还是大怒。他票拟圣旨，将王阳明打入大牢，杖责四十，还令亲信亲自监督。行刑者加力杖责王阳明，致使王阳明在受刑中途一度昏死过去。此后，王阳明又被贬谪到贵州龙场驿，担任驿丞。

王阳明离开京城时，父亲龙山公还在礼部左侍郎任上，也在京城。听闻王阳明被贬谪到龙场的消息后，龙山公非常高兴，对他人说："吾子得为忠臣，垂名青史，吾愿足矣！"

但是对王阳明来说，因为要远别父亲，不能在父亲身边尽孝，所以悲愤异常。离别之际，王阳明给好友汪抑之写了三首诗，题为《答汪抑之三首》(《王文成公全书》卷十九)，其中写道："子有昆弟居，而我远亲侧。回思菽水欢，羡子何由得！"

正德元年十二月，王阳明被打入大牢，是在牢中过的新年。在此期间，王阳明写了《狱中诗十四首》，但留世的仅有八首。通过这些诗歌，我们可以想象王阳明在严寒的大牢中过得多么凄惨。《狱中诗十四首》的第一首为《不寐》：

> 天寒岁云暮，冰雪关河迥。
> 幽室魍魉生，不寐知夜永。
> 惊风起林木，骤若波浪汹。
> 我心良匪石，讵为戚欣动。
> 滔滔眼前事，逝者去相踵。
> 崖穷犹可陟，水深犹可泳。

> 焉知非日月，胡为乱予衷。
> 深谷自逶迤，烟霞日悠永。
> 匪时在贤达，归哉盍耕垅！

开头四句表现了狱中的严寒。接下来，王阳明用"我心良匪石，讵为戚欣动"两句诗，表达了自己不为奸党所动的态度。

"滔滔眼前事，逝者去相踵"表现的是国家崩溃的情形。"焉知非日月，胡为乱予衷"则叙述了面对国家崩溃，上天见而不救，自己看在眼里急在心里，但无能为力的复杂之情。

"深谷自逶迤，烟霞日悠永。匪时在贤达，归哉盍耕垅！"面对国家已经无药可医的现状，王阳明希望自己也能和《论语·微子篇》里的隐士长沮和桀溺一样，归隐山林，躬耕田园。

第二首为《有室七章》。王阳明在这首诗中叙述了狱中的生活，同时也表达了自己落寞的心情：

> 有室如虡，周之崇墉。
> 窒如穴处，无秋无冬。
>   *
> 耿彼屋漏，天光入之。
> 瞻彼日月，何嗟及之。
>   *
> 倏晦倏明，凄其以风。
> 倏雨倏雪，当昼而蒙。

*

夜何其矣，靡星靡粲。
岂无白日？寤寐永叹！

*

心之忧矣，匪家匪室。
或其启矣，殒予匪恤。

*

氤氲其埃，日之光矣。
渊渊其鼓，明既昌矣。

*

朝既式矣，日既夕矣。
悠悠我思，曷其极矣。

明末文人钟惺认为第二节中的"耿彼屋漏"暗指皇帝的昏聩，第五节中的"或其启矣，殒予匪恤"则是在叙述自己的忠诚。而东正堂则认为第二节中的"日月"和第五节中的"家室"是在暗指皇帝之心。东正堂对"或其启矣，殒予匪恤"的解释是："'如果能够因此而开启君心，那我死在牢里都不足惜'，这句诗表达了王阳明对皇帝的耿耿忠心。这种精神在第七节中表现得更加充分。"

第四首为《岁暮》，其中有这样两句："高檐白日不到地，深夜黠鼠时登床"，表现了王阳明在狱中的凄惨景况。王阳明整日兀坐于这样的环境中，如木石一般，无怪乎他会在诗的开头写道："兀坐经旬成木石。"

此外，王阳明还想起了远在故乡的阳明洞，思乡之情油然而生。他在《岁暮》的后半段写道："峰头霁雪开草阁，瀑下古松闲石房。溪鹤洞猿尔无恙，春江归棹吾相将。"

第五首名为《见月》，抒发了王阳明的悲叹之情。东正堂认为这首诗是《狱中诗十四首》中最优秀的一首（《阳明先生全书论考》卷八《诗二》）。以下是《见月》的全文：

> 屋罅见明月，还见地上霜。
> 客子夜中起，彷皇涕沾裳。
> 匪为严霜苦，悲此明月光。
> 月光如流水，徘徊照高堂。
> 胡为此幽室，奄忽逾飞扬。
> 逝者不可及，来者犹可望。
> 盈虚有天运，叹息何能忘！

"月光如流水"之后的数句表现了王阳明虽然悲叹自己的遭遇，但是对未来仍然充满希望的精神状态。

第六首叫《天涯》，王阳明在诗中表示将心平气和地奔赴龙场。尽管被武宗投入大牢，但王阳明依然为自己没能匡正武宗，以及无以报答君恩而慨叹。于是王阳明在《天涯》中写道："思家有泪仍多病，报主无能合远投。"

他在《天涯》的末尾又写道："留得升平双眼在，且应蓑笠卧沧洲。"在传说中，沧洲有仙人居住。阳明在此借沧洲喻指家乡。他用这两句诗表达了希望能够看到天下恢复太平，然后自己归乡隐居的心愿。东正堂评价这两句诗说:"通过末尾两句,可以看出王阳明具有宋代范仲淹'先天下之忧而忧,后天下之乐而乐'的大志气和大度量。"(《阳明先生全书论考》卷八《诗二》)

《屋罅月》是《狱中诗十四首》的第七首。王阳明在《屋罅月》的开头写道:"幽室不知年,夜长昼苦短。但见屋罅月,清光自亏满。"这四句诗再次反映了王阳明在狱中的凄惨生活。在接下来的诗句中,王阳明表达了自己对武宗放荡无度,恐怕会导致社稷沦丧、宗庙祭祀废绝的担忧:

佳人宴清夜,繁丝激哀管。
朱阁出浮云,高歌正凄婉。
宁知幽室妇,中夜独愁叹。
良人事游侠,经岁去不返。
来归在何时?年华忽将晚。
萧条念宗祀,泪下长如霰。

在狱中服刑时,王阳明虽然一开始一个人都不认识,但很快就结识了两三位命运相同的友人,他们一起讲学论道。在前往龙场之前,王阳明还特意作了一首《别友狱中》的诗,向他们告别,其中写道:"累累囹圄间,讲诵未能辍。桎梏敢忘罪,至道良足悦。"从诗中我们可以了解到王阳明在狱中已经忘却了自己的"罪过",开始专心致力于圣贤之道,并且心中充满愉悦之情。接下来,王阳明又写道:"愿言无诡随,努力从前哲",表达了自己依循正道,不迎合时世，渴望追随前哲的心愿。

尽管王阳明遭受了如此不公平的待遇，但他对武宗没有丝毫的怨恨。他在诗中写道："所恨精诚眇，尚口徒自蹶。天王本明圣，旋已但中热。"据此可以看出，王阳明已经达到了韩愈在《拘幽操》中提到的文王的境界。周文王曾被殷纣王幽禁在羑里，但他对纣王没有丝毫的怨恨，这也恰恰体现了文王的至德之处。王阳明或许在潜意识中认为自己有过错，所以对武宗没有丝毫的怨恨。

王阳明在狱中最喜欢读的书似乎是《周易》，尽管当时极不得志，但他没有选择佛教和道教的书籍，而是选择了精微深奥、充满处世哲学的古代经典《周易》。王阳明这样做，可以说也是必然的。

中国的文人一直有这样的传统，在艰难困苦之际，很多人都会选择读《周易》，王阳明自然也不例外。后来王阳明在贬谪之地龙场度过了一段艰难的岁月，并且还写了一篇《玩易窝记》记述当时的情形。

正如《狱中诗十四首》的第三首《读易》所表现的那样，王阳明在开头写道："囚居亦何事？省愆惧安饱。瞑坐玩羲易，洗心见微奥。乃知先天翁，画画有至教。"

在诗的末尾，王阳明还直接引用《周易》中的话，对自己加以劝诫："俯仰天地间，触目俱浩浩。箪瓢有余乐，此意良匪矫。幽哉阳明麓，可以忘吾老。"

在王阳明看来，能像颜回那样安贫乐道就再好不过了。同时，他还表达了希望能够在家乡会稽山的阳明洞中安贫乐道地度过余生的心愿。王阳明通过读《周易》，忘却了狱中的烦恼和忧患。

别了,京城

正德二年(1507)春天,王阳明离开北京,前往贬谪之地贵州龙场。在《答汪抑之三首》(《王文成公全书》卷十九)的第二首中,王阳明开篇就提到了"北风春尚号",据此可知,他离京的大致时间应该是在春天。

而在《答汪抑之三首》的第一首末尾,王阳明写道:"良心忠信资,蛮貊非我戚。"这两句诗其实是取自《论语·卫灵公篇》,"子曰:言忠信,行笃敬,虽蛮貊之邦行矣。言不忠信,行不笃敬,虽州里行乎哉?"只要自己"言忠信,行笃敬",那么即使被流放到万里之外的蛮荒之地,也不需要担心。

在第二首诗中,王阳明写道:"间关不足道,嗟此白日微。"在王阳明眼中,旅途的艰险不足为道,而道义的倒退却让人深感遗憾。

汪抑之,名俊,字抑之,谥号文庄,世称"石潭先生"。江西弋阳人。弘治六年(1493)进士,正德年间曾参与编纂《孝宗实录》,后来出任礼部尚书。汪抑之品行高尚,在朝廷为官光明磊落、方正耿直,因此与刘瑾等人不合。汪抑之和王阳明是好友,但二人学说不同,汪抑之信奉的是朱子学。

在第三首诗中,王阳明写道:"鹅湖有前约,鹿洞多遗篇。"

鹅湖位于今江西省铅山县北部。宋代时,儒学双璧朱熹和陆九渊曾经在鹅湖寺聚会,双方展开论辩,这就是著名的"鹅湖之会"。陆九渊以"存养德性"为治学的第一要义,而朱熹则以"格物穷理"为治学的第一要义。后来，陆九渊批评朱熹的学说是醉心于追求心外事物之理，丧失了心的主体性，陷入支离；而朱熹则批评陆九渊的学说是向内求理，流于禅学，陷入虚妄，导致弊害。在"鹅湖之会"上，朱熹和陆九渊都没有刻意掩饰彼此学说的差异。前文已述，阳明学是对陆学的继承和发展。

虽然朱熹和陆九渊做学问的主旨不同，但二人是很好的辩友。白鹿洞位于江西南康府五老峰山下，唐代始建书院。后来朱熹重建书院，并在此讲学。

有一次，朱熹邀请陆九渊到白鹿洞书院向弟子们讲授《论语·里仁篇》中的"君子喻于义，小人喻于利"，自己也在一旁听讲。弟子们听完陆九渊的讲课之后，都感动得哭了起来。朱熹为此特意将陆九渊的讲义刻在石头上，以便让后来人也能知晓。

王阳明在写给汪抑之的诗中，提到了"鹅湖"和"鹿洞"，可能是想等有机会和汪抑之一起去拜访这两个地方，此外也可能暗含了自己想和信奉朱子学的汪抑之进行论辩的心愿。

虽然王阳明从来没有直接说过自己沿袭的是陆学，但从其学说"重体验性"来看，恰恰暗合了陆九渊的心学，所以说在内心深处他应该是认可以陆学为宗的。王阳明在赠给湛甘泉的一组题为《八咏》(《王文成公全书》卷十九)的诗中，有这样一句诗："此心还此理。"

据此也可以看出王阳明的想法与陆九渊的是一致的。此外，王阳明在前往龙场途中，作《忆昔答乔白岩因寄储柴墟三首》(《王文成公全书》卷十九)，其中第二首这样写道："愿君崇德性，问学刊支离。"

第七章　龙场悟道　　　　　　　　　　　　　　　　239

很明显，当时的王阳明是以"尊德性"的陆学为宗的，并建议在"问学"时，要去掉朱子学陷于支离破碎、溺于字词析义的毛病。

王阳明南行前往龙场前夕，湛甘泉曾作《九章》赠别，而崔子钟又和了一组《五诗》，于是王阳明以一组《八咏》回赠二人。王阳明的《八咏》，其实是模仿了南朝梁沈约的《八咏》。沈约曾经写过一首诗，共八句，但写完之后，觉得意犹未尽，于是又以诗中的每一句为题，扩充为八首，取名"八咏"。

崔子钟，名铣，字子钟，又字仲凫，初号后渠，后来改号洹野，河南安阳人。弘治十八年（1505）进士。崔子钟出任翰林院编修，后来因为得罪刘瑾，被贬南京，担任南京吏部验封司主事。刘瑾倒台、明世宗即位之后，崔子钟被擢升为南京国子监祭酒，后又出任南京礼部右侍郎，并于任上去世，享年六十四岁，谥号"文敏"。崔子钟信奉程朱理学，所以在晚年时曾斥责王阳明是"霸儒"。不过二人在年轻时是道义之交。

《八咏》中的第一首是赠给湛甘泉的，开头写道："君莫歌九章，歌以伤我心。"

第二首是赠给崔子钟的，开头写道："君莫歌五诗，歌之增离忧。"

《九章》原是《楚辞》中的篇名，因是九篇述怀的辞赋而得名。湛甘泉所作《九章》乃模仿之作。在此简单介绍一下其中的几篇。第三篇的题目为《惜别》，湛甘泉在诗中写道：

黄鸟亦有友，空谷遗之音。

> 相呼上乔木，意气感人深。
> 君今脱网罟，遗我在远林。
> 自我初识君，道义日与寻。
> 一身当三益，誓死以同襟。
> 生别各万里，言之伤我心。

在湛甘泉心中，王阳明是自己的"辅仁"[1]之友。他在《惜别》中表达的是自己与王阳明离别的感伤心情。

第七篇的题目为《皇天》，诗中写道：

> 皇天常无私，日月常盈亏。
> 圣人常无为，万物常往来。
> 何名为无为？自然无安排。
> 勿忘与勿助，此中有天机。

湛甘泉在这首诗中指出，依照孟子所说的"勿忘勿助"(《孟子·公孙丑上》)工夫，可以得出"天机"。

湛甘泉在最后一篇，即第九篇《天问》中写道：

> 天地我一体，宇宙本同家。
> 与君心已通，离别何怨嗟？

---

[1] 辅仁："辅仁"一语取自《论语·颜渊》中的"曾子曰'君子以文会友，以友辅仁'"之句，意思是指培养仁德。

浮云去不停,游子路转赊。

愿言崇明德,浩浩同无涯。

《天问》中的"天地我一体,宇宙本同家",体现了湛甘泉"万物一体"的思想。湛甘泉认为,天地间的万物和"我"本是一体的,天下百姓和"我"的骨肉亲人一样,都是一家人。实际上,这沿袭的是程颢和张载的"万物一体"思想。程颢曾说:"仁者浑然与物同体。"张载则说:"故天地之塞,吾其体;天地之帅,吾其性。民,吾同胞;物,吾与也。"

湛甘泉尤其强调"万物一体之仁"。王阳明晚年所提出的"致良知"说,尽管不同于湛甘泉的学说,但也是认同以良知为本的"万物一体之仁"的。这与他年轻时曾受湛甘泉的影响不无关系。

王阳明在《八咏》第三首的开篇写道:"洙泗流浸微,伊洛仅如线。后来三四公,瑕瑜未相掩。"通过这四句诗,王阳明暗示程学已经衰退,而朱子学又不完善,如果要继续孔程之学,就很难再有进步了。可以看出,这时的王阳明已经对朱子学有所不满,并且开始寻求自己的唯心理学。《八咏》第四首的开头写道:"此心还此理,宁论己与人。千古一嘘吸,谁为叹离群。浩浩天地内,何物非同春!"从中可以看出王阳明唯心理学的影子。

陆九渊曾说过:"此理在宇宙间,未尝有所隐遁";"吾心即是宇宙,宇宙即是吾心"。可见,陆九渊之学和主张"性即理"的程颐之学以及朱子学完全不同。但通过《八咏》第四首的诗句,可以看出王阳明对陆九渊之学是暗暗仰慕的。

陆九渊之学的源头在程颢。程颢主张"道器一体"说、"天理体认"说和"万物一体"说。前文已述，湛甘泉沿袭的是程颢之学，王阳明曾和他一起倡导圣学，在内心倾向程颢之学也是必然的。所以在《八咏》第五首的开篇，王阳明写道："器道不可离，二之即非性。"他在这里从程颢"道器一体"的立场出发，隐秘地批判了朱熹的"道器二元论"和"理气二元论"。

而在《八咏》第六首的开头，王阳明写道："静虚非虚寂，中有未发中。中有亦何有，天之即成空。无欲见真体，忘助皆非功。"

周敦颐曾经提出"主静无欲"说，以上诗句便体现了王阳明对周敦颐之学的继承。根据王阳明的理解，"静虚"乃圣人之心，和佛教以枯槁之心为宗的"虚寂"完全不同。周敦颐曾说："圣人定之以'中正仁义'而主静，立人极焉"，"无欲故静"。王阳明后来继承的也是周敦颐的这一思想，所以王阳明终生都没改变对周敦颐和程颢的仰慕之情。

同样在第六首中，王阳明写道："无欲见真体，忘助皆非功。至哉玄化机，非子孰与穷！"

湛甘泉的"体认之学"以孟子的"勿忘勿助"为治学之要旨，王阳明在此称赞了他的这一观点。湛甘泉认为，比起"有事"工夫，"勿忘勿助"工夫更为重要。后文我们还将叙述，王阳明到晚年时却对湛甘泉的"勿忘勿助"论进行了批判，认为如果以"有事"为宗的话，"勿忘勿助"自然可成，并且指出自己的学说和湛甘泉的学说存在着直接与迂曲之别。

读罢王阳明的《八咏》，我们会发现对王阳明来说，比起别离之伤，不能再和朋友一起切磋学术的悲伤似乎更甚。

虽然和友人的别离还未满十日，却如同别离了三年。王阳明

梦到和汪抑之、湛甘泉、崔子钟一起讨论的情形,并为此作了三首诗(《王文成公全书》卷十九),其中第二首如下:

> 起坐忆所梦,默溯犹历历。
> 初谈自有形,继论入无极。
> 无极生往来,往来万化出。
> 万化无停机,往来何时息!
> 来者胡为信?往者胡为屈?
> 微哉屈信间,子午当其屈。
> 非子尽精微,此理谁与测?
> 何当衡庐间,相携玩义易。

据此可以看出,王阳明当时的思想是在《周易》之理中驰骋,并且还倾向于周敦颐和邵雍的"宇宙生成论"。周敦颐根据《周易》得出:"无极而太极。太极动而生阳,动极而静,静而生阴,静极复动。一动一静,互为其根。"认为阴阳的流转生成万物,所以要从"无极"中寻求造化之理。

邵雍则指出:"冬至子之半,天心无改移。一阳初动处,万物未生时。"认为阴阳的屈伸可生成万物,所以要从屈伸的极限处寻求宇宙之理。

王阳明在晚年作《咏良知四首示诸生》(《王文成公全书》卷二十)。在第四首的开篇,王阳明写道:"无声无臭独知时,此是乾坤万有基。"

由于年轻时曾修习过周敦颐和邵雍的"宇宙生成论",所以王阳明认为在良知的本体中存在着乾坤万化的根源。

在前往龙场途中，王阳明充满了忧愁。为了抚慰内心的悲伤，他不时想起陶渊明的《归去来兮辞》，也不时回忆起在故乡耕钓以及沿河而下拜访江村的情景。在此期间，他在自己所作的《因雨和杜韵》后半段写道："客途最觉秋先到，荒径惟怜菊尚存。却忆故园耕钓处，短蓑长笛下江村。"

"荒径惟怜菊尚存"其实是取自陶渊明《归去来兮辞》中的"三径就荒，松菊犹存"句。王阳明是想用这句诗来表达对秉持清高之志的陶渊明的仰慕之情。

王阳明很早就得了肺病，后来的牢狱之灾令他的病情进一步加重。他沿运河南下前往杭州，心中充满了对亲友的无限思念。

那么，王阳明为何要先到杭州呢？一方面可能是受乡愁的驱使；另一方面可能是因为杭州风光明媚，是观光胜地，他想在此先疗养一段时间，等养好身体之后，再长途跋涉前往龙场。

当王阳明乘坐的船只抵达杭州北新关时，他的弟弟们一起前来迎接。能够在有生之年和他们再次相见，王阳明非常高兴，于是作诗一首，题曰《赴谪次北新关喜见诸弟》（《王文成公全书》卷十九）：

扁舟风雨泊江关，兄弟相看梦寐间。
已分天涯成死别，宁知意外得生还。
投荒自识君恩远，多病心便吏事闲。
携汝耕樵应有日，好移茅屋傍云山。

但在诗中,王阳明丝毫未表现出前往贬谪之地的悲怆之情。

数年前,王阳明曾在西湖疗养过。当时,他经常前往南屏山游玩,所以这次也特意选了位于南屏山山麓的净慈寺居住,从春天一直疗养到夏天。在此期间,他作了一首题为《卧病净慈写怀》(《王文成公全书》卷十九)的诗来纪念这段时期,其中写道:

> 卧病空山春复夏,山中幽事最能知。
> 雨晴阶下泉声急,夜静松间月色迟。
> 把卷有时眠白石,解缨随意濯清漪。
> 吴山越峤俱堪老,正奈燕云系远思。

在诗歌的最后一句,王阳明还表达了自己对皇帝的思念之情。

后来,王阳明又移居胜果寺养病,在《移居胜果寺二首》(《王文成公全书》卷十九)的第一首中有这样一句:"六月深松无暑来。"可以看出,王阳明从净慈寺移居胜果寺应该是在六月,而特意移居此地的目的可能是为了避暑。从"病肺正思移枕簟,洗心兼得远尘埃"一句中可以看出,王阳明移居胜果寺是为了治疗自己的肺病,同时也是为了远离尘俗,使自己的内心保持纯净。其中"日脚倒明千顷雾,雨声高度万峰云"一句可谓是描述景致的千古佳句!

摆脱刺客

刘瑾获悉王阳明在前往龙场之前，会先到杭州养病的消息后，就派出刺客去刺杀王阳明，但是王阳明使用奇计，最终虎口脱险。《皇明大儒王阳明先生出身靖乱录》用小说化的语言记录了整个经过。

夏日午后，王阳明在胜果寺的廊下乘凉，身边的仆人也都外出了。这时，两名头戴小帽，身着窄衫，貌似捕快的大汉突然闯入，他们腰悬刀刃，口吐北音，问王阳明："官人是王主事否？"

王阳明回答："然。"

两名大汉说："某有言相告。"

二人左右挟持王阳明而去。

王阳明问道："何往？"二人回答说："但前行便知。"

王阳明以自己有病在身，不能迈步为由，拒绝前往。二人却道："前去亦不远，我等左右相扶可矣。"

王阳明没有办法，只好任由他们挟持而去。走了三里多路，有两名男子从后面追来。王阳明觉得二人面熟。追上来的两名男子问王阳明："官人识我否？我乃胜果寺邻人沈玉、殷计也。素闻官人乃当世贤者，平时不敢请见，适闻有官校挟去，恐不利于官人，特此追至，看官人下落耳。"

两名大汉闻之，脸色骤变，对沈、殷二人说："此朝廷罪人，汝等何得亲近？"

沈、殷二人不肯屈从，对他们说："朝廷已谪其官矣，又何以加罪乎？"

那两名大汉不听这一套，继续挟持王阳明前行。沈、殷二人也不肯罢休，紧紧跟在后面。至暮色时分，他们来到河边的一处空房子内。

两名大汉言明自己是大内密探，在沈、殷二人耳边低语说："吾等实奉主人刘公之命，来杀王公。汝等没相干人，可速去，不必相随也。"

沈玉却说："王公今之大贤，令其死于刃下，不亦惨乎。且遗尸江口，必累地方，此事决不可行。"

两名大汉听罢，沉思道："汝言亦是。"于是，从腰间解下一条一丈多的青索，投给王阳明："听尔自缢，何如？"

但是，沈玉又说："绳上死与刀下死同一惨也。"

两名大汉听罢大怒，拔刀厉声问道："此事不完，我无以复命，亦必死于主人之手。"

殷计对他们说："足下不必发怒，令王公夜半自投江中而死，既令全尸，又不累及地方，足下亦可以了事归报，岂不妙哉？"

两名大汉低头私语，少顷把刀收回鞘中，然后对沈、殷二人说："如此庶几可耳。"

沈玉接着提议："王公命尽此夜，吾等且沽酒共饮，使其醉而忘。"

两名大汉答应了，把王阳明锁在屋里。王阳明招呼沈、殷二人说："我今夕固必死，当烦一报家人收吾尸也。"

沈玉提醒说："欲报尊府，必得官人手笔，方可准信。"

王阳明说："吾袖中偶有素纸，奈无笔何。"

沈玉起身回应说："吾当于酒家借之。"

沈玉和一名大汉前往镇中买酒，殷计和另一名大汉在门外看守。过了一会儿，沈玉买酒归来。两名大汉打开房门，放二人进去。二人拿着瓢箪进去之后，沈玉把瓢箪斟满，递到王阳明面前，不禁哽咽起来。王阳明安慰他说："我得罪朝廷，死自吾分，吾不自悲，汝何必为我悲乎！"然后将酒一饮而尽。

殷计又将酒斟满，王阳明把酒送到嘴边抿了抿，然后还给殷计说："吾不能饮矣，既有高情，幸转进于远客，吾尚欲作家信也。"

沈玉将笔递给王阳明，王阳明从袖中取出纸来，挥笔赋诗一首：

学道无成岁月虚，天乎至此欲何如。
生曾许国惭无补，死不忘亲恨有余。
自信孤忠悬日月，岂论遗骨葬江鱼。
百年臣子悲何极，日夜潮声泣子胥。

王阳明觉得自己当时的遭遇和春秋末期的伍子胥极其相似，于是在诗的最后一句提及了"子胥"。

子胥是伍员的字。春秋时期，伍子胥辅佐吴王夫差击败越国，帮助吴国成为春秋霸主。当时越王勾践向吴王夫差求和，并且大肆贿赂吴王，乞求保留自己一条性命。伍子胥为绝后患，强烈建议吴王杀掉勾践，吴王没有采纳。伍子胥愤懑难平，把剑交到门客手中，对他说："抉吾眼悬吴东门之上，以观越寇之入灭吴也。"然后，慷慨赴死。

吴王夫差听闻后，大怒，下令把伍子胥的遗骸装入皮囊内，投入长江。后来确实如伍子胥所预言的那样，九年之后，吴国被越国所灭。这次轮到吴王向越王乞求留一命了，但越王没有手下留情，干净痛快地把吴王给杀了。

书归正传，上文中王阳明作的那首诗可以算是陈述忠臣孝子至情的千古名篇。

写完第一首后，王阳明诗兴未尽，于是又写了一首：

敢将世道一身担，显被生刑万死甘。
满腹文章宁有用，百年臣子独无惭。
涓流裨海今真见，片雪填沟旧齿谈。
昔代衣冠谁上品，状元门第好奇男。

之后，王阳明又写了一篇很长的绝命辞，在最后用篆书题了"阳明已入水，沈玉、殷计报"十字。在这篇绝命辞中，王阳明真真切切地表明了自己的投水自杀之意。沈、殷二人将绝命辞告知两名大汉。那两名大汉本不通文字，只见王阳明的书法流畅秀拔，"相顾惊叹以为天才"。王阳明写完之后，又开始吟诵，四人一边听王阳明吟诵，一边交杯换盏，最后都酩酊大醉。

将近午夜之际，云月朦胧，两名大汉趁着酒兴逼王阳明投水自杀。王阳明回顾沈、殷二人，嘱咐他们说："必报我家，必报我家。"然后，从河岸的滩涂往河中走去。

两名大汉开始还在后面跟了一段，但由于喝了不少酒，所以走起路来东摇西晃，再加上恰逢涨潮，他们便不再紧跟了。二人站在岸边，远远地望着王阳明。突然，他们听到落水的声音，后来一切又都归于静寂。

在岸边站立了许久，两名大汉觉着王阳明投水自杀是确定无疑了。后来转念一想，觉得应该留下一点儿王阳明自杀的证据，于是又沿着河岸去搜寻，在岸边发现了一双鞋。借着水面上泛起的淡白月光，他们发现在水中还漂着一条薄绢头巾。二人相顾而语："王主事果死矣。"

二人打算将这两件物证一并带走。这时，沈玉对他们说："留一物在，使来早行人见之，知王公堕水，传说至京都，亦可做汝等证见也。"

两名大汉觉得言之有理，于是将鞋子留下，只拿着头巾回去了。

接下来，再说胜果寺这一边。仆人们发现王阳明没了踪影之后，都非常担心，住持也不知其行踪。众人提着灯笼四处寻找，但一直没发现任何线索。后来不得已只好将事情的原委告知了王阳明的弟弟王守文，当时王守文恰好到杭州来参加浙江的乡试。

王守文也非常吃惊，于是就委托浙江官吏和胜果寺的僧俗四处搜寻。恰在这时，沈、殷二人也来找王守文，向他诉说了事情的原委，并且把王阳明留下的两首诗和绝命辞一并交给了他。王守文一看，确定是兄长的亲笔后悲恸不已。不久，又有人捡到了河边的那双鞋，并且把鞋送到官府，官府派人把鞋转交给王守文。这样一来，众人都确信王阳明是真的投水自尽了。

王守文将王阳明的两首诗和绝命辞寄回老家，家人看后都悲恸欲绝。父亲龙山公认为至少应该先找到王阳明的遗体，于是派渔夫到王阳明的落水处打捞，一连打捞了数日，一无所获。王阳明的弟子们听闻这一消息后，也是无不悲痛，唯独徐爱不相信王阳明已死，他说："先生必不死。天生阳明，倡千古之绝学，岂如是而已耶！"

据《明鉴易知录》记载，浙江藩、臬[1]以及杭州知府杨孟瑛都认为王阳明已死，于是在钱塘江边设立灵堂凭吊，王阳明的家人也都身着丧服出席。

前文已述，王阳明少年时代就足智多谋，再加上年轻时研究过兵法，所以他对权谋术策非常精通。这次也不例外，他运用计略，成功地虎口脱险。

从岸边离开那两名刺客后，王阳明就在心里嘀咕，这条路一直通往河中心，一直往前走的话，必死无疑！这样一来，那两名刺客也就放心了。他们喝了那么多酒，河滩又软，石头和泥沙又多，他们不可能跟着走。

于是，王阳明走下岸来，脱下鞋子放在水边，再解下头巾扔入水中，又搬起一块大石头，扑通一声扔到水里，伪装了跳水自杀的现场。周围非常昏暗，什么都看不清，那两名刺客以及沈、殷二人都以为王阳明已经跳河了。

王阳明沿着河滩走了好长一段路，发现一处洞穴，于是就委身其中，一直等到天亮。翌日，一艘小船经过此地，王阳明便随船往东驶去。船家可怜他没有穿鞋，送给他一双草履。七天之后，小船抵达舟山岛，王阳明在此换船前行。可事不凑巧，遇上暴风，

---

[1] 藩、臬：指藩司和臬司，明、清两代的布政使和按察使的并称。

小船往南漂了一昼夜，最终抵达了一块陆地。王阳明上岸一问，才知是福建北部。

后来，王阳明被巡航的兵船发现，士兵觉得他形迹可疑，于是就逮捕了他。王阳明表明了自己的身份，道出实情："我乃兵部主事王守仁也。因得罪朝廷受廷杖，贬为贵州龙场驿驿丞。自念罪重，欲自引决，投身于钱塘江中。遇一异物，鱼头人身，自称巡江使者，言奉龙王之命前来相迎。我随至龙宫。龙王降阶迎接，言我异日前程尚远，命不当死，以酒食相待，即遣前使者送我出江。仓促之中附一舟至此，送我登岸，舟亦不见矣。不知此处离钱塘有多少程途？我自江中至此，才一日夜耳。"

士兵们听罢，颇感惊奇，于是拿来好酒好菜款待王阳明，并派人向官署禀报。王阳明知道一旦官署知道了自己的身份，再想逃脱就难了，于是瞅准一个间隙，偷偷地溜走了。

再会无为道者

王阳明沿着人迹罕至的山路狂奔三十余里，来到一座古寺前。当时天已昏黑，王阳明叩响寺门，希望能够借宿一晚，可寺内的僧人拒绝说："寺有禁约，不留夜客歇宿。寺旁有野庙久废，可往他处歇宿。"

没有办法，王阳明只好在野庙中将就一宿。

王阳明实在是太累了，进入野庙后不久便靠着神案前的香炉昏睡过去。半夜,有一群老虎在野庙周围咆哮,却未入庙内。

翌日清晨,周围都静悄悄的。寺僧在半夜听到老虎咆哮之声,以为夜宿野庙之人肯定已经被老虎吃掉了,于是就想将王阳明的行囊和财物据为己有。当寺僧来到野庙后,发现王阳明横躺在地上。寺僧想确认一下王阳明到底死了没有,于是就用棍子敲了敲他的腿。王阳明惊坐而起,反而把寺僧吓了一跳。寺僧大惊说:"公非常人也,不然岂有入虎穴而不伤者乎?"

王阳明茫然不知,问道:"虎穴安在?"

寺僧回答说:"即此神座下是矣。"

寺僧惊奇不已,于是邀请王阳明到寺内进食。用餐完毕,王阳明游览了大殿,穿过大殿来到后院,见一年长道士正在打坐。道士看到王阳明后,立刻起身问他:"贵人还识无为道者否?"

王阳明感到有点儿不可思议,仔细端详老道的容貌,原来正是二十年前,自己结婚当日在铁柱宫见到的那位老道。这么多年过去了,无为道者的容貌没有丝毫的变化。老道说:"前约二十年后相见于海上,不欺公也。"

他乡遇故知,王阳明为自己能有这样的奇遇而欣喜。他向无为道者详细诉说了自己的遭遇,向无为道者请教自己今后的去处:"我今与逆瑾为难,幸脱余生,将隐姓潜名,为避世之计,不知何处可以兼容,望乞指教。"

道士听罢,对他说:"汝不有亲在乎?万一有人言汝不死,逆瑾怒逮尔父,诬以北走胡,南走越,何以自明?汝进退两无据矣。"

无为道者还为王阳明写了一首诗,激励他奋起:

二十年前已识君,今来消息我先闻。
君将性命轻毫发,谁把纲常重一分。
寰海已知夸令德,皇天终不丧斯文。
英雄自古多磨折,好拂青萍建大勋。

大意是:你不看重性命,把性命看得比毫发还轻,你的这一令德,天下无人不知,无人不晓。皇天并没有丧失天道,他把你派到人间,就是为了让你去维护世间正道。自古英雄多磨难,你要用青萍宝剑斩尽所有的磨难,建立彪炳天地的大功勋。

王阳明非常感激无为道者的指教,他不再迷茫,决意前往贵州龙场。王阳明向寺僧求来一支笔,在大殿的墙壁上题诗一首,题曰《泛海》:"险夷原不滞胸中,何异浮云过太空。夜静海涛三万里,月明飞锡下天风。"大意是:我根本就不在乎是顺境还是逆境,所有这一切都跟天空中的浮云一样,风一来,就被吹走了。月夜,我在静静的大海上泛舟三万里,那种痛快的感觉和我驾着锡杖、乘着天风,从高山之巅疾驰而下的感觉一样。这首诗表现了王阳明"悟道自得"的高深境界。

《泛海》应该算是王阳明所有诗歌中最脍炙人口的一首。当我们咏诵这首诗时,心中的迷云会消失殆尽,痛快之感会充满心头。

《泛海》和李白的《早发白帝城》的痛快劲有些相似,但两首诗痛快的内容并不相同。此外,《泛海》和朱熹的《醉下祝融峰》也有些相似。"我来万里驾长风,绝壑层云许荡胸。浊酒三杯豪气发,朗吟飞下祝融峰。"

《泛海》的最后一句和《醉下祝融峰》的最后一句有异曲同

工之妙。

若考虑朱熹作这首诗时的背景,就会发现朱熹其实是想借这首诗来表达自己将学问本质的疑云一扫而空时的心境。因此,《醉下祝融峰》和《泛海》都是体现顿悟境界的一种诗,但二者在内容上存在明显的差异。

朱熹的《醉下祝融峰》描写的是自己登上祝融峰之后的真实心境,而王阳明的《泛海》则是假借虚构的海上旅途,来表达自己冲破生死迷雾,决意奔赴龙场时的心境。

王阳明在《泛海》中体现的悟境和无学祖元[1]在《示虏》这首偈中所体现的悟境有相通之处:"乾坤无地卓孤筇,喜得人空法亦空。珍重大元三尺剑,电光影里斩春风。"大意是:天地之间没有我的立锥之所,但令人欣喜的是人是空的,法也是空的,万事皆空,一切都是不存在的。元兵手里握着三尺长剑,看起来非常威武。他要砍我的头,那就让他砍好了,结果就跟冒着火花的闪电斩春风一样。

无学祖元是宋代明州人。日本弘安二年(1279),受北条时宗的邀请,无学祖元前往日本,定居在镰仓的建长寺。无学祖元是一位著名的禅师,他后来创建了圆觉寺,并将临济宗在日本发扬光大。这首偈原本是写在圆觉寺的山门前,令参拜人员一进山门便有所触动。

关于这首偈,还有一个小故事。

---

[1] 无学祖元(1226—1286):别号子元。浙江明州府鄞县(今宁波市鄞州区)人。宋代临济宗高僧。

元至元十三年（1276），祖元禅师在温州的一座寺庙内坐禅时被元兵抓住。元兵打算砍下他的头颅，于是他就写下了上文中的那首偈。他将偈呈递给元兵，元兵被他的气势所震撼，最终向他道歉离去。

故事的真伪已经无从考证，很有可能是后人杜撰的。当时，元兵如怒涛般涌向南宋，大批的民众死于战乱。在这样的社会背景下，祖元禅师为了阐述自己的了悟，特意写了上文中的那首偈。

王阳明的《泛海》也是结合当时的社会现状表达自己内心心境的一首诗。在日本有一位和歌诗人，名为西行法师，他从没到过奥州[1]的白河关，但是写出来的和歌好像他到过那里一般。二者有异曲同工之妙。

王阳明告别无为道者之后，又沿着小道登上了武夷山。在山中游玩期间，他在岩壁上题诗《武夷次壁间韵》(《王文成公全书》卷十九)。

武夷山位于福建和江西的交界处，是福建第一名山，传说神仙武夷君曾在此山居住，故名武夷山。《武夷次壁间韵》的全文如下：

> 肩舆飞度万峰云，回首沧波月下闻。
> 海上曾为沧水使，山中又遇武夷君。
> 溪流九曲初谙路，精舍千年始及门。
> 归去高堂慰垂白，细探更拟在春分。

---

1 奥州：日本福岛、宫城、岩手、青森四县的旧国名。

湛甘泉认为王阳明当时根本就没去过武夷山，他之所以写这首诗，就是为了迷惑大家，不让大家知道他的行踪，让大家误以为他去了武夷山。湛甘泉在《阳明先生墓志铭》中曾有这样的记载："人或告曰：阳明公至浙，沉于江矣，至福建始起矣。登鼓山之诗曰：'海上曾为沧水使，山中又遇武夷君。'有征矣。甘泉子闻之笑曰：'此佯狂避世也。'故为之作诗。有云：'佯狂欲浮海，说梦痴人前。'及后数年，会于滁，乃吐实。"

古时，殷纣王残暴无度，箕子劝其停止暴虐之举，但没有被采纳，于是箕子披头散发假装发狂，逃往北方之地。湛甘泉认为，王阳明写诗假装自己逃到了海上，并且声称登上了武夷山，这一切都是为了蒙骗世人。

前文已述，王阳明生来就聪慧过人，再加上他精通兵法，运用这种小把戏也不是完全没有可能。湛甘泉是王阳明的至交好友，后来二人见面时，王阳明亲口告诉他自己根本没去过海上，也没有登过武夷山，那些事情都是自己编造的。湛甘泉的叙述应该非常可信。

但是，王阳明的弟子黄绾在《阳明先生行状》中记载：

公行至钱塘，度或不免，乃托为投江，潜入武夷山中，决意远遁。夜至一山庵投宿，不纳。行半里许，见一古庙，遂据香案卧。黎明，道士特往视之，方熟睡。乃推醒曰："此虎狼穴也，何得无恙？"

因诘公出处，公乃吐实。道士曰："如公所志，将来必有赤族之祸。"

公问："何以至此？"

道士曰："公既有名朝野，若果由此匿迹，将来之徒假名以鼓舞人心，朝廷寻究汝家，岂不致赤族之祸？"

公然其言。尝有诗云："海上曾为沧水使，山中又遇武夷君。"遂由武夷至广信，溯彭蠡，历沅、湘，至龙场。

此外，《阳明先生年谱》的记载和《皇明大儒王阳明先生出身靖乱录》的记载基本相同，只是多了道士在为阳明指明出路之后，阳明又为自己算了一卦。当时得出的卦象是"明夷"[1]卦。"明夷"乃卦名，本卦为异卦相叠（坤上离下）。上卦为坤，坤为地。下卦为离，离为日。从卦象上来说，"明夷"之卦的"坤上离下"意指太阳沉到了地下，天地一片黑暗，寓意王阳明将会遭遇困难。处于上方的是皇帝，由于他昏庸愚昧，导致小人得势，这样一来，处于下方的臣子就要遭受磨难，世间也会变得暗无天日。《周易》中有一句卜辞叫"利艰贞"，暗示当遭遇"明夷"时，要学会忍耐，同时还要隐藏自己的智慧，这样才能避免引祸上身。如果不这样做的话，不仅会使自己身陷危险，而且也不能匡正人间正道。

据《阳明先生年谱》记载，王阳明给自己算完卦之后，提笔在寺庙大殿的墙壁上题下了《泛海》，然后取小道从武夷山返回。王阳明的父亲龙山公时任南京吏部尚书，王阳明从鄱阳出发前去看父亲，父子二人得以相见。十二月，王阳明抵达钱塘，然后从

---

[1] 夷：《广雅·释诂》中有"夷，灭也"之句。明夷，意即阳光隐退。

钱塘前往龙场。

由于刘瑾等人被称为"八虎",所以在王阳明的传记中经常会出现关于虎的故事。

《皇明大儒王阳明先生出身靖乱录》中的记载却是王阳明和无为道者分别之后,他沿着小路游览了武夷山,从铅山出来后,来到上饶。在那里,他再次拜会了娄谅。这里就出现了一个大问题。按照《皇明大儒王阳明先生出身靖乱录》的记载,王阳明此次拜访娄谅是三十六岁,即正德二年(1507),而娄谅在弘治四年(1491)就已经去世了,所以说王阳明不可能拜会他。不过,我们姑且还是继续按照《皇明大儒王阳明先生出身靖乱录》的记载往下说吧!

> 先生辞道者欲行,道者曰:"吾知汝行资困矣。"乃于囊中出银一锭为赠。先生得此盘缠,乃从间道游武夷山,出铅山,过上饶,复晤娄一斋。
>
> 一斋大惊曰:"先闻汝溺于江,后又传有神人相救,正未知虚实。今日得相遇,乃是斯文有幸。"
>
> 先生曰:"某幸而不死,将往谪所。但恨未及一见老父之面,恐彼忧疑成病,以此介介耳。"
>
> 娄公曰:"逆瑾迁怒于尊大人,已改官南京宗伯矣。此去归途便道可一见也。"
>
> 先生大喜。娄公留先生一宿,助以路费数金。先生径往南京,省觐龙山公。父子相见出自意外,如枯木再花,不胜之喜。居数日不敢久留,即辞往贵州,赴龙场

驿驿丞之任，携有仆从三人。

在以上各种王阳明的传记中，和二十年前相识的道士再会于福建山中寺庙，以及野庙中老虎不伤害阳明等故事，无不显得荒诞离奇。

清代学者毛奇龄认为这些荒诞离奇之事都不可信：

> 守仁时径之龙场，而《谱》《状》乃尽情诳诞。举凡遇仙遇佛，无可乘间撼入者，皆举而撼之。于此二十年前、三十年后，开关闭关随意胡乱。亦思行文说事，俱有理路。
>
> 浙江一带水与福建武夷、江西鄱阳俱隔仙霞、常玉诸岭峤，而岭表车筏尤且更番叠换，并非身跨鱼鳖可泛泛而至其地者。即浙可通海，然断无越温、台、鄞、鄞，不驾商舶得由海入闽之理。且阳明亦人儿，能出游魂，附鬼伥，朝游丹山，暮飞铁柱，何荒唐也。

毛奇龄对王阳明遇到刺客一事予以否定，但日本的东正堂坚信王阳明曾经遭遇过刺客。东正堂认为，王阳明的绝命辞在正史中都有记载，而且当时众人也都确信他已经遇难，并且还特意为他举行了追悼仪式，由此可以断定王阳明遭遇刺客一事绝非空穴来风。

总而言之，王阳明为了从刺客手中逃脱，曾假装跳钱塘江自杀，并隐匿在家乡附近的一座山中，后瞅准时机，经过广信府，前往龙场。

告别门人徐爱

最初投入王阳明门下的是徐爱，之后还有蔡希渊和朱守中。

徐爱，字曰仁，号横山，浙江余姚人。他是王阳明的妹婿，比王阳明小十六岁。

王阳明最初讲学授业的时候，从各地踊跃前来听讲的人士并不少，但能够真正理解王阳明所讲的内容，并且把圣学当成己任的一个也没有。徐爱在二十岁时奋然有志于圣学，于是趁王阳明出狱返回杭州之际，向王阳明行弟子礼，拜他为师，所以说徐爱是王阳明最早的入室弟子。

正德三年（1508），徐爱中进士。正德七年三月，王阳明在考功清吏司[1]郎中任上时，绍兴山阴县的蔡希渊和朱守中也拜他为师。王阳明曾评价徐爱、蔡希渊和朱守中三人说："徐生之温恭，蔡生之深潜，朱生之明敏，皆予所不逮。"

由于徐爱一直沉溺于旧说——朱子学，所以当他第一次听到王阳明的"知行合一"论时，内心骇愕不定，后来渐知"反身实践"的必要性。

正德七年（1512）冬天，徐爱出任南京工部员外郎，和王阳

---

1 考功清吏司：明清时期吏部下设的机构，负责文职官员的议叙与处分。

明一道乘舟返回家乡余姚省亲。在舟中,徐爱从王阳明处得知《大学》的要义,兴奋不已,禁不住手舞足蹈起来。于是,徐爱开始相信阳明之学为孔门嫡传,而其他学说都是未得孔门精髓的旁蹊曲径。

当徐爱在南京工部员外郎任上时,王阳明也正好在南京担任太仆寺少卿。当时,徐爱和黄绾等人日夜聚在阳明门下,刻苦学习,勤奋不已。后来,徐爱升任南京兵部郎中,因病于正德十二年(1517)辞职返乡。

当时,很多人都不认可王阳明的学说,徐爱却能很好地理解老师的意思,明白其要旨。无怪乎王阳明会称赞徐爱:"曰仁,吾之颜回也!"可以说,徐爱是一位真正领悟了王阳明学说的高徒。

徐爱学识渊博,为人平和纯朴,其学术造诣实乃蔡希渊和朱守中所不能及。徐爱去世后,王阳明悲恸不已。有一天,授课完毕后,王阳明慨叹说:"安得起曰仁九泉,闻斯言乎!"然后带着一群门人弟子去给徐爱扫墓。

薛侃[1]刊刻的《传习录》上卷也是由徐爱记录的。孙夏峰曾评价徐爱说:"先生生来纯朴,锐意于学问,可上天夺其命太速。"

聂豹也慨叹说:"今之为良知之学者,于《传习录》前编所记真切处,具略之。"

蔡希渊,名宗兖,字希渊,号我斋,浙江山阴县白洋人,正

---

[1] 薛侃(1486—1546):字尚谦,号中离。广东潮州府揭阳县人。正德十二年进士。王阳明的高徒之一。

德十二年（1517）进士。蔡希渊曾出任庶吉士，但由于性格耿直方正，不随流俗，所以不为当政者所喜欢，很快就辞官回家。当时，王阳明告诫他说："归计良是，但稍伤急迫……若已为君子而使人为小人，亦非仁人忠恕[1]恻怛之心。"

很快，蔡希渊又出任福建莆田府学的教授[2]，但仍被当政者所嫌恶。王阳明又训诫他说："既而询之，果然出于意料之外，非贤者之所自取也。虽然，有人于此，其待我以横逆，则君子必自反曰'我必无礼'。自反而有礼，又自反曰'我必不忠'。希渊克己之功日精日切，其肯遂自以为忠乎？往年区区谪官贵州，横逆之加，无月无有。迄今思之，最是动心忍性砥砺切磋之地。当时亦止搪塞排遣，竟成空过，甚可惜也。"

蔡希渊闻之，深刻反省自己的行为，努力使自己做到"忠恕"。后来，蔡希渊出任四川提学佥事[3]。林见素曾评价他是"壁立千仞"。

朱守中，名节，字守中，号白浦，和蔡希渊一样也是浙江山阴县白洋人，正德八年（1513）进士。朱守中后来出任御史，是一位以天下为己任的官员。王阳明曾对他说："德业外无事功，

---

1 忠恕：忠者，"心无二心，意无二意"之谓；恕者，"了己了人，明始明终"之意。"忠"，尽力为人谋，中人之心，故为忠；"恕"，推己及人，如人之心，故为恕。最早将忠恕联系起来的是春秋战国时期的曾子。他在解释孔子"吾道一以贯之"时说："夫子之道，忠恕而已矣。""忠恕"，是以对待自己的态度对待他人。孔门的弟子以忠恕作为贯通孔子学说的核心内容，是"仁"的具体运用。"忠恕"成为儒家处理人际关系的基本原则之一。

2 教授：宋代中央和地方的学校开始设教授，元代各路、州、府儒学及明、清两代的府学都设教授。

3 提学佥事：主管一省学政的官员。

王阳明像 明代画家曾鲸将王阳明修长消瘦的脸型刻画得细致入微,尽显其睿智的学者形象。

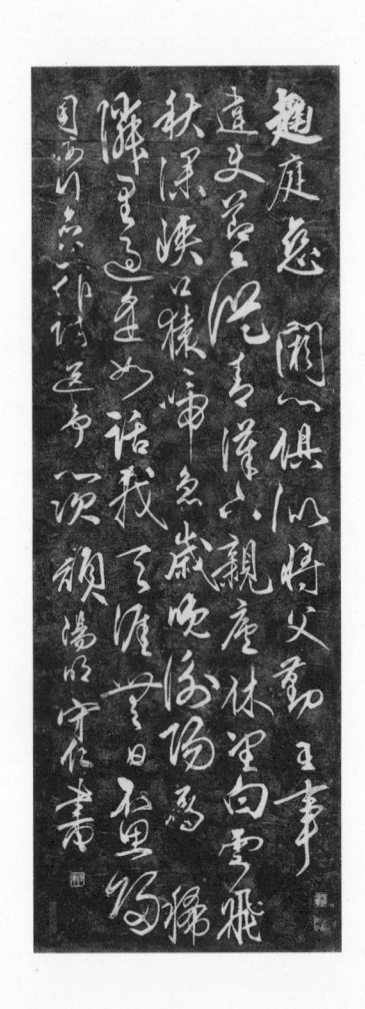

王阳明书法拓片（计文渊藏）王阳明不仅是思想家、教育家、军事家，还是书法家。他先学赵孟頫，后学王羲之，晚年又融合了黄庭坚的书风，最终形成了雄健奔放、流丽清奇的独特书法风格。

王阳明的诞生地瑞云楼 圣贤伟人的诞生常伴有一段奇异的传说。传说王阳明出生那天，祖母岑氏梦见仙人踩着瑞云将婴儿送入她怀中。故王阳明出生的那座楼被命名为"瑞云楼"。

贵阳龙场的"阳明小洞天" 世间有三处阳明洞，一为宛委山的阳明洞，二为贵阳龙场的"阳明小洞天"，三为江西龙南的阳明别洞。"阳明小洞天"是一个天然的钟乳洞，位置偏僻，四周荒凉，但王阳明乐其幽静，悠然自得。

"中天阁"阳明先生讲学处 余姚有一座龙泉山,王阳明的父亲王华曾经在那里读书,王阳明晚年也曾在山腰处的中天阁传道授业,兴盛时期门人弟子达三百余人。明嘉靖十七年(1538),王阳明去世十年后,浙江巡按、监察御史傅凤翔在中天阁上方建阳明祠,每年春秋举办祭祀活动,取名"龙山会"。

福建上杭县的"阳明门"和《时雨记》碑(局部)

明正德十二年(1517)三月,王阳明以南赣汀漳巡抚的身份率军驻扎上杭。当时上杭县久未降雨,田地干裂。见此,王阳明率众官员举行祭天仪式以求雨。四月,王阳明准备重返赣州时,上杭突降三日大雨,百姓皆欢呼雀跃、兴奋不已。王阳明为此写下《时雨记》。

平茶寮碑 明正德十二年（1517），王阳明带兵剿平南赣桶冈的地方武装后，在桶冈的险要之地茶寮（今江西赣州崇义县思顺乡齐云山村）特立此碑以示纪念。平茶寮碑高约8.3米，碑身需十一个人才能合抱。碑体东侧有王阳明草书诗文碑刻二则。

王阳明纪功碑摩崖及拓片

正德己卯六月乙亥宁藩宸濠以南昌叛称兵向阙破南康九江攻安庆远近震动七月辛亥臣守仁以列郡之兵復南昌宸濠还救大战都阳湖丁巳宸濠擒馀党悉报天子闻变赫怒亲鉴六师临讨遂俘宸濠以归柎赫皇威神武不杀如霆之震廉擎而折神器有归凯歌窥窬天鉴于宸濠武略正德庚辰正月晦提督军务都御史王守仁书从征官属列于左方

明正德十四年（1519）六月十四日，宁王朱宸濠在南昌发动叛乱。王阳明运用心学的智慧，临危不乱，奇计频出，仅用半个月的时间就平定了叛乱，立下不世之功。庐山秀峰寺的摩崖记录了王阳明平定宸濠之乱的始末。

王阳明遗迹中日联合学术考察团合影 1992年，由日本斯人会与浙江省社科院组织的"王阳明遗迹中日联合学术考察团"对广西、广东、江西的王阳明遗迹做了实地考察。冈田武彦先生不顾八十四岁高龄，与两国团员一起跋山涉水，同甘共苦，以践行和传播阳明精神。

不由天德而求骋事功，则希高务外，非业也。"

后来，当朱守中巡按山东之时，流贼四起，朱整日驱驰于戎马之间，最终因劳累过度去世，被朝廷追授为光禄少卿。他曾说："平生于'爱众''亲仁'二语得力，然'亲仁'必从'爱众'得来。"

正德二年（1507），王阳明悄然回到家乡余姚。也就是在这一年，徐爱、蔡希渊和朱守中被举[1]于乡，三人辞别王阳明前往京城。离别之际，王阳明作了一篇《别三子序》赠予三人，以示激励：

> 自程、朱诸大儒没而师友之道遂亡。"六经"分裂于训诂，支离芜蔓于辞章业举之习，圣学几于息矣。有志之士思起而兴之，然卒徘徊咨嗟，逡巡而不振；因弛然自废者，亦志之弗立，弗讲于师友之道也。
>
> 夫一人为之，二人从而翼之，已而翼之者益众焉，虽有难为之事，其弗成者鲜矣；一人为之，二人从而危之，已而危之者益众焉，虽有易成之功，其克济者亦鲜矣。故凡有志之士，必求助于师友。无师友之助者，志之弗立弗求者也。
>
> 自予始知学，即求师于天下，而莫予诲也；求友于天下，而与予者寡矣；又求同志之士，二三子之外，邈乎其寥寥也。殆予之志有未立邪？
>
> 盖自近年而又得蔡希渊、朱守中于山阴之白洋，得

---

[1] 举：明代沿袭察举制的一种做法。察举制最早始于汉代，"举"即向朝廷推荐地方上的孝廉之士或者有才之人。

徐曰仁于余姚之马堰。曰仁，予妹婿也。希渊之深潜，守中之明敏，曰仁之温恭，皆予所不逮。

三子者，徒以一日之长视予以先辈，予亦居之而弗辞。非能有加也，姑欲假三子者而为之证，遂忘其非有也。而三子者，亦姑欲假予而存师友之饩羊，不谓其不可也。当是之时，其相与也，亦渺乎难哉！

予有归隐之图，方将与三子就云霞，依泉石，追濂、洛之遗风，求孔、颜之真趣，洒然而乐，超然而游，忽焉而忘吾之老也。

今年三子者为有司所选，一举而尽之。何予得之之难，而有司者袭取之之易也！予未暇以得举为三子喜，而先以失助为予憾；三子亦无喜于其得举，而方且憾于其去予也。漆雕开有言："吾斯之未能信。"斯三子之心欤？曾点志于咏歌浴沂，而夫子喟然与之，斯予与三子之冥然而契，不言而得之者欤？

三子行矣，遂使举进士，任职就列，吾知其能也，然而非所欲也。使遂不进而归，咏歌优游有日，吾知其乐也，然而未可必也。

天将降大任于斯人，必先违其所乐而投之于其所不欲，所以衡心拂虑而增其所不能。是玉之成也，其在兹行欤！三子则焉往而非学矣，而予终寡于同志之助也！三子行矣。"深潜刚克，高明柔克"，非箕子之言乎？温恭亦沉潜也，三子识之，焉往而非学矣。苟三子之学成，虽不吾迩，其为同志之助也，不多乎哉！

增城湛原明宦于京师，吾之同道友也，三子往见焉，犹吾见也已。

读罢此文，我们会感受到王阳明在家乡得到三名优秀弟子的喜悦之情。在文中，王阳明阐述了立志和师友之道的重要性，最后还叮嘱三人前去面见湛甘泉。据此也可以看出，王阳明非常尊敬湛甘泉，并且把他视作志同道合的朋友。

在这一时期，王阳明还作了《忆别》（《王文成公全书》卷十九）。佐藤一斋认为此诗是王阳明在杭州北新关作别诸位弟子之后所作。其实不然，王阳明在诗中写道"贤圣可期先立志"，指出了立志的重要性。由此也可以窥见王阳明是如何要求弟子们立志于圣学的。

前往贵州龙场

王阳明究竟是沿着什么路线抵达龙场的呢？通过他的《赴谪诗五十五首》（《王文成公全书》卷十九），我们基本可以窥见其大概。

王阳明在家乡附近的山中休整了一段时间之后，便很快沿着须江而下，经过玉山县的草萍驿[1]，到达娄谅老宅的所在地——广信府。《草萍驿次林见素韵奉寄》中有"山行风雪瘦能当"和"乡

---

[1] 草萍驿：明代时草萍驿是在广信府的管辖之内。

心草色春同远"之句，据此可以推测出王阳明抵达草萍驿的时间应该是在冬天。钟惺是这样评价第一句诗的："'山行风雪瘦能当'，真乃绝妙至极之佳句，它能使人联想起王阳明意气沮丧、瘦骨嶙峋之状。"

而后王阳明又来到玉山的东岳庙，并作《玉山东岳庙遇旧识严星士》，其中有这样一句："春夜绝怜灯节近。""灯节"即元宵节，每年正月十五，家家户户都会挂灯笼庆祝。所以说，王阳明应该是在正月初来到玉山县的。正月十五日，王阳明宿泊在广信府的石亭寺。

二十年前，王阳明从家乡前往南昌娶妻途中，也曾在石亭寺宿泊。前文已述，王阳明在返乡途中曾在广信府滞留，其间拜访了娄谅，向他请教宋儒的"格物"说。而当王阳明再次到达此地时，娄谅已过世。王阳明在石亭寺作《夜泊石亭寺用韵呈陈娄诸公因寄储柴墟都宪及乔白岩太常诸友》。在第二首诗的末尾，王阳明写道："白璧屡投终自信，朱弦一绝好谁听？扁舟心事沧浪旧，从与渔人笑独醒。"这披露了王阳明当时的心境。

东正堂认为"白璧屡投终自信"出典于《韩非子》的"卞和献玉"(《阳明先生全书论考》卷八《诗二》)。卞和是春秋时期的楚国人，他在荆山里得到一块璞玉。卞和捧着璞玉去献给楚厉王，但楚厉王认为卞和是在拿假玉欺骗自己，于是命人砍掉了他的左脚。楚武王即位之后，卞和再次捧着璞玉去见楚武王，楚武王又以同样的理由命人砍掉了他的右脚。楚文王即位之后，卞和抱着璞玉哭泣不已。楚文王得知后，派人询问他为何痛哭，卞和说："吾非悲刖也，悲夫宝玉而题之以石，贞士而名之以诳，此吾所以悲也。"

于是，楚文王命人剖开这块璞玉，见真是稀世之玉，就命名为"和氏璧"。据说楚文王曾打算封卞和为零阳侯，但被卞和拒绝了。

总而言之，王阳明的"白璧屡投终自信"，是借上文中的典故来喻指自己的内心就像白璧一样纯洁无垢。同时他也是在用这句诗来表明自己即使受到再严厉的刑罚，也不会改变初衷，也不会有丝毫的后悔；无论刘瑾如何残酷地迫害自己，自己内心也绝不会有丝毫的动摇。

"朱弦一绝好谁听"出典于《礼记·乐记篇》中的"《清庙》[1]之瑟，朱弦而疏越，一唱而三叹，有遗音者矣"，大意是：宗庙祭祀时，用瑟来弹奏《清庙》。它用的弦是朱色熟丝，声音浑浊，再加上底部零散地钻了些孔，所以声音又变得凝滞，听起来并不是很悦耳。虽然声音不美，但演奏时能达到一人唱、三人赞叹[2]的效果。因为这是先王留下的音乐，所以大家都会对其倍加尊敬。

在这里，王阳明是在用"清庙之瑟"喻指自己的信仰。就像一人唱、三人赞叹的高雅之音已经绝世，不可能再有人听到一样，自己的信仰不被世间所容也是必然的，没有什么好抱怨的。

末尾两句出自《楚辞》的《渔父辞》，王阳明是在借《渔父辞》来表达自己的心境。

屈原，战国时代楚国王族，名平，字原，号灵均。屈原博学强记，精通治乱之理，熟习辞令文章。屈原最初得到楚怀王的

---

[1]《清庙》：出自《诗经》。古代宗庙祭祀时，用以赞美先祖的诗或曲。
[2] 在此段中，作者冈田先生在理解"一唱三叹"时出现了一些偏差。按照通用的解释，"一唱三叹"是指一人唱三人和，喻指音乐简单而质朴，后来用来形容诗词委婉而含义深刻。而冈田先生对"一唱三叹"的理解是一人唱，三人赞叹。

信任，出任三闾大夫[1]，后来楚怀王听信谗言，渐渐疏远了他。屈原忧愁幽思，写下《离骚》。楚怀王去世之后，楚襄王继位，襄王听信谗言将屈原流放到江滨。屈原写下了《渔父辞》等作品，表明自己的心志，最后在五月初五怀抱巨石自沉汨罗江。

《渔父辞》的全文如下：

屈原既放，游于江潭，行吟泽畔；颜色憔悴，形容枯槁。渔父见而问之曰："子非三闾大夫与？何故至于斯？"

屈原曰："举世皆浊我独清，众人皆醉我独醒，是以见放。"

渔父曰："圣人不凝滞于物，而能与世推移。世人皆浊，何不淈其泥而扬其波？众人皆醉，何不哺其糟而歠其醨？何故深思高举，自令放为？"

屈原曰："吾闻之，新沐者必弹冠，新浴者必振衣。安能以身之察察，受物之汶汶者乎？宁赴湘流，葬于江鱼之腹中。安能以皓皓之白，而蒙世俗之尘埃乎！"

渔父莞尔而笑，鼓枻而去，乃歌曰："沧浪之水清兮，可以濯吾缨；沧浪之水浊兮，可以濯吾足。"

遂去，不复与言。

渔父秉承的是老庄思想，不因世之清浊随波而流，而王阳明

---

[1] 三闾大夫：春秋战国时期楚国特设的官职，主持宗庙祭祀，兼管王族屈、景、昭三大姓子弟教育的闲差。

秉承的则是儒家思想，把清清白白做人作为自己的理想追求。

在上文的诗中，王阳明自比"众人皆醉我独醒"的屈原，而世人则像渔父一样，也许会嘲笑自己因追求自身风节而引祸上身的行为，但那又何妨呢？由他去好了。

王阳明从广信府继续沿须江而下，到达鄱阳湖之后，又沿着赣江逆流而上，来到袁州府的分宜[1]，写下了《杂诗三首》(《王文成公全书》卷十九)。

在诗中，王阳明表达了自己即使处境艰难，也要把艰难视作坦途的气概。在此期间，他珍惜时光，刻苦学习，勤读史书，不断思索，思慕古人，训诫自己，寄思想于上天，去人欲而深入探究天理之妙。不过，这时最能抚慰王阳明内心的还是《周易》。

  危栈断我前，猛虎尾我后。
  倒崖落我左，绝壑临我右。
  我足复荆榛，雨雪更纷骤。
  邈然思古人，无闷聊自有。
  无闷虽足珍，警惕忘尔守。
  君观真宰意，匪薄亦良厚。
     *
  青山清我目，流水静我耳。
  琴瑟在我御，经书满我几。
  措足践坦道，悦心有妙理。

---

1 分宜：今江西省新余市西部。

顽冥非所惩，贤达何靡靡！
乾乾怀往训，敢忘惜分晷？
悠哉天地内，不知老将至。

*

羊肠亦坦道，太虚何阴晴？
灯窗玩古《易》，欣然获我情。
起舞还再拜，圣训垂明明。
拜舞讵逾节，顿忘乐所形。
敛衽复端坐，玄思窥沉溟。
寒根固生意，息灰抱阳精。
冲漠际无极，列宿罗青冥。
夜深向晦息，始闻风雨声。

许舜屏评价这三首诗："骇绝奇绝，见险如夷，终能悟道，文成贤人。"

接下来，王阳明从分宜来到袁州府，回想起韩愈当年也是被贬谪到此地，不禁感慨万千。韩愈曾作《新修滕王阁记》，王阳明为自己未能观赏滕王阁而遗憾。当夜，王阳明宿泊在宣风馆[1]，并写下了《夜宿宣风馆》，其中有这样一句："越南冀北俱千里。"越南是指家乡余姚，而冀北则是指京师。王阳明在这句诗中寄托了自己对家人和皇帝的思念之情。

---

1 宣风馆：今江西省萍乡市东部，即萍乡市和宜春市的交界处。

不久，王阳明到达江西萍乡[1]，顺便拜谒了宋学之祖周敦颐的祠堂。王阳明当时宿泊在萍乡的一处道观武云观里，睹月思乡，不禁想起远在绍兴南部的鉴湖（镜湖）。

而后王阳明从袁州府出发向西走，来到长沙府醴陵[2]。一路上山道崎岖艰险，一点儿也不亚于太行山中的险道。在一个风雨交加的夜晚，王阳明宿泊在醴陵附近的泗州寺，写下了《醴陵道中风雨夜宿泗州寺次韵》(《王文成公全书》卷十九）。在诗的末尾，他写道："还理义编坐夜长。"从中我们可以推测出在艰难的行进途中，王阳明应该是非常喜欢读《周易》的。

王阳明到长沙府后写下一首长诗，题为《长沙答周生》(《王文成公全书》卷十九）。岳麓山就位于长沙西部，当年朱熹和张栻[3]曾经在此处讲学。王阳明在长沙时，颇有才气的周生前来求教，王阳明谆谆教导。王阳明在诗中写道："愿子且求志，蕴蓄事涵泳。"这句诗体现了王阳明对孟子"养心寡欲"思想的赞同，同时也表明他非常重视孟子的"心性存养"之学。

当时，王阳明还特地渡过湘江，拜访了坐落于岳麓山的岳麓书院，以向朱熹和张栻致敬。其间，王阳明作了两首长诗，虽然内容多为叙景之句，但和《长沙答周生》一样，其中也不乏仰慕

---

1 萍乡：今江西省宜春市西部。
2 醴陵：今湖南省东部，东邻江西省萍乡市。
3 张栻（1133—1180）：字敬夫，又字乐斋，号南轩。成都府路汉州绵竹（今四川德阳绵竹市）人。南宋著名理学家。岳麓书院的创办者，丞相张浚之子，幼时师从胡宏，得理学真传。后执掌长沙城南书院、岳麓书院多年，和朱熹、吕祖谦齐名，时称"东南三贤"。

颜回和曾子的诗句。据此我们也可以看出，王阳明对超脱境界是相当向往的。

在经过湘江和沅江[1]时，王阳明想起屈原南征时也曾渡过湘江和沅江，于是写下《吊屈原赋》(《王文成公全书》卷十九)，极力夸赞屈原忧国忧君的至诚之情。其实，这首赋也吐露了王阳明当时的心境。在赋的末尾，王阳明写道："世愈隘兮孰知我忧。"毫无疑问，王阳明在此叙述的正是自身的感受。

王阳明离开岳麓书院返回长沙，随后便乘船沿湘江而下，船行驶得很快，傍晚时分即抵达了沅江，但非常不幸的是，路上遇上了暴风雨，乘船有所损坏，王阳明只好在天心湖附近停留了三天，后经过罗水沿岸的罗旧驿和沅水驿两个驿站，最终抵达贵州。到达贵州后，王阳明先是抵达思州府的平溪卫[2]，然后又来到镇远府的兴隆卫[3]和都匀府的清平卫[4]。在此期间，他写下了《清平卫即事》(《王文成公全书》卷十九)，末尾两句是："华夷节制严冠履，漫说殊方列省卿。"

当时有人认为统治"蛮夷"的办法，就要"节制"，即严加管治，用国威压制他们，让他们驯服，但王阳明对此持不同意见。王阳明在晚年受命追讨南方诸族的时候，不仅仅是通过使用武力，更多的是通过安抚来让对方驯服。通过以上两句诗，我们也

---

1 沅江：又称沅水，源自贵州云雾山鸡冠岭，流经黔东、湘西，至黔城以下始称沅江，入洞庭湖。
2 平溪卫：位于今贵州的玉屏侗族自治县。
3 兴隆卫：位于今贵州的黄平县。
4 清平卫：后来曾先后改名为清平县、炉山县，位于今贵州的凯里市。

可以窥见王阳明的讨伐之策：先抚慰，抚慰不成，再诉诸武力。

王阳明离开清平卫后不久，便踏上了贵州崎岖的山路。这段山路共有七道弯，崎岖盘旋，艰险无比。王阳明触景生情，写下了《七盘》诗（《王文成公全书》卷十九）。他在末尾写道："投簪实有居夷志，垂白难承菽水欢。"意思是：我与孔子一样拥有"欲居于九夷"之志，想舍弃官职，可是我放心不下父亲，父亲已年迈，须发已白，粗衣粝食的贫困生活又如何能让他老人家安度晚年啊！

正德三年（1508），在春意盎然的时节，王阳明抵达贵州龙场。

从京城至龙场途中，王阳明作《赴谪诗》五十五首。这些诗歌大多描述的是王阳明在流谪途中的感触，但其中也不乏描写风景名胜的佳句。通过这些诗歌，我们可以看出王阳明博览群书，尤其喜欢读《周易》，并通过《周易》来探寻人生和宇宙之妙理。此外，我们还可窥见他通过深入思考和无数体验，将艰险的旅途化为坦途，并在途中还不忘教诲门人的情形。所以说，王阳明不仅是一位伟大的哲学家，还是一位伟大的教育家。

据《皇明大儒王阳明先生出身靖乱录》记载，王阳明在抵达龙场后不久就收到了家书。信中叙述了逆臣刘瑾听说王阳明依然健在，并且还和其父在南京相会的消息之后勃然大怒，伪造圣旨逼迫龙山公致仕还乡。

这段记载可能和真实的情况有些出入。前文已述，龙山公曾被任命为南京吏部尚书，但还没有赴任，就被刘瑾逼迫辞职返乡了。此外，王阳明在前往龙场途中，抵达杭州时，其父龙山公正在京城，所以说他们父子二人在南京相会是不可能的。

艰辛的龙场生活

　　王阳明是在一个春意盎然的时节抵达龙场的。当时，他写了一首题为《兴隆卫书壁》（《王文成公全书》卷十九）的诗，其中有这样一句："莺花夹道惊春老。"

　　由此可见，当他抵达龙场时，正是花开烂漫、燕语莺啼的好时节。但龙场位于贵州西北部，是仅有土著山民居住的一个小村落，它与中原大地完全不同，在当时是一块难以想象的蛮荒之地。

　　只要我们看一下地图就会发现，贵州远离京城，自古以来就被视作蛮夷之地，较少受到中华文化的熏陶。但幸运的是，自从王阳明来到此地，这片蛮夷之地慢慢开始接触中华文化。

　　贵州的中心是贵阳，而龙场只不过是贵阳西北的一个小村寨，这里条件恶劣、道路艰险，而且王阳明和当地居民语言不通。《阳明先生年谱》中真实记录了当时的情形："龙场在贵州西北万山丛棘中，蛇虺魍魉，蛊毒瘴疠，与居夷人鴃舌难语，可通语者，皆中土亡命。"《皇明大儒王阳明先生出身靖乱录》中也提到："居无宫室，惟累土为窟，寝息其中而已。夷俗尊事蛊神，有中土人至，往往杀之以祀神，谓之祈福。"

　　王阳明初抵龙场后，便披荆斩棘搭建了一间茅草房。茅草房非常小，只有齐肩高，仅够宽慰旅途劳累。王阳明以原有的荆棘为篱笆，垫土为阶，台阶非常低矮，若有若无，以致让人感觉不到它们的存在。

　　茅草房到处都是缝隙，早晨的凉风会呼呼地吹进来。屋顶铺着茅草，漏雨是在所难免的，但幸好便于修缮。早晨，可以在茅草房中听到清澈的潺潺流水声；傍晚，当郁郁葱葱的森林变得一片淡黑时，又可以体味那无尽的森林之趣。

龙场的百姓依然过着"与鹿豕游"[1]的生活，他们相当淳朴，经常聚到王阳明身边，用王阳明全然听不懂的语言向他打招呼。渐渐地，王阳明与当地人产生了骨肉般的亲情。当地人每天都会送食物给王阳明，王阳明也会和他们一起饮酒，有时会喝到酩酊大醉。

关于这一时期的情况，《皇明大儒王阳明先生出身靖乱录》中的记载是这样的："先生初至，夷人欲谋杀先生，卜之于神不吉。夜梦神人告曰：'此中土圣贤也，汝辈当小心敬事听其教训。'一夕而同梦者数人，明旦转相告语。于是有中土往年亡命之徒能通夷语者，夷人央之通语于先生，日贡食物，亲近欢爱如骨肉。"

王阳明来到龙场之后，不禁想起黄帝和尧帝所处的太古之世，于是写了一首题为《初至龙场无所止结草庵居之》的诗，末尾有"缅怀黄唐化，略称茅茨迹"之句。

太古时期，尧帝的宫殿非常简陋，台阶是泥土做的，且仅有三层，屋顶是用茅草铺的，连茅草的穗儿都没剪除。虽然宫殿简陋，但尧帝的仁德令天下百姓感服，他们遵守人伦道德，和谐融洽地生活。尧帝的仁德实在是太伟大了，就像太阳的光辉一样，人民每天沐浴其中，时间久了就会被同化，也就感受不到恩德的

---

[1] "与鹿豕游"：出自《孟子·尽心上》，"舜之居深山之中，与木石居，与鹿豕游，其所以异于深山之野人者几希"。

特殊存在了。正如《击壤歌》中所唱道的:"日出而作,日入而息,凿井而饮,耕田而食,帝力于我何有哉!"(《十八史略·帝尧陶唐》)

尧帝的理想是"无为而治",他是一位推行"无为而治"政治思想的伟大君主。

王阳明到龙场之后,感觉这里就如同黄帝和尧帝所处的太古时代的"理想乡",因此即使身处逆境,他也能随遇而安。王阳明能够拥有这样的心境,全凭他日常不懈的修行。

不久,王阳明发现了一处钟乳洞,便将自己的住处搬到洞中。这个钟乳洞大约能够容纳百人,初名"东洞",后来王阳明效仿家乡的阳明洞,把它更名为"阳明小洞天"。其实,王阳明家乡的阳明洞,并不是一处洞窟,而龙场的阳明小洞天却是一个真真切切的洞窟。钟乳洞所处的位置较偏僻,四周很荒凉,而王阳明却觉得这是因为钟乳洞不容他人,专等自己到来。王阳明搬入此洞后,乐其幽静,悠然自得。他将洞内平整之地打扫干净,安放好床具,修好灶台,堵上老鼠洞,还作诗三首,题为《始得东洞遂改为阳明小洞天》(《王文成公全书》卷十九)。在第一首诗的末尾,王阳明写道:"夷居信何陋,恬淡意方在。岂不桑梓怀,素位聊无悔。"据此我们可以看出,王阳明当时已经达到了《中庸》中提到的"素位"境界,即君子要根据自己所处的地位来行事,而不要考虑其他不切实际的事情。

《中庸》中关于"素位"境界的原文是:"君子素其位而行,不愿乎其外。素富贵,行乎富贵;素贫贱,行乎贫贱;素夷狄,行乎夷狄;素患难,行乎患难。君子无入而不自得焉。"

根据《阳明先生行状》和《皇明大儒王阳明先生出身靖乱录》

的记载，当时跟随王阳明前往龙场的家仆共有三人，当王阳明决定搬进阳明小洞天时，他们都为能够找到这样的天然住处，无须再费力盖房子而欣喜。对此，王阳明在第二首诗中做了如下描述：

> 童仆自相语，洞居颇不恶。
> 人力免结构，天巧谢雕凿。
> 清泉傍厨落，翠雾还成幕。
> 我辈日嬉偃，主人自愉乐。
> 虽无棨戟荣，且远尘嚚聒。
> 但恐霜雪凝，云深衣絮薄。

由此我们可以看出，王阳明和家仆都夸赞这天然的住处，并为能够远离俗世而感到高兴。王阳明还为自己能够过上远古时代的生活而欣喜，他在第三首诗中写道："上古处巢窟，杯饮皆污樽。冱极阳内伏，石穴多冬暄。"

接下来，王阳明又写道："豹隐文始泽，龙蛰身乃存。"喻指这样的隐居生活可以保全自己的名节，就像豹子隐藏起来，以防自己的毛皮花纹被雨雾损坏；龙蛰伏起来，以保证自己的身体完好一样。

也许有人会觉得住在宏伟的宫殿里，身着轻柔裘皮的生活才算快乐，王阳明却期许颜回那样的生活。孔子曾大力夸赞弟子颜回，称其为："贤哉回也！一箪食，一瓢饮，在陋巷，人不堪其忧，回也不改其乐。贤哉回也！"故王阳明又在第三首诗的末尾处写道："邈矣箪瓢子，此心期与论。"

第七章 龙场悟道

龙场生活的最大困难在于粮食不足，经常会出现下顿不接上顿的情况，这使得身边的家仆开始抱怨起来。王阳明在《谪居粮绝请学于农将田南山永言寄怀》(《王文成公全书》卷十九)的开篇写道："谪居屡在陈，从者有愠见。"

古时，孔子带着一帮弟子来到陈国，结果断了粮食，众人饥饿难耐，后来有人病倒了，不能起身，不堪其苦的子路愤愤不平地对孔子说："君子亦有穷乎？"孔子回答说："君子固穷，小人穷斯滥矣！"孔子对子路的告诫，其实就是儒家一直坚守的"穷困之节"。

王阳明当时的处境和孔子极其相似，但他觉得必须确保粮食的充足，于是就向当地人学习种粮的方法。王阳明焚烧草木，开垦耕作土地，这样一来，谷物就有了剩余。王阳明用剩余的粮食接济穷人和寡妇，有时还会举办宴会，甚至用遗漏的稻穗喂小鸟。

书归正传，王阳明接着前面的诗句还写道：

> 山荒聊可田，钱镈还易办。
> 夷俗多火耕，仿习亦颇便。
> 及兹春未深，数亩犹足佃。
> 岂徒实口腹？且以理荒宴。
> 遗穗及鸟雀，贫寡发余羡。
> 出来在明晨，山寒易霜霰。

此外，王阳明又延续上诗，作了一首题为《观稼》(《王文成公全书》卷十九)的诗，诗中写道：

> 下田既宜稌，高田亦宜稷。
> 种蔬须土疏，种蓣须土湿。
> 寒多不实秀，暑多有螟螣。
> 去草不厌频，耘禾不厌密。
> 物理既可玩，化机还默识。
> 即是参赞功，毋为轻稼穑！

在《观稼》一诗中，我们仿佛能够窥见田园诗人陶渊明的影子。

在龙场时，王阳明最挂念的还是自己的父亲。据《皇明大儒王阳明先生出身靖乱录》记载，王阳明抵达龙场后不久，就收到了家书，这更勾起了他对家人的思念。他为自己不能尽孝而悲伤不已，于是写下了《采蕨》（《王文成公全书》卷十九）一诗，其中写道：

> 游子望乡国，泪下心如摧。
> 浮云塞长空，颓阳不可回。
> 南归断舟楫，北望多风埃。
> 已矣供子职，勿更贻亲哀！

即使身处逆境，王阳明也依然保持着贤良忠贞之心。他自比"松竹"，喻指自己具有《论语》中"岁寒然后知松柏之后凋也"（《论语·子罕》）的清白气节。他还向朋友发誓，即使相距遥远，也要相互切磋学问。所以王阳明在《猗猗》（《王文成公全书》卷十九）诗中写道：

猗猗涧边竹，青青岩畔松。
直干历冰雪，密叶留清风。
自期永相托，云壑无违踪。
如何两分植，憔悴叹西东。
人事多翻覆，有如道上蓬。
惟应岁寒意，随处还当同。

这一时期，王阳明还写过一首题为《南溟》(《王文成公全书》卷十九)的诗，表达了自己对好友的思念之情。他觉得现在的自己是戴罪之身，被贬谪到遥远偏僻之地，所以非常希望找到一位能够了解自己内心的好友。他想起了曾经和自己一起在京城倡导圣学的湛甘泉。王阳明把自己比作一只"哀哀求侣"的鸣鸟，"何时共栖息，永托云泉深"，这说明王阳明非常期待能和自己的好友一起复兴圣学。

王阳明有时会到小溪中戏水，溪水清澈见底，可以洗涤冠缨。当他看到澄清的溪水映出的白发，愕然不已，于是写下《溪水》一诗，其中有如下几句："年华若流水，一去无回停。悠悠百年内，吾道终何成！"王阳明慨叹自己虚耗时光，结果仍一事无成。

通过上文所述的这几首诗，我们可以看出，即使处境再艰难，王阳明也能够超然面对。然而，他身边的家仆没有他这般贤良忠贞的品格和渊博的学识，所以很难达到王阳明这样的境界。家仆们历经千辛万苦，抵达这恶疫横行之地后，就先后病倒了，有的甚至还患上了抑郁症，于是王阳明亲自给他们生火煮粥。为驱散他们的抑郁之情，王阳明还为他们诵唱诗歌，如果仍不奏效，他会唱起故乡的民谣，或者讲笑话，让大家忘掉疾病和夷地之苦。

龙场顿悟

王阳明获悉父亲龙山公被刘瑾罢免之后，便意识到豺狼般的刘瑾不知何时就会把魔爪伸到自己眼前，于是心中不免涌起生死之念。

前文已述，王阳明虽然能够超然面对荣辱得失和艰难困苦，但他对生死之道还没有看开。在佛教和道教中，生死是一件大事，儒家对此也非常重视。孔子在回答弟子提问的时候，曾经谈到过死，"未知生，焉知死？"即"实实在在地生活也是一种对死的超脱"。孔子在此非常直率地道出了儒家的生死观。此外，《周易》中也有所谓"天地之大德曰生"，意指"顺应天地生生[1]之道其实就是超脱生死之道"。

总而言之，专注于生就是为了克服死，这和日本神道教的精神是一致的。故而也可以这样说："生生乃天地神人之大道。"

对后世儒者来说，生死观是修行中的一件大事，如果不能打通生死关的话，哪怕闯过了其他所有关卡，也不能成就圣贤之

---

[1] 生生：易学自然哲学的重要概念，出自《易·系辞上》中的"生生之谓易"。孔颖达注释为："生生，不绝之辞。阴阳变转，后生次于前生，是万物恒生谓之易也。"

第七章 龙场悟道　　283

道。朱熹认为，生死是一种"理"，只有至"理"，才能够克服死。如果生死真的如朱熹认为的那样，那就再好不过了。可是，如何让一个人理性地去面对突然而至的死亡所带来的恐惧，却是一件非常困难的事。明末大儒刘宗周[1]面对死亡时，内心曾起过大波澜，于是痛感自己的学问尚不彻底，转而更加刻苦地修行。

王阳明也曾论述过超脱生死之念的重要性："学问工夫，于一切声利嗜好，俱能脱落殆尽，尚有一种生死念头，毫发挂带，便于全体有未融释处。人于生死念头，本从生身命根上带来，故不易去。若于此处见得破，透得过，此心全体方是流行无碍，方是尽性知命之学。"

王阳明虽然以超脱生死念头为主要追求，但并不蔑视超脱其他诸念的行为。在王阳明看来，儒者做学问的目的，就是要穷尽天下万物之理、探寻天下万物之本源，并将其应用于具体的社会生活中。如果不能超脱生死之念，就不可能实现儒者的理想。

总而言之，对王阳明来说，"格物致知"是超脱生死之念的唯一之道。在阐述超脱生死之念时，王阳明虽然和佛教徒一样，承认生死是人生中的一件大事，但他并没有像佛教徒那样谋求从生死中解脱出来。如果他也谋求从生死中解脱出来，那他就不再

---

[1] 刘宗周（1578—1645）：初名宪章，字起东（一作启东），别号念台。浙江绍兴府山阴县（今浙江绍兴）人。明代最后一位儒学大师，著作甚多，内容复杂而晦涩。他开创的蕺山学派在中国思想史特别是儒学史上影响很大。清初大儒黄宗羲、陈确、张履祥等都是这一学派的传人。刘宗周的思想学说还具有承前启后的作用。当代新儒家学者牟宗三甚至认为，刘宗周绝食而死后，中华民族的命脉和中华文化的命脉都发生了危机，这一危机延续至今。

是一位儒学家，而是一名佛教徒了。

王阳明在龙场意识到自己仍然没有超脱生死之念后，感到非常吃惊，于是在屋后建了一个石椁，日夜端坐其中，参悟死之要义，寻求心之静一，以求自己能够超脱生死之念。

一天夜里，王阳明恍然顿悟，随即发狂般地欢呼雀跃起来，感觉就像云开雾散，豁然见到阳光一样，自己过去一直未曾参透的"格物致知"之旨最终露出了真相。王阳明觉悟到：原来圣人之道蕴藏在每一个人的心中，一直以来所沿用的向心外求理的方法本身就是一个错误。这就是后来所谓"龙场顿悟"。

王阳明在龙场通过"澄默静一"的修习超脱了生死之念，同时还悟出了"格物致知"之旨。前文已述，王阳明曾经秉承朱子之教，去格一草一物之理，但无论他如何努力，都无法实现"心"与"理"的融合，最终不得不放弃。龙场顿悟，其实是王阳明第一次体认到"心"与"理"的融合。

在龙场顿悟之前，王阳明通过和湛甘泉的交游及自身的体验，已经或多或少对"格物致知"有了一些想法，即"格物致知"不应该一味地靠"理性主义"来完成，最主要还必须依靠对"理"的体认来达到。尽管王阳明当时持有这样的想法，但他一直苦于未能实现"物之理"与"人之心"的融释。

龙场顿悟后，王阳明尝试用脑海中的"五经"之言去验证自己顿悟的成果，结果一一契合，反而是朱熹的注释和自己的所悟完全不同，于是他就作了《五经臆说》。

以上是《阳明先生行状》中关于王阳明顿悟前后的一些记载。《阳明先生年谱》中的记载和《阳明先生行状》的记载基本一致，但略有不同，下面为《阳明先生年谱》中的记载：

> 日夜端居澄默，以求静一。久之，胸中洒洒。而从者皆病，自析薪取水作糜饲之。又恐其怀抑郁，则与歌诗。又不悦，复调越曲，杂以诙笑，始能忘其为疾病、夷狄患难也。
>
> 因念："圣人处此，更有何道？"忽中夜大悟格物致知之旨，寤寐中若有人语之者，不觉呼跃，从者皆惊。
>
> 始知圣人之道，吾性自足，向之求理于事物者误也。乃以默记"五经"之言证之，莫不吻合，因著《五经臆说》。

此外，《皇明大儒王阳明先生出身靖乱录》中的记载和《阳明先生行状》《阳明先生年谱》中的记载也有出入。《皇明大儒王阳明先生出身靖乱录》的记载如下：

> 久之得家信，言逆瑾闻先生不死，且闻父子相会于南都，益大恚忌，矫旨勒龙山公致仕还乡。先生曰："瑾怒尚未解也。得失荣辱，皆可付于度外。惟生死一念，自省未能超脱。"
>
> 乃于居后凿石为椁，昼夜端坐其中。胸中洒然，若将终身夷狄患难俱忘之矣。仆人不堪其忧，每每患病。先生辄宽解之，又或歌诗制曲，相与谐笑，以适其意。
>
> 因思设使古圣人当此，必有进于此者。吾今终未能免排遣二字，吾于格致工夫未到也。

忽一夕梦谒孟夫子，孟夫子下阶迎之，先生鞠躬请教。孟夫子为讲良知一章，千言万语指证亲切，梦中不觉叫呼。仆从伴睡者俱惊醒。

自是胸中始豁然大悟，叹曰："圣贤左右逢源，只取用此良知二字。所谓格物，格此者也。所谓致知，致此者也。不思而得，得甚么？不勉而中，中甚么？总不出此良知而已。惟其为良知，所以得不繇思，中不繇勉。若舍本性自然之知，而纷逐于闻见，纵然想得着，做得来，亦如取水于支流，终未达于江海。不过一事一物之知，而非原原本本之知。试之变化，终有窒碍，不繇我做主。必如孔子从心不逾矩，方是良知满用。故曰'无入而不自得焉'。如是又何有穷通荣辱死生之见，得以参其间哉。"

于是默记"五经"，以自证其旨，无不吻合，因著《五经臆说》。

《皇明大儒王阳明先生出身靖乱录》的记载存有一个很大的疑问，即王阳明真正把"良知"作为自己学问的宗旨是在四十九岁以后，而在龙场时，他还不可能用"良知"来解释"格物致知"。"良知"说本是孟子所创，但当时的王阳明还没有将"良知"作为自己学问的宗旨。在这样的情况下,孟子就托梦向其传授"良知"说的秘意，这在情理上也说不通。所以在可信度更高的《阳明先生行状》和《阳明先生年谱》里，就没有关于王阳明在此时提出"良知"说的记载。

其实,王阳明对"格物致知"的顿悟,仅仅是对"致知"的顿悟,而《皇明大儒王阳明先生出身靖乱录》却将其误认为是对"致良知"的顿悟。

那么,王阳明的"龙场顿悟"究竟指的是什么呢?它的主要内容应该是:王阳明通过"主静修行"而超脱了生死之念,然后又以此为媒介,在实现"心"与"理"统一的过程中,体悟到"格物致知"之理不应该像朱熹那样从"心外求理",而应该向自己的心内求理。因此可以这样说,王阳明的龙场体悟与陆九渊对"心即理"说的体悟是相通的。

但在《阳明先生年谱》中并没有明确提及"心即理"三字,而只是说:"始知圣人之道,吾性自足,向之求理于事物者误也。"

可见,王阳明是明确反对向心外求理的,所以说他悟出的其实就是"心即理"说。而所谓"圣人之道,吾性自足"中的"性"的含义,则与程颢"定性说"中的"性"的含义比较相近。张载曾向程颢请教关于"定性"的问题,程颢回答说:只要顺应"理","心"自然就会安定下来。所以"定性"的"性"指的就是"心"。不过王阳明所理解的"心"并不同于程颢所理解的"心"。王阳明所理解的"心"是《孟子·告子上》中的"本心"。

朱熹提出的是"性即理"说,认为"性"和"理"是形而上的东西,具体的事物则是形而下的东西,形而上的东西要依附形而下的东西而存在,"格物穷理"是通过"格"形而下的东西去求形而上的东西。

朱熹将"心"视作形而下的东西,重视向心求理,但又觉得心是灵活多变的,向"心"求"理"最终可能会演变成向"心"

求"心"。为了防止可能产生的混乱，所以他主张向心外求理，并且认为只需用"心外工夫"就可以了。

尽管朱熹没有明确说过向心内求理，但他对"心"的工夫一样非常重视。他所提出的"居敬"说，其实就是一种跟"心"有关的实践工夫。

王阳明并不认同朱熹所主张的"心外求理"的观点。《阳明先生年谱》中记载的是王阳明悟出了"性即理"，其中可能有些错误，因为真正秉承"性即理"的应该是批判陆九渊心学的朱熹，而王阳明悟出的应该是"心即理"。王阳明所谓"圣人之道，吾性自足"，沿袭的并不是朱熹的"性即理"说，而是陆九渊的"心即理"说。在这一点上，他与陆九渊是一脉相承的。

自王阳明笃志圣学以来屡遭挫折，后来历经千辛万苦才最终悟道。不过有一点必须注意，即王阳明不是通过"静悟"才最终悟道的。

总而言之，"龙场顿悟"悟得的就是"心即理"。陆九渊也曾提过"心即理"，那么王阳明的"心即理"是不是从陆九渊那里得来的呢？当然不是。因为王阳明论述的很多东西，陆九渊根本未曾提及过。

尽管当时的学术界对朱子学和陆学的异同展开了一些争论，但那个朱子学至上的时代，几乎没人会去关注陆学。假如王阳明关注陆学的话，那么在他通过朱子学的方法"格物"失败之后，应该立刻会想到陆学。但是，王阳明"格物"失败之后，并没有想到陆学，而是强调天分是成为圣贤所必需的，于是他只好放弃自己的修行，而把志向转向了其他异端之学。据此可以看出，王阳明当时根本就没有关注过陆学。

虽然陆九渊和王阳明都主张"心即理",但陆九渊并不主张"主静体悟",而龙场时期的王阳明是主张"主静体悟"的。若从王阳明的性格和体质来看,较之朱子学,他确实更容易倾向于陆学,但他对"心即理"的体悟是通过自身的经验得出的。

"龙场顿悟"具有划时代的意义,它奠定了王阳明今后做学问的方向,所以说王阳明真正笃志于圣学是从"龙场顿悟"开始的。但是,这条道路绝非一条坦途,这从王阳明后来的学问之"三变"中也能看出来。

创作《五经臆说》

正德三年(1508),王阳明三十七岁。是年,他为《五经臆说》作序(《王文成公全书》卷二十二),我们据此可以获悉他创作《五经臆说》的动机。

王阳明在序中有如下描述:

> "五经",圣人之学具焉。然自其已闻者而言之,其于道也,亦筌与糟粕耳。窃尝怪夫世之儒者求鱼于筌,而谓糟粕之为醪也。夫谓糟粕之为醪,犹近也,糟粕之中而醪存。求鱼于筌,则筌与鱼远矣。
>
> 龙场居南夷万山中,书卷不可携,日坐石穴,默记

旧所读书而录之。意有所得，轧为之训释。期有七月而"五经"之旨略遍，名之曰《臆说》。盖不必尽合于先贤，聊写其胸臆之见，而因以娱情养性焉耳。则吾之为是，固又忘鱼而钓，寄兴于曲蘖，而非诚旨于味者矣。呜呼！观吾之说而不得其心，以为是亦筌与糟粕也，从而求鱼与醪焉，则失之矣。

据此可以看出，王阳明的"龙场顿悟"悟出的其实就是"心学"。

嘉靖四年（1525），王阳明五十四岁时写了一篇《稽山书院尊经阁记》，其中指出："故'六经'者，吾心之记籍[1]也。"王阳明认为，人的心中已经具备"六经"之道，如果不通过体认自己的本心，而是通过向心外之物探求"六经"之道，就会陷入支离破碎，这和笨狗误认土块是食物而拼命追逐没什么两样。通过王阳明《五经臆说》的序文，我们会发现王阳明晚年创立的心学思想其实在此时已经萌芽。

王阳明在序中告诫他人，如果不向自己心中求"五经"之道，那就只能根据他人的注释，求得一些支流末节。自己创作《五经臆说》也同样如此，如果其内容不是从自己内心求得的，那就只能是人云亦云的东西。

据王阳明在序中介绍，《五经臆说》共包括四十六卷，其中礼经六卷，其他四经各十卷，可见这是一部非常庞大的书籍。但

---

[1] 记籍：所收藏物品的名录本。

非常遗憾的是,《王文成公全书》中收录的仅有十三条。《王文成公全书》的编纂者钱德洪在《五经臆说十三条》的序文中说:

> 师居龙场,学得所悟,证诸"五经",觉先儒训释未尽,乃随所记忆,为之疏解。阅十有九月[1],"五经"略遍,命曰《臆说》。既后自觉学益精,工夫益简易,故不复出以示人。洪尝乘间以请。师笑曰:"付秦火久矣。"
> 洪请问,师曰:"只致良知,虽千经万典,异端曲学,如执权衡,天下轻重莫逃焉,更不必支分句析,以知解接人也。"
> 后执师丧,偶于废稿中得此数条。洪窃录而读之,乃叹曰:"吾师之学,于一处融彻,终日言之不离是矣。即此以例全经,可知也。"

王阳明晚年烧毁了自己的《五经臆说》,和宋朝一代高僧大慧宗杲将恩师圆悟克勤的《碧岩录》付之一炬有相通之处。《碧岩录》成书后,一直被视作宗门第一名著。大慧宗杲作为圆悟克勤门下最得意的弟子,为何要将恩师的这部大作烧掉呢?

杭州径山寺住持希陵禅师在《重刊圆悟禅师碧岩录集疏》的后序中做了如下解释:"后大慧禅师因学人入室下语颇异,疑之。才勘而邪锋自挫,再鞫而纳款自降,曰我《碧岩录》中记来,实

---

[1] 阅十有九月:此处原文中记载的时间为十九个月,前文中王阳明自己写的是七个月,版本不同,故时间出现差异。

非有悟。因虑其后不明根本，专尚语言，以图口捷，由是火之以救斯弊也。"

此外，据说程颢也曾将自己所著的《中庸》付之一炬。

后来，王阳明的爱徒徐爱将恩师的语录结集成《传习录》，以使门人弟子能够依照此书，更好地了解王阳明的学说。但王阳明说，如果拘泥于此书，就会产生诸多弊害。大凡坚持体验主义的思想家，往往会强调著述的害处。作为一位坚持体验主义的思想家，王阳明必然会对朱熹的庞大著述提出批评。

西方著名思想家奥根·赫立格尔（Eugen Herrigel，1884—1955）曾经亲身体验过日本的神秘主义哲学，晚年他也将自己的草稿付之一炬。奥根·赫立格尔是一位德国哲学家，他兼修西方的理性主义哲学和基督教的神秘主义哲学。大正年间，奥根·赫立格尔来到日本，随后在东京大学任教，热心修行日本的弓道和禅学，著有《弓与禅》一书。由于他曾修习禅学，所以在自己弥留之际，仍担忧自己的著述会产生弊害，于是将草稿全部付之一炬。通过这一举动，可以看出他是一位真正的禅学悟道者。

日本学者东正堂认为，在《五经臆说》的十三条残稿中，《春秋说》最好地表达了王阳明的学术思想（《阳明先生全书论考》卷六《续编一·杂著》）。《五经臆说》的第一条说的就是《春秋》。《春秋·隐公》的开篇是："元年，春，王正月。"王阳明指出，此处元年的"元"是"始"之意，尽管这一释义千古未变，但是此处的"元年"指的是"人君正心之始"。王阳明在此非常明确地强调了自己的"心法"。

自古以来，"元年，春，王正月"都被视作微言大义，学者们对它的解释也是众说纷纭。王阳明摒弃了《左传》中的解释，而直接去洞悉《春秋》之本意。他不认同世间学者艰深隐奥的解释，认为这些都是"任情用智，拂乱常理之为"，他强调做学问要遵循人之常情，要依循孔子的"简易正顺"之道。

在贬谪龙场期间，王阳明曾写过一篇《论元年春王正月》（《王文成公全书》卷二十四），其中也详细地论述了这一思想。东正堂认为，王阳明是在欧阳修"春秋学"的基础上提出了自己的新奇之论，而从这些论述中我们可以看出，王阳明对程颐"传为案，经为断"[1]的《春秋》读法是持反对意见的（《阳明先生全书论考》卷五《外集四》）。至于王阳明的这些论述是否恰当，在此就不赘述了。

---

[1] "传为案，经为断"："传"指《左传》，"经"指《春秋》，意指《左传》中有对事件的详细介绍，而《春秋》则是对事件的评定。

第八章

龙场教化

蛮荒之地建造居室

王阳明的品德感化了龙场的百姓，他们逐渐和王阳明亲近起来。王阳明也积极学习当地语言，努力和他们交流。当时王阳明住在石洞中，潮气较重，对身体健康不利，当地百姓就提议给他建间小木屋，王阳明自然非常高兴。在众人的帮助下，不到一个月小木屋就竣工了。

为此，王阳明特意作了两首诗，题为《龙冈新构》（《王文成公全书》卷十九），据此我们可以想见小木屋的一些基本情况。

谪居聊假息，荒秽亦须治。
凿巇薙林条，小构自成趣。
开窗入远峰，架扉出深树。
墟寨俯逶迤，竹木互蒙翳。
畦蔬稍溉锄，花药颇杂莳。
宴适岂专予，来者得同憩。
轮奂非致美，毋令易倾敝。
*
营茅乘田隙，洽旬始苟完。

初心待风雨，落成还美观。
锄荒既开径，拓樊亦理园。
低檐避松偃，疏土行竹根。
勿剪墙下棘，束列因可藩。
莫撷林间萝，蒙笼覆云轩。
素缺农圃学，因兹得深论。
毋为轻鄙事，吾道固斯存。

据此我们可以得知，依靠众人凿岩取石、斩枝取木，小木屋才最终得以建成。小木屋的造型和周围的景致非常协调。此外，屋子周围还遍植花草。打开窗子，远处的群峰一览无余；俯瞰下去，山麓中的山寨错落有致。尽管木屋没有高楼大厦那么美观，甚至显得有些寒酸，但来客可以在里面轻松自在地休息。屋子是众人在忙完农活间隙帮助建造的，所以盖了十天才显出雏形。为了避开一棵卧松，人们将木屋建得比较矮。王阳明在疏松的土里种下几根竹子，同时保留墙角的荆棘，并把它们修剪成列，做成篱笆。藤蔓爬到屋子上，自由自在地生长。另外，王阳明还开辟了一条小路，做了一个小农圃。

王阳明在《龙冈新构》的序中提到当时有弟子建议将小木屋取名为"龙冈书院"，但他觉得不妥，于是命名为"何陋轩"，并且还作了一首《何陋轩记》(《王文成公全书》卷二十三)，叙述了定此名的缘由：

昔孔子欲居九夷，人以为陋。孔子曰："君子居之，何陋之有？"

守仁以罪谪龙场。龙场，古夷蔡之外，于今为要绥，而习类尚因其故。人皆以予自上国往，将陋其地，弗能居也。而予处之旬月，安而乐之，求其所谓甚陋者而莫得。独其结题鸟言，山栖羝服，无轩裳宫室之观、文仪揖让之缛，然此犹淳厖质素之遗焉。盖古之时，法制未备，则有然矣，不得以为陋也。夫爱憎面背，乱白黝丹，浚奸穷黠，外良而中螫，诸夏盖不免焉。若是而彬郁其容，宋甫鲁掖，折旋矩矱，将无为陋乎？夷之人乃不能此。其好言恶詈，直情率遂，则有矣。世徒以其言辞物采之眇而陋之，吾不谓然也。

始予至，无室以止，居于丛棘之间，则郁也。迁于东峰，就石穴而居之，又阴以湿。龙场之民老稚，日来视，予喜不予陋，益予比。予尝圃于丛棘之右，民谓予之乐之也，相与伐木阁之材，就其地为轩以居予。予因而翳之以桧竹，莳之以卉药，列堂阶，办室奥，琴编图史，讲诵游适之道略俱。学士之来游者，亦稍稍而集于是。人之及吾轩者，若观于通都焉，而予亦忘予之居夷也。因名之曰"何陋"，以信孔子之言。

嗟夫！诸夏之盛，其典章礼乐，历圣修而传之，夷不能有也，则谓之陋固宜。于后蔑道德而专法令，搜抉钩縶之术穷，而狡匿谲诈，无所不至，浑朴尽矣！夷之民方若未琢之璞，未绳之木，虽粗粝顽梗，而椎斧尚有施也，安可以陋之？斯孔子所谓欲居也欤？虽然，典章

文物，则亦胡可以无讲！今夷之俗，崇巫而事鬼，渎礼
而任情，不中不节，卒未免于陋之名，则亦不讲于是耳。
然此无损于其质也。诚有君子而居焉，其化之也盖易。
而予非其人也，记之以俟来者。

《周易》中有所谓"神而化之，使民宜之"，意指通过不可
思议的力量来感化百姓，把百姓引入正途，这样的行为叫作"神
化"。"神化"是用来称颂伟人用品格感化人的词汇。孔子是圣人，
故其所到之处，都能用自己的品德"神化"周围的百姓。因此，
从孔子口中说出"何陋之有"，是理所当然的。

通过上文的《何陋轩记》我们可以看出，王阳明将孔子视作
自己的榜样，同时希望通过亲身实践，用自己的品德来感化龙场
百姓。王阳明是一位重视体验的思想家，且重视的是在其他儒学
家身上很难看到的切实体验。不难想象，王阳明通过切实体验凝
练出的哲学思想，不仅感化了当时的儒者，也感化了龙场的百姓。

尽管王阳明自认为是蛮荒之地的"孔子"，但在结尾处他还
是谦虚地说道："而予非其人也，记之以俟来者。"

钟惺对此评价说："若无此语，几近夸耀。"

虽然王阳明想以圣人自任，但最终还是没敢以此自居。

建造君子亭

何陋轩修好之后，王阳明又在前方建了一座亭子，取名为"君
子亭"，并特意写了一篇《君子亭记》（《王文成公全书》卷二十三）。

在中国的传统文化中，竹子的主干、枝叶和风姿等代表了君子的四大美德——君子之德、君子之操、君子之时和君子之容，所以竹子又被雅称为"君子"。由于亭子周围遍植竹子，所以王阳明特意给此亭取名为"君子亭"。

成为君子是王阳明的理想，而且门人弟子也一致认为王阳明就是君子："夫子盖自道也。吾见夫子之居是亭也，持敬以直内，静虚而若愚，非君子之德乎？遇屯而不慑，处困而能亨，非君子之操乎？昔也行于朝，今也行于夷，顺应物而能当，虽守方而弗拘，非君子之时乎？其交翼翼，其处雍雍，意适而匪懈，气和而能恭，非君子之容乎？夫子盖谦于自名也，而假之竹。虽然，亦有所不容隐也。夫子之名其轩曰'何陋'，则固以自居矣。"

对此，王阳明回答说："嘻！小子之言过矣，而又弗及。夫是四者何有于我哉？抑学而未能，则可云尔耳。"

通过弟子们对王阳明的极力称赞，可以想见王阳明应是一位世间少有的、具有高尚品德和巨大感化力的大儒。王阳明之所以能够拥有如此超群的感化力，主要有两点：一是王阳明自身的人格魅力；二是王阳明的思想是通过实践得来的，故而以切实体验为主旨，以心为根本。

前文已述，王阳明心学是对陆九渊心学的继承和发展。陆九渊拥有超常的感化力，这与他向"生机勃勃"的内心求理是分不开的。陆九渊的弟子曾说，陆九渊非常高兴时，会情不自禁地手舞足蹈起来。授课时，陆九渊不是通过对书籍的解释，也不是通过理论来说服对方，而是通过人格与人格、心与心的交流来感化对方。朱熹的授课方式与陆九渊的完全不同，他是以对书籍的详尽解释以及精微的理论分析来教诲弟子的。

通过陆九渊在白鹿洞书院的讲义以及他的"断扇讼"典故,可以窥见他在教化弟子时的真性情。

宋淳熙八年(1181),陆九渊前往南康拜访朱熹。朱熹率领一群僚友弟子来到白鹿洞书院,请陆九渊讲授经义。陆九渊就向众人讲授了《论语·里仁篇》中的"君子小人义利"一章,指出:"君子喻于义,小人喻于利。"

陆九渊的授课深深地打动了众人,听众无不感动不已。因为陆九渊的一字一句皆发自肺腑,而不是单纯的理论,所以他的授课才能如此打动人心。

而"断扇讼"的典故,来源于陆九渊与杨简的一次对话。

陆九渊中进士之后,曾前往浙江富阳访学。一天晚上,富阳县主簿杨简与他相会于双明阁。杨简觉得陆九渊的心学还没有触及"本心",于是就问他:"如何是本心?"

陆九渊认为任何人都能够察觉到的日常的道德心就是"本心",除此之外别无"本心"。当时,偶有扇商诉讼事件发生,于是陆九渊就援引此案例说:"闻适来断扇讼,是者知其为是,非者知其为非,此即敬仲本心。"

杨简听后并未省悟,继续追问道:"仅此而已?"

陆九渊厉声反问道:"除此之外,难道还有其他吗?"

至此杨简才算省悟。

王阳明对陆九渊所说的"本心"非常熟悉,他对别人的感化力要比陆九渊大得多。

建造宾阳堂和玩易窝

宾阳堂位于君子亭南侧，坐西朝东，为王阳明的迎宾处。王阳明为何给此堂取名"宾阳"呢？据王阳明所著《宾阳堂记》(《王文成公全书》卷二十三)记载，此名是出自《尚书·尧典》中的"寅宾出日"句，意指"向东方日出之处行礼，谦虚谨慎，勤奋不懈，努力使自己成为一名君子"。

东正堂评价此文称：《宾阳堂记》与先生在龙场期间著述的其他文章相比，更加体现了先生的深思熟虑。文章整体古色苍然，在最后使用韵语结尾，犹如隐语一般，其中又多晦涩之语，实乃罕见之名文。宾阳堂是先生迎接往来宾客之处，先生故意在文中玩弄难语，只是为了让贤能智慧之士能够有所悟、有所感。至于庸愚之士，反正他们也看不懂，这样或许更好。(《阳明先生全书论考》卷五《外集三·记》)

据《玩易窝记》(《王文成公全书》卷二十三)记载，王阳明在龙场的一处山麓挖了个洞穴，将其改造成居室，自己在里面读《周易》。王阳明想起昔日周文王被殷纣王囚禁在羑里期间，曾潜心读《周易》，悟得其理，从而忘其忧，不知老之将至。后来孔子也曾读《周易》，为求得深奥之理，甚至达到"韦编三绝"的程度。前文已述，自从王阳明被刘瑾投入监牢之后，他就时常阅读《周易》。由此我们很容易就能够推断王阳明的"龙场顿悟"应该和他当时研读《周易》有很大关系。

东正堂指出："王阳明向来以悟道为趣，但是《阳明先生年谱》只记载了其'忽中夜大悟格物致知之旨'，接着又叙述了他恢复表彰古本《大学》和确立'知行合一'卓然之说，而丝毫未提及先生深入探究《周易》之事。但据此篇可以看出，先生当时的修行重在《周易》之理，后来又在《周易》的基础上，发现并领悟了《大学》之要旨。"(《阳明先生全书论考》卷五《外集三·记》)

王阳明在龙场时，不仅写了前文中已经叙述过的《何陋轩记》《君子亭记》《宾阳堂记》《玩易窝记》，还写了四篇文章：《远俗亭记》《象祠记》《卧马冢记》《重修月潭寺建公馆记》(《王文成公全书》卷二十三)。这些文章反映了王阳明的思想，皆为后世文章之典范。

宪副[1]毛应奎将从官署归来用餐之亭命名为"远俗"，王阳明为了向其解释"远俗"的本意，特意写了一篇《远俗亭记》。王阳明在《远俗亭记》中写道：

> 俗习与古道为消长。尘嚣涵浊之既远，则必高明清旷之是宅矣，此"远俗"之所由名也。
>
> 然公以提学为职，又兼理夫狱讼军赋，则彼举业辞章，俗儒之学也；簿书期会，俗吏之务也；二者皆公不免焉。舍所事而曰"吾以远俗"，俗未远而旷官之责近矣。
>
> 君子之行也，不远于微近纤曲，而盛德存焉，广业著焉。是故诵其诗，读其书，求古圣贤之心，以蓄其德

---

[1] 宪副：相当于按察副使，明初所设按察司的副长官，正四品，洪武十四年（1381）改为从四品。其职掌一为按事分，巡察兵备、学政、海防、清军、监军等；一为按地区分，巡察、检视刑名按劾等。初为临时性质，后逐渐形成分巡道，故又称道员。

第八章　龙场教化

而达诸用，则不远于举业辞章，而可以得古人之学，是远俗也已。

公以处之，明以决之，宽以居之，恕以行之，则不远于簿书期会，而可以得古人之政，是远俗也已。

苟其心之凡鄙猥琐而待，闲散疏放之是托，以为"远俗"，其如远俗何哉！……是故苟同于俗以为通者，固非君子之行；必远于俗以求异者，尤非君子之心。

王阳明对"远俗"的理解与宋代儒学家胡安国所说的"心远"大致相通。胡安国是程颐的高徒，他在为杨时写的墓志铭中，评价杨时说："果何求哉，心则远矣。"

"心远"出自晋代著名隐逸诗人陶渊明的《饮酒》一诗。此语用来形容隐士的心境非常贴切，但是杨时是一位儒学家，胡宏觉得用这样的词语形容杨时并不合适，于是就问胡安国："何故载'果何求哉，心则远矣'一句？"

胡安国回答说："陶公是古之逸民也，地位甚高，决非慧远所能招，刘、雷[1]之徒所能友也。观其诗曰：'结庐在人境，而无车马喧。问君何能尔，心远地自偏。'即可知其为人，故提此一句以表之。而龟山之贤可想见矣。"

---

[1] 刘、雷：指刘遗民和雷次宗，当时二人均隐居庐山，并与慧远结社，共修净土法门。

胡宏又问"心则远矣"是什么意思。胡安国回答说："或尚友古人，或志在天下，或虑及后世，或不求人知而求天知，皆所谓心远矣。"(《伊洛渊源录》卷十）

德化的力量

王阳明在《象祠记》中强调：人性本善，世间任何人都可以被感化。

据《尚书》和《孟子》记载，舜的同父异母弟弟象一直想杀死舜，是一个不悌的弟弟。父亲瞽叟无道，象不但不去劝阻，反而还鼓动其对舜做出不慈之举，因此象又是一个不孝的儿子。但是，象后来被舜的仁德所感化，开始虚心向善。舜继位之后，封象于有庳[1]。后来，有庳民众还为象建了祠堂，世世代代祭祀象。但非常遗憾，象祠被毁于唐代。

象祠原位于灵博山，居住在当地的苗族百姓把象当作神来供奉。宣慰使[2]安贵荣受苗族百姓之请，决定重修象祠，于是委托王阳明为此作记。

王阳明在《象祠记》中写道，象被舜感化之后，被封于有庳，

---

1 有庳：又名鼻墟、鼻亭，位于今湖南省。
2 宣慰使：宣慰司的长官，即专门治理边疆少数民族地区的军政合一的最高地方长官。

他任贤使能，安于其位，恩泽于民，政治清明，所以象去世后，百姓一直很怀念他。王阳明在《象祠记》的末尾写道："君子之修德，及其至也，虽若象之不仁，而犹可以化之也。"

据此可见，王阳明决意修行品德，使自己成为一位有德的君子，能够感化龙场的"蛮夷"。

孝子祭祀

据《卧马冢记》记载，卧马冢位于宣府镇西北十余里处，是都宪王怀来为其父修建的陵墓。宣府镇是明朝九边镇[1]之一，也被称作宣化，统辖延庆县至大同县的长城沿线地区。

王怀来乘马到宣府镇外为父亲挑选墓地，正当犹豫不决、准备返回时，胯下之马却在卧马冢处跪卧不起。王怀来见此情景，便决定将父亲安葬于此。此处地形和土质良好，草木茂盛，鸟禽集聚。村民都认为这是王怀来的孝行感动了上天所致，于是将墓地所在地称为"卧马"。

正德三年（1508），王阳明谪居龙场，王怀来出任贵州巡抚。王怀来到贵州后，王阳明特意前去拜见。王阳明从王怀来的乡党处听闻了上文所述的趣事，当时一位同坐的客人说："公其休服于无疆哉！昔在士行，牛眠协兆，峻陟三公。公兹实类于是。"

王阳明反驳说："此非公意也。公其慎厥终，惟安亲是图，

---

1 明朝九边镇：明初至中叶，明朝先后设置了九个重镇统领前线军士，这九个重镇统称为九边镇。宣府镇在今河北省。

以庶几无憾焉耳已,岂以徼福于躬,利其嗣人也哉?虽然,仁人孝子,则天无弗比,无弗佑,匪自外得也。亲安而诚信竭,心斯安矣。心安则气和,和气致祥,其多受祉福以流衍于无尽,固理也哉!"

后来,王阳明又见到王怀来,二人谈到此事,王怀来觉得王阳明所言正合心意,于是请他记录成文,用来教育自己的子孙。很显然,王阳明认为选到好墓地就能给子孙后代带来福祉的想法是愚昧和错误的。

阳明的政教思想

《重修月潭寺建公馆记》是王阳明拜访月潭寺后所作的一篇文章。月潭寺位于隆兴南部,在一块巨大岩石的下方。王阳明在《重修月潭寺建公馆记》中赞叹"天下之山,萃于云贵"。月潭寺所在之处风景优美,但是道路艰险,旅行非常不便,旅客来到此地往往要留宿。此外,官府和苗族百姓每年还会在此举行例行活动。

随着时间的流逝,月潭寺渐渐荒废了。云南宪副朱玑[1]到达此处之后,爱上了岩石的美丽景致,又怜悯行人的艰辛,再加上当地百姓的苦苦请求,于是决定在岩石上方新建月潭寺。此外,朱玑还决定在月潭寺旧址上用原有的旧木材等修建一所公馆,以

---

[1] 朱玑(?—1520):字文瑞,号恒斋。北直隶永平府滦州(今河北唐山滦州)人。成化二十三年进士。

备来往行人休息。恰巧王阳明当时也经过此地，于是就被邀请书写一篇记文，以记录相关事宜。

王阳明在《重修月潭寺建公馆记》中写道："君子之政，不必专于法，要在宜于人；君子之教，不必泥于古，要在入于善。"据此我们可以看出王阳明对"他律主义"的排斥，同时也可以窥见王阳明政教思想的端倪。

教化诸生

王阳明天性喜好山、水、泉、石，即使是谪居龙场期间，他也是经常游山玩水，吟诗抒怀。很多学子因为仰慕王阳明的学识前来求教，王阳明就和他们一起畅游山水之间。在前来聚会的诸生中，有一位叫冀元亨[1]的，后来在宸濠之乱中蒙冤受难。

王阳明对诸生的教化和其他儒学家完全不同，他曾写过一首诗，题为《诸生来》(《王文成公全书》卷十九)，其中叙述了他对诸生的教化：

简滞动雠咎，废幽得幸免。
夷居虽异俗，野朴意所眷。

---

[1] 冀元亨（1482—1521）：字惟乾，号暗斋。湖广常德府武陵县（今湖南常德市武陵区）人。

思亲独疚心，疾忧庸自遣。
门生颇群集，樽罍亦时展。
讲习性所乐，记问复怀腼。
林行或沿涧，洞游还陟巘。
月榭坐鸣琴，云窗卧披卷。
澹泊生道真，旷达匪荒宴。
岂必鹿门栖，自得乃高践。

此外，王阳明还写了一首题为《诸生夜坐》的诗，诗中很好地表达了他的教化特色：

谪居澹虚寂，眇然怀同游。
日入山气夕，孤亭俯平畴。
草际见数骑，取径如相求。
渐近识颜面，隔树停鸣驺。
投辔雁鹜进，携榼各有羞。
分席夜堂坐，绛蜡清樽浮。
鸣琴复散帙，壶矢交觥筹。
夜弄溪上月，晓陟林间丘。
村翁或招饮，洞客偕探幽。
讲习有真乐，谈笑无俗流。
缅怀风沂兴，千载相为谋。

王阳明在教化诸生时，并不是设置一个讲席，然后坐在中间

第八章 龙场教化　　309

向大家诵读经书，而是和诸生一起游山玩水，听风赏月，饮酒弹琴，畅快而歌，追求的是在不知不觉中教书育人。王阳明非常喜欢这种"随处点化人"的教学方法，并且终生都未曾改变。王阳明之所以采取这种教学方法，可能和他以心学为宗的诉求以及他所经历的跌宕起伏的生活有一定关系。

那么，王阳明在龙场教化的目的又是什么呢？这其实就是上文两首诗中所提到的"澹泊生道真，旷达匪荒宴。岂必鹿门栖，自得乃高践"和"讲习有真乐，谈笑无俗流。缅怀风沂兴，千载相为谋"。

这八句诗体现了儒者顺应时境、怡然自得的超脱之情。对王阳明来说，这种境界其实就是孔子和曾点的"喜乐自得"之境，亦即诗中所谓"风沂兴"。

"风沂兴"是孔子高徒曾点所追求的境界。据《论语·先进篇》记载，有一次，孔子让自己的四位弟子各抒其志，曾点之外的三位弟子都叙述了自己的经世抱负，唯独曾点说："莫春者，春服既成。冠者五六人，童子六七人，浴乎沂，风乎舞雩，咏而归。"孔子听罢，佩服不已，称自己和曾点的志趣相同。

当时王阳明认为，要想追寻儒学之道，就必须超脱名利之念。他希望持有此志的学子能够会集到自己位于龙场的茅草屋中。在一首题为《诸生》(《王文成公全书》卷十九)的诗中，王阳明表达了这一心境：

> 人生多离别，佳会难再遇。
> 如何百里来，三宿便辞去？
> 有琴不肯弹，有酒不肯御。

远陟见深情，宁予有弗顾？
洞云还自栖，溪月谁同步？
不念南寺时，寒江雪将暮？
不记西园日，桃花夹川路？
相去倏几月，秋风落高树。
富贵犹尘沙，浮名亦飞絮。
嗟我二三子，吾道有真趣。
胡不携书来，茆堂好同住！

龙冈书院的学规

没过多久，仰慕王阳明的诸生便陆陆续续地会集到了位于何陋轩的龙冈书院，其中大多数可能是"蛮夷"子弟。王阳明向他们出示了必须遵守的教条——《教条示龙场诸生》（《王文成公全书》卷二十六），这其实就相当于书院的学规，其中包括四大项，分别是："立志""勤学""改过""责善"。

给人感触最深的就是"立志"，全文如下：

志不立，天下无可成之事，虽百工技艺，未有不本于志者。今学者旷废隳惰，玩岁愒时，而百无所成，皆由于志之未立耳。故立志而圣，则圣矣；立志而贤，则贤矣。志不立，如无舵之舟、无衔之马，漂荡奔逸，终亦何所底乎？

昔人有言："使为善而父母怒之，兄弟怨之，宗族乡党贱恶之，如此而不为善，可也；为善则父母爱之，兄弟悦之，宗族乡党敬信之，何苦而不为善、为君子？使为恶而父母爱之，兄弟悦之，宗族乡党敬信之，如此而为恶，可也；为恶则父母怒之，兄弟怨之，宗族乡党贱恶之，何苦必为恶、为小人？"诸生念此，亦可以知所立志矣。

东正堂认为，《教条示龙场诸生》确实应该是当时所作，并且一点儿也不逊于朱熹的《白鹿洞书院揭示》。

据有人考证，"立志"中所引用的"昔人所言"应该是出自宋代徐积之手。此外，东正堂还评价此教条说："用贱恶和敬信来阐释立志，实乃画龙点睛之笔。"（《阳明先生全书论考》卷六《续编一·杂著》）

徐积，字仲车，三岁丧父。因为父亲名石，所以徐积终生未曾使用石头器具。行路之时，凡遇石头，必绕而避之。徐积对母亲也极为孝敬。最初师从胡瑗[1]，元祐初年出任楚州教授。政和年间去世，被赐谥号"节孝处士"。著有《节孝语录》和《节孝集》。

王阳明在"立志"中引用徐积的话语，其实是想告诫诸生要正视自己的"良心"，振奋自己的精神。王阳明在龙场引用此语，

---

[1] 胡瑗（993—1059）：字翼之，因世居陕西路安定堡，世称安定先生。北宋理学先驱、思想家和教育家。

似乎也预示着他晚年将会创立"良知"说。

王阳明提出"立志"的目的是成为圣贤。自宋代以来，学术界开始提倡做学问的目的是成为圣贤，但是首先强调做学问要先"立志"的人是王阳明，这也是阳明学的一大特色。

在上文中，王阳明并没有让大家先去了解何为善、何为恶，而是指出任何人都是喜欢善讨厌恶，从而让大家要去行善，不要去行恶。据此可以看出，王阳明当时已经认为圣人和常人对于善恶的感知和判断没有任何差别，并且相信任何人都具有这样的能力，这种能力后来就演变成"良知"。王阳明认为无论贤愚都具有良知，并且还鼓舞大家，只要"致良知"，任何人都可以成为圣人。因此可以这样说，在"立志"这一教条中，我们已经可以看出"良知"说的萌芽。

正德十二年（1517），王阳明四十六岁，是年，朝廷派他前往江西南部平定贼匪。王阳明为了教化民众，特意发布了《谕俗四条》（《王文成公全书》卷二十四），其中也叙述了和"立志"这一教条类似的内容："为善之人，非独其宗族亲戚爱之，朋友乡党敬之，虽鬼神亦阴相之。为恶之人，非独其宗族亲戚恶之，朋友乡党怨之，虽鬼神亦阴殛之。故积善之家，必有余庆；积不善之家，必有余殃。"

即使在"蛮夷"之地，也能教化前来求教的诸生，这对身陷困顿的王阳明来说是一种安慰。对王阳明来说，被贬谪到龙场担任驿丞非自己所愿，如果能够辞职的话，他也许早就辞职返乡，和弟子们一起谈经论道了。但是，这在当时是不可能的！

龙场百姓的关爱以及诸生的到来，使得王阳明能够在"蛮夷"

第八章 龙场教化

之地隐忍自重，也使他能够保持一份好心境，从而静待朝廷斥退奸人、起用善人的时机到来。王阳明在《龙场生问答》（《王文成公全书》卷二十四）中，通过与龙场诸生问答的形式，叙述了自己的这一心境。

书院学的历史

我们在上一节中提到，王阳明在龙场开设了书院，并在此教授诸生。书院教育从宋代开始便逐渐兴盛起来。当时的书院不是由中央或地方政府出资兴建的学校，而是由民间发起创建的教育机构，因此书院和政府设立的国子监、府学、州学、县学[1]等机构在教育目的上存在一些差异。

科举制度在唐代已经变得非常完善，此后的历朝历代均沿袭这一制度，并最终形成学校教育是培养官吏的预备教育的观念。

书院在唐代后期出现，经五代至宋代达到顶峰。五代是一个战火纷飞的时代，很多学校都遭损毁。当时，一些有识之士选择在风景优美之地开设书院，教育弟子，这就是书院教育的起源。

到宋代后，战乱停息，天下太平，官立学校又得以在全国广为开设。此外，书院教育也日趋兴盛，由名士出任书院的洞长或

---

[1] 明代的初等学校叫社学，中等学校称为县学、州学和府学，而高等学府称为国学、国子学、国子监或太学。

山长，政府对此也大加赞赏，于是书院便逐渐在全国普及开来。在书院中，大学者亲自教育弟子，所教授的内容非常充实，故而甚至一度出现书院比官立学校更受欢迎的情况。

宋代著名的书院有四所：石鼓书院、白鹿洞书院、岳麓书院和应天书院。

石鼓书院位于今湖南衡阳的石鼓山，最初是在唐宪宗元和年间（806—820）由当地名士李宽所创建。北宋初，朝廷赐额"石鼓书院"。宋仁宗时，书院一度荒废。到南宋孝宗时，又在原址上复院扩建。

白鹿洞书院位于江西庐山山麓，最初是唐代名士李渤的旧宅。李渤放弃科举考试之后，曾经隐居于此。五代南唐昇元年间，李善道将李渤旧宅开辟为学馆，在此教育弟子。宋太宗时，白鹿洞书院一度达到鼎盛。白鹿洞书院几经兴废[1]，宋真宗时修缮过一次。南宋孝宗淳熙六年（1179），朱熹知南康军兼管内劝农事，向朝廷提出修复白鹿洞书院，最终获批，从而使白鹿洞书院再一次得到修缮和复兴的机会。朱熹为白鹿洞书院制定了著名的《白鹿洞书院揭示》，大力教育弟子，使白鹿洞书院再次名扬天下。

岳麓书院位于今湖南省长沙的岳麓山下，宋太祖开宝九年，

---

[1] 北宋初年，宋太宗重视书院教育，下令将国子监刻印的"九经"等书赐予白鹿洞书院，书院旋即名声大增，学生有近百人，并被奉为北宋四大书院。980年，白鹿洞洞主被调走，白鹿洞书院再废。1002年，宋真宗赵恒颁发一道圣旨，全国兴起研学之风，白鹿洞书院得到修缮。1054年，白鹿洞书院毁于战火，其间耕地又被收回，书院无法继续提供膳食，学生纷纷离去，校舍逐渐倒塌，书院不久就停办了。北宋末年，金兵南下，书院从此荒废百年。

由潭州知州朱洞所创建。宋真宗咸平年间,李允则出任潭州知州,在任之际,扩大了岳麓书院的规模。南宋孝宗执政时,朱熹除知潭州、荆湖南路安抚使,便仿照《白鹿洞书院揭示》,制定了内容更加充实的《岳麓书院学规》。当时来此求学的学子众多,据说还曾出现过不能悉数接收的情况。

应天书院位于今河南省商丘戚同文旧宅的旁边。商丘在宋代称南京,归应天府管辖,所以该书院取名为应天书院。

以上书院都持有院田,所收田租用来支付日常费用和学生的食宿支出。有些院田是个人捐赠的,有一些则是国家划拨的。此外,书院所藏书籍多由个人捐赠或者国家提供,多被用作讲学资料或教科书。

每所书院都有自己的学规,在这一点上和学校没有什么差别。其中最具代表性的就是白鹿洞书院和岳麓书院,二者的学规都很严格。此外,在书院内供奉孔子及其十哲弟子的塑像也成为一种惯例。

书院最早由民间发起,所以在讲课内容方面比较自由。有时,一些学者会讲得比较尖锐,甚至批评时政。明末盛极一时的东林书院就盛行批评时政,朝廷认为东林学者是在聚众结党、攻击朝政,所以称他们为"东林党",并对他们加以镇压。因此,东林学者和明朝政府之间产生了激烈的冲突,这也成为明朝灭亡的一大原因。受明朝前车之鉴的影响,清政府决定强化对书院的控制,规定每个省只能开办二十所官办书院。但不可否认,宋明时代书院学的盛行对新儒学的兴起发挥了巨大的作用。

宋初的学校教育与之前朝代的学校教育相比出现了不同的

倾向。宋仁宗庆历年间，名臣大儒会集朝廷，造就了"庆历新政"的盛世。唐朝的科举制度在选拔官吏时，重在挑选巧于诗文之人，而宋代在选拔官吏时，则重在挑选德行优良之人，此外还必须受过系统的学校教育。

宋代学者胡瑗曾在苏州和湖州教育弟子，他教书育人的目的不是让弟子精通典籍的训诂通释，也不是让弟子巧于诗词文章，而是让弟子"明人伦"。他认为"人伦"是基于人的本性，而且是天命所为，此外还注重培养弟子兼备"修身养性"与"经世致用"。胡瑗的教育目的，体现的是"明体适用"，即首先明白人的本性是什么，然后将其应用于具体的社会生活中。后来，宋朝政府也采用了胡瑗的这一教育方法。

王阳明在推行"新法"时，也采用了胡瑗的这一教育方法。他以附注的经书为基础，实行严格的选拔考试制度，但遗憾的是没有取得良好的效果。

胡瑗去世之后，一部分儒者对他的精神理解得较为透彻，不再拘泥于科举考试，而是把人格的养成当作做学问的第一要义，并且反对把做学问当作沽名钓誉的工具。不过对大多数儒者来说，他们做学问的目的还是为了当官，为了出人头地，为了满足自己的物质私欲。

仔细想来，当官和出人头地不应该被视作做学问的根本目的。如果做学问是为了当官或者出人头地，那么就会成为孔子所言的"为人"[1]之学,而真正的学问应该是"为己"之学。有"心"的儒者都会把"修身养性"和"经世致用"当作自己做学问的目的。因此,书院教育并不是培养官吏的预备教育,它的目的不是要把人培养成官吏,而是为了培养人的道德心,并且重在学以致用。如果用一句话来概述,那就是书院教育就是"人伦"教育。

"人伦"教育传授的是"道德律"[2],而不是一种束缚人的教育。人的内心都具有先天的道德性。人伦道德的实践是基于人的"本性",是"本性"的自然流露。但是,任何人都有私欲,这种私欲遮蔽了人的"本性",使"本性"不能充分发挥。如果严格遵循"道德律",切实追求人伦道德的实践,那么人的"本性"就会得以恢复。

然而,一个人的人伦道德即使再完美,如果他不了解人类社会的复杂关系和自然界的复杂法则,那么他也不可能成为一个对社会有用的人。所以在做学问的时候,不仅要加强自我的人伦道德修养,同时还要涉猎广博的知识,但最为重要的是要明确人伦大纲,并且在日常生活中切实实践它们,同时还要努力舍弃功利之念。

---

1 为人:出自《论语》中的"古之学者为己,今之学者为人",意指古时候的人学习是为了提高自身的修养,现在的人学习是为了向别人炫耀,没有明白学习的真正意义。

2 道德律:出自康德哲学,是德国古典哲学的一个概念。康德曾说:"世界上唯有两样东西能让我们的内心受到深深的震撼,一是我们头顶上灿烂的星空,一是我们内心崇高的道德律。"康德哲学认为人的自由完全在于理性地为自己立法,人的内心都具有先天的道德律,这也就是儒家所说的"人之异于禽兽"的地方。

朱熹在《白鹿洞书院揭示》中指出了"五伦"（五教），即"父子有亲、君臣有义、夫妇有别、长幼有序、朋友有信"，同时还指出了"学之序"，即"博学之、审问之、慎思之、明辨之、笃行之"。朱熹认为，学、问、思、辨是知性工夫，是格物穷理的必要条件。"笃行"则涉及自身的修身养性以及日常的处事接物等。

关于修身养性的要领，用孔子的话说就是："言忠信，行笃敬。"用《周易》的话说就是："惩忿窒欲，迁善改过。"

关于处事接物的要领，用汉代董仲舒的话说就是："正其义不谋其利，明其道不计其功。"用孔子的话说就是："己所不欲，勿施于人。"用孟子的话说就是："行有不得，反求诸己。"

朱熹在《白鹿洞书院揭示》的跋文中告诫弟子不要把做学问当作沽名钓誉的工具："熹窃观古昔圣贤所以教人为学之意，莫非使之讲明义理，以修其身，然后推以及人，非徒欲其务记览，为词章，以钓声名、取利禄而已也。今人之为学者，则既反是矣。"

朱熹接着又写道："苟知其理之当然，而责其身以必然，则夫规矩禁防之具，岂待他人设之而后有所持循哉？"他告诫弟子们遵循人伦必须靠自律。

朱熹还批判了当时盛行的学规，认为刻意做出学规让诸生去遵守，其实是违背了古人的旨趣。古人施教时，相信人的本性，所以不会刻意去制定学规。

在朱熹看来，遵守学规并不是一件痛苦的事情，而是一种发自本性、发自内心的行为，外界不应该加以强制性的要求。朱熹为了表明学规不是"他律性"的规则，还特意在《白鹿洞书院揭示》中不用"学规"一词，而改用"揭示"。

朱熹把理想看得过高，并且极其厌恶玷污理想的行为，所以在朱熹的思想体系中，有些要求过于苛刻。虽然儒学本来就是一种理想主义的学说，但是与王阳明比起来，朱熹还是把理想标榜得过高，显得过于坚守。朱熹的"唯理主义"和"理气二元论"就是在这样的背景下形成的，所以在朱熹的教育实践中难免会有"师严道尊"的气氛。

王阳明与朱熹不同，他秉持的是情意主义，重在鼓动和唤起人的道德心。例如，在前文所述的《教条示龙场诸生》的"责善"一节中，王阳明指出："某于道未有所得，其学卤莽耳。谬为诸生相从于此，每终夜以思，恶且未免，况于过乎？人谓事师无犯无隐，而遂谓师无可谏，非也。谏师之道，直不至于犯，而婉不至于隐耳。使吾而是也，因得以明其是。吾而非也，因得以去其非，盖教学相长也。"

在"责善"的最后，王阳明写道："诸生责善，当自吾始。"据此我们可以窥知王阳明的教育方针。王阳明营造的书院教育的气氛与其说是教师在传授学问、指导诸生，还不如说是教师和诸生在一起相互学习、彼此"乐道"。

阳明与书院教育

明太祖洪武帝朱元璋推翻元朝统治、建立明朝之后，立即设立国子监，培养官吏。明朝的教育内容和元朝相同，依然以朱子学为中心，陆学等其他儒学都被禁止。洪武帝通过这种思想控制，迅速建立起自己的独裁权力体制。

明成祖永乐帝继承明太祖的教育政策，大力扩张国子监的规模，以接纳更多学生，但其教育目的仍和明太祖一样。当时，很多科举及第者都是出自国子监。明代的科举考试以朱子学为中心，统治者通过科举考试来控制和弹压人们的思想，限制学术自由。因此，一旦有人批判朱子学，便会立即遭到严厉惩罚。

此外，明成祖还安排人员编纂了反映程朱理学思想的《五经大全》《四书大全》《性理大全》[1]，并将其作为官定读本和朝廷科举考试的准绳。但是，后世对这些书籍的评价很差。明朝的学校教育完全是为了科举考试，是为了出人头地，这和宋代之后的书院教育是完全不同的。

明成祖死后，学校教育开始衰退，大学也逐渐被荒废，但国子监学生的身份得以保留，而且在各地刮起了特权风，这也成为明代政治堕落的一大要因。王阳明没有接受过学校教育，这对他来说，也许是人生中的一大幸事。因为以朱子学为中心的官学的没落，才使得王阳明能够倾力于书院教育。

在明初，尽管学校教育盛行，但书院教育并没有消失。例如，在山东有洙泗书院和尼山书院，在江苏有濂溪书院，但遗憾的是，这三所书院在后来都没有获得很好的发展。到明朝中叶，王阳明和湛甘泉站出来倡导圣学，此后，书院教育又逐渐兴盛起来。

据学者多贺秋五郎考证，与王阳明有直接关系的书院共有七

---

[1] 这三部"大全"收集的并非都是朱熹及其门人的学说。

所，分别是龙冈书院、贵阳书院、濂溪书院、白鹿洞书院、稽山书院、南宁书院和敷文书院。接下来，我们就参照多贺秋五郎的调查资料《王阳明和明代的教育制度》(《阳明学大系》第一卷《阳明学入门》)一文，对这七所书院做一下简单介绍。

一、龙冈书院

前文已述，正德三年（1508），王阳明在贵州龙场创建龙冈书院。王阳明在此教育诸生，并且作了《教条示龙场诸生》，用来约束和指导诸生的学习。

二、贵阳书院

正德四年（1509），当时的贵州提学副使[1]是席元山，他比王阳明年长十一岁。有一次，他前往龙场拜访龙冈书院，想向王阳明请教朱子学和陆学的异同，但王阳明并没有直接回答，只是谈了自己的一些感悟。席元山起初没有弄明白，于是王阳明就列举经书中的句子，向其一一说明，最终令席元山信服。后来，席元山又多次拜访王阳明，对他的学问佩服不已。当时的贵阳书院已经衰败，于是席元山就和宪副毛应奎商量，决定修复贵阳书院，迎请王阳明来做书院的洞主，他还亲自率领贵阳诸生向王阳明行弟子礼。贵阳高官亲率诸生师从王阳明，这一事件使得王阳明的

---

[1] 提学副使：主管州县教育的行政事务部门的副职。

声名在边境地区传播开来。

席元山后来升任礼部尚书，王阳明对他非常敬爱。嘉靖六年（1527），席元山去世，王阳明亲自为他撰写了祭文《祭元山席尚书文》(《王文成公全书》卷二十九）。在祭文中，王阳明称颂席元山清正廉洁、光明磊落，是真正的豪杰之士、社稷之臣，还称赞他做学问没有沉溺于功利辞章，且认真修行身心体认之学，超然远览，继承了圣贤之道。

正德十六年（1521），王阳明给席元山写了一封信（《王文成公全书》卷五），其中提到席元山曾著有《鸣冤录》，且曾给王阳明寄过一本。但非常遗憾的是，《鸣冤录》已经失传。宋末之后，朱子学一统江山，陆学日渐衰退，世人已无心顾及陆学。面对这样的情形，席元山内心非常不满，于是著《鸣冤录》，所以此书应该是一本为陆学辩护的书籍。而且，王阳明在信中也称赞陆学道："象山之学简易直截，孟子之后第一人。"

三、濂溪书院

正德五年（1510），王阳明得以赦免，升任庐陵知县，后来又不断得以擢升，历任各职。正德十三年（1518），王阳明再次回到江西。在赣期间，王阳明修复了位于赣州的濂溪书院，并在此教授弟子。

当时江西各地发生叛乱，王阳明受命回江西平叛。一有空闲，他就会到濂溪书院讲学。据《阳明先生年谱》记载，有一天，王阳明取得大捷，特意设宴款待诸生，在宴席上说："始吾登堂，每有赏罚，不敢肆，常恐有愧诸君。比与诸君相对久之，尚觉前此赏罚犹未也，于是思求其过以改之。直至登堂行事，与诸君相对时无少增损，方始心安。此即诸君之助，固不必事事烦口齿为也。"据此我们可以看出，王阳明在面对诸生时，始终抱持推心置腹的态度，并且以身作则，让诸生切记"反省自慎"。

四、白鹿洞书院

白鹿洞书院最早是由唐代名士李渤创建。在宋代，朱熹出任白鹿洞书院洞主之后，书院一举成名。从明朝初年到王阳明所处的时代，白鹿洞书院又历经两次修复。白鹿洞书院位于江西名山——庐山五老峰的山麓处，因此也被称作"庐山国学"。正德十六年（1521）五月，王阳明曾于南昌召集弟子在白鹿洞书院讲学授业。

五、稽山书院

稽山书院位于浙江绍兴，离王阳明的家乡余姚不远。正德十六年（1521）八月，王阳明归省返乡，在家乡度过了好几年时光。嘉靖三年（1524），王阳明的众多门人弟子会集于绍兴，就连绍兴府知府南大吉也来拜王阳明为师。南大吉将已经荒废的稽山书院修葺一新，迎请王阳明前去讲学，自己也在一旁认真听讲。

山阴县知县吴瀛不仅出资修复书院，还新建了一所藏书楼——尊经阁。王阳明来到稽山书院讲学后，听者云集，据说前来听讲的人士有三百多名，他们围坐在王阳明身边认真听讲。浙江海宁诗人董萝石当时已是六十八岁高龄，但依然于嘉靖三年春特意到稽山书院听王阳明讲学。

嘉靖四年（1525），王阳明作《稽山书院尊经阁记》（《王文成公全书》卷七）。其中写道："故'六经'者，吾心之记籍也。"指出圣人之"六经"是"吾心"之常道，因此应该向"吾心"之内求"六经"之实，而不应该去寻求"文义之末"。

六、南宁书院

南宁书院位于广西南宁市。嘉靖七年（1528），王阳明五十七岁，尽管当时其身体已经因结核病而变得衰弱不堪，但他依然拖着病躯，前往广西镇压叛乱。王阳明来到广西之后，对当地的教育非常重视，在思恩、田州和南宁设立学校，还创立了南宁书院和敷文书院。

七、敷文书院

敷文书院位于广西南宁，王阳明主要委托弟子季本[1]来负责该书院的教育。季本是一位著名的儒学家，曾经提出"龙惕"说。

---

[1] 季本（1485—1563）：字明德，号彭山。浙江会稽人。正德十二年进士。王阳明平定广西思恩、田州两地贼匪后，季本担任潮州府揭阳县主簿，在王阳明属下任职。

在王阳明去世之后，弟子们继承了他的"良知"说，但由于对"良知"说的理解不同，阳明学产生了若干支派，其中有一派主张"良知现成"[1]，他们崇尚"自然"，甚至陷入放纵。

季本对此深表忧虑。他认为，一个人必须具备敬畏之心，才能求得真正的"良知"。此外，他还指出，宋儒所提倡的"戒慎恐惧"工夫在当时依然是必要的。以上所述，其实就是季本"龙惕"说的主要内容。季本的性格严谨直率，故而深得王阳明的信赖。

通过上文可以看出，王阳明不仅在各地的书院讲学，还亲自创办书院，振兴书院教育。他还受人之托，为平山书院、东林书院、紫阳书院、万松书院这四所书院撰写书院记，以激励书院教育者。在这四篇书院记中，王阳明不仅介绍了各个书院的由来，还指出了书院教育的本来目的，希望各个书院能够正确教育弟子。

阳明的教育理念

书院教育的目的是全人教育，做学问的目的是成为圣人。人虽然有贤愚之分，但就其本性来说是道德的，关键是看这种道德性是否完全。因此，不同的人成为圣人的难易程度也不同，但只

---

[1] 良知现成：良知现成派以王畿（王龙溪）为代表，他认为"良知"原是当下现成、先天自足的本体，它无须学习思虑，亦无须修正损益，便自然可以得到。"致良知"是未悟者的事，对于已悟者来说，根本无须致良知。因此，在治学与修养方法上，他们主张一任自然，反对戒慎恐惧，认为"君子之学，贵于自然"。

要通过努力，任何人都可以成为圣人。

总而言之，书院教育的目的是使人拥有完完全全的道德性和理想化的人格。朱熹在《白鹿洞书院揭示》中特意提到"五伦"，其实也就是为了实现这一目的。书院教育的目的不应该是为了科举考试，也不应该是为了追求功名利禄，更不应该是为了巧于诗文辞章。如果用一个词来概括书院教育的目的，那就是"明人伦"。朱熹的好友张南轩在《岳麓书院记》中曾明确阐述过这个问题，朱熹对此也大加赞赏。

王阳明称赞朱熹的《白鹿洞书院揭示》云："夫为学之方，白鹿之规尽矣。"

不过王阳明认为，朱熹的"五伦"其实就来自"吾心"，也正因为如此，朱熹的"揭示"之主旨才能一以贯之，只不过朱熹没有充分言明这一点罢了。在坚持"故'六经'者，吾心之记籍也"和"吾心之常道"的王阳明看来，如果朱熹的揭示不是"心学"，那他的学说就注定会变得支离琐屑，缺乏连贯性。

王阳明之所以将朱熹的"学规"视为心学，还有另外一个原因，即这份"揭示"并不是基于"他律主义"和"戒律主义"来制定的。前文已述，朱熹为了表明自己的"学规"并不是基于"他律主义"和"戒律主义"的产物，而特意将其称为"揭示"，而不是"学规"。但是，如果认真思考一下朱熹的学术思想的话，就会发现朱熹是极其强调道德和理法的，所以他制定的"揭示"也势必会存在"他律性"和"戒律性"的倾向。然而王阳明极力主张朱熹的"揭示"是存于"吾心"的，是"自律性"的，而非"他律性"的。而这一点，恰恰反映出了王阳明自己的教学态度。

王阳明谪居龙场之际，曾有人向他请教有无神仙的问题。王阳明在回信中指出道家的神仙之道是："夫有无之间，非言语可况，存久而明，养深而自得之。"

接着他又补充说："足下欲闻其说，须退处山林三十年，全耳目、一心志，胸中洒洒，不挂一尘，而后可以言此，今去仙道尚远矣。"

关于有无神仙的问题，王阳明并没有直接明言，而只是强调，只要通过对存养修行的积累，这个问题自然就会明了。王阳明的回答非常巧妙，他虽然没有直接批判道教的神仙之道，但从其字里行间依然能够感觉到他对道教神仙的否定。在回信中，王阳明写道："盖吾儒自有神仙之道，颜子三十二而卒，至今未之亡也。"

王阳明认为，儒学中也存在神仙之道，并且暗示，通过修习儒学，也可以获得神仙之道，所以他并没有直接去劝说大家专门修习儒学。

在后文中，王阳明还提到："若达摩、慧能之徒，则庶几近之矣。"他认为，佛家出离生死、不沾染世累的境界更接近于神仙境界，不过仍有些距离。（《答人问神仙》，《王文成公全书》卷二十一）

王阳明在晚年曾说："夫道家之长生，释家之解脱，吾儒家皆可得也。"这是他第一次明确指出佛教和道教所追求的东西其实都包含在儒学中。

王阳明在《答人问神仙》中，还提及自己八岁时就喜好神仙之说的经历。据此我们可以猜测王阳明在年少时身体状况就不太好。

感化思州主官

前文已述，王阳明和龙场当地民众的感情越来越深，思州有个小官吏嫉妒王阳明的声望而不时会到龙场侮辱王阳明，当地民众听闻此事之后非常气愤，于是聚到一起把那个小官吏痛打了一顿。后来，思州知州向朝廷报告了此事。宪副毛应奎派人来到王阳明的住处，向他晓谕祸福利害，劝他尽快赔礼道歉，但是王阳明不愿意去赔礼道歉，他写了一封信答复毛应奎，信中堂堂正正地表明了自己的立场（《王文成公全书》卷二十一）。

回信的内容大致如下：

昨承遣人喻以祸福利害，且令勉赴太府请谢，此非道谊深情，决不至此，感激之至，言无所容！但差人至龙场凌侮，此自差人挟势擅威，非太府使之也。龙场诸夷与之争斗，此自诸夷愤恨不平，亦非某使之也。然则太府固未尝辱某，某亦未尝傲太府，何所得罪而遽请谢乎？

跪拜之礼，亦小官常分，不足以为辱，然亦不当无故而行之。不当行而行，与当行而不行，其为取辱一也。

废逐小臣，所守待死者，忠信礼义而已，又弃此而不守，祸莫大焉！

凡祸福利害之说，某亦尝讲之。君子以忠信为利，礼义为福。苟忠信礼义之不存，虽禄之万钟，爵以侯王之贵，君子犹谓之祸与害。如其忠信礼义之所在，虽剖心碎首,君子利而行之,自以为福也,况于流离窜逐之微乎?

某之居此,盖瘴疠蛊毒之与处,魑魅魍魉之与游,日有三死焉。然而居之泰然,未尝以动其中者,诚知生死之有命,不以一朝之患而忘其终身之忧也。

太府苟欲加害,而在我诚有以取之,则不可谓无憾。使吾无有以取之而横罹焉,则亦瘴疠而已尔,蛊毒而已尔,魑魅魍魉而已尔,吾岂以是而动吾心哉!执事之喻,虽有所不敢承,然因是而益知所以自励,不敢苟有所隳堕,则某也受教多矣,敢不顿首以谢!

上文中"一朝之患"和"终身之忧"是孟子所言。在《孟子·离娄下》中有这样一段话,"是故君子有终身之忧,无一朝之患也。乃若所忧则有之:舜,人也;我,亦人也。舜为法于天下,可传于后世,我由未免为乡人也,是则可忧也。忧之如何?如舜而已矣。若夫君子所患则亡矣。非仁无为也,非礼无行也。如有一朝之患,则君子不患矣。"

从书信中我们可以看出,王阳明对毛应奎是非常感激的。前文已述,毛应奎曾和席元山一起修复贵阳书院,并且亲自迎请王阳明前去讲学。

毛应奎究竟是何许人也?据东正堂考证:宪副毛应奎,字、号不详。王阳明五十六岁时曾给宪副毛古庵写过一封信,但王阳明在龙场时仅有三十七岁,故上文中的毛宪副和毛古庵应该不是同一人。(《阳明先生全书论考》卷四《外集一·书》)

毛古庵，名宪，字式之，号古庵，江苏武进人，正德六年（1511）进士。正德三年（1508），王阳明在龙场见到毛宪副，当时对方已经是按察副使，并且第二年就辞职返乡了。所以说，上文中的毛宪副和毛古庵肯定不是同一个人。

王阳明在《送毛宪副致仕归桐江书院序》（《王文成公全书》卷二十二）中写道："公始以名进士从政南都，理繁治剧，顾然已有公辅之望。及为方面于云、贵之间者十余年，内厘其军民，外抚诸戎蛮夷，政务举而德威著。"

正德四年（1509），也就是王阳明来到龙场后的第二年，毛宪副迫于朝廷之命不得不辞职返乡。同僚对毛宪副的离去都备感惋惜，于是设酒宴为他饯行，有人称赞他说："君子之道，出与处而已。其出也有所为，其处也有所乐……公于出处之际，其亦无憾焉耳已！"

还有人称赞他说："公权孝养与出仕之轻重，出而自奋于功业。今而归，告成于忠襄之庙，拜太夫人于膝下，旦夕承欢，伸色养之孝，公之愿遂矣。而其劳国勤民，拳拳不舍之念，又何能释然而忘之！则公虽欲一日遂归休之乐，盖亦有所未能也。"

又有人称赞说："虽然君子之道，用之则行，舍之则藏。用之而不行者，往而不返者也。舍之而不藏者，溺而不止者也。公之用也，既有以行之，其舍之也，有弗能藏者乎？吾未见夫有其用而无其体者也。"

王阳明听罢众人的夸奖后评价道："始之言，道其事也，而未及于其心。次之言者，得公之心矣，而未尽于道。终之言者，尽于道矣，不可以有加矣。斯公之所允蹈者乎！"

众人对王阳明的评价都表示赞同,并委托王阳明将此事记录下来,以赠送给毛应奎。据此,我们也可以推测出毛应奎是个何样的人物了。

劝诫土著豪族

王阳明的名声越传越远,贵州水西地区的土著豪族安贵荣不知出于什么目的,竟然派人给他送来了许多米和肉,并且希望派人来帮他做一些杂活。尽管王阳明坚辞不受,但后来安贵荣还是给他送来了一些金帛和马匹。安贵荣承继的是父亲的土司之职,后来出任宣慰使,成为管理当地少数民族的最高长官,拥有很大的势力。

宣慰司原本是元代在各地方设立的官衙,起着上传下达的作用,行中书省通过宣慰司将政令传达给各州县,各州县也通过宣慰司将请求上传给行中书省。在元代时,边陲之地的宣慰使一般都会兼任都元帅[1]或元帅等官职,掌管一方军政大权。到明清时,朝廷仅在边境地区设置宣慰司,主要用来安抚少数民族。

安贵荣的祖先是火济。三国蜀汉之际,火济因为辅佐诸葛亮有功,被封为罗甸国王。元朝建立时,火济的后裔霭翠正在贵州水西地区,于是就被任命为四川行省左丞兼顺元宣慰使。明

---

[1] 都元帅:元代于沿边地区设都元帅府、元帅府,置都元帅、元帅等官职,作为地方军事长官。

太祖朱元璋一统天下之后，便任命霭翠的后人担任贵州宣慰使，统辖贵州各地，拥有强大的兵力。安贵荣就是霭翠的子孙。(《阳明先生全书论考》卷四《外集一·书·炎徼纪闻》)

面对安贵荣第二次送来的礼物，王阳明立即修书一封(《王文成公全书》卷二十一)，其中写道：

> 某得罪朝廷而来，惟窜伏阴崖幽谷之中以御魑魅，则其所宜。故虽夙闻使君之高谊，经旬月而不敢见，若甚简亢者。然省愆内讼，痛自削责，不敢比数于冠裳，则亦逐臣之礼也。使君不以为过，使廪人馈粟，庖人馈肉，园人代薪水之劳，亦宁不贵使君之义而谅其为情乎！自惟罪人何可以辱守土之大夫，惧不敢当，辄以礼辞。
>
> 使君复不以为罪，昨者又重之以金帛，副之以鞍马，礼益隆，情益至，某益用震悚。是重使君之辱而甚逐臣之罪也，愈有所不敢当矣！使者坚不可却，求其说而不得。无已其周之乎？周之亦可受也。敬受米二石，柴炭鸡鹅悉受如来数。其诸金帛鞍马，使君所以交于卿士大夫者，施之逐臣，殊骇观听，敢固以辞。

王阳明在信中表明了自己对待他人馈赠时所坚持的态度。《评注〈王阳明先生全集〉》的作者许舜屏评价王阳明的这一态度道："于急难中仍坚持操守，若学问无根底，不可完成，先生真乃恪守孟子之教也。"

"孟子之教"出自孟子和弟子陈臻之间的一段问答(《孟子·公

孙丑下》）：

> 陈臻问："前日于齐，王馈兼金一百而不受；于宋，馈七十镒而受；于薛，馈五十镒而受。前日之不受是，则今日之受非也。今日之受是，则前日之不受非也。夫子必居一于此矣。"
>
> 孟子答："皆是也。当在宋也，予将有远行，行者必以赆，辞曰'馈赆'。予何为不受？当在薛也，予有戒心，辞曰'闻戒，故为兵馈之'。予何为不受？若于齐，则未有处也。无处而馈之，是货之也。焉有君子而可以货取乎？"

王阳明为了坚守"君子之道"，坚决不肯接受安贵荣的礼物。"龙场顿悟"后，王阳明形成了不可动摇的坚定信念，虽然他只是一个小小的龙场驿丞，但也绝不屈从于权势，而是敢于通过"义"来让对方屈服。王阳明看透了安贵荣的图谋，所以才能用"义"来说服对方。安贵荣想增强自己作为地方豪族的势力，以图脱离朝廷的管辖。如果不出所料的话，安贵荣当时应该非常露骨地表明了自己的这一野心。

在明代，维持边境地区的统治主要有两种方法：一种是政府派遣"流官"[1]去管理该地区；另外一种就是使用"土官"，即授

---

[1] 流官：指明清时期，政府在四川、云南、广西等地少数民族聚集的地区所置的地方官，相对于世袭的土官来说有一定任期。

权土著居民中权势最大的人，由他们代为管理该地区。"流官"经常变换，而"土官"则是世代相袭，并且拥有土地和人口，所以势力都非常大。

在明朝，朝廷常借助"土官"的力量去平定地方叛乱，这也导致了"土官"常常对朝廷桀骜不驯，尤其是当他们觉得自己平叛有功，而中央政府给的恩赏少时，他们就会为自己"抱不平"，这也是导致地方动乱的一大原因。鉴于这种情况，同时也为了增强自身的统治力，朝廷就在边境地区设置了大量的驿站，希望借此来达到削弱"土官"势力的目的。

因为镇压贵州炉山县香炉山的苗族起义有功，安贵荣被朝廷封为贵州布政使司右参议。但安贵荣对此任命很不满，他上书请求削减水西地区的驿站，图谋扩张自己在该地区的势力。朝廷故意拖延不决，安贵荣等得有些不耐烦了，就谋划着直接向各驿站安插自己的势力。

他之所以给王阳明送礼物，就是希望借王阳明之力，让朝廷答应自己的请求。安贵荣觉得与自己的功劳相比，朝廷给的酬赏实在太少了，于是派遣使者向王阳明详细诉说了自己的意图，希望王阳明能够在削减驿站方面提供一些帮助。但是，王阳明拒绝了他的请求，还写信向他晓谕利害得失，告诫他如果不安分的话，朝廷有可能会把他调往别处，甚至还会没收其祖上的土地和人口，从而使安贵荣打消了歪念。

后来，安贵荣又想兼并水西地区另一个豪族宋氏的势力，就挑唆宋氏的部下酋长阿贾和阿札发动叛乱。在这样的情势下，王阳明给安贵荣写了一封信，劝他立即出兵平定叛乱。王阳明在信中警告安贵荣：作为地方的最高长官，管辖的土地有上千里，辖地的百姓多达四十八万，背负的责任非常重大，值此叛乱之际，如果不派一兵一卒的话，朝廷就会认为你主动放弃了"土官"的责任，就有可能直接派兵前来征讨，到时候你肯定脱不了干系。王阳明的这封信把安贵荣给震慑住了，他听从了王阳明的劝告，立即出兵平定了叛乱。王阳明的劝告合情合理，充满力量，着实让人敬服。

埋葬暴毙的吏目

王阳明来到龙场一年半之后，即正德四年（1509）秋天，遇到了一件悲伤的事：一位前往蛮荒之地任职的吏目[1]在上任途中暴毙了。

一天，一位来自北京的吏目带着一子一仆前往目的地赴任。他们经过龙场时，下榻在当地的一个苗族家里。王阳明透过篱笆正好看到他们，想向他们打听一些京城的消息，但由于当时正下着雨，而且天也黑了，所以他就想等到第二天天亮后再过去和他们打招呼。第二天天一亮，王阳明就派人过去打探消息，发现他们已经离开了。

---

[1] 吏目：中国古代文官官职名。明代于知州下有吏目掌文书，清代则知州下有吏目佐理刑狱并管理文书。

将近中午时分，有人从蜈蚣坡上跑下来，告诉王阳明说："一老人死坡下，旁二人哭之哀。"

王阳明回应说："此必吏目死矣，伤哉！"

薄暮时分，又有人跑过来对王阳明说："坡下死者二人，旁一人坐哭。"

王阳明询问详情后断定吏目的儿子也死了。翌日，又有人跑过来报告说："见坡下积尸三焉。"王阳明这才知道，仆人也死了。

王阳明不忍心三人的尸骸暴露于风雨中，想带着两名童仆去挖三个坑，将他们安葬了。起初，两名童仆面露难色，王阳明便开导说："噫！吾与尔犹彼也！"

两名童仆听罢，想到自己的处境，禁不住潸然泪下，表示愿意前去。王阳明和两名童仆在蜈蚣坡的山脚下挖了三个坑，把三人给埋葬了。他们还在坟前摆上了一只鸡和三碗饭，以示祭奠。

王阳明在埋葬三人时，写了一篇悼词，题曰《瘗旅文》(《王文成公全书》卷二十五)，文中表达了对三人的哀悼之意和悲伤之情。上文所述的内容，取自这篇悼文的第一段。

接着王阳明又写道：

呜呼伤哉！繄何人？繄何人？吾龙场驿丞余姚王守仁也。吾与尔皆中土之产，吾不知尔郡邑，尔乌乎来为兹山之鬼乎？古者重去其乡，游宦不逾千里。吾以窜逐而来此，宜也。尔亦何辜乎？

闻尔官，吏目耳。俸不能五斗，尔率妻子躬耕，可有也。乌为乎以五斗而易尔七尺之躯？又不足，而益以尔子与仆乎？呜呼伤哉！尔诚恋兹五斗而来，则宜欣然就道。乌为乎吾昨望见尔容戚然，盖不胜其忧者？

夫冲冒雾露，扳援崖壁，行万峰之顶，饥渴劳顿，筋骨疲惫，而又瘴疠侵其外，忧郁攻其中，其能无死乎？

吾固知尔之必死，然不谓若是其速，又不谓尔子尔仆亦遽然奄忽也！皆尔自取，谓之何哉？

吾念尔三骨之无依而来瘗耳，乃使吾有无穷之怆也！呜呼痛哉！纵不尔瘗，幽崖之狐成群，阴壑之虺如车轮，亦必能葬尔于腹，不致久暴露尔。尔既已无知，然吾何能为心乎？

自吾去父母乡国而来此，三年矣，历瘴毒而苟能自全，以吾未尝一日之戚戚也。今悲伤若此，是吾为尔者重而自为者轻也。吾不宜复为尔悲矣！吾为尔歌，尔听之！歌曰：

连峰际天兮，飞鸟不通；游子怀乡兮，莫知西东。莫知西东兮，维天则同。异域殊方兮，环海之中；达观随寓兮，奚必予宫？魂兮魂兮，无悲以恫！

又歌以慰之，曰：

与尔皆乡土之离兮，蛮之人言语不相知兮。性命不可期，吾苟死于兹兮，率尔子仆来从予兮。吾与尔遨以嬉兮，骖紫彪而乘文螭兮，登望故乡而嘘唏兮！吾苟获生归兮，尔子尔仆尚尔随兮，无以无侣悲兮。道旁之冢累累兮，多中土之流离兮，相与呼啸而徘徊兮。餐风饮露，无尔饥兮；朝友麋鹿，暮猿与栖兮。尔安尔居兮，无为厉于兹墟兮！

王阳明在《瘗旅文》的第一段叙述了小吏带着儿子、仆人前往偏远的蛮荒之地赴任，结果暴毙于途中的悲惨情形。任何人读罢，都不免生出一番怜悯之情。接下来，王阳明却笔锋一转，写道："吾不宜复为尔悲矣，吾为尔歌。"

他想通过"为尔歌"来安慰对方的旅愁，然后又诉说了自己的境遇，最后又将话题转回到小吏身上，指出他暴毙的地方是一块"安乐之地"，可以"朝友麋鹿""暮猿与栖"，灵魂在这里可以得到安息。

《瘗旅文》真真切切是一篇千古名文，无怪乎东正堂评价此文几乎可以和屈原的《离骚》相比肩。

此外，明代理学家陈龙正也评价此文说："文中足见先生之仁，又可见先生之智。皆言老而贪生，继而招死，然先生则未然，先生乃忘己之死，哀人之死。先生重人轻己乎？非也。若因犯权佞进忠言而死，此乃命也，顺其则已。若因期冀远处之升斗而死，此乃愚也，岂不哀哉！故先生乃是忘己之死，哀人之死，非重人轻己也。"（《阳明先生全书论考》卷五《外集五》）

总而言之，这篇《瘗旅文》是阐述王阳明人道主义精神的千古名篇。

第九章 「知行合一」说

席元山入门

前文已述，正德四年（1509），贵州提学副使席元山因久仰王阳明的大名，特意前往王阳明的住处，向他请教学问。

席元山（1461—1527），名书，字文同，号元山，四川遂宁人，弘治三年（1490）进士，后升任礼部尚书，嘉靖六年（1527）又加封为武英殿大学士[1]。六十七岁去世，谥号"文襄"。席元山非常推崇陆学，曾著有《鸣冤录》，为陆学辩解。在晚年时曾推举王阳明出任大臣。

据《皇明大儒王阳明先生出身靖乱录》记载，席元山对宋明理学非常感兴趣，他把王阳明迎请到自己的住处，向王阳明请教"致知"和"力行"究竟是一层工夫还是两层工夫。王阳明告诉他，知行本自合一，不可分为二事，也就是"知行合一"。席元山非常钦佩王阳明，特地请王阳明主持贵阳书院，还亲率贵州诸生向王阳明行弟子礼，而且一有空暇，就会前来听讲。王阳明也借此机会，在贵阳大力提倡"良知"说。

但"良知"说是王阳明在晚年提出的，他在贵州时根本就没

---

[1] 武英殿大学士：是朝廷的顾问官，后逐渐参与机要。

有提过"良知"说。《阳明先生年谱》中记载："始席元山书提督学政，问朱陆同异之辨。"

席元山后来又著有《鸣冤录》，仔细想来，该文应该是根据《阳明先生年谱》中记载的这次辩论而作。

接着《阳明先生年谱》又记载道："先生不语朱陆之学，而告之以其所悟。书怀疑而去。明日复来，举知行本体证之'五经'诸子，渐有省。往复数四，豁然大悟，谓'圣人之学复睹于今日；朱陆同异，各有得失，无事辩诘，求之吾性本自明也'。遂与毛宪副修葺书院，身率贵阳诸生，以所事师礼事之。"

总而言之，席元山师从王阳明之后开始意识到，与其讨论朱陆之异同、明辨古人之是非，倒不如判明自己内心的是非。至于王阳明当时悟得的"格物致知"究竟是什么，席元山又是如何理解的，王阳明提出的"知行合一"说究竟包括哪些内容，席元山对此又是如何认识的，《阳明先生年谱》中一概没有记载，我们对此也一无所知。但是，我们可以从王阳明与门人徐爱后来有关"格物致知"和"知行合一"的问答中，推测出王阳明和席元山交谈的大致内容。

王阳明没有按照席元山的提问去回答朱陆之说的异同，而只是谈了自己所悟到的"格物致知"和"知行合一"说。对席元山来说，如果能领悟到"理"存在于"性"中，那么朱陆之异同的问题就自然而然地明了了。所以说，王阳明虽然看起来没有回答席元山的提问，但其实已经回答了。

王阳明开口评论朱陆之异同，并且明确表达出自己的意见，那是后来的事了，后文将对此予以详细介绍。后来，由于弟子们就朱陆同异问题展开激烈争论，王阳明没有办法，只好站出来，公开表明自己对朱陆同异的看法。

那么，王阳明在贵州时为什么不公开表明自己的看法呢？

这可能有两方面的原因。其一，王阳明觉得与其争辩古人做学问的是非，还不如先去体悟圣学，以求得"吾性"；其二，当时朱子学风靡一时，如果大力宣扬陆学的话，势必会成为众矢之的，所以，为了避开锋芒，王阳明没有公开表明自己的看法。

朱熹和陆九渊的学问

在当时的社会背景下，王阳明不得不加入朱陆同异的辩论中。虽然表面上朱子学盛行一时，人们却不能否认陆学潜藏的事实。自元朝中叶开始，朱陆同异的辩论就已经出现，王阳明自然不能脱离这一风潮。

朱熹的高徒陈淳[1]极力排斥陆学，再加上朱子学比陆学更符合当时的时代精神，所以在陆九渊去世之后，朱子学便逐渐兴盛

---

1 陈淳（1159—1223）：字安卿，亦称北溪先生，漳州福建府龙溪县（今漳州市芗城区）人。南宋理学家。朱熹晚年的得意门生，理学思想的重要继承者和阐发者。

起来。陆九渊有四大高徒——沈焕[1]、舒璘[2]、袁燮[3]和杨简,人称"四明四先生"或"明州四先生"。陆九渊死后,他的四大高徒在浙江四明(今宁波)地区讲学,所以陆学主要在四明地区留存下来。由于受陈淳排斥陆学的影响,陆学一蹶不振,逐渐陷入衰败。至元代,朱子学被指定为科举之学,迎来了大繁荣,而陆学基本上仍处于隐藏不露的状态。

朱熹和陆九渊死后,虽然朱子学派极力排斥陆学,但是陆九渊的心学不知不觉地影响着朱子学。这一过程类似于宋代儒学中的"形而上学"和"心学"的形成与发展。在宋代,当时的儒学界也极力排斥禅学和道家之学,却不知不觉地受它们的影响,最终形成了儒学的"形而上学"和"心学"。朱熹的再传弟子、著名大儒真德秀[4]可能也是因为受陆学的间接影响,所以才创作了《心经》,论述了从古至今的心法。自宋末一直到元代,学术界已经出现了朱陆二学殊途同归的看法。

元代朱子学的大儒吴澄认为,陆学主张的是"尊德性",朱子学主张的是"道问学",二者同等重要,没有轻重之分,所以吴澄也被认为是陆学派的儒学家。后来,思想界又兴起了朱陆同异的辩论。元末的赵东山、明初的程敏政认为,虽然朱子学和陆

---

[1] 沈焕(1139—1191):字叔晦,世称定川先生。南宋哲学家。

[2] 舒璘(1136—1199):字元质,一字元宾。明州奉化广平(今宁波奉化区)人,人称广平先生。南宋乾道八年进士,授四明郡学教授。

[3] 袁燮(1144—1224):字和叔。明州(1195年改为庆元府)鄞县(今宁波鄞州区)人。师从陆九渊,学界称絜斋先生。

[4] 真德秀(1178—1235):字景元,后改为希元,号西山,世称"西山先生"。

学存在差异，但它们所追求的结果是一致的。朱子学没有忘记"尊德性"，陆学也没有忘记"道问学"。尽管朱熹在年轻时和陆九渊的立场相异，但是到了晚年，他和陆九渊的立场趋于一致。

到明代后，朝廷更加重视朱子学，不仅将其指定为科举之学，还打压提倡陆学的人士，从而在表面上形成了朱子学兴盛、陆学沉寂的态势。但是实际上，不少明朝大儒已经把"心上"工夫当作自己做学问的要旨，出现了重视心学的倾向。朱子学和陆学不知不觉相互接近、相互影响，最终出现了一位专门提倡心学的朱子学者——陈献章。

清初大儒黄宗羲把陈献章的心学视作阳明学的先导，但陈献章的心学是"主静心学"，而王阳明的心学则是承继陆九渊，是"主动心学"，二者的方向明显不同。陈献章的心学沿袭的是朱子学，因此可以说是"宋学"，而王阳明的心学沿袭的是陆九渊的心学，因此可以说是"明学"。这也恰好体现了宋代精神和明代精神的差别：一个主静，一个主动。

如果能够领悟到"致知"和"力行"的本体是统一的，那么理解"知行合一"说就会变得很简单。如果不是通过这种"体认"，而是单纯地依靠理论去解释"知行合一"，理解起来就会很困难。王阳明曾经从各种角度论证过"知行合一"说。综合起来看，经他阐述，"知行合一"说的实质已经变得非常明晰了。

在王阳明看来，如果能够体认到"知行"的本体，那么"知行合一"说就很容易理解了。王阳明晚年时认识到"知行"的本体就是"良知"。这样一来，"知行合一"说就变得更加具体了。但是王阳明所说的"良知"，并不是仅仅作为一种知识让人们去理解的，而是需要人们深切"体认"的。"知行合一"说是王阳明学说体系中的一个重要内容，在接下来的章节中我们还将予以详细介绍。

行而知之

王阳明提出的"知行合一"说给当时的人们带来了巨大的冲击。

自古以来，虽然众人皆知"知"与"行"之间存在密切的关系，但一直都是将二者分开，各自论述。尤其是到了朱熹的时代，对"知"与"行"的论述已经非常精微。朱熹曾提出"先知后行"说，认为必须首先认清万物之理，然后才能去实践，否则实践就会变得毫无根据。朱熹的这一认识在当时被认为是常识，是绝对的真理。

在朱子学一统天下的时代，王阳明提出"知行合一"说，众人不能理解其本意，甚至惊愕，也是很自然的。被称作"王门颜回"的王阳明的高徒、妹婿徐爱，一开始听到"知行合一"说时，也流露出惊讶的表情。

总的来说，长于理性的人会很难理解王阳明"知行合一"的本意，这和长于智慧的子贡无法理解孔子的"一贯之道"[1]是一样

---

[1] 一贯之道：出自《论语·里仁篇》中的"吾道一以贯之"。"一贯之道"即尧舜之世合理社会秩序的依据，也即"道统"。

的道理。无怪乎孔子会对子贡说："天何言哉？四时行焉，百物生焉。"孔子告诫子贡，"道"并不是用道理就能说清楚的。后来，长于德行的曾子继承了孔子的"一贯之道"。曾子比子贡"鲁"，即我们所说的愚钝。当孔子说出"吾道一以贯之"的时候，曾子的回答只有一个字——"唯"。所以说，子贡的理智和智慧并不是真正的理智和智慧，否则他应该理解孔子的"一贯之道"。与此相反，虽然曾子被视作愚钝之人，但他其实并不愚钝，不然怎么能悟得孔子之道的真谛呢？又怎么能参透"一贯之道"呢？

总之，长于理智和智慧的人一般都会陷入偏见。无论从哪一方面来看，朱子学都是"主知主义"[1]的学说。因此，在一个朱子学至上的时代，人们必然难以理解王阳明的"知行合一"说。

徐爱最初也难以理解老师的"知行合一"说，所以曾与自己的同门师弟黄绾和顾应祥[2]展开辩论，试图去理解"知行合一"说的主旨，但是一直未能如愿，最终不得不直接向王阳明请教。（见《传习录》上卷）

先生曰："试举看。"

---

1 主知主义：亦称主智主义，是西方近代教育发展进程中产生的一种重要的教育思想或思潮，主张这种思想的主要代表人物为德国的赫尔巴特。主知主义德育观与中国传统的权威主义道德教育观截然不同，它张扬人的道德思维、道德理性、道德智慧及道德主体意识。
2 顾应祥（1483—1565）：字惟贤，号箬溪。祖籍南直隶长洲（今江苏苏州）。王阳明的弟子、思想家、数学家。明弘治十八年（1505）进士，正德三年（1508）授江西饶州（今江西鄱阳市）推官。

爱曰:"如今人尽有知得父当孝、兄当悌者,却不能孝、不能悌,便是知与行分明是两件。"

先生曰:"此已被私欲隔断,不是知行的本体了。未有知而不行者。知而不行,只是未知。圣贤教人知行,正是要复那本体,不是着你只恁地便罢。故《大学》指个真知行与人看,说'如好好色,如恶恶臭'。

"见好色属知,好好色属行。只见那好色时已自好了,不是见了后又立个心去好。闻恶臭属知,恶恶臭属行。只闻那恶臭时已自恶了,不是闻了后别立个心去恶。如鼻塞人虽见恶臭在前,鼻中不曾闻得,便亦不甚恶,亦只是不曾知臭。

"就如称某人知孝、某人知悌,必是其人已曾行孝、行悌,方可称他知孝、知悌,不成只是晓得说些孝悌的话,便可称为知孝悌。

"又如知痛,必已自痛了方知痛;知寒,必已自寒了;知饥,必已自饥了。知行如何分得开?此便是知行的本体,不曾有私意隔断的。

"圣人教人,必要是如此,方可谓之知。不然,只是不曾知。此却是何等紧切着实的工夫!如今苦苦定要说知行做两个,是甚么意?某要说做一个,是甚么意?若不知立言宗旨,只管说一个两个,亦有甚用?"

王阳明从"知觉与好恶之意是一体"以及"知而不行,只是未知"的立场出发,对"知行合一"说进行了阐释。

毫无疑问,"好恶之意"其实就是"行"。明末大儒刘宗周也非常重视"好恶之意",并且将"诚意"视作自己做学问的宗旨,认为"意"非"已发",而是"未发",并将"意"视作"心"之本体。

如何修行"知行合一"

王阳明虽然提出了"知行合一"说,但是对于如何修行"合一"的"知"与"行",并没有给出很好的办法。徐爱曾向他建议将"知"与"行"分开来修行,这一建议其实又回到了朱熹的立场上。朱熹坚持"知行并进"论,换句话说,就是坚持"穷理"与"居敬"并进。王阳明对此又是如何回答的呢?(《传习录》上卷)

爱曰:"古人说知行做两个,亦是要人见个分晓,一行做知的工夫,一行做行的工夫,即工夫始有下落。"

先生曰:"此却失了古人宗旨也。某尝说知是行的主意,行是知的工夫;知是行之始,行是知之成。若会得时,只说一个知,已自有行在;只说一个行,已自有知在。

"古人所以既说一个知,又说一个行者,只为世间有一种人,懵懵懂懂的任意去做,全不解思惟省察,也只是个冥行妄作。所以必说个知,方才行得是。又有一种人，茫茫荡荡悬空去思索，全不肯着实躬行，也只是个揣摸影响。所以必说一个行，方才知得真。此是古人不得已补偏救弊的说话，若见得这个意时，即一言而足。今人却就将知行分作两件去做，以为必先知了然后能行。我如今且去讲习讨论做知的工夫。待知得真了方去做行的工夫，故遂终身不行，亦遂终身不知。此不是小病痛，其来已非一日矣。

"某今说个知行合一，正是对病的药。又不是某凿空杜撰。知行本体，原是如此。今若知得宗旨时，即说两个亦不妨，亦只是一个。若不会宗旨，便说一个，亦济得甚事？只是闲说话。"

在王阳明看来，"知行合一"原本就是古人的意思，今人将其分作两件事去做，其实违背了古人本意。古人认为"知"存在于"行"中，"行"也存在于"知"中。而古人之所以既说一个知，又说一个行，则是因为世间总有一些无知的人，所以要既不陷入妄行，也不轻视实践。古人为了防止世人陷入虚妄，同时也为了补偏救弊，不得已只好必说一个知，方才行得是，又必说一个行，方才知得真。

总而言之，王阳明提出"知行合一"说，是为了帮助世人脱离偏弊，同时也是为了帮助世人脱离朱熹的"先知后行"之弊。

王阳明曾对弟子黄直诉说过自己提倡"知行合一"说的动机："此须识我立言宗旨。今人学问，只因知行分作两件，故有一念发动，虽是不善，然却未曾行，便不去禁止。我今说个知行合一，正要人晓得一念发动处便即是行了。发动处有不善，就将这不善的念克倒了，须要彻根彻底，不使那一念不善潜伏在胸中。此是我立言宗旨。"

王阳明提出了"心即理"，还提出了"知行合一"，晚年又提出了"致良知"，这些主张其实都围绕着一个宗旨，那就是要彻底清除潜伏在人心中的不善之念。如果忽视了这一点，就会违背王阳明的本意，也会生出很多弊害。事实上，王阳明的追随者都违背了王阳明的本意。

为什么这样说呢？因为他们只相信良知的完美而忽视了修行。

"知行合一"说的发展

前文已述，王阳明在壮年时曾阐述说："知行合一"是"知是行的主意，行是知的工夫。知是行之始，行是知之成"。到了晚年，王阳明又进一步发展了自己的"知行合一"说。

嘉靖五年（1526），王阳明曾写过一篇《答友人问》(《王文成公全书》卷六)，用以答复友人提出的四个问题。通过《答友人问》，我们基本上可以弄清王阳明是如何发展"知行合一"说的。

友人提出的第一个问题是："自来先儒皆以学问思辨属知，而以笃行属行，分明是两截事。今先生独谓知行合一，不能无疑。"

对此问题，王阳明的回答是："此事吾已言之屡屡。凡谓之行者，只是着实去做这件事。若着实做学问思辨的工夫，则学问思辨亦便是行矣。学是学做这件事，问是问做这件事，思辨是思辨做这件事，则行亦便是学问思辨矣。若谓学问思辨之，然后去行，却如何悬空先去学问思辨得？行时又如何去得做学问思辨的事？"

可以看出，王阳明反对将《中庸》中的"学问思辨"与"笃行"区分为"知"与"行"。

接下来，王阳明又阐述了"知行合一"的理由："行之明觉精察处，便是知；知之真切笃实处，便是行。若行而不能精察明觉，便是冥行，便是'学而不思则罔'，所以必须说个知；知而不能真切笃实，便是妄想，便是'思而不学则殆'，所以必须说个行。元来只是一个工夫。"

王阳明通过"行之明觉精察处，便是知；知之真切笃实处，便是行"，阐明了"知"与"行"原本只是一个工夫，即"知行合一"。这和王阳明壮年时期的"知行论"比较起来，"知行合一"的主旨更加清晰，"知行一体"的精神也更加明确。与其把王阳明晚年对"知"与"行"的阐释称为"知行合一"，不如称作"知行一体"更为恰当。王阳明的"知行论"之所以会发展到这一程度，主要是因为他在晚年确立了"心即理"的本体就是"良知"。

王阳明在龙场先是悟出了"万物之理皆在吾性之中"，也即"心即理"说，然后才提出了"知行合一"说，但他真正完善"知行合一"说是在晚年。

嘉靖三年（1524），王阳明给妻侄诸阳伯写了一篇《书诸阳伯卷》（《王文成公全书》卷八），其中写道：

心之体，性也，性即理也。天下宁有心外之性？宁有性外之理乎？宁有理外之心乎？外心以求理，此告子"义外"之说也。

理也者，心之条理也。是理也，发之于亲则为孝，发之于君则为忠，发之于朋友则为信。千变万化，至不可穷竭，而莫非发于吾之一心。故以端庄静一为养心，而以学问思辨为穷理者，析心与理而为二矣。

若吾之说，则端庄静一亦所以穷理，而学问思辨亦所以养心，非谓养心之时无有所谓理，而穷理之时无有所谓心也。此古人之学所以知行并进而收合一之功，后世之学所以分知行为先后，而不免于支离之病者也。

提倡"知行合一"说的王阳明自然会批判将"存养"和"居敬"视作两层工夫的朱熹，也自然会批评朱熹提出的"先知后行"说。因此，他在《答顾东桥[1]书》(《传习录》中卷)中，曾这样阐述：

既云"交养互发、内外本末一以贯之"，则"知行并进"之说无复可疑矣。又云"工夫次第不能无先后之差"，无乃自相矛盾已乎？

"知食乃食"等说，此尤明白易见，但吾子为近闻障蔽，自不察耳。夫人必有欲食之心然后知食。欲食之

---

[1] 顾东桥（1476—1545）：名璘，字华玉，号东桥居士。南直隶应天府上元县（今江苏南京）人。弘治九年（1496）进士。先任北直隶广平府广平县知县，后历任各种官职，官至南京刑部尚书。因为其诗才不凡，与同乡陈沂、王韦并称"金陵三俊"。据说顾东桥是王阳明早年修习辞章之学的学友。

心即是意，即是行之始矣。食味之美恶，必待入口而后知，岂有不待入口而已先知食味之美恶者邪？

必有欲行之心，然后知路，欲行之心即是意，即是行之始矣。路歧之险夷，必待身亲履历而后知，岂有不待身亲履历而已先知路歧之险夷者邪？"知汤乃饮"，"知衣乃服"，以此例之，皆无可疑。

若如吾子之喻，是乃所谓不见是物而先有是事者矣。吾子又谓"此亦毫厘倏忽之间，非谓截然有等，今日知之，而明日乃行也"，是亦察之尚有未精。然就如吾子之说，则知行之为合一并进，亦自断无可疑矣。

王阳明在给顾东桥的答书中阐述了"知行合一"说的主旨，指出"知之真切笃实处，即是行；行之明觉精察处，即是知"，并强调说，正因为"心即理"，所以"知行"才是"合一"的。此外，王阳明还基于"知行合一"说的立场，指出了朱熹"心理二分"说和"知行二分"说的弊害。接着王阳明在《答顾东桥书》中又继续写道：

知之真切笃实处，即是行；行之明觉精察处，即是知。知行工夫，本不可离。只为后世学者分作两截用功，失却知行本体，故有"合一并进"之说。

"真知即所以为行，不行不足谓之知"，即如来书所云"知食乃食"等说可见，前已略言之矣。此虽吃紧救弊而发，然知行之体本来如是，非以己意抑扬其间，姑为是说，以苟一时之效者也。

"专求本心，遂遗物理"，此盖失其本心者也。夫物理不外于吾心，外吾心而求物理，无物理矣；遗物理而求吾心，吾心又何物邪？

心之体，性也，性即理也。故有孝亲之心，即有孝之理；无孝亲之心，即无孝之理矣。有忠君之心，即有忠之理；无忠君之心，即无忠之理矣。理岂外于吾心邪？

晦庵谓："人之所以为学者，心与理而已。心虽主乎一身，而实管乎天下之理，理虽散在万事，而实不外乎一人之心。"是其一分一合之间，而未免已启学者心理为二之弊。此后世所以有"专求本心，遂遗物理"之患，正由不知心即理耳。

夫外心以求物理，是以有暗而不达之处，此告子"义外"之说，孟子所以谓之不知义也。

心一而已，以其全体恻怛而言谓之仁，以其得宜而言谓之义，以其条理而言谓之理；不可外心以求仁，不可外心以求义，独可外心以求理乎？外心以求理，此知行之所以二也。求理于吾心，此圣门知行合一之教，吾子又何疑乎？

学问即行，行即知

一般来说，人们普遍认为"学问"是"知"，"实践"是"行"，而且往往将二者区别看待，然而对于王阳明来说，"学问"就是"行"，"行"也就是"知"。王阳明曾经系统地论证过《中庸》中提到的"博学""审问""慎思""明辨"和"笃行"之间的关系，从中也可以了解王阳明的上述观点。

王阳明还从"知行合一"说的立场出发，对朱熹的"知行论"进行过批判，这在上文中已经做过一些介绍，而王阳明在《答顾东桥书》中也对此做过更加详细的阐述：

> 夫学问思辨行，皆所以为学，未有学而不行者也。如言学孝，则必服劳奉养，躬行孝道，然后谓之学，岂徒悬空口耳讲说，而遂可以谓之学孝乎？
>
> 学射则必张弓挟矢，引满中的；学书则必伸纸执笔，操觚染翰。尽天下之学无有不行而可以言学者，则学之始固已即是行矣。笃者，敦实笃厚之意，已行矣，而敦笃其行，不息其功之谓尔。
>
> 盖学之不能以无疑，则有问，问即学也，即行也；又不能无疑，则有思，思即学也，即行也；又不能无疑，则有辨，辨即学也，即行也；辨既明矣，思既慎矣，问既审矣，学既能矣，又从而不息其功焉，斯之谓笃行，非谓学、问、思、辨之后而始措之于行也。是故以求能

其事而言谓之学，以求解其惑而言谓之问，以求通其说而言谓之思，以求精其察而言谓之辨，以求履其实而言谓之行。

盖析其功而言则有五，合其事而言则一而已。此区区心理合一之体，知行并进之功，所以异于后世之说者，正在于是。

朱熹是基于"主知主义"的立场而提倡"知行二分"说的，王阳明则是基于"主行主义"的立场而提倡"知行合一"说的，因此，阳明学被世人称为"实践哲学"也不是毫无道理的。王阳明接着又写了下面几段话，从中也可以看出他"实践哲学"的特色：

今吾子特举学、问、思、辨以穷天下之理，而不及笃行，是专以学、问、思、辨为知，而谓穷理为无行也已。天下岂有不行而学者邪？岂有不行而遂可谓之穷理者邪？

明道云："只穷理，便尽性至命。"故必仁极仁，而后谓之能穷仁之理；义极义，而后谓之能穷义之理。仁极仁则尽仁之性矣，义极义则尽义之性矣。

学至于穷理至矣，而尚未措之于行，天下宁有是邪？是故知不行之不可以为学，则知不行之不可以为穷理矣；知不行之不可以为穷理，则知知行之合一并进而不可以分为两节事矣。

致良知

王阳明在晚年悟得"心即理"的本体就是"良知",且"良知即天理",所以他才能从"心即理"的角度来进一步发展"知行合一"说,并且认为,最终还得靠"致良知"去"穷理"。

所以,王阳明在《答顾东桥书》中写道:

> 夫万事万物之理不外于吾心,而必曰穷天下之理,是殆以吾心之良知为未足,而必外求于天下之广以裨补增益之,是犹析心与理而为二也。
>
> 夫学、问、思、辨、笃行之功,虽其困勉至于人一己百,而扩充之极,至于尽性知天,亦不过致吾心之良知而已。良知之外,岂复有加于毫末乎?今必曰穷天下之理,而不知反求诸其心,则凡所谓善恶之机,真妄之辨者,舍吾心之良知,亦将何所致其体察乎?
>
> 吾子所谓"气拘物蔽"者,拘此蔽此而已。今欲去此之蔽,不知致力于此,而欲以外求,是犹目之不明者,不务服药调理以治其目,而徒怅怅然求明于其外,明岂可以自外而得哉!任情恣意之害,亦以不能精察天理于此心之良知而已。此诚毫厘千里之谬者,不容于不辨,吾子毋谓其论之太刻也。

王阳明指出,如果"尽良知","知行"就可以"合一"。在他看来，《书经》(《尚书》，"五经"之一)中所说的"致知"就是指"致良知"。"致知"中的"知"是指对"是非"先天性的判断，也即他所理解的"良知"。要想让"知"达到极致，就必须通过实践，故"知行"是"合一"的。

非常有意思的是，宋儒根据《书经》中的"知之不难，行之不易"和《大学》中的"知至"，而得出了"知行二分说"，但王阳明得出的是"知行合一"说。尽管王阳明与宋儒所根据的是同样的经典，可得出的结论正好相反。

嘉靖三年（1524），王阳明作《书朱守谐卷》(《王文成公全书》卷八)。

> 守谐曰："人之言曰：'知之未至，行之不力。'予未有知也，何以能行乎？"
>
> 予曰："是非之心，知也，人皆有之。子无患其无知，惟患不肯知耳；无患其知之未至，惟患不致其知耳。故曰：'知之非艰，行之惟艰。'"
>
> 今执途之人而告之以凡为仁义之事，彼皆能知其为善也；告之以凡为不仁不义之事，彼皆能知其为不善也。途之人皆能知之，而子有弗知乎？如知其为善也，致其知为善之知而必为之，则知至矣；如知其为不善也，致其知为不善之知而必不为之，则知至矣。
>
> 知犹水也，人心之无不知，犹水之无不就下也，决而行之，无有不就下者。决而行者，致知之谓也。此吾所谓知行合一者也。吾子疑吾言乎？夫道一而已矣。

陆九渊与"知行合一"说

前文已述，王阳明在龙场顿悟时得出"心即理"的结论，所以才得以创立"知行合一"说。但是，陆九渊也提倡"心即理"，为什么他没能提出"知行合一"说呢？这是因为陆九渊虽然也提倡"尊德性"，但他对于《大学》中"格物致知"的解释没能摆脱传统的束缚。

与陆九渊不同的是，王阳明对"格物致知"的解释是彻底的"唯心论"，他明确指出"心即物"。尽管这样的认识是在龙场顿悟之后产生的，但在龙场顿悟之际，阳明恐怕就已经有了初步的认识。由此看来，王阳明在龙场悟得的"心即理"应该比陆九渊的"心即理"更加"唯心主义"。也正因为如此，王阳明最终提出了"知行合一"说。

王阳明晚年对陆九渊的学说极力称赞，对朱熹的学说则加以批评。曾有友人问他："象山论学与晦庵大有同异，先生尝称象山'于学问头脑处见得直截分明'。今观象山之论，却有谓学有讲明，有践履，及以致知格物为讲明之事，乃与晦庵之说无异，而与先生知行合一之说，反有不同。何也？"（《王文成公全书》卷六《答友人问》）

虽然王阳明极力称赞陆九渊的学说，但他认为陆九渊和朱熹在"格物致知"的解释方面是相同的，二人体现的都是"主知工夫"，故而提出的是"知行二分"说，而他自己对"格物致知"的解释与二人不同，所以才提出了"知行合一"说。

如上文所述，有人对王阳明的"知行合一"说存在疑问，王阳明的解释是："致知格物，自来儒者皆相沿如此说，故象山亦遂相沿得来，不复致疑耳。然此毕竟亦是象山见得未精一处，不可掩也。"

"象山见得未精一处"，是指陆九渊还没有彻底地实现"唯心论"。王阳明将"心即理"发展为"心即物"，从他的立场来看，虽然陆九渊的学问很深奥，但是仍然没有达到"精一处"。

第十章

庐陵知县

天诛宦官刘瑾

在蛮荒之地度过了大约两年的艰辛岁月之后,苦尽甘来,王阳明终于迎来了告别谪居生活的那一刻。正德五年(1510),三十九岁的王阳明被任命为江西吉安府庐陵知县。

龙场的艰难困苦是上天对王阳明的一大考验,王阳明不仅很好地渡过了这一关,还收获颇丰——悟出"格物致知"之本意,提出"知行合一"说,探明圣学之秘蕴。朝廷对他的起用,是"天将降大任于斯人"的第一步。

但是,当时刘瑾依然操纵朝政,横行朝野。在这样的情势下,王阳明是如何结束流谪生活,且被任命为知县的呢?

前文已述,刘瑾利用武宗的愚昧,逼退了朝中诸多贤良君子,然后开始专权,祸乱朝政。但在当时,朝中还有一位名叫李东阳的大人物,他不惧刘瑾的淫威,积极拔除诸弊。李东阳是王阳明的长辈,二人在文学方面是师友关系。王阳明能够得以赦免,且被任命为知县,这可能和李东阳的暗中相助不无关系。

此外还有一种说法认为,王阳明能够被任命为知县,全凭王阳明自身的努力。王阳明在龙场时积极教化民众,取得了不俗的成绩,使得他声名远播。另外,王阳明在镇抚土著豪族方面也功不可没，朝廷由此认识到他的能力。在多种因素的共同作用下，王阳明最终被任命为庐陵知县。

正德五年，天诛刘瑾。是年，安化王朱寘鐇[1]以"诛刘瑾"为名，在宁夏举兵。朝廷命令右都御史杨一清和太监张永率兵征讨。后来，指挥使仇钺用计生擒朱寘鐇，杨一清献俘于朝廷。翌年六月二日，朱寘鐇被赐死。

与此同时，杨一清又暗中指示张永向武宗奏呈了刘瑾的十七条罪状，刘瑾很快被打入大牢，最终被处死，张文冕等党羽也一并被剪除。刘瑾所任命的官员全部被罢免，曾经直谏武宗的官员则官复原职。至此，上天终于诛灭了刘瑾。

龙场之后

正德四年（1509）岁末，王阳明离开龙场。据《皇明大儒王阳明先生出身靖乱录》记载，王阳明出发时，龙场数千名官民前来送别，个个依依不舍。

王阳明沿着来龙场时的路线前往庐陵。他从沅水到达洞庭湖，然后沿着湘江逆流而上前往长沙，再前往醴陵，然后从醴陵继续往东，抵达江西境内的萍乡，经袁州至宜春，从宜春前往庐陵。由于路线和去龙场时相同，所以王阳明每到一处宿泊之地，

---

[1] 安化王朱寘鐇：明太祖朱元璋的十六子庆靖王的曾孙。

都会涌起诸多回忆。一路上，王阳明共作诗二十多首。

王阳明离开龙场时，天气寒冷，于是作《夜寒》和《冬至》(《王文成公全书》卷十九) 两首诗来记述旅途的艰难。王阳明在《夜寒》中写道："未因谪宦伤憔悴，客鬓还羞镜里看。"这是在慨叹自己的求道之志未成。

在前往庐陵的途中，王阳明迎来了新的一年。虽然龙场生活的艰苦难以用笔墨来形容，但当他再次踏上征程，成为天地间一孤客时，他对龙场的生活还是充满眷恋的。除夕，王阳明写下两首诗，题为《舟中除夕》(《王文成公全书》卷十九)。在第二首诗中，他对自己的心情做了如下描述："远客天涯又岁除，孤航随处亦吾庐。也知世上风波满，还恋山中木石居。"

但不管怎么说，王阳明前往庐陵是离开龙场这片蛮荒之地，其罪名也已经被赦免，所以他当时的心情和他前往龙场时是完全不同的。江门崖位于今湖南省辰溪县南部，是一处风景名胜，王阳明在此写下的《过江门崖》(《王文成公全书》卷十九) 一诗很好地表达了他当时的心境："三年谪宦沮蛮氛，天放扁舟下楚云。归信应先春鹰到，闲心期与白鸥群。"

王阳明还写过一首题为《睡起写怀》(《王文成公全书》卷十九) 的诗，表达了自己悠然自得，不被世事所迫，静观天地万物之"生意"的心境。全诗如下：

江日熙熙春睡醒，江云飞尽楚山青。
闲观物态皆生意，静悟天机入窅冥。
道在险夷随地乐，心忘鱼鸟自流形。

未须更觅羲唐事，一曲沧浪击壤听。

程颢也有一首诗，题为《秋日偶成》，其中有如下三句："睡觉东窗日已红。万物静观皆自得，四时佳兴与人同。"据此我们可以知道，王阳明当时的心境和程颢在《秋日偶成》中所表现的是相通的。此外，和《中庸》中所言的"随处自得"的心境也有几分相似。

读罢《睡起写怀》这首诗，我们会发现王阳明笔下的所见所闻，似乎都是在讴歌这太平盛世。在王阳明看来，在当时的时代，根本不需要去羡慕尧舜时代的"鼓腹击壤"[1]，只需顺应时势的变化，保持一份愉悦的心境就可以了。"一曲沧浪击壤听"意指沧浪川的渔父拍打着船桨，高唱沧浪之歌，在岸上听的人也和着拍子玩起了击壤的游戏，体现的是一种悠闲愉悦的心境。

王阳明虽然是一位儒者，但当他在前往庐陵途中，看到乡村百姓在大自然中安闲生活时，也不禁生出出仕无用的感慨。他在《僧斋》（《王文成公全书》卷十九）一诗中写道：

尽日僧斋不厌闲，独余春睡得相关。
檐前水涨遂无地，江外云晴忽有山。
远客趁墟招渡急，舟人晒网得鱼还。
也知世事终无补，亦复心存出处间。

---

[1] 鼓腹击壤：原指百姓吃得饱，有余闲游戏，后用为称颂太平盛世之典。

王阳明深感自己身处俗世，力量渺小，于是对乌托邦的世界充满了憧憬，希望自己能像陶渊明、庞德公[1]、孟浩然[2]、长沮和桀溺[3]等隐士一样隐遁出世，回到家乡耕作度日。因此，他在《阁中坐雨》（《王文成公全书》卷十九）一诗的末尾处写道："道意萧疏惭岁月，归心迢递忆乡园。年来身迹如漂梗，自笑迂痴欲手援。"

此外，在《霁夜》（《王文成公全书》卷十九）一诗的末尾处，他写道："静后始知群动妄，闲来还觉道心惊。问津久已惭沮溺，归向东皋学耦耕。"

《霁夜》中的"问津久已惭沮溺"，出典于《论语·微子篇》。有一次，孔子让子路去向正在耕田的长沮和桀溺打听过河的渡口在哪里，长沮和桀溺不仅不告诉子路，反而对他说："若是鲁孔丘，则知津矣。"

他们二人批评为了改革乱世而东奔西走的孔子是"滔滔"[4]，并劝子路归隐。王阳明在《霁夜》中表明了自己求学已久，现在反而想成为一名遵守"道心"的隐士的愿望。

当然，王阳明并不是真的想成为隐士，他只是羡慕隐士们那份遵守"道心"的态度。在《沅江晚泊二首》（《王文成公全书》卷

---

1 庞德公：东汉名士。荆州刺史刘表数次请他进府，他都不去。他与当时隐居的徐庶、司马徽、诸葛亮交往密切，诸葛亮待之以师礼。后隐居于鹿门山，采药以终。

2 孟浩然（689—740）：唐代诗人，他和庞德公一样，都隐居于鹿门山。

3 长沮和桀溺：《论语·微子篇》中记载的古代的两位隐士。

4 滔滔：本是洪水漫延、流而不返之意，在此比喻孔子的改革思想加剧了社会的纷乱。

十九）的第二首中，王阳明写道：

> 春来客思独萧骚，处处东田没野蒿。
> 雷雨满江喧日夜，扁舟经月住风涛。
> 流民失业乘时横，原兽争群薄暮号。
> 却忆鹿门栖隐地，杖藜壶榼饷东皋。

在王阳明看来，即便是儒者，如果求"道真"之心非常迫切的话，自然也会萌发出隐遁的想法。当然，这里指的是儒家理想主义者的隐遁，而不是老庄和佛教超越主义者的隐遁。

前文已述，在前往龙场途中，王阳明曾经在萍乡拜谒了周敦颐的祠堂。此次前往庐陵，他再次拜访，并作《再过濂溪祠用前韵》(《王文成公全书》卷十九)：

> 曾向图书识面真，半生长自愧儒巾。
> 斯文久已无先觉，圣世今应有逸民。
> 一自支离乖学术，竟将雕刻费精神。
> 瞻依多少高山意，水漫莲池长绿萍。

宋学鼻祖周敦颐特别喜爱莲花，在《爱莲说》中称莲花为"花之君子"。透过《再过濂溪祠用前韵》中的"瞻依多少高山意，水漫莲池长绿萍"，我们也可以窥见王阳明对周敦颐的景慕之情。王阳明对周敦颐和程颢的崇敬之情，终生都未曾改变。

周敦颐所著的《太极图说》和《通书》标志着宋代新儒学的

诞生，同时也标志着儒学终于摆脱了佛教和道教的影响。南宋初年，朱熹登上历史舞台，他将周敦颐奉为"宋学之祖"。

此外，此诗中的"一自支离乖学术，竟将雕刻费精神"，其实是王阳明对朱子学以及朱子学派的暗中批判。陆九渊曾批判朱子学的"支离"之弊。王阳明在龙场悟出"心即理"之后，也开始意识到朱子学的"支离"之弊。但在当时，朱子学仍是官学，并且风靡于世，所以王阳明没敢公开点名批判朱子学。由此可知，在龙场顿悟之后，王阳明已经认识到朱子学的"支离"之弊，但直到晚年，他才公开点名批判朱子学。

被任命为庐陵知县后，王阳明的内心重新燃起了返回京城的希望。他想起了远在京城的旧友湛甘泉，他们二人曾一起为复兴圣学而努力，也曾一起探讨过学问。王阳明提笔写下了《夜泊江思湖忆元明》(《王文成公全书》卷十九)一诗，其中写道：

扁舟泊近渔家晚，茅屋深环柳港清。
雷雨骤开江雾散，星河不动暮川平。
梦回客枕人千里，月上春堤夜四更。
欲寄愁心无过雁，披衣坐听野鸡鸣。

阳明评"静坐"说

前文已述，在前往龙场途中，王阳明曾到各处讲学。前往庐陵时，他又顺道去了一下湖广的辰州府和常德府。到达两地后，看到自己的弟子冀元亨、蒋信[1]和刘观时[2]等人已有所作为，王阳明甚感欣慰。（见《阳明先生年谱》）后来，王阳明为刺探宁王宸濠谋叛的实情，派冀元亨前往宸濠处讲学，冀元亨也因此事历经磨难，最终在困顿中病逝[3]。

在离开常德和辰州时，王阳明给诸位弟子写了一封信，题为《与辰中诸生》（《王文成公全书》卷四），其中写道："谪居两年，无可与语者。归途乃得诸友，何幸何幸！方以为喜，又遽尔别去，极怏怏也。绝学之余，求道者少；一齐众楚，最易摇夺。自非豪杰，鲜有卓然不变者。诸友宜相砥砺夹持，务期有成。近世士夫亦有稍知求道者，皆因实德未成而先揭标榜，以来世俗之谤，是以往往隳堕无立，反为斯道之梗。诸友宜以是为鉴，刊落声华，务于切己处着实用力。"

接下来，他又写道："前在寺中所云静坐事，非欲坐禅入定。盖因吾辈平日为事物纷拿，未知为己，欲以此补小学收放心一段

---

[1] 蒋信（1483—1559）：字卿实，号道林，世称正学先生。武陵（今湖南常德市武陵区）人。明代学者、官员。

[2] 刘观时：王阳明的弟子。生卒年不详。字易仲，世称沙溪先生。湖广辰州府沅陵县（今湖南怀化市沅陵县）人。

[3] 冈田先生在此处的介绍和《明史》稍有出入，现将《明史》中的记载誊录如下，以使读者能对冀元亨之死有所了解："宸濠怀不轨，而外务名高，贻书守仁问学，守仁使元亨往。宸濠语挑之，佯不喻，独与之论学，宸濠目为痴。他日讲《西铭》，反复君臣义甚悉。宸濠亦服，厚赠遣之，元亨反其赠于官。已，宸濠败，张忠、许泰诬守仁与通。诘宸濠，言无有。忠等诘不已，曰：'独尝遣冀元亨论学。'忠等大喜，榜元亨，加以炮烙，终不承，械系京师诏狱。世宗嗣位，言者交白其冤，出狱五日卒。"

工夫耳。"

据此可以看出，王阳明当时已经提出了"静坐"说。那么，王阳明为何要提出"静坐"说呢？前文已述，他认为只要"自悟性体"[1]，自然就可以理解"知行合一"说的主旨，否则只会徒然引起诸多争论。基于此，王阳明必然会主张通过"静坐"去"自悟性体"。

据《阳明先生年谱》记载，王阳明当时曾指出："悔昔在贵阳举知行合一之教，纷纷异同，罔知所入。兹来乃与诸生静坐僧寺，使自悟性体，顾恍恍若有可即者。"

王阳明的高徒钱绪山指出，王阳明的"学"有三变，"教"亦有三变。"学三变"是指：其一，少时，驰骋于辞章；其二，后来又沉迷于道教和佛教；其三，在龙场历尽艰难之后，豁然有得于圣贤之志。"教三变"是指：其一，在贵阳时，提出了"知行合一"说（1509）；其二，自安徽滁州回来后，教授弟子"静坐"说（1513）；其三，自江西回来后，提出"致良知"说（1521），直指本体，令学者言下有悟。（见《王文成公全书》卷首《刻文录序说》）

当王阳明在辰州讲授"静坐"说时，有弟子误认为"静坐"就是禅僧所谓"坐禅入定"。针对这一情况，王阳明在离开辰州后，特意给弟子们写了一封信，向大家阐明"静坐"的本意，告诫弟子们"静坐"和禅僧的"坐禅入定"是不同的。

王阳明的"静坐"说并不是只专注于"静处无事"时的修行，而是也重视"动处有事"的工夫。因此，王阳明在书信的末尾处

---

[1] 自悟性体：指悟出人的本性。

引用程颢的话说："所谓知得洒扫应对，便是精义入神也。"

尽管"静坐"和"坐禅"之间的差异理解起来很困难，但也并非完全没有办法理解。"静坐"和"坐禅"在世界观层面是完全不同的，哪怕它们在精神收敛层面存在共性，然而二者在本质上不同。王阳明将自己的"静坐"说比作孟子的"求放心"[1]工夫，还详细阐述了"静坐"说的特征。虽然王阳明知道辰州诸生对"静坐"存在误解，而且由此产生了一些弊害，但在滁州时期之前，王阳明一直都在提倡"静坐"的必要性。

正德九年（1514），王阳明前往南京赴任。据钱德洪介绍，在那段时间，王阳明做的一次真正的讲学还是在滁州时，当时他也是让弟子们去学习"静坐"。

王阳明在《书孟源卷》（《王文成公全书》卷八）中阐述了让弟子们学习"静坐"的理由："圣贤之学，坦如大路，但知所从入，苟循循而进，各随分量，皆有所至。后学厌常喜异，往往时入断蹊曲径，用力愈劳，去道愈远。向在滁阳论学，亦惩末俗卑污，未免专就高明一路开导引接。盖矫枉救偏，以拯时弊，不得不然，若终迷陋习者，已无所责。"

根据王阳明在晚年时对钱德洪的教诲，我们可以获知上文中的"末俗卑污"其实就是指"诸生多务知解，口耳异同，无益于得"[2]。

---

[1] 求放心：孟子的一个哲学概念。简单来说，"求放心"就是把心收回来，在做学问时不要想任何事情，排除一切杂念而专心致志，细心体验要领。

[2] 此句取自《传习录》下卷，意思是：只知道听口耳之学，只知道论是非，这无益于道之自得。

《与辰中诸生》这封书信发挥了一定作用，振奋了部分弟子的精神，王阳明因此甚感欣慰。

但是，仍有一些弟子对"静坐"存在误解，出现了"求静厌动"的情况。于是，王阳明又提出了"动处工夫"说。阳明学一般被认为是实践哲学，王阳明提出的"知行合一""省察克己"和"事上磨炼"都是关于实践的。

王阳明知道"静处工夫"存在一些弊害，但他没有将其完全否定。王阳明指出："初学时心猿意马，拴缚不定，其所思虑，多是人欲一边。故且教之静坐，息思虑。"（《传习录》上卷）

只是王阳明的"静坐"说往往会使人只专注于求"静"，而对"动"产生厌倦之情，容易使人忽视"存天理，去人欲"，最终导致弊害产生。于是，王阳明又指出："徒知养静，而不用克己工夫也，如此临事便要倾倒。"（《传习录》上卷）

此外，王阳明对打算去山中静坐的弟子刘君亮说："汝若以厌外物之心去求之静，是反养成一个骄惰之气了。汝若不厌外物，复于静处涵养，却好。"（《传习录》下卷）

王阳明晚年提出"致良知"，认为良知是一个内外、动静和上下浑然一体的生命实体，因此没有必要再去论证动与静的关系。

但王阳明去世后，以其部分弟子为代表的良知归寂派将良知分为体与用、动与静，提倡"立体达用"和"归寂"，认为"致良知"的主旨是立足于静处的本体，然后将其施用于自然的运动。良知归寂派的学说违背了明代的"主动"思潮，又回归到宋代的"主静"思潮。因为良知归寂派的学说不符合时代趣向，所以在明代没有引起人们的重视；但是在日本则不同，幕府末期的朱子学者尤其是崎门派[1]的朱子学者，对良知归寂派的学说都非常认同。

卧治六月

正德五年（1510）三月，王阳明在庐陵上任。他在庐陵的施政方针，不是用刑威来压制百姓，而是重在教导人心，通过教育感化来让百姓信服。即使是发布政令，他也是通过县内父老来告谕县民，以温情获得人心。

庐陵县民素来好诉讼，王阳明就积极采取各种措施来减少诉讼数量，简化诉讼流程。他慎重选择"里正三老"[2]，让他们在"申明亭"劝说前来诉讼的人。"申明亭"和"旌善亭"是明初在各地设立的用来张贴榜文、"申明教化"的亭子，各地的德高望重者会在这里裁决和调解本地的诉讼和争端。

王阳明在《告谕庐陵父老子弟》的开篇写道：

---

[1] 崎门派：由山崎暗斋的弟子组成的学派。山崎暗斋，名嘉，字敬义，号暗斋，通称嘉右卫门，作为神道家又号垂加。生于京都。日本德川初期的儒学者、神道家。山崎暗斋幼时曾研读中国儒家的"四书"，后削发为僧，二十五岁还俗，成为儒学者，信奉朱子学，后在京都、江户（今东京）讲学。他晚年研究日本神道，综合唯一神道、吉川神道等神道派别，把朱子学和神道结合起来，创立垂加神道，并且形成一个学派。

[2] 里正三老：里正是古代的一种基层官职，主要负责掌管户口和纳税。三老是古时掌教化的乡官，一般由地方上德高望重、颇有学识、能率众施教的人担任。

庐陵文献之地，而以健讼称，甚为吾民羞之。县令不明，不能听断，且气弱多疾。今与吾民约：自今非有迫于躯命，大不得已事，不得辄兴词。兴词但诉一事，不得牵连，不得过两行，每行不得过三十字。过是者不听，故违者有罚。县中父老谨厚知礼法者，其以吾言归告子弟，务在息争兴让。呜呼！一朝之忿，忘其身以及其亲，破败其家，遗祸于其子孙。孰与和巽自处，以良善称于乡族，为人之所敬爱者乎？吾民其思之。

王阳明通过此告谕，告知县民不要轻率提起诉讼。当时，庐陵县内恶疫横行，无知的民众因为惧怕感染，在骨肉亲人得病之后，不仅不给予诊治，甚至不给饭食，导致很多人被饿死。

王阳明看在眼里，痛在心中，告诫百姓道：

夫乡邻之道，宜出入相友，守望相助，疾病相扶持。乃今至于骨肉不相顾。县中父老岂无一二敦行孝义，为子弟倡率者乎？

夫民陷于罪，犹且三宥致刑。今吾无辜之民，至于阖门相枕藉以死。为民父母，何忍坐视？言之痛心。中夜忧惶，思所以救疗之道，惟在诸父老劝告子弟，兴行孝弟。各念尔骨肉，毋忍背弃。洒扫尔室宇，具尔汤药，时尔饘粥。贫弗能者，官给之药。虽已遣医生老人分行乡井，恐亦虚文无实。父老凡可以佐令之不逮者，悉已见告。有能兴行孝义者，县令当亲拜其庐。

凡此灾疫，实由令之不职，乖爱养之道，上干天和，以至于此。县令亦方有疾，未能躬问疾者，父老其为我慰劳存恤，谕之以此意。

当时，庐陵县内经常有盗贼出没。由于官员对百姓的管理不得法，再加上民间缺乏防御治理盗贼的有效之法，导致盗贼日益骄横。王阳明和父老们商量之后，决定在当地实行保甲制度，以防御盗贼。该制度要求：在平素无事之时，四邻之间亲睦友爱；一旦盗贼来袭，彼此要相互救援。"保甲法"是宋代王安石创建的一种自治制度，保甲是一种地方性的自卫组织。十家一保，各保设保长，保中年轻人都配备弓箭，且要进行武艺训练。王阳明当时在庐陵采用的就是王安石制定的"保甲法"。

王阳明在庐陵上任之后，恰逢大旱，水源枯竭，稻米颗粒无收，城内火灾频发。王阳明认为这皆是由于自己的"不敏"所致，于是斋戒省咎，向山川天地之神明请罪，同时停催赋税，赦免轻罪，劝谕百姓停止争讼，派遣父老巡查街巷，消除火患，还严查趁火打劫的奸民。

一次，城内发生大火，烧毁民宅千余家。据说，王阳明在火灾现场向上天祈祷，上天被他的诚意所感动，改变了风向，这才使得大火熄灭。面对灾情，王阳明悲恸万分。他彻查了大火的原因，发现原来是由于道路狭窄、房屋密集所致，于是决定系统地规划城区。

此外，王阳明还严禁驻兵借搬运粮食之机肆意向民众征税，同时还采取了一系列措施来协调粮食的流通，取缔驿传[1]，促进军民团结。由于这些举措得当，县内的诉讼事件越来越少。

在庐陵，王阳明一共发布了十一道告谕。他还在上行公文中详述了庐陵县民的贫苦状况，向朝廷请求免除当地的赋税杂役。

后来，因为要入朝觐见，王阳明不得不暂时离开庐陵。离开庐陵的半年中，王阳明嘱咐庐陵地方上的德高望重之士教化百姓，注重安民。

王阳明还在告谕的最后部分表达了自己的心声："县令到任且七月，以多病之故，未能为尔民兴利去弊。中间局于时势，且复未免催科之扰。德泽无及于民，负尔父老子弟多矣。"

作为庐陵县令，王阳明治理庐陵的时间不足七个月。龙场生活给王阳明的身体带来了巨大伤害，使他落下了一身病，尽管如此，王阳明在庐陵的治绩还是非常显著的。湛甘泉在为王阳明写的《墓志铭》中写道：王阳明在庐陵"卧治六月"。"卧治"本是静卧治疗之意，也指不劳作，安心静养治疗。"卧治"出自《史记·汲黯传》。汲黯是西汉名臣，世人对他的评价很高。汲黯推崇老子的"无为而治"思想，有一次，汉武帝想任命他为淮阳太守，但被他拒绝了。于是汉武帝对他说："君薄淮阳邪？吾今召君矣。顾淮阳吏民不相得，吾徒得君之重，卧而治之。"

---

[1] 驿传：中国古代政府设置的一种供使臣出巡、官吏往来、传递诏令和文书等使用的交通系统。明代的驿传机构是京城设会同馆，地方分别设水马驿、递运所和急递铺。

吉安的阳明遗迹

庐陵是吉安府[1]的治所。从古至今，吉安地区的文化都非常发达，是江西两大文化昌盛之地之一。自唐宋至明清，吉安中进士者多达二三百人，其中状元就有十五位，爱国名臣和鸿儒学士更是层出不穷，故吉安又被称为"文章节义之邦"和"理学之邦"。

庐陵是宋代著名文学家欧阳修的故乡，现在被称为吉安。庐陵一词取自《诗经·小雅》中的"高岸为谷，深谷为陵"。因为当时庐陵城被连绵的丘陵所包围，且城池旁还有一条庐水流过，故取名为"庐陵"。

王阳明正是在庐陵组织义军讨伐乱贼宁王宸濠的。在晚年，王阳明受命到南方戡乱，再次拜访庐陵，并讲学传道。庐陵还是脍炙人口的《正气歌》的作者、宋末忠臣文天祥的故乡。王阳明在此地组织义军讨伐企图倾覆国家的宸濠，可能也是冥冥之中的缘分吧！

此外，宋代爱国诗人杨万里、和王阳明论辩的朱子学大儒罗钦顺以及王阳明的再传弟子罗洪先等人，都是吉安人。

吉安有一座白鹭洲书院，该书院位于赣江江心一处风光明媚之地。书院四周树木茂密，山光水色相映成趣，环境清幽，是修习学问之佳所。白鹭洲书院由吉州知州江万里创建于南宋理宗淳祐元年（1241），是当时江南四大书院之一。历朝历代都有很多文

---

1 吉安府：今江西吉安市。

人到此地吟诗作赋，据说文天祥曾在此就读，王阳明也曾在此讲学。

现在的吉安，许多小学、中学、道路和商店等都是用王阳明的名字来命名的，由此我们也可以看出吉安百姓对王阳明的喜爱程度。吉安城内的阳明路宽二十米、长六百米，后曾一度被改为人民路、革命路。

吉安往东十五公里有一座青原山，山中有一座青原寺，也被称作安隐寺或净居寺。青原寺最早是由六祖慧能的弟子行思禅师创建于唐中宗神龙元年（705）。自古以来，青原山都是读书的圣地。宋代时朱熹等人曾在青原寺两侧的斋房内开设书院，取名青原书院。自宋代以来，青原书院和白鹭洲书院逐渐成为江西著名的书院。吉州的历代名人中，大多有在这两所书院读书或讲学的经历。宋代之后，理学盛行，这两座书院也作为理学书院而闻名天下。

王阳明曾在青原书院的讲堂内讲学。后来，王阳明的弟子邹守益（邹东廓）、聂豹[1]（聂文蔚）、欧阳德[2]（欧阳南野）和王时槐（王塘南），以及朱子学大儒罗钦顺等人，也都曾在青原书院讲学。后人为了纪念王阳明及其弟子，曾一度把青原书院的讲堂命名为阳明书院。

---

[1] 聂豹（1487—1563）：字文蔚，号双江。江西吉安府永丰县人。正德十二年（1517）进士，授华亭县令，升御史，历任苏州、平阳知府。

[2] 欧阳德（1469—1554）：字崇一，号南野。江西吉安府泰和县人。明代理学家，著有《欧阳南野集》三十卷、《南野文选》四卷。

青原山阳明书院的后院建有"五贤祠",里面供奉着王阳明、邹守益、聂豹、欧阳德和王时槐五大贤士。1930年,阳明书院毁于战火。

王阳明晚年又被派到南赣任职。当他经过庐陵时重游了青原山,并刻诗于石壁之上,永久留存。但非常遗憾的是,在"文化大革命"时期,王阳明的诗刻连同宋代诗人黄庭坚的诗刻一并被破坏。

第十一章

京师讲学

和黄绾谈立志

正德五年（1510）十一月，王阳明入京朝觐。与龙场的苦难岁月不同，王阳明在庐陵度过了一段平稳安宁的生活。在上京途中，王阳明共写了六首诗，抒发自己在政治大潮中的无力感。他有经世济民之志，但是力量很有限；他有忧世之情，但同时也有超俗之愿。各种复杂的情感在诗中交织。王阳明在庐陵"卧治六月"，这一经历令他感悟到一心为民一样会使内心平静。正因为他有这样平静的心境，所以他在上京途中才能饱享桃花、云水和春山等大自然的乐趣。

一天，王阳明在吉安近郊的香社寺休息，作《午憩香社寺》（《王文成公全书》卷二十）以记，其中写道：

> 修程动百里，往往饷僧居。
> 佛鼓迎官急，禅床为客虚。
> 桃花成井落，云水接郊墟。
> 不觉泥尘涩，看山兴有余。

正德五年三月，王阳明抵达庐陵，十月，启程赴京。他先是沿赣江而下，抵达南昌后，又横渡鄱阳湖，进入长江，然后沿长江而下，经南京来到镇江，接着又从京杭大运河一路北上，途经扬州、淮阴、临清和天津后，最终抵达京城。王阳明在京期间寓居在大兴隆寺。在好友储柴墟的介绍下，黄绾特意前来拜访王阳明。

黄绾（1480—1554），字宗贤，又字叔贤，号久庵、石龙，曾任礼部尚书兼翰林学士，浙江黄岩人，一说浙江绍兴人，是《阳明先生行状》的作者，也是王阳明弟子中第一流的人物。著有《四书五经原古》《明道编》《石龙集》《石龙奏议》《思古堂笔记》和《家训》等。（见余重耀《阳明先生传纂·附阳明弟子传纂》）王阳明入京朝觐，时任后军都督府都事的黄绾特意前来拜访。这是两人第一次见面，黄绾当时并没有拜王阳明为师。黄绾曾在紫霄山中刻苦攻读十余载，深有所得。最初师从谢铎[1]，后来与湛甘泉成为学友，与王阳明也有深交。王阳明、湛甘泉和黄绾三人交往颇深，相互砥砺切磋，一起为复兴圣学而努力。

嘉靖元年（1522），黄绾执贽[2]拜入王阳明门下。明末"三教一致"论的提出者李贽[3]称赞黄绾的这一举动"实乃倔强之举"。（见道光版《王阳明全集·阳明先生年谱》）后来，黄绾极力宣传阳明学，但晚年时在其著作《明道编》中批评王阳明的"致良知"

---

1 谢铎（1435—1510）：字鸣治，号方石。浙江台州府太平县（今浙江温岭）人。明代官员、文学家、理学家，成化、弘治年间"茶陵诗派"的重要成员。

2 执贽：古代礼制，谒见人时携礼物相赠。

3 李贽（1527—1602）：初姓林，名载贽，后改姓李，名贽，字宏甫，号卓吾，别号温陵居士。明代思想家、史学家、文学家，泰州学派的一代宗师。

第十一章　京师讲学

说陷入空虚之弊。

据东正堂的《阳明先生全书论考》(卷十四《年谱一》)记载,在王阳明去世后,黄绾曾大力庇护其子王正亿。王阳明去世后,幼子王正亿年纪尚幼。王畿等人担心正亿受人欺侮和迫害,于是和当时位高权重的黄绾商量,希望他能将正亿领回家中,加以保护。最后由王畿做媒,将黄绾的女儿许配给正亿,两家结为儿女亲家,由黄绾来抚育王阳明的幼子。虽说订了婚约,但当时的正亿和黄绾的女儿都还只是小孩子。

黄绾比王阳明小八岁,听闻王阳明是一位修习"真学问",而不是只知道修习"文字之学"的学者,所以特意前来拜访。其实从祖上开始,黄家和王家的关系就一直很亲睦,但黄绾对王阳明的学问一无所知。当黄绾前来拜访王阳明时,王阳明起身到门口迎接:"此学久绝,子何所闻?"

黄绾回答说:"虽粗有志,实未用功。"

王阳明又说:"人惟患无志,不患无功。明日引见甘泉,订与终日共学。"

翌日,王阳明派人去迎请黄绾和湛甘泉。三人结成学习同盟,一有空暇,定会聚到一起讨论学问或共饮。

前文已述,黄绾年轻时曾师从朱子学大家谢铎,笃志于圣贤之学。王阳明对黄绾的学问非常敬佩,所以才对他如此欢迎。据黄绾所述,他每日都静坐修习周敦颐、程颐、朱熹和陆九渊的学说。据说，谢铎曾向黄绾介绍朱熹高徒黄榦[1]的"克己工夫"，黄绾也是从这一工夫着手，最终得道的。黄绾严守恩师的教诲，切行理学的"去欲"工夫。王阳明很快便了解了黄绾的学风，所以才把他吸收为盟友。黄绾遇到王阳明后，逐渐转变了做学问的方向，开始信奉阳明学。

王阳明和黄绾见面伊始，就谈起了"立志"。黄绾在提问中涉及的"立志"说是一般意义上的"立志"说，而王阳明所提到的"立志"说则不同。在王阳明看来，只要"立志"，就不需要再去考虑是否努力实行或者能否取得成果，因为一旦"立志"，自然就会朝着目标努力，也自然会取得成果，所以说"立志"非常重要。王阳明的"立志"说是基于"心即理"的立场，他认为所有事物都可以归于"吾心"，只要相信"心"的力量，任何目标都可以实现，即只要相信"心即理"，那么"心"自然会努力，也自然能取得成果。王阳明将此称作"本体即工夫"，他认为只要悟得"本体"，那"工夫"自然可以借助"本体"的力量实现，而不是说不具有"工夫"就不能悟得"本体"。不具有"工夫"就不能悟得"本体"，其实是程颐和朱熹的思想，王阳明在这方面的认识和陆九渊的有些相似。

但是，王阳明的"立志"说让人接受起来并不容易，所以他进行了耐心的解释。

翌年，即正德六年（1511），王阳明的弟子林以吉归乡省亲，

---

[1] 黄榦（1152—1221）：字直卿，号勉斋。福建福州府闽县（今福建福州）人。少时师从朱熹，后成为其女婿，并被朱熹视为道统继承人。

王阳明为他写了一篇赠序。

王阳明在《赠林以吉归省序》(《王文成公全书》卷七)中写道:

> 求圣人之学而弗成者,殆以志之弗立欤!天下之人,志轮而轮焉,志裘而裘焉,志巫医而巫医焉,志其事而弗成者,吾未之见也。
>
> 轮、裘、巫医遍天下,求圣人之学者,间数百年而弗一二见,为其事之难欤?亦其志之难欤?弗志其事而能有成者,吾亦未之见也。
>
> 林以吉将求圣人之事,过予而论学。
>
> 予曰:"子盍论子之志乎?志定矣,而后学可得而论。子闽也,将闽是求;而予言子以越之道路,弗之听也。予越也,将越是求,而子言予以闽之道路,弗之听也。
>
> "夫久溺于流俗,而骤语以求圣人之事,其始也必将有自馁而不敢当;已而旧习牵焉,又必有自眩而不能决;已而外议夺焉,又必有自沮而或以懈。夫馁而求有以胜之,眩而求有以信之,沮而求有以进之,吾见立志之难能也已。志立而学半,四子之言,圣人之学备矣。"

此外,在弟子郭善甫[1]归省的时候,王阳明也为他写过一篇赠序(《王文成公全书》卷七),其中以播种为喻,力陈立志的必要性。

---

[1] 郭善甫:名庆,字善甫,号一坡。成化年间人,生卒年不详。明代著名儒师,曾在问津书院讲学。

正德五年十二月，王阳明被任命为南京刑部四川清吏司主事，即当时四川地区的大法官。由于当时湛甘泉、黄绾和王阳明三人已经结成学术同盟，所以湛、黄二人听闻王阳明将要到地方赴任的消息后，都备感遗憾。他们认为无论如何要把王阳明留在京城，于是二人和乔白岩商量之后，一起鼓动户部尚书杨一清，劝他上疏让王阳明留在京城。这一招果然奏效，翌年，即正德六年正月，王阳明被提拔为吏部验封清吏司主事，负责官吏封爵和诰敕草拟等工作。这样一来，王阳明就可以继续留在京城了。

乔白岩（1464—1531），名宇，字希大，号白岩山人，江西乐平人。成化二十年（1484）进士。他为王阳明留京出了不少力。武宗时乔白岩出任南京兵部尚书。宸濠之乱时，他加强了南京的防御，为防止宸濠向东进犯做出巨大贡献，所以在宸濠之乱结束后，他被提拔为太子少保，并在世宗时出任吏部尚书。去世之后，被赐谥号"庄简"，著有《乔庄简公集》。

虽然乔白岩比王阳明年长十五岁，但他对王阳明的学问和品德非常敬服。正德六年，乔白岩出任南京兵部尚书，在赴任之前，他还特意到王阳明的府邸和王阳明一起探讨学问。王阳明为此还特意写了一篇《送宗伯乔白岩序》（《王文成公全书》卷七），其中记述了当时的情景：

> 大宗伯白岩乔先生将之南都，过阳明子而论学。阳明子曰："学贵专。"
> 先生曰："然。予少而好弈，食忘味，寝忘寐，目无改观，耳无改听。盖一年而诎乡之人，三年而国中莫

有予当者。学贵专哉！"

阳明子曰："学贵精。"

先生曰："然。予长而好文词，字字而求焉，句句而鸠焉，研众史，核百氏。盖始而希迹于宋、唐，终焉浸入于汉、魏。学贵精哉！"

阳明子曰："学贵正。"

先生曰："然。予中年而好圣贤之道。弈吾悔焉，文词吾愧焉，吾无所容心矣。子以为奚若？"

阳明子曰："可哉！学弈则谓之学，学文词则谓之学，学道则谓之学，然而其归远也。道，大路也。外是，荆棘之蹊，鲜克达矣。是故专于道，斯谓之专；精于道，斯谓之精。专于弈而不专于道，其专溺也；精于文词而不精于道，其精僻也。夫道广矣大矣，文词技能于是乎出。而以文词技能为者，去道远矣。是故非专则不能以精，非精则不能以明，非明则不能以诚。故曰'惟精惟一'。精，精也；专，一也。精则明矣，明则诚矣。是故：明，精之为也；诚，一之基也。一，天下之大本也；精，天下之大用也。知天地之化育，而况于文词技能之末乎？"

先生曰："然哉！予将终身焉，而悔其晚也。"

阳明子曰："岂易哉？公卿之不讲学也，久矣。昔者卫武公年九十而犹诏于国人曰：'毋以老耄而弃予。'先生之年半于武公，而功可倍之也。先生其不愧于武公哉？某也敢忘国士之交警！"

王阳明认为专注于训诂辞章之学是错误的，圣学需要切实的实践工夫。在王阳明所处的时代，学术氛围非常低迷，王阳明觉得这和当时只注重通过论辩求其名而不注重求其实的社会风潮有关。在谏官王尧卿因病辞职返回家乡陕西终南之际，王阳明为他写了一篇《赠王尧卿序》（《王文成公全书》卷七），其中有这样一句："外夸者，其中日陋。足矣，吾恶夫言之多也！"王阳明借此表达了圣学是一门需要求实的学问的观点。

王阳明担心圣学陷入训诂辞章之弊，也担心圣学成为个人获取功利的手段，于是提出任何事物都要经过切实的实践，极力强调体验在做学问中的重要性。

"明镜"论

前文已述，王阳明离开龙场抵达辰州的时候，曾教授弟子们"静坐"，以使他们能够领悟"知行合一"的主旨。有些弟子误将王阳明的"静坐"说理解为禅宗的"坐禅入定"，为此王阳明还特意写了一封信来解释。

正德五年（1510）十一月，王阳明回到京城，黄绾和应原忠[1]前来拜访，和他一起探讨学问。至此，王阳明、湛甘泉、黄绾和应原忠四人聚到了一起，为复兴圣学而共同努力。王阳明曾对

---

[1] 应原忠：名良，号南洲。浙江台州府仙居县人。正德六年进士，曾任翰林院编修。

黄绾和应原忠说："圣学久不明，学者欲为圣人，必须廓清心体，使纤翳不留，真性始见，方有操持涵养之地。"(《阳明先生年谱》)

应原忠当时已是王阳明的入室弟子，后来为了孝养双亲而辞职返乡，在山中苦读近十年。最后，应原忠又重新踏入官场，出任广东右布政使。

应原忠对王阳明在上文中提到的教诲不太理解，心存疑问。正德六年，王阳明为了解除他心中的疑惑，特意作《答黄宗贤应原忠》(《王文成公全书》卷四)，其中详细阐述了"明镜"[1]论：

> 昨晚言似太多，然遇二君亦不得不多耳。其间以造诣未熟，言之未莹则有之，然却自是吾侪一段的实工夫。思之未合，请勿轻放过，当有豁然处也。
>
> 圣人之心，纤翳自无所容，自不消磨刮。若常人之心，如斑垢驳杂之镜，须痛加刮磨一番，尽去其驳蚀，然后纤尘即见，才拂便去，亦自不消费力。到此已是识得仁体矣。
>
> 若驳杂未去，其间固自有一点明处，尘埃之落，固亦见得，亦才拂便去。至于堆积于驳蚀之上，终弗之能见也。此学利困勉之所由异，幸弗以为烦难而疑之也。
>
> 凡人情好易而恶难，其间亦自有私意气习缠蔽，在识破后，自然不见其难矣。古之人至有出万死而乐为之者，亦见得耳。

---

[1] 明镜：古代的镜子都是铜镜，必须经过打磨才能明亮。

向时未见得向里面意思，此工夫自无可讲处。今已见此一层，却恐好易恶难，便流入禅释去也。昨论儒、释之异，明道所谓"敬以直内"则有之，"义以方外"则未。毕竟连"敬以直内"亦不是者，已说到八九分矣。

在《传习录》上卷中，王阳明曾借用"明镜"来比喻实践修行的重要性，他说："圣人之心如明镜，只是一个明，则随感而应，无物不照。故圣人只怕镜不明，不怕物来不能照。讲求事变，亦是照时事，然学者却须先有个明的工夫。"

而王阳明的高徒徐爱则说道："心犹镜也。圣人心如明镜，常人心如昏镜。近世格物之说，如以镜照物，照上用功，不知镜尚昏在，何能照？先生之格物，如磨镜而使之明，磨上用功，明了后亦未尝废照。"徐爱从王阳明"格物"说的立场解释了王阳明在书信中阐述的"明镜"论，是对王阳明"明镜"论的有力补充。

在上文的书信中，王阳明阐述了儒学和佛学的异同，但是徐爱用"明镜"来论"格物"，从另一个角度指出王阳明的"明镜"论和佛教的"明镜"论存在本质区别。

总之，王阳明的"明镜"论所说的就是"心"的修行。但王阳明又非常担心，如果过于专注于心的修行，就可能会演变成弃绝一切外部事物和人伦道德，最终陷入静寂虚无的"虚禅"世界。鉴于此种担忧，王阳明借用程颢的话，来表明自己的"明镜"论并非如此。

王阳明指出"明道所谓'敬以直内'则有之，'义以方外'则未"，用"义"的有无来区别儒学和佛教。此外，王阳明还指出"释家最终未谈居敬",又用"居敬"的有无来区别儒学与佛教。"居敬"是儒家特有的"心术",也是宋儒用来否定佛教心术的重要概念。王阳明的"明镜"论可以说是"居敬"思想衍生出的产物。

黄绾和应原忠最初难以理解王阳明提出的"廓清心体",于是王阳明向他们解释说:"若识得常人心如明镜,修行自然不觉困难。"

王阳明认为只要悟得"心之本体",那么再困难的"工夫"也可以轻易实现。由此我们可以看出王阳明的"去欲工夫"不同于程颐和朱熹的。也就是说,王阳明认为只要凭借"心之本体"的力量就可以实现"去欲工夫",而程颐和朱熹则认为必须通过"去欲工夫"才能达到"心之本体"。

王阳明主张的是"本体即工夫",而程颐和朱熹主张的则是"工夫即本体"。在当时,王阳明的"本体即工夫"思想还不太成熟,直到他在晚年提出"致良知"之后,这一思想才最终完善起来。对晚年的王阳明来说,"良知"就如同一粒灵药,有点铁化金之效。王阳明悟出"良知"之后,遮蔽"心体"的私意习气就如同将雪投入火炉中一样,瞬间融化无形了。

王阳明晚年将"良知"喻作"明镜",他认为明镜有自净的能力,良知自身也有去除私意习气的能力,所以顺其自然就好。王阳明的这一思想,说得极端一点儿,就是只要顿悟了良知,那万事皆可了。这是典型的"良知现成"论,可见王阳明在晚年陷入了"良知现成"论之弊。

不管怎么说,"明镜"论和"致良知"说之间存在着"本体工夫论"上的差异。前文已述，神秀和慧能曾分别作过两首偈，其中揭示的"明镜"论的差异其实也是"本体工夫论"上的差异。

神秀："身是菩提树，心如明镜台。时时勤拂拭，勿使惹尘埃。"
慧能："菩提本无树，明镜亦非台。本来无一物，何处惹尘埃。"

对于王阳明在写给黄绾和应原忠的书信中阐述的"儒佛论"，许舜屏评价道："一语道破儒、释之别！"

若将王阳明晚年时期的"致良知"说和上文中的"明镜"论做比较，我们会发现提倡"明镜"论时的阳明心学更接近神秀的思想，而提倡"致良知"说时的阳明心学则更接近慧能的思想。提倡"明镜"论时的阳明心学认为"心"和镜子一样，需要打磨，才能廓清私欲；而提倡"致良知"时的阳明心学认为"心体"是主体性的，可以自主性地运动，通过"心体"自身的运动就可以克服私欲。"明镜"意味着澄明的"心体"，王阳明在壮年时提出"明镜"论，将"心体"（也可称为"真性"）喻作"明镜"，这其实为他晚年创立"良知"说埋下了伏笔。一旦他悟出"心体"具有主体性，且可以自主性地运动之后，自然就会悟得"良知"说。

虽然在前文中提到的"明镜"指的就是"心体"（真性），但对王阳明来说，此处的"明镜"更应是"天理之心"。王阳明在龙场悟出"心即理"，故"天理之心"其实就是他所说的"明镜"。只要悟得"天理之心"就是"明镜"，那么一旦私欲产生，"心"就能立刻感知到，自然就会将其拂除。但是，要想真正得到"明镜"之悟并不容易，若非王阳明这样具有远见卓识的人，是很难获得这一体悟的。

王阳明认为"明镜"是人先天具备的东西，但由于受私欲蒙蔽，所以很少有人能够感知到。如果通过实践修行将其擦拭出来，那么"明镜"就会重放光芒；否则，即使觉悟了"明镜"，得到的也只是一片虚影。王阳明特别害怕这种情况发生，于是离开龙场之后教育弟子们要通过"静坐"去悟道，以防陷入追逐虚影之弊。王阳明回到京城之后，曾专门论述"明镜"论，告诫大家要像打磨明镜一样去体悟"天理之心"，要在具体的实践上下功夫。

王阳明所说的"明镜"其实就是《大学》中提到的"明德"。这样想来，王阳明所说的"明镜"和佛教中提到的"明镜"在本质上还是存在差异。前文已述，《大学》中提到了"三纲领"和"八条目"，这些都是高高在上，教人如何去"治人"的学问。"三纲领"的第一条就是"明明德"。"明明德"究竟是指什么呢？说到底就是让人去探明心中的天理。

朱熹对"明德"做了如下阐述："明德者，人之所得乎天，而虚灵不昧，以具众理而应万事者也。但为气禀所拘，人欲所蔽，则有时而昏。然其本体之明，则有未尝息者。故学者当因其所发而遂明之，以复其初也。"（《大学章句》）

朱熹的"明明德"就是要使人原本具有的"明德"光明、显明、昭明、明亮起来。朱熹认为"明明德"包含两层含义：一是因为心中存有"众理"，所以必须存养本心，以充开气禀之拘，克去物欲之蔽；二是必须一个一个地去穷尽万物之理，也即必须去"格物穷理"。

朱熹在《大学章句》中所引用的"虚灵不昧"其实是佛教中的一个概念，但佛教只提到人心的"虚灵不昧"，没有提到人心还具备"众理"，所以朱熹觉得佛教难以应对万事万物。朱熹批评佛教没有"格物穷理",他认为"存养本心"和"格物穷理"同等重要,都是修行中所必需的。

朱熹理解的"格物穷理"其实就是要一个一个地去穷尽万物之理,否则就难以悟得心之"本体"。此外,朱熹提出的"全体大用"说,认为无论做何事,如果不是发于完整的心体,就难以达到很好的效果。要想达到"全体大用",就必须去"格物穷理"。万事万物不论其本末,也不论其精粗,都要事无巨细、一个一个地去穷理。朱熹把"存养本心"和"格物穷理"视作自己的治学之道,他曾强调"人之所以为学,心与理而已"。

但是,王阳明认为朱熹的"人之所以为学,心与理而已"其实是将"心"与"理"人为分割了。王阳明认为"心外无理""心外无物",于是他批评朱熹说:"虚灵不昧,众理具而万事出,心外无理,心外无事。"(《传习录》上卷)

朱熹在《大学章句》中指出:"虚灵不昧,以具众理而应万事者也!"而王阳明则针锋相对地指出:"虚灵不昧,众理具而万事出。"比较二者的差异,会发现朱熹提出的是"具众理",而王阳明提出的是"众理具";朱熹说的是"应万事",而王阳明说的是"万事出"。显而易见,朱熹的"心"与"理"是二分的,"心"与"事"也是二分的;王阳明的"心"与"理"是一体的,"心"与"事"也是一体的。佐藤一斋曾评价王阳明的这句话有"点铁成金"之功效,此处的"铁"指的就是"朱子说"。

但是弟子中有人对王阳明的"心即理"心存疑问,于是列举了程颐的"在物为理"来向他提问。

王阳明对此回答说:"'在物为理','在'字上当添一'心'字,

第十一章　京师讲学

此心在物则为理。如此心在事父则为孝,在事君则为忠之类。……诸君要识得我立言宗旨。我如今说个'心即理'是如何?只为世人分心与理为二,故便有许多病痛。如五伯攘夷狄、尊周室,都是一个私心,便不当理。人却说他做得当理,只心有未纯,往往悦慕其所为,要来外面做得好看,却与心全不相干。分心与理为二,其流至于伯道之伪而不自知。故我说个'心即理',要使知心、理是一个,便来心上做工夫,不去袭义于外,便是王道之真。此我立言宗旨。"(《传习录》下卷)

在王阳明看来,由于"心"与"理"二分,所以即使在内部存在私心,只要在外部表现得合乎道理,也会被认为是"善",结果就出现了齐桓公和晋文公这样的人,他们对外声称"尊王攘夷",其实都藏有私心。王阳明痛感将"心"与"理"二分的弊病,所以提出了"心即理"。其实在宋代已经有人提出了既要外合乎道理,又要内不存私心的主张,只是没发展出"心即理"而已。

总而言之,王阳明所说的"明镜"其实就是《大学》中所言的"明德"。通过上述所言,我们可以发现朱、王二学在"明明德"上存在显著差异。

朱、王二人都认同圣人之心未曾蒙尘,犹如一面"明镜",而凡人之心已经蒙尘,故称之为"昏镜"。此外,镜子追求的都是能够好好照物。朱熹认为凡人要通过"格物穷理"来使心体恢复本来的明亮,得重在照物方面下功夫;而王阳明则认为凡人的"心即理",只要去除心中的欲念,自然就可恢复本来的明亮,重在去欲念方面下工夫。

虽然王阳明提倡"心即理",但他依然认为切实的去欲实践工夫非常重要。到晚年后，虽然王阳明明示了"心即理"的本体是"良知"，并且把"致良知"当作自己治学的宗旨，但他担心众人会因为将"顿悟良知"看作一件极其简单的事而陷入虚妄，还担心众人会忽视切实的实践工夫。

众多门人聚学

前文已述，经户部尚书杨一清推荐，正德六年（1511）正月，王阳明被提拔为吏部验封清吏司主事。同年二月，出任会试的同考试官[1]。当时会试的第一名是邹守益，后来成为王阳明的高徒之一。

邹守益（1491—1562），字谦之，号东廓，江西安福人。谥号"文庄"，被后人尊称为"东廓先生"。正德六年，邹守益参加会试拔得头筹，参加殿试又取得第三名的好成绩，后被任命为翰林院编修。宸濠之乱时，邹守益曾赶往吉安助王阳明平乱。

嘉靖三年（1524）二月，朝廷爆发了争论世宗生父兴献王尊号的事件，史称"大礼议之争"[2]，邹守益因为反对世宗的主张而被打入大牢，然后被贬谪到广德州，后来得以复职，出任南京国

---

1 同考试官：古代官职名，指明清乡试、会试中协同主考或总裁阅卷的官员。
2 大礼议之争：因明世宗生父尊号问题引起的一场规模巨大、旷日持久的政治纷争，以世宗方胜利告终。

子祭酒，但是很快又被夺去官职。晚年致力于讲学授业。世宗去世后，邹守益被追赠为南京礼部右侍郎。

邹守益是王门三派中的"良知正统派"即"良知修证派"的大儒。他很好地传承了阳明学的主旨，致力于修正其他两派，尤其是去除"良知现成派"的流弊。虽然邹守益的治学还是以"致良知"为根本，但是他所说的"良知"更强调天理，还强调敬、戒、惧和慎独等工夫，出现了向朱子学靠近的倾向。黄宗羲在《明儒学案》中评价他说："先生之学，得力于敬。敬也者，良知之精明而不杂以尘俗者也。阳明之没，不失其传者，不得不以先生为宗子也。"

王阳明在担任会试同考官时，录取了邹守益和南大吉等人。南大吉（1487—1541），字元善，号瑞泉，陕西渭南人。正德六年进士，历任户部主事和户部员外郎，后来在绍兴府知府任上致仕返乡，嘉靖二十年（1541）去世。

南大吉二十岁时因为擅长古文辞而闻名于乡野，后来笃志于圣学，慢慢放弃了辞章之学。他性格狂放，不拘小节，追随王阳明致力于实践工夫，最终悟出"人心自有圣贤，奚必他求"。现在传世的《传习录》中卷就是南大吉编纂的。《王文成公全书》中有关南大吉的文章也有数篇，王阳明在每一篇中都对他予以夸赞。曾著有《理学宗传》的孙夏峰评价南大吉说："盖先生之学以致良知为宗旨，以慎独改过为致知工夫，饬躬励行，敦伦叙理，非世儒矜解悟而略检押者可比。故至今称王公高第弟子，必称渭南元善云。"

正德七年（1512）三月，王阳明升任吏部考功清吏司郎中。

据《阳明先生年谱》记载，依据《同志考》，当年已有如下人士跟随王阳明学习。

穆孔晖，字伯潜，号玄庵。山东堂邑人。弘治十八年进士，曾任翰林院检讨和南京太常寺卿等官职。

顾应祥，字惟贤，号箬溪。浙江长兴人。弘治十八年进士。

郑一初，字朝朔，号紫坡。广东揭阳人。曾出任御史。

方献科，初名献科，后名献夫，字叔贤，号西樵。广东南海人（后文还会对此人进行详细介绍）。

王道，字纯甫，号顺渠。正德六年进士。

梁谷，字仲用，号北崖子，又号默庵。山东东平人。正德六年进士，历任吏部主事和德府左长史。

万潮，字汝信，号立斋。江西进贤人。正德六年进士，曾任礼部主事。后来，由于力谏武宗不该南巡，被施以廷杖，且被革除官职。因此，万潮和舒芬[1]、夏良胜[2]、陈九川四人并称为"江西四谏"。世宗登基后，万潮官复原职，后来又升任右副都御史。

---

[1] 舒芬（1484—1527）：字国裳。江西南昌府进贤县人。正德十二年（1517）殿试第一（状元），拜翰林院修撰，后因极力谏阻武宗南巡而遭廷杖三十，左迁福建市舶司副提举，并于此时拜见了王阳明。著有《梓溪文钞》《易问笺》《周礼定本》《东观录》等作品。

[2] 夏良胜（1480—1538）：字于中。江西建昌府南城县人。正德三年进士，因谏阻武宗南巡而遭廷杖。嘉靖初年复官，升任南京太常寺少卿。

陈鼎，字大器。山东登州卫人。弘治十八年进士，曾任陕西参议、应天府尹。

唐鹏，具体信息不详。

路迎，字宾旸，号北村，山东汶上人。正德三年进士，曾出任南京兵部主事，后来升任兵部尚书。师从王阳明之后，开始专心于讲学。

孙瑚，具体信息不详。

魏廷霖，具体信息不详。

萧鸣凤，字子雝，号静庵。浙江山阴人。正德九年进士，年轻时就师从王阳明，后来历任河南副使和湖广兵备副使。

林达，福建莆田人。正德九年进士，曾任南京吏部郎中。

陈洸，具体信息不详。

黄绾，字宗贤，号久庵。（前文已有介绍）

应良，字原忠，号南洲。浙江仙居人。（前文已有介绍）

朱节，字守中，号白浦。山阴白洋人。（前文已有介绍）

蔡宗兖，字希渊，又字希颜，号我斋。浙江山阴人。正德十二年进士，曾任四川提学佥事。（前文已有介绍）

徐爱，字曰仁，号横山，浙江余姚人。（前文已有介绍）

在这些人中，有些在王阳明回京之前就已经师从他，还有一些于正德六年离开了王阳明。所以，《阳明先生年谱》中记载的"正德七年同受业"应该是笔误。

送别方献夫

在上文提到的王阳明的弟子中有一位特殊人物，他就是方献夫。正德六年（1511）正月，王阳明出任吏部验封清吏司主事时，方献夫是吏部郎中，是王阳明的上司。

方献夫，字叔贤，号西樵，谥号"文襄"，广东南海人。弘治十八年（1505）进士，正德年间被任命为礼部主事，后来又转任吏部员外郎。方献夫曾与王阳明交谈，感触颇深，于是向王阳明行弟子礼。据此我们也可以看出王阳明的感化力是多么强大，而方献夫是多么虚心向学。

但是，方献夫身体不太好，最终因病辞职返乡，在西樵的山中苦读十年后，于嘉靖元年（1522）复出，出任武英殿大学士。后在家中休养十年，去世后被追授为"太子太保"。

方献夫归省之际，王阳明特意写了四首诗送别，题为《别方叔贤》（《王文正公全书》卷二十）。王阳明在第一首诗中倾诉了自己的离别之情，非常适合送给归省的友人。"西樵山色远依依，东指江门石路微。料得楚云台上客，久悬秋月待君归。"

后三首诗是论学之诗，第二首诗这样写道："自是孤云天际浮，箧中枯蠹岂相谋。请君静后看羲画，曾有陈篇一字不？"大意是：就如同孤云悬挂于天际一样，虚中本来就藏有实，因此只通过读书是不可能得道的。希望各位能够静下心来，去看一下伏羲创立的八卦，其中又岂有冗余之处？因此要想求道，就不能仅靠读书。王阳明其实是在告诫方献夫，不要陷入朱子学的读书穷理之弊。

接下来，他在第三首诗中写道："休论寂寂与惺惺，不妄由来即性情。笑却殷勤诸老子，翻从知见觅虚灵。"大意是：究竟是让心保持"寂寂"好，还是让心保持"惺惺"好呢？这种讨论根本就毫无意义。人的性情本来就是"不妄"的，宋代诸儒不辞辛苦地通过"知见"去寻觅"虚灵"，这本身就非常可笑。王阳明其实是在用此诗批评宋儒通过胡乱拨弄"知见"去探求人的内心的行为。

最后，王阳明在第四首诗中写道："道本无为只在人，自行自住岂须邻？坐中便是天台路，不用渔郎更问津。"大意是：道本无为，就存在于自己的内心之中。就如同何去何从全由自己决定，不需去询问邻居的意见一样，要想求得自己的道，最终还得靠自己。没有必要前往天台的飞仙灵场，也没有必要去寻找桃花源的入口，这一切其实都蕴藏在我们的内心中，只要向心内求，一切都可以得到。王阳明是想用这首诗告诉方献夫"心即理"，不要向心外求理，一切都可以自悟自得。

可以说，上文中提到的后三首诗展现了王阳明当时的学术造诣。

除了上文中提到的四首诗之外，王阳明还为方献夫写了一篇《别方叔贤序》(《王文成公全书》卷七)，序中记载了王阳明和方献夫会面时的细节以及方献夫的学风等：

> 予与叔贤处二年，见叔贤之学凡三变：始而尚辞，再变而讲说，又再变而慨然有志圣人之道。方其辞章之

尚，于予若冰炭焉；讲说矣，则违合者半；及其有志圣人之道，而沛然于予同趣。将遂去之西樵山中，以成其志。叔贤亦可谓善变矣。

圣人之学，以无我为本，而勇以成之。予始与叔贤为僚，叔贤以郎中故，事位吾上。及其学之每变，而礼予日恭，卒乃自称门生而待予以先觉。此非脱去世俗之见、超然于无我者，不能也。虽横渠子之勇撤皋比，亦何以加于此！独愧予之非其人，而何以当之！

夫以叔贤之善变，而进之以无我之勇，其于圣人之道也何有。斯道也，绝响于世余三百年矣。叔贤之美有若是，是以乐为吾党道之。

王阳明在上文中提到了张载，是为了夸赞方献夫做学问的态度和大儒张载一样。昔时，张载到京城后，一边做官一边讲学。张载以老师自居，召集门徒，每日坐于虎皮之上，向弟子们讲授《周易》。后来，二程也来到京城，当时二人还只是书生。张载和二程会面谈《周易》，深感自己所学不及二程，于是翌日鼓起勇气，撤掉虎皮，对众弟子说："吾平日为诸公说者，皆乱道。有二程近到，深明《易》道。吾所弗及，汝辈可师之。"

张载辞官回到陕西关中老家，终日端坐于一室内，左右遍置书籍，俯可读书，仰可深思。一旦有悟，即使是在夜里，也必秉烛记录下来。就是经过这样的苦学，张载最终著成了《正蒙》。

方献夫和张载一样，归乡之后也是苦读十年。东正堂曾经猜测叔贤所著《周易传义约说》应该是这一时期写成的。（《阳明先

生全书论考》卷三《文录四·序记说》）

方献夫拜王阳明为师一事，如果借用韩愈《师说》中的一句话就是："吾师道也，夫庸知其年之先后生于吾乎？是故无贵无贱，无长无少，道之所存，师之所存也。"

但是，东正堂这样评价韩愈的《师说》：韩愈本打算以老师自居，李翱、张籍等人虽为弟子，却视韩愈为友人，无人敬仰韩愈，故韩愈所著《师说》实乃无用之物。

送别湛甘泉

正德六年（1511）十月，王阳明升任吏部文选清吏司员外郎。文选清吏司是负责文官铨考的机构。是时，湛甘泉被任命为出使安南的使者。在京城时，王阳明一有闲暇必会去拜访湛甘泉，二人同行同饮，切磋学问，一起为复兴圣学而努力。虽然经过二人的努力，复兴圣学已经出现曙光，但朱子学依然是社会的主流思想。湛甘泉离开京城前往安南，必然会给圣学的复兴带来不少障碍，王阳明对此深感忧虑。

王阳明特意为湛甘泉写了两首题为《别湛甘泉二首》（《王文成公全书》卷二十）的送别诗，寄托了自己的依依惜别之情。王阳明在第一首诗中写道：

行子朝欲发，驱车不得留。

> 驱车下长阪，顾见城东楼。
> 远别情已惨，况此艰难秋。
> 分手诀河梁，涕下不可收。
> 车行望渐杳，飞埃越层邱。
> 迟回歧路侧，孰知我心忧！

诗中的"艰难"二字以及"孰知我心忧"一句，表达了王阳明在复兴圣学的"艰难"之秋，面对盟友湛甘泉的离去，内心充满忧虑，非常痛惜的心情。但是，在第二首诗的末尾，他写道：

> 结茆湖水阴，幽期终不忘。
> 伊尔得相就，我心亦何伤！
> 世艰变倏忽，人命非可常。
> 斯文天未坠，别短会日长。

王阳明坚信圣人之道绝不会坠落，日后自己一定还能和湛甘泉相会，到那时就可以选择一块远离尘世的清净之地居住，一起切磋学问。在湛甘泉将要离开京城之际，王阳明在浙江的萧山湘湖附近购买了一块山清水秀之地，建了一座草庵，希望自己将来能够和湛甘泉、黄绾一起在此养老。诗中提到的"幽期"说的便是这件事。

除了送别诗之外，王阳明还特意为湛甘泉写了一篇《别湛甘泉序》(《王文成公全书》卷七)，其中论述古今学术的变迁，以及湛甘泉和自己的学术特色。读罢此文，我们能感受到王阳明对复兴圣学的一腔热情。以下为《别湛甘泉序》的全文：

> 颜子没而圣人之学亡。曾子惟一贯之旨传之孟轲，终又一千余年而周、程续。自是而后，言益详，道益晦；析理益精，学益支离无本，而事于外者益繁以难。
>
> 盖孟氏患杨、墨；周、程之际，释、老大行。今世学者，皆知宗孔、孟，贱杨、墨，摈释、老。圣人之道，若大明于世，然吾从而求之，圣人不得而见之矣。其能有若墨氏之兼爱者乎？其能有若杨氏之为我者乎？其能有若老氏之清净自守、释氏之究心性命者乎？吾何以杨、墨、老、释之思哉？彼于圣人之道异，然犹有自得也。
>
> 而世之学者，章绘句琢以夸俗，诡心色取，相饰以伪，谓圣人之道劳苦无功，非复人之所可为，而徒取辩于言词之间。古之人有终身不能究者，今吾皆能言其略，自以为若是亦足矣，而圣人之学遂废。则今之所大患者，岂非记诵辞章之习！而弊之所从来，无亦言之太详、析之太精者之过欤！夫杨、墨、老、释，学仁义，求性命，不得其道而偏焉，固非若今之学者以仁义为不可学，性命之为无益也。居今之时而有学仁义，求性命，外记诵辞章而不为者，虽其陷于杨、墨、老、释之偏，吾独且以为贤，彼其心犹求以自得也。夫求以自得，而后可与之言学圣人之道。
>
> 某幼不问学，陷溺于邪僻者二十年，而始究心于老、释。赖天之灵，因有所觉，始乃沿周、程之说求之，而

若有得焉。顾一二同志之外,莫予翼也,岌岌乎仆而后兴。

晚得友于甘泉湛子,而后吾之志益坚,毅然若不可遏,则予之资于甘泉多矣。甘泉之学,务求自得者也。世未之能知其知者,且疑其为禅。诚禅也,吾犹未得而见,而况其所志卓尔若此。则如甘泉者,非圣人之徒欤!多言又乌足病也!夫多言不足以病甘泉,与甘泉之不为多言病也,吾信之。吾与甘泉友,意之所在,不言而会;论之所及,不约而同;期于斯道,毙而后已者。

今日之别,吾容无言。夫惟圣人之学难明而易惑,习俗之降愈下而益不可回,任重道远,虽已无俟于言,顾复于吾心,若有不容已也。则甘泉亦岂以予言为缀乎?

由此文可知,王阳明只是言及周敦颐和程颐,丝毫没有提及朱熹,但对于周、程之后的学说,他评价道:"自是而后,言益详,道益晦;析理益精,学益支离无本,而事于外者益繁以难。"

这段话虽然没有直接点出朱熹之名,但其实是对朱子学的暗中批判。

朱熹的辩友也曾批评朱子学陷入"支离",并且强调做学问要注重"自得"。"自得"一词始自孟子,后来程颢和陆九渊对此也极为尊崇。王阳明在《别湛甘泉序》一文里暗中夸赞了陆学,却没敢直接点出陆九渊的名字。后文我们还将详细介绍王阳明当时对"朱陆同异"论的见解。

送别黄绾

据《阳明先生行状》记载,在湛甘泉离开京城一年之后,即正德七年(1512)冬,黄绾也因病返乡。王阳明特意写了诗文送别,还委托黄绾在天台山和雁荡山附近购置土地,修建房屋,以便以后一起养老。王阳明和黄绾的故乡同为浙江,而天台山和雁荡山正是浙江的两座名山。

在隋代,天台宗的开宗祖师智𫖮大师曾在天台山传教,于是天台山声名大噪。雁荡山则是自宋代开始出名,由南雁荡山、中雁荡山和北雁荡山组成,其中尤以北雁荡山风景最佳。雁荡山诸峰林立,奇峭险怪,在顶峰有一个方圆数十里的大湖,湖水常年不枯竭,每当春天来临,必有大雁飞来嬉戏,故取名雁荡山。雁荡山中大小瀑布不可胜数,其中最大瀑布的落差多达数十丈,有"飞流直下三千尺,疑是银河落九天"之势。无怪乎有人称赞"天下奇秀莫出于此山"。

王阳明在《赠别黄宗贤》(《王文成公全书》卷二十)一诗中写道:

古人戒从恶,今人戒从善。
从恶乃同污,从善翻滋怨。
纷纷嫉媚兴,指谪相非讪。
自非笃信士,依违多背面。
宁知竟漂流,沦胥亦污贱。
卓哉汪陂子,奋身勇厥践。

> 拂衣还旧山，雾隐期豹变。
> 嗟嗟吾党贤，白黑匪难辨！

诗中"拂衣还旧山"一句其实是在夸赞黄绾敢于抛弃俗学，立志于圣学，并且笃志于圣贤之道的勇气。

此外，王阳明还在《别黄宗贤归天台序》一文中写道：

> 君子之学以明其心。其心本无昧也，而欲为之蔽，习为之害。故去蔽与害而明复，匪自外得也。
> 心犹水也，污入之而流浊；犹鉴也，垢积之而光昧。孔子告颜渊"克己复礼为仁"，孟轲氏谓"万物皆备于我""反身而诚"。夫己克而诚，固无待乎其外也。
> 世儒既叛孔、孟之说，昧于《大学》"格致"之训，而徒务博乎其外，以求益乎其内，皆入污以求清，积垢以求明者也，弗可得已。

王阳明在后文中写到，每当看到黄绾如饥似渴地听讲的样子，他都会觉得"吾党之良，莫有及者"。

在文章的最后，王阳明又写道："谢病去，不忍予别而需予言。夫言之而莫予听，倡之而莫予和，自今失吾助矣！吾则忍于宗贤之别而容无言乎？宗贤归矣，为我结庐天台、雁荡之间，吾将老焉。终不使宗贤之独往也！"

王阳明在文中吐露了自己对黄绾的深切不舍之情。

在上文中，有两点值得注意。一是王阳明认为理皆归于"吾心",并且将"克己去欲"等去除遮蔽本心障碍的实践工夫比作"磨镜"。王阳明返京之后,特别重视这一实践工夫,并且要求弟子去修行这一实践工夫。二是他明确指出一直以来的"格物致知"说是错误的,但没有直接点明错误的"格物致知"说其实就是朱子学的"格物致知"说。

黄绾回到天台山之后,王阳明还不忘通过书信继续对黄绾施以教诲,据此我们可以窥见王阳明在提出"致良知"说之前的学风是怎样的。

对于黄绾,我们在此稍微多介绍一点。黄绾后来屡获拔擢,最终出任礼部尚书兼翰林院学士,后致仕返乡。黄绾和桂萼曾是挚友,王阳明去世之后,桂萼上疏对王阳明加以批判。黄绾见此情景,立即上疏替王阳明辩护:"臣不敢阿友以背师!"

此外,他还宣传王阳明的"致良知"说:"致良知之说实乃依照古之圣贤之言作成,即'致知'出于孔子,'良知'出于孟子。"

前文已述,黄绾为了保护王阳明的幼子王正亿,将自己的幼女许配给他。

在长年的交往中,黄绾与王阳明结下了真挚的友谊,且他一直宣扬王阳明的"致良知"说,但是在晚年,黄绾一改自己的主张,开始批判王阳明的学说。

黄绾著有十二卷的《明道编》,我们从中基本可以了解黄绾批判阳明学的概要。黄绾在晚年向弟子们讲学时,不仅批判阳明学,对湛甘泉的学说也予以批判。他指出:"予尝与阳明、甘泉日相砥砺,同升中行,然二公之学,一主于致良知,一主于体认天理,于予心尤未有莹,乃揭艮止、执中之旨,昭示同志,以为圣门开示切要之诀，学者的确工夫，端在是矣，外是更无别玄关可入也。"

"艮止"是《周易》中的概念，意指在该"止心"时应该让心保持静止，不要有任何的活动。"执中"是《尚书》中的概念，意指要恪守中庸之道，不要"过犹不及"。

此外，黄绾还指出：

> 予昔年与海内一二君子讲习，有以致知为至极其良知，格物为格其非心者。又谓格者，正也，正其不正，以归于正。致者，至也，至极其良知，使无亏缺障蔽。以身、心、意、知、物合为一物而通为良知条理。格、致、诚、正、修合为一事而通为良知工夫。又云，克己工夫全在格物上用，克其己私，即格其非心也。又令看《六祖坛经》，会其本来无物，不思善，不思恶，见本来面目为直超上乘，以为合于良知之至极。又以《悟真篇后序》为得圣人之旨。以儒与仙、佛之道皆同，但有私己同物之殊，以孔子《论语》之言，皆为下学之事，非直超上悟之旨。
>
> 予始未之信，既而信之，又久而验之，方知空虚之弊，误人非细。信乎差之毫厘，谬以千里，可不慎哉！

在上文中，黄绾对王阳明进行了激烈的批判，批评阳明学最终陷入禅学之弊。此外，黄绾还评价阳明学是"实失圣人之旨，必将为害，不可不辨"。

为何黄绾在晚年要对王阳明的"致良知"说提出批判呢？这是因为阳明门下的良知现成派末流抛弃了阳明学的主旨，渐渐陷入流弊。王阳明去世之后，黄绾其实非常尊崇王阳明，不仅为"致良知"说辩护，还大力宣扬"致良知"说，后来由于担心阳明学支流的弊害，于是一改主张，开始批判阳明学。

阳明的出世倾向

王阳明返京之后，虽然过上了官宦生活，但仍经常羡慕隐士的高风亮节，有时心中会涌起隐遁山林之意。因此，王阳明一有闲暇就去游山玩水，顺便游览位于深山幽境中的寺院。他曾作《寄隐岩》(《王文成公全书》卷二十)，开篇写道："每逢山水地，便有卜居心。"

而在湛甘泉出使安南的前一年，王阳明就游览了香山，并且宿泊在香山寺。香山是京城西郊的一处山清水秀之地，有许多有名的佛寺和道观。王阳明在香山作《香山次韵》(《王文成公全书》卷二十)一诗：

> 寻山到山寺，得意却忘山。
> 岩树坐来静，壁萝春自间。
> 楼台星斗上，钟声翠微闲。
> 顿息尘寰念，清溪踏月还。

在诗中，王阳明记述了自己登香山的经历：登上香山之后，静坐于幽境之中，望着天空中的星星，听着从树林间传来的钟声，仿佛已经脱离了俗世，然后带着这份心情返回住处。王阳明找寻这样的幽境，其实就是为了追寻"物外（俗世之外）之情"。在香山期间，王阳明还作了《夜宿香山林宗师房次韵二首》(《王文成公全书》卷二十)，其中有这样的诗句："幽壑来寻物外情。""久落泥涂惹世情，紫崖丹壑是平生。养真无力常怀静，窃禄未归羞问名。"

从诗中我们可以看出，王阳明平生羡慕仙境，但一直未能得道，他为自己不能抛弃俗心，不能切断官场名利的牵绊而感到羞愧，所以他才会去寻找幽境，希望借此来求得"物外之情"。

身为一位儒者，王阳明为何会羡慕仙境呢？其实不只是王阳明，这种情结在很多儒者身上都有体现。儒者羡慕仙境，并不像隐士那样是因为厌倦了尘世，希望永远隐遁山林，而是为了追寻高远的理想。在仙人栖居的深山幽谷中游历，通过游历让自己忘却俗情，这样的生活才更符合儒者的心境。

"朱陆同异"论

据《王文成公全书》卷四《文录一》的"书一"记载，辛未年，即正德六年（1511），王阳明给徐成之写了一封信(《答徐成之》)。据《王文成公全书》卷二十《外集三》的"书"记载，在壬午年，王阳明又给徐成之写了两封信。壬午年是嘉靖元年（1522），王阳明时年五十一岁。

徐成之曾向王阳明请教朱陆同异的问题，《外集三》中记载的书信内容正是王阳明对这一问题的回答。王阳明在信中阐述了调停朱陆的观点。

但这存在一个问题，王阳明在四十九岁时提出了"致良知"说，公开批判朱子学，所以在五十一岁时根本不可能提出"朱陆调和"论，因此上文中的记载应该是笔误。王阳明给徐成之写的后两封信的确切时间是壬申年，而不是壬午年。壬申年，即正德七年（1512），王阳明四十一岁时。

此外，根据《王文成公全书》中按照年代顺序来叙事的体例，也可以断定壬午年应该是壬申年的笔误。又，《王文成公全书》中的《阳明先生年谱》将王阳明后来给徐成之写两封信的时间记作正德六年，这应该也是一处笔误。

据《阳明先生年谱》记载，在龙场时，席元山曾经向他请教过有关朱陆同异的问题，但王阳明当时并没有直接回答，而是和席元山谈起了"知行合一"说。至于王阳明为何没有回答席元山的问题，《阳明先生年谱》中没有记载。

王阳明在龙场顿悟中悟出了"心即理"后，阳明学变得更加倾向于陆学。自元代以来，"朱陆同异"论就成为儒学的一个大问题。"朱陆同异"论辩论的最终结果会导向"朱陆同调"论，但是朱子学者又不愿意承认"朱陆同调"论，因为一旦承认"朱陆同调"论，就会被认为是赞同陆学，从而给自己惹来一些麻烦。

在王阳明所处的时代，朱子学昌盛至极，如果有人敢冒天下之大不韪夸赞陆学，就会立刻遭到全面攻击，陷入孤立无援的境地。因此在龙场时，王阳明故意没有触及"朱陆同异"论。但是返回京城之后，面对徐成之关于"朱陆同异"的提问，王阳明就不能不正面回应了。

徐成之，名守诚，浙江余姚人，其他信息不详。根据王阳明的回信，可以推测出徐成之应该是笃信朱子学。通过王阳明在正德六年写给徐成之的书信，可以得知王阳明和郑岳[1]在旅馆会面的时候，徐成之也恰好在场。王阳明和他聊起一些日常生活问题，发现徐成之不仅是自己的同乡，还是一位笃学之士，于是给他写了一封激励的信，并加上一些嘱咐。

当时徐成之在乡里被骂作远离时世的"愚儒"，但他依然自立自强，勤勉学习。王阳明在信中为自己未能对徐成之提供帮助而感到惭愧，希望能够对徐成之施以援手。王阳明在信中还写道："近为成之思进学之功，微觉过苦。先儒所谓志道恳切，固是诚意。然急迫求之，则反为私己，不可不察也。"据此可以看出，当时徐成之求学显得有些急躁。

王阳明接下来又说："日用间何莫非天理流行，但此心常存而不放，则义理自熟。"王阳明向徐成之阐述了"存心"工夫，并告诫他做学问不能过于急躁，还列举了孟子的"勿忘勿助""深造自得"之训，希望他能够学有所成。其实王阳明在信中阐述的

---

[1] 郑岳（1468—1539）：字汝华，号山斋。福建莆田人。弘治六年（1493）进士，曾任户部主事。后因反对宁王宸濠侵田夺民被罢官，其子被构陷通贿。宸濠之乱后又被起用。与王阳明有交往，王阳明称"相见于逆旅"。

正是自己的"实践"工夫。龙场顿悟之后，王阳明倾心于孟子的心学，要求他人注重实践也是必然。

据《阳明先生年谱》记载，徐成之曾与信奉陆学的王文辕论"朱陆同异"，但二人见解不同，于是徐成之写信给王阳明，请他来裁决。

王阳明给徐成之回了两封信，其中表达了自己对于"朱陆同异"的观点。

第一封书信（摘录）：

承以朱、陆同异见询。学术不明于世久矣，此正吾侪今日之所宜明辨者。细观来教，则舆庵之主象山既失，而吾兄之主晦庵亦未为得也。是朱非陆，天下之论定久矣，久则难变也。虽微吾兄之争，舆庵亦岂能遽行其说乎？

故仆以为二兄今日之论，正不必求胜。务求象山之所以非，晦庵之所以是，穷本极源，真有以见其几微得失于毫忽之间。若明者之听讼，其事之曲者，既有以辨其情之不得已，而辞之直者，复有以察其处之或未当。使受罪者得以伸其情，而获伸者亦有所不得辞其责，则有以尽夫事理之公，即夫人心之安，而可以俟圣人于百世矣。

今二兄之论，乃若出于求胜者，求胜则是动于气也，动于气，则于义理之正何啻千里，而又何是非之论乎！凡论古人得失，决不可以意度而悬断之。

今舆庵之论象山曰:"虽其专以尊德性为主,未免堕于禅学之虚空,而其持守端实,终不失为圣人之徒。若晦庵之一于道问学,则支离决裂,非复圣门诚意正心之学矣。"

吾兄之论晦庵曰:"虽其专以道问学为主,未免失于俗学之支离,而其循序渐进,终不背于《大学》之训。若象山之一于尊德性,则虚无寂灭,非复大学'格物致知'之学矣。"

夫既曰"尊德性",则不可谓"堕于禅学之虚空","堕于禅学之虚空",则不可谓之"尊德性"矣。既曰"道问学",则不可谓"失于俗学之支离","失于俗学之支离",则不可谓之"道问学"矣,二者之辩,间不容发。然则二兄之论,皆未免于意度也。

昔者子思之论学,盖不下千百言,而括之以"尊德性而道问学"之一语。即如二兄之辩,一以"尊德性"为主,一以"道问学"为事,则是二者固皆未免于一偏,而是非之论尚未有所定也,乌得各持一是而遽以相非为乎?故仆顾二兄置心于公平正大之地,无务求胜。夫论学而务以求胜,岂所谓"尊德性"乎?岂所谓"道问学"乎?以某所见,非独吾兄之非象山、舆庵之非晦庵皆失之非,而吾兄之是晦庵、舆庵之是象山,亦皆未得其所以是也。稍暇当面悉,姑务养心息辩,毋遽。

从中可以看出,王阳明觉得徐成之和王文辕对朱陆同异的争论其实是基于各自的求胜心，所以他觉得二人与其去争论朱陆的异同，还不如去克服自己的求胜心。王阳明告诫二人不要评论别人的是与非，首先要去判清自己的是与非。

前文已述，王阳明在龙场时，席元山曾向他请教过"朱陆同异"论的问题，但他没有回答，而是谈了自己的"知行合一"说。在此前一年，王阳明在"龙场顿悟"中悟出要通过"体认自得"去"格物致知"。他觉得"体认自得"要比"朱陆同异"更为重要，所以才没有回答席元山的问题。

在王阳明看来，"格物致知"并不是单纯的主知性的工夫，而是要通过"体认自得"才能实现，这和朱熹提倡的"先知后行论"完全不同。朱熹认为"格物致知"是"知"的工夫，而"正心诚意"是"行"的工夫，坚持的是"知行二分"的立场，而王阳明坚持的则是以"行"为主的"知行合一"的立场。如果套用《中庸》中的话，那么"知"就是"道问学"，"行"就是"尊德性"，朱子学以前者为主，而陆学则以后者为主。

王阳明在回答徐成之的"朱陆同异"论的问题时，和在龙场时一样，依然刻意回避谈及朱陆两学的是与非，阐述的仍是"体认自得"之学。但又和在龙场时有些许不同，他的回答不可避免地对朱子学和陆学进行了比较。

在第一封书信中，王阳明没有将"尊德性"和"道问学"视作两种工夫，而是将二者视作一个整体，这和王阳明提出的"知行合一"说的主体是相同的。

第二封书信（摘录）：

昨所奉答，适有远客酬对纷纭，不暇细论。姑愿二兄息未定之争，各反究其所是者，必己所是已无丝发之憾，而后可以及人之非。

早来承教，乃为仆漫为含糊两解之说，而细绎辞旨，若有以阴助舆庵而为之地者，读之不觉失笑。曾为吾兄而亦有是言耶？仆尝以为君子论事当先去其有我之私，一动于有我，则此心已陷于邪僻，虽所论尽合于理，既已亡其本矣……

舆庵是象山，而谓其"专以尊德性为主"，今观《象山文集》所载，未尝不教其徒读书穷理……独其"易简觉悟"之说颇为当时所疑。然"易简"之说出于《系辞》，"觉悟"之说虽有同于释氏，然释氏之说亦自有同于吾儒，而不害其为异者，惟在于几微毫忽之间而已。亦何必讳于其同而遂不敢以言，狃于其异而遂不以察之乎？是舆庵之是象山，固犹未尽其所以是也。

吾兄是晦庵，而谓其"专以道问学为事"。然晦庵之言，曰"居敬穷理"，曰"非存心无以致知"……是其为言虽未尽莹，亦何尝不以尊德性为事？而又乌在其为支离者乎？……世之学者挂一漏万，求之愈繁而失之愈远，至有敝力终身，苦其难而卒无所入，而遂议其支离。不知此乃后世学者之弊，而当时晦庵之自为，则亦岂至是乎？是吾兄之是晦庵，固犹未尽其所以是也。

……仆尝以为晦庵之与象山，虽其所为学者若有不同，而要皆不失为圣人之徒。今晦庵之学，天下之人童而习之，既已入人之深，有不容于论辩者。而独惟象山之学，则以其尝与晦庵之有言，而遂藩篱之。使若由、赐之殊科焉，则可矣，而遂摈放废斥，若斌珠之与美玉，则岂不过甚矣乎？

夫晦庵折衷群儒之说，以发明"六经"、《语》、《孟》之旨于天下，其嘉惠后学之心，真有不可得而议者。而象山辨义利之分，立大本，求放心，以示后学笃实为己之道，其功亦宁可得而尽诬之！而世之儒者，附和雷同，不究其实，而概目之以禅学，则诚可冤也已！故仆尝欲冒天下之讥，以为象山一暴其说，虽以此得罪，无恨。

仆于晦庵亦有罔极之恩，岂欲操戈而入室者？顾晦庵之学，既已若日星之章明于天下，而象山独蒙无实之诬，于今且四百年，莫有为之一洗者。使晦庵有知，将亦不能一日安享于庙庑之间矣。

此仆之至情，终亦必为吾兄一吐者，亦何肯"漫为两解之说以阴助于舆庵"？

和上封信一样，王阳明依然在规劝二人放弃朱陆之争，让他们去克服自己的求胜心。据此也可以看出，王阳明当时采取的是调停朱陆之争的态度。

当时有人觉得陆学因为专一于"尊德性"，所以陷入禅学空虚之弊。王阳明对此解释说，陆九渊其实也在教弟子读书穷理，所以根本没有陷入禅学的空虚之弊。当时还有人觉得朱熹因为专一于"道问学"，所以陷入俗学的支离之弊。王阳明对此辩解道，朱熹也在提倡"尊德性"，并没有陷入俗学的支离之弊。

王阳明非常想调停朱陆之争，但他同时也看到了朱子学风靡于世，陆学蒙冤三百多年，没有人敢为它出头的现状。王阳明在上文中吐露了自己的至情至性——他想为遭世人责难的陆学昭雪，并将其视为自己的责任，还指出这其实也是朱熹的遗愿。

王阳明毫不避讳自己从朱熹处得到了诸多"恩惠"。在当时，若有人敢肯定陆学，就会立刻成为众矢之的，即使是调停朱陆之争，也会遭受众人的责难，但王阳明还是勇敢地表达了自己的观点。

王阳明在晚年确立了自己的理论，当他再回过头去看自己当年在书信中提到的"朱陆调和"论，自然会发现诸多不足，这可能也是他不愿将这两封书信收录到《传习录》中的原因吧！

王阳明抱持"朱陆调和"论有很长一段时间，一直到晚年，他才积极提倡陆学，但同时也指出陆学不可避免地存在粗略之处。

在上文中，王阳明认为朱熹和陆九渊都有争胜之心，所以二人不及颜回和程颢，这一观点对考证王阳明的学统非常重要。此外，王阳明还指出圣人之所以能够成为圣人，并不是因为他们不犯错，而是因为他们敢于改正自己的错误，这给有志于圣学的弟子们送上了"顶门一针"。

"未发已发"论和"体用"论

正德六年（1511），王阳明给汪俊回了一封信，其中阐述了"未发已发"论和"体用"论。"未发已发"论和"体用"论是程、朱以来宋明儒学的重要课题，但是一直到正德六年，王阳明才最终提出了自己的"未发已发"论和"体用"论。

《明儒学案》中的《诸儒学案》详细记载了汪俊的相关信息。汪俊，字抑之，号石潭，江西弋阳人，谥号"文壮"，弘治六年（1493）进士，授官翰林院编修，曾参与编写《孝宗实录》。正德初年，汪俊受宦官刘瑾的迫害，被贬为南京工部员外郎。刘瑾被处死后，汪俊重回翰林院。嘉靖年间汪俊屡获拔擢，最终升任礼部尚书兼国史副总裁。后来在"大礼议之争"时，汪俊因触怒世宗被迫请辞返乡，不久去世。隆庆年间被追授为"太子少保"。汪俊和王阳明都是在刘瑾被处死之后才返京的，二人可能正是在这时相识的。

黄宗羲在《明儒学案》中写道：汪俊治学以程朱为宗，认为圣人之学不失其本心，便是"复性"，这和王阳明"心即理"的主张是一致的，但是汪俊批评王阳明没有"穷事物之理"，只专注于守护自己的本心，故不能"存理"，所以汪俊的观点本身就是自相矛盾的。

东正堂对此批评黄宗羲说：石潭只是一家之说，根本未陷入自相矛盾，黄宗羲之论缺乏定见。

一日，王阳明和汪俊讨论《中庸》中的"中和"。随后，汪俊就相关疑问给王阳明写了一封信，王阳明在回信中指出他观点中的错误之处。

这封信后来被收录在《王文成公全书》卷四中，题为《答汪石潭内翰》，其内容大致如下：

> 夫喜怒哀乐，情也。既曰不可，谓未发矣。喜怒哀乐之未发，则是指其本体而言，性也。斯言自子思，非程子而始有。执事既不以为然，则当自子思《中庸》始矣。喜怒哀乐之与思与知觉，皆心之所发。心统性情。性，心体也；情，心用也。程子云："心，一也。有指体而言者，寂然不动是也；有指用而言者，感而遂通是也。"斯言既无以加矣，执事姑求之体用之说。
>
> 夫体用一源也，知体之所以为用，则知用之所以为体者矣。虽然，体微而难知也，用显而易见也。执事之云不亦宜乎？
>
> 夫谓"自朝至暮，未尝有寂然不动之时"者，是见其用而不得其所谓体也。君子之于学也，因用以求其体。凡程子所谓"既思，既是已发；既有知觉，既是动"者，皆为求中于喜怒哀乐未发之时者言也，非谓其无未发者也。
>
> 朱子于未发之说，其始亦尝疑之，今其集中所与南轩论难辨析者，盖往复数十而后决，其说则今之《中庸注疏》是也，其于此亦非苟矣。独其所谓"自戒惧而约之，以至于至静之中；自谨独而精之，以至于应物之处"者，亦若过于剖析。

而后之读者遂以分为两节，而疑其别有寂然不动、静而存养之时，不知常存戒慎恐惧之心，则其工夫未始有一息之间，非必自其不睹不闻而存养也。

吾兄且于动处加工，勿使间断。动无不和，即静无不中。而所谓寂然不动之体，当自知之矣。未至而揣度之，终不免于对答说相轮耳。

然朱子但有知觉者在，而未有知觉之说，则亦未莹。吾兄疑之，盖亦有见。但其所以疑之者，则有因噎废食之过，不可以不审也。

君子之论，苟有以异于古，姑毋以为决然，宜且循其说而究之，极其说而果有不达也，然后从而断之，是以其辨之也明，而析之也当。盖在我者，有以得其情也。

今学如吾兄，聪明超特如吾兄，深潜缜密如吾兄，而犹有未悉如此，何邪？吾兄之心，非若世之立异自高者，要在求其是而已，故敢言之无讳。有所未尽，不惜教论。不有益于兄，必有益于我也。

王阳明在回信中阐述了自己的"未发已发"论和"体用"论。汪俊认为应该求"未发之中"于"喜怒哀乐未发之时"，而王阳明则认为"未发之中"其实就是心之"本体"，并且体用一源，但有"显微"之别，"体"微而难知，"用"显而易见。王阳明晚年将"未发之中"发展为"良知"，认为"未发之中"是心之"本体"，心之"本体"就是"良知"，故"未发之中"也就是"良知"。

阳明学的一大特色就是将"未发已发"论视作"体用"论，

并且强调"体用一源",提倡通过"用"去求"体"。

王阳明规劝众人不要求"未发之中"于"喜怒哀乐未发之时",即不要只在"静"时去求"未发之中"。曾有弟子问他:"宁静存心时,可为未发之中否?"

王阳明回答说:"今人存心,只定得气。当其宁静时亦只是气宁静,不可以为未发之中。"

此外,王阳明还阐述了求"气宁静"的弊害,并指出"求中"修行和"气"的宁静与否没有关系,而与"去人欲,存天理"的工夫有很大关系。(见《传习录》上卷)

在上文的书信中,王阳明还指出,为了不使动时修行中断,不仅要在静处做到"中",还需要在动处做到"和",其实是进一步强调了"动时工夫"的重要性。

对"中和"说论述得最详尽的应该还是朱熹,他曾写过四篇关于"中和"说的文章。但是朱熹的"中和"说在前期和后期存在巨大差异,所以后人普遍将他在《中庸章句》中论述的"中和"说当作定说。朱熹的"中和"说出现了"求未发于静时"的倾向,而王阳明则将"未发"视作"体",并认为可从"用"上,也即从"动时"求"未发"。

朱熹"求未发于静时"的倾向和宋代的主静思潮有关,而王阳明"求未发于动时"的主张则和明代的主动思潮有关。

通过上文中的书信,我们基本可以了解王阳明"体用"论的概要。王阳明去世之后,部分弟子误解了他"以用求体"的本意,而简单地理解为"用即体",于是失去了宽容敦厚的气度,日常言行也变得粗暴鲁莽。良知归寂派的聂豹见此情形,便努力用自己所创的"归寂"说去纠正他人的行为。

东正堂对此评价说：王门诸子中，尤其是聂豹，他用"归寂"说去探寻阳明先生的本意，然后再对照朱熹的"中和四说"，终于明见阳明之学的精粗得失，这绝非一朝一夕之功。（见《阳明先生全书论考》卷一《文录一·书》）

毫无疑问，聂豹的"归寂"说给陷入猖狂之弊的王门支流送上了"顶门一针"。

此外，还需要注意的是，在上文的书信中，王阳明认为朱熹的"动静"工夫可能会发生间断。无论是"体用"，还是"动静"，王阳明都特别注重追求工夫的连续性，若从这一观点来看，不得不说朱子学陷入了剖析之弊。

此外，王阳明还阐述了修行中的"体认"，也即"自知"的重要性，并且排斥"臆测"。王阳明在信中还提到"盖在我者，有以得其情也"，这句话很好地展现了王阳明提倡"体认自得"之学的本来面目。

在上文书信的末尾，王阳明写道："有所未尽，不惜教论。不有益于兄，必有益于我也。"

浏览王阳明写给弟子们的信件，我们会发现他经常使用这样的"甜言蜜语"来结尾。弟子们看到老师这般说，自然会精神振奋，心情激动。

第十二章

滁州讲学

与徐爱论学

正德七年（1512）三月，四十一岁的王阳明升任考功清吏司郎中。同年，王阳明的弟子兼妹婿，即担任祁州知州的徐爱因两年任期已满来到京城。当初，王阳明被贬谪到贵州龙场，在途经杭州时收徐爱为弟子。此时，王阳明仕途稍顺，又能与心爱的弟子重聚，其欢喜之情不难想象。师徒二人久别重逢，不禁要促膝长谈。

其间，王阳明向弟子讲起自己龙场悟道一事，并阐述了"知行合一"说、"明镜"论等观点。然而，由于当时程朱理学在思想领域占主导地位，所以王阳明提出的观点显得十分另类，可是徐爱能充分理解老师的观点，可谓志同道合。

孔子就教育问题曾说过："不愤不启，不悱不发，举一隅不以三隅反，则不复也。"（《论语·述而》）也就是说，教学生不到他冥思苦想而仍不得要领时不要去开导他，不到他想说而又说不出来的程度不要启发他。如果他不能举一反三，就不要再反复给他举例了。在这一点上，徐爱完全没有辜负老师的期望。

此时，王阳明的周围又聚集了大批弟子，当他们了解了王阳明所提出的新学说后无不欢欣雀跃。其中，学者郑一初听完王阳明的讲学后曾激动地感叹道，恰如久陷混沌而终醒悟，又如久困滩涂而终踏上康庄大道。

然而，在正德七年十二月时，王阳明费尽心力的讲学活动不得不暂告一段落，因为他被任命为南京太仆寺少卿[1]，要离开京城到南京赴任。同时，徐爱被任命为南京工部员外郎，也要去南京。而王阳明的挚友黄绾、郑一初则因病返乡。

在赴任途中，王阳明与同行的徐爱乘船自运河而下，他在船头几度远眺故乡，思乡之情溢于言表。同时，王阳明在船上还为弟子讲解了《大学章句》，该书是黄绾在返回天台山前赠予王阳明的。王阳明在讲解朱熹的《大学章句》的同时，对其观点也进行了批判，因此他所讲解的《大学章句》完全不同于朱熹的《大学章句》。

朱熹在《大学章句》中对《大学》的论点做了详尽解说，《大学章句》被公认为当时最正确的学说。因此，社会上的读书人几乎都读《大学章句》，并将其观点奉为信条。然而，王阳明所提出的新说彻底颠覆了朱熹的主张。对此，徐爱震惊之余，觉得老师的观点难以理解。

之后，在与王阳明的反复讨论中，徐爱终于领悟了老师的观点。他用"自长眠中醒来而觉混沌初开"来形容自己当时的感受，由此可见其兴奋欣喜之情。与此同时，徐爱也第一次领悟到，尧舜禹与孔孟的主张之间虽然存在差异，但最终是殊途同归的。

徐爱将此论道过程进行了记录整理，在正德十三年（1518）春，

---

[1] 南京太仆寺掌管南直隶马政，少卿为副官员。

也就是他去世前夕，编撰成《传习录》。该书书名是由他亲自选定的。

"传习录"一词出自《论语·学而篇》："曾子曰：'吾日三省吾身，为人谋而不忠乎？与朋友交而不信乎？传不习乎？'"其中，"传不习乎"的意思是"要经常温习老师所教授的东西，才能确定自己是否真正掌握"。不过，朱熹将这句话理解为"唯习而传"，意思是"只有通过学习，才能将自身没有掌握的知识教授给他人"。为了充分领悟老师的观点，徐爱经常翻阅笔记，并将这作为一种自省的方式，因此他将自己的笔录命名为《传习录》。

徐爱的笔记全部被收录在《传习录》的上卷中，最初的十四篇不仅记录了他在船上听王阳明讲学的过程，还包括他在京师的所学、所见。

令人遗憾的是，徐爱仅留下一部《传习录》残篇就英年早逝了。后来，学者薛侃（字尚谦）将徐爱的笔录与陆澄（字原静）的笔录合订成书，沿用原名于正德十三年在虔州[1]出版。此时，王阳明四十七岁。

后来，学者南大吉将王阳明的五篇著作加入《传习录》中，并在越地[2]刻版印刷，当时人们称其为《传习后录》。这是一部关于王阳明与弟子、友人论学的著作。此书在嘉靖三年（1524）出版，该书的内容被收录在今本《传习录》中卷。

---

1 即江西赣州。
2 今浙江绍兴。

王阳明的弟子钱德洪将《传习录》分为上、中、下三卷，其中下卷的内容主要是王阳明弟子们的笔录。这就是我们现在所看到的《传习录》全本。这部完整的《传习录》出版于王阳明辞世三十年后，即嘉靖三十七年（1558）。其中中卷内容有所增补，原有的叙述体也被改为问答体。

《传习录》上卷主要记录的是王阳明在提出"致良知"说之前的一些学术思想，中卷记录的是王阳明提出"致良知"说后的后期学术思想。我们不难发现晚年王阳明的学术思想已臻于完善、成熟。《传习录》下卷记录的则是王阳明自青年时代至去世前所提出的全部学说，以及弟子们对老师垂暮之年的学术思想的领悟。当然，将这三卷内容合称为《传习录》，也是出于对徐爱的尊敬。

需要了解的是，该书上卷是经由王阳明亲自批阅的，中卷则是王阳明亲书，而下卷并未经过王阳明批阅。虽然上卷记录的是王阳明中年时期的一些学术思想，但很多心学门人将这一时期的思想作为后期"致良知"的基础，着力研究并衍生出新的学派。同时，还有一些心学家将下卷中王阳明的临终教诲作为心学宗旨，并以此为根本来发展、壮大阳明学派。

《大学》学什么

最初，《大学》和《中庸》不过是《礼记》中的两篇文章，朱熹将《大学》从《礼记》中单独摘出，将其与程学的入门书《中庸》《论语》《孟子》合称为"四书"。后世各朝皆将"四书"列为科举考试范围。

朱熹将《大学》分为"经"一章、"传"十章，并对"传"中的内容进行了补充。其中，"经"为孔子所言、曾子记录的，"传"则为曾子弟子们的笔录。当时，人们要学儒学必先读"四书"，而要读"四书"则必先读《大学》，因为该书所讲述的正是一些学习的基本方法。

《大学》中最先讲到的是"三纲领"与"八条目"。所谓"三纲领"就是"明明德""亲民""止于至善"；"八条目"是"正心""诚意""格物""致知""修身""齐家""治国""平天下"。

《大学》之名是相对《小学》而言的，后者是针对儿童的启蒙教育。而《大学》则是教导成人如何成就德性，其涵盖内容要比《小学》深远广泛得多。

如前所述，朱熹对《大学》中的错漏之处进行了适当的删减和补充。因此，人们一般将朱熹的修订本称为"新本"，而将《礼记》中原有的本子称为"古本"或"旧本"。"古本"或"旧本"《大学》并未像"新本"那样分"经""传"来讲解，而是全篇一气呵成。

在王阳明所处的时代，朱熹的"新本"《大学》较为普及，当时很多学者也十分推崇这个版本。同时，朱熹所著的《大学章句》对《大学》中的观点也进行了详解。但是，王阳明认为"新本"有误而"旧本"才是正统。他将这一观点告诉了徐爱，并对朱熹所持的观点进行了批判。

由于王阳明所阐述的《大学》是对传统朱子学的彻底颠覆，

所以不难想象徐爱初闻此论时的惊愕之情。对此,他在《传习录》的序文中这样写道:

> 先生于《大学》"格物"诸说,悉以旧本为正,盖先儒所谓误本者也。爱始闻而骇,既而疑,已而殚精竭思。参互错综,以质于先生,然后知先生之说,若水之寒,若火之热,断断乎"百世以俟圣人而不惑"者也。
>
> 先生明睿天授,然和乐坦易,不事边幅。人见其少时豪迈不羁,又尝泛滥于辞章,出入二氏之学,骤闻是说,皆目以为立异好奇,漫不省究。不知先生居夷三载,处困养静,精一之功,固已超入圣域,粹然大中至正之归矣。
>
> 爱朝夕炙门下,但见先生之道,即之若易而仰之愈高,见之若粗而探之愈精,就之若近而造之愈益无穷。十余年来,竟未能窥其藩篱。世之君子,或与先生仅交一面,或犹未闻其謦欬,或先怀忽易愤激之心,而遽欲于立谈之间,传闻之说,臆断悬度。如之何其可得也!
>
> 从游之士,闻先生之教,往往得一而遗二。见其牝牡骊黄,而弃其所谓千里者。故爱备录平日之所闻,私以示夫同志,相与考而正之。庶无负先生之教云。

另外,徐爱在《传习录》的后序中用"不觉手舞足蹈"来形容自己领悟后的喜悦之情。他写道:

爱因旧说汩没，始闻先生之教，实是骇愕不定，无入头处。其后闻之既久，渐知反身实践，然后始信先生之学为孔门嫡传，舍是皆傍蹊小径、断港绝河矣！

如说格物是诚意的工夫，明善是诚身的工夫，穷理是尽性的工夫，道问学是尊德性的工夫，博文是约礼的工夫，惟精是惟一的工夫，诸如此类，始皆落落难合，其后思之既久，不觉手舞足蹈。

《传习录》中王阳明与徐爱关于新本《大学》的问答内容如下。

对"亲民"之新解

徐爱问道："《大学》之'在亲民'，朱子谓当作'新民'，后章'作新民'之文似亦有据。先生以为宜从旧本作'亲民'，亦有所据否？"对此，王阳明答道：

"作新民"之"新"是自新之民，与"在新民"之"新"不同，此岂足为据？"作"字却与"亲"字相对，然非"亲"字义。

下面"治国平天下"处，皆于"新"字无发明，如云"君子贤其贤而亲其亲，小人乐其乐而利其利""如保赤子""民之所好好之，民之所恶恶之，此之谓民之父母"之类，皆是"亲"字意。

"亲民"犹孟子"亲亲仁民"之谓，亲之，即仁之也。

百姓不亲，舜使契为司徒，敬敷五教，所以亲之也。《尧典》"克明峻德"便是"明明德"。"以亲九族"至"平章""协和"，便是"亲民"，便是"明明德于天下"。又如孔子言"修己以安百姓"，"修己"便是"明明德"，"安百姓"便是"亲民"。说"亲民"便是兼教养意，说"新民"便觉偏了。

由此可知，王阳明将《大学》中的"亲民"解释为古本中的"亲近人民"之意，这正是古代明主的治国之道，只有怀着慈悲、怜爱之心才能教化、养育人民。王阳明认为，朱熹所言之"新民"有严厉训诫百姓之意，这样会使帝王对百姓的怜爱之情减少，百姓也会逐渐丧失温情而远离安稳的生活。

无论是朱熹还是王阳明，他们主张的依然是孔孟之道，但前者显得严厉而后者显得较温情。同样，二人在教育问题上也存在类似差异。

对"至善"之新解

关于《大学》中"至善"这一纲领，王阳明与徐爱曾进行过如下问答。

> 爱问："'知止而后有定'，朱子以为'事事物物皆有定理'，似与先生之说相戾。"
> 先生曰："于事事物物上求至善，却是义外也。至

善是心之本体，只是'明明德'到'至精至一'处便是。然亦未尝离却事物，本注所谓'尽夫天理之极，而无一毫人欲之私'者，得之。"

爱问："至善只求诸心，恐于天下事理有不能尽。"

先生曰："心即理也。天下又有心外之事，心外之理乎？"

爱曰："如事父之孝，事君之忠，交友之信，治民之仁，其间有许多理在，恐亦不可不察。"

先生叹曰："此说之蔽久矣，岂一语所能悟？今姑就所问者言之：且如事父，不成去父上求个孝的理；事君，不成去君上求个忠的理；交友治民，不成去友上、民上求个信与仁的理？都只在此心。心即理也。此心无私欲之蔽，即是天理，不须外面添一分。以此纯乎天理之心，发之事父便是孝，发之事君便是忠，发之交友治民便是信与仁。只在此心去人欲、存天理上用功便是。"

爱曰："闻先生如此说，爱已觉有省悟处。但旧说缠于胸中，尚有未脱然者。如事父一事，其间温清定省之类，有许多节目，不知亦须请求否？"

先生曰："如何不请求？只是有个头脑，只是就此心去人欲、存天理上请求。就如讲求冬温，也只是要尽此心之孝，恐怕有一毫人欲间杂；讲求夏清，也只是要尽此心之孝，恐怕有一毫人欲间杂：只是请求得此心。此心若无人欲，纯是天理，是个诚于孝亲的心，冬时自然思量父母的寒，便自要去求个温的道理；夏时自然思量父母的热，便自要去求个清的道理。这都是那诚孝的心发出来的条件……"

另外，王阳明与弟子郑一初（字朝朔）也曾就"至善"进行过如下问答：

郑朝朔问："至善亦须有从事物上求者？"

先生曰："至善只是此心纯乎天理之极便是。更于事物上怎生求？且试说几件看。"

朝朔曰："且如事亲，如何而为温清之节，如何而为奉养之宜？须求个是当，方是至善。所以有学问思辨之功。"

先生曰："若只是温清之节、奉养之宜，可一日二日讲之而尽，用得甚学问思辨？惟于温清时，也只要此心纯乎天理之极；奉养时，也只要此心纯乎天理之极。此则非有学问思辨之功，将不免于毫厘千里之谬，所以虽在圣人，犹加'精一'之训。若只是那些仪节求得是当，便谓至善，即如今扮戏子，扮得许多温清奉养的仪节是当，亦可谓之至善矣。"

朱熹认为，任何人都具备不因私欲而晦暗的明德之心，明德的主体是仁、义、礼、智。明德既是人的天性，又可以通过心来发扬光大。并且，心中除有仁、义、礼、智之德以外，还存在全部的理，这些统称为明德。只要人们不被自身弱点、私欲所蒙蔽，明德就能得到充分发挥，由此便可以实现一个理想的道德世界。因此，朱熹倡导居敬存养，他认为明明德的关键就在于克服自身弱点、排除私欲。

虽然这一观点与王阳明所提出的"去私欲而存天理"如出一辙，但朱熹过于重视存养的方法而偏废了心在其中的作用。朱熹在格物方面不遗余力，他提倡格物究理，主张探究每个事物的至善之理，并将其作为朱子学的宗旨。

朱熹认为，不存在心内之理或心外之理，理贯穿于心内与心外，如果不专注于从外部事物中求理，那么心就会变得狭隘，从而无法明明德，也无法将心中之理发扬光大。因此，他主张要对事物逐一究理。他还认为，如果不格物，那么佛教与道教就成了无用之说。以上就是朱熹所提出的"全体大用"论。该学说的主旨就是通过寻求、实施济世安邦之道，使心体发挥作用，以使个体最终有所成就。日本朱子学家贝原益轩正是继承了朱熹的这种思想，在诸多学科中均取得了傲人成就，其功绩也被载入史册。

王阳明所说的"心即理"，指的是人们下功夫去除私欲后就会得到天理，而心的作用也会自然得以体现。因此，学问并非通过格物来获得，而是去除私欲后心之天理的呈现。王阳明认为，朱熹所说的"至善"是于心外之物求得至善之理，这与孟子的"仁内义外之说"的观点相同，而朱、孟所主张的心外求义的观点正是王阳明所排斥的。

对"格物"之新解

朱熹在《大学》中将"格物"的"格"字解释为"推究","格物"就是推究事物的道理。而王阳明则否定了朱熹的"格物"论,并赋予"格物"新的含义。王阳明与徐爱在问答中曾谈到这一问题:

> 爱问:"昨闻先生'止至善'之教,已觉工夫有用力处。但与朱子'格物'之训,思之终不能合。"
>
> 先生曰:"格物是止至善之功,既知至善,即知格物矣。"
>
> 爱曰:"昨以先生之教推之格物之说,似亦见得大略。但朱子之训,其于《书》之'精一',《论语》之'博约',《孟子》之'尽心知性',皆有所证据,以是未能释然。"
>
> 先生曰:"子夏笃信圣人,曾子反求诸己。笃信固亦是,然不如反求之切。今既不得于心,安可狃于旧闻,不求是当?就如朱子,亦尊信程子,至其不得于心处,亦何尝苟从?
>
> "'精一''博约''尽心',本自与吾说吻合,但未之思耳。朱子格物之训,未免牵合附会,非其本旨。精是一之功,博是约之功。曰仁既明知行合一之说,此可一言而喻。尽心、知性、知天,是生知安行事;存心、养性、事天,是学知利行事。'夭寿不贰,修身以俟',是困知勉行事。
>
> "朱子错训'格物',只为倒看了此意,以'尽心知性'

为'物格知至',要初学便去做生知安行事,如何做得?"

爱问:"'尽心知性',何以为'生知安行'?"

先生曰:"性是心之体,天是性之原,尽心即是尽性。'惟天下至诚为能尽其性,知天地之化育。'存心者,心有未尽也。知天,如知州、知县之知,是自己分上事,已与天为一。事天,如子之事父、臣之事君,须是恭敬奉承,然后能无失。尚与天为二,此便是圣贤之别。至于'夭寿不贰其心',乃是教学者一心为善,不可以穷通夭寿之故,便把为善的心变动了。只去修身以俟命,见得穷通寿夭,有个命在,我亦不必以此动心。'事天'虽与天为二,已自见得个天在面前。'俟命'便是未曾见面,在此等候相似。此便是初学立心之始,有个困勉的意在。今却倒做了,所以使学者无下手处。"

爱曰:"昨闻先生之教,亦影影见得工夫须是如此。今闻此说,益无可疑。爱昨晚思'格物'的'物'字即是'事'字,皆从心上说。"

先生曰:"然。身之主宰便是心,心之所发便是意,意之本体便是知,意之所在便是物。如意在于事亲,即事亲便是一物;意在于事君,即事君便是一物;意在于仁民爱物,即仁民爱物便是一物;意在于视听言动,即视听言动便是一物。所以某说无心外之理,无心外之物。《中庸》言'不诚无物',《大学》'明明德'之功,只是个诚意。诚意之功只是个格物。"

如上所述，王阳明所推崇的是心外无理、心外无物的唯心主义思想，他将"格物"中的物归结为心的作用，具体说就是由心产生的意志作用。因此，他将所有物体都当作一个整体。朱熹在格物时，将诚意与格物分成不同阶段，而王阳明则将二者视为一个整体的连续阶段。

同时，王阳明还认为："格物，如《孟子》'大人格君心'之'格'，是去其心之不正，以全其本体之正。但意念所在，即要去其不正以全其正，即无时无处不是存天理，即是穷理。天理即是'明德'，穷理即是'明明德'。"(《传习录》上卷)

自龙场悟道后，王阳明便用唯心的观点来解释格物。他认为"物"是意念的作用，而"格"是将其归入正理。即正心之不正，使其归正是为格物。因此，格物的过程就是去私欲而存天理，这也是究理的过程。

程、朱之后，虽然也有人提出"去欲存理"之说，但都受限于程朱理学中"存养即实践过程，究理即主观探究过程"的思维定式。尽管这些人考虑到二者之间互相交融、互相促进的关系，但他们的思想水平远不及王阳明。可以说王阳明提出的"存理即究理，究理即存理"的观点是空前的。这一学说正是基于心即理的观点。对王阳明来说，天理即明德，究理即明明德。朱熹是从二维的角度来论述格物，而王阳明则以唯心论为基础，从一维的角度加以论述。因此，王阳明所倡导"格物"论的内容更切实可行。同时，王阳明在晚年创立的"致良知"说也是基于这种思维模式。

如王阳明所言，格物即"正物"。这是否意味着格物并非一个动态过程？对此，王阳明在《传习录》中提到，格物无动静之别，静也仅是物的一面。孟子所说的"必有事焉"的含义，就是要排除事物动静之别，不断学习进取。

将朱子学与阳明心学做比较，我们可以发现朱子学重视静态过程，而阳明心学重视动态过程，其原因即在于朱熹提倡通过静坐深思来悟道，而王阳明提倡自生活磨炼中悟道。

由诚意到格物

由王阳明的"格物"论可知，《大学》所阐述的中心思想就是诚意，"为学必诚"是毋庸置疑的。同时，王阳明的弟子志道（姓名不详）则以荀子的"养心莫善于诚"之语为例，并以程颢对荀子之语的非议为据，质问王阳明。志道还基于朱子学的"先致知，后诚意"的立场，暗中对背离程朱之说的王阳明学说提出了批评。对于志道的疑问，王阳明这样回答："此亦未可便以为非。'诚'字有以工夫说者：诚是心之本体，求复其本体，便是思诚的工夫。明道说'以诚敬存之'，亦是此意。《大学》'欲正其心，先诚其意'。荀子之言固多病，然不可一例吹毛求疵。"（《传习录》上卷）

根据王阳明的说法，"诚意"为《大学》思想之根本，这完全不同于朱熹在新本《大学》中所说的"先致知，后诚意"，其原因就在于古本《大学》主张"先诚意，后格物"，而王阳明正是吸取了这种思想。不过，若按《大学》首章的顺序来看，朱熹的观点似乎又是正确的。对此，王阳明与弟子蔡希渊曾进行过如下问答：

蔡希渊问："文公《大学》新本，先格致而后诚意工夫，似与首章次第相合。若如先生从旧本之说，即诚意反在格致之前，于此尚未释然。"

先生曰："《大学》工夫即是明明德，明明德只是个诚意，诚意的工夫只是格物致知。若以诚意为主，去用格物致知的工夫，即工夫始有下落，即为善去恶无非是诚意的事。如新本先去穷格事物之理，即茫茫荡荡，都无着落处，须用添个敬字方才牵扯得向身心上来。然终是没根源。若须用添个敬字，缘何孔门倒将一个最紧要的字落了，真待千余年后要人来补出？

"正谓以诚意为主，即不须添敬字，所以提出个诚意来说，正是学问的大头脑处。于此不察，直所谓毫厘之差，千里之谬。

"大抵《中庸》工夫只是诚身，诚身之极便是至诚；《大学》工夫只是诚意，诚意之极便是至善。工夫总是一般。今说这里补个敬字，那里补个诚字，未免画蛇添足。"（《传习录》上卷）

程朱理学将究理与诚敬并列，认为"敬"就是实现"诚"的过程。朱熹在《大学或问》中，将"敬"解释成为领悟《小学》之理而下的功夫，同时又认为"敬"即养育本原的过程。他认为，如果不将"敬"贯穿于圣学中,既无法领悟《小学》所阐述的道理,又无法养育人之本原,更无法领悟《大学》之理,抛弃"敬"就无法使心智昌明。

程、朱将"敬"或"诚敬"作为做学问的根本、格物致知的本原,这较为接近王阳明的"诚意"说。但是,朱熹提出的"究理与居敬并用"之说终归还是偏重了究理。他之所以主张"先格物,后诚意",是因为他将"格物"与"诚意"设定了先后顺序。与朱熹不同,王阳明将诚意作为格物致知的本原,这也从另一个侧面证明了朱熹为主观派,王阳明为实践派。对于蔡希渊的问题,王阳明论述的中心思想就是诚意为《大学》之本。

正德九年(1514)王阳明在滁州讲学。其间,学者王承裕曾向王阳明求教。王承裕(1465—1538),字天宇,号平川,陕西三原人,王恕(字石渠,号介庵)之子。王恕为孝宗时期的吏部尚书,政绩卓著。王承裕于弘治六年(1493)进士及第,官至南京户部尚书。他自蔡希渊处听闻王阳明的"诚意"说,对其观点抱有疑问,于是用书信的方式问学于王阳明。王阳明写了回信,题为《答王天宇》(《王文成公全书》卷四)。我们可以从五方面来领会这封信的主要思想。

一、天宇认为诚身时有必要格物,而王阳明则认为个体自身并不存在诚身格物之说,君子之学应以诚意为本,格物致知就是实现诚意的过程。

二、朱熹提出居敬与究理的重要性,认为"若不存其心,便不可致其知",其实,此观点有前后矛盾之处。同时,朱熹也是根据"居敬存心"的观点来对《大学》进行补充的。朱熹将《大学》中"经"的主旨限定为"究理以正其心",天宇认为,这会致使初学者以"经"为本而忽视"传",其学术思想也会变得支离破碎而无法形成整体。对此,王阳明认为《大学》与朱熹的观点之间并无大的矛盾,但朱熹偏离了《大学》的主旨。朱熹所提出的"若不存其心,便不可致其知"不仅违背了《大学》的主旨,也违背了《中庸》中的"尊德性而道问学"的观点。此后,学者在读《大学》的"补传"时,会局限于表面文字而无法深刻领会"经"的主旨,这也正是朱熹重"经"轻"传"之过。

三、天宇认为,若不究理而诚身,便不能得到真正的诚。王阳明认为此说甚是,并且体认到诚身工夫所具有的过程。

四、天宇提出,决心即为存心,决心如不究理就会颠倒善恶。王阳明认为此种说法有牵强附会之嫌。他认为决心即为诚意,如果人真能做到诚其意,就会自然而然地探究到天理。因此,"不究理"并不意味着没有诚意。

五、天宇赞同司马光对"格物"的观点,即"格物"就是防止外界事物（名利之心）的影响,只有格物才能存心,而只有存心才能致知。对此,王阳明认为,这种观点将"防卫外物"与"致知"分别孤立,尽管此说并无大错,但忽略了心的关键作用,同时也否定了《论语》中"克己求仁"的思想。王阳明的"格物"论与此不同,他认为《大学》中提到的"诚意"即为《中庸》的"诚身",《大学》的"格物致知"即为《中庸》的"明善"。《中庸》提出的"博学""审问""慎思""明辨""笃行"就是为达到"明善"的诚身过程。因此,要"明善",只有诚其身;要"格物致知",只有诚其意。《尚书》中"精一"篇的观点即为《论语》提出的"博文""约礼",这也与《中庸》中的"尊德性而问道学"相吻合。

由此可知,王阳明将《大学》中的诚意与格物致知,《中庸》的"博学""审问""慎思""明辨"与"笃行",《论语》的"博文"与"约礼",《中庸》的"尊德性"与"问道学",皆视为一个整体而不是若干孤立的过程。同时,王阳明还认为以上各种思想的主旨就是诚意。

当时王阳明还未将"致良知"说作为其学说的宗旨收录于《王文成公全书》的《大学古本序》中。王阳明将"致知"贯穿《大学》始终,《大学古本序》所提到的"致知"为"致良知"之意,不同于朱熹基于主知主义而提出的"致知"。王阳明在四十七岁时写就《大学古本序》,当时他依然将"诚意"作为《大学》的根本,四十九岁后他才以"致良知"作为其学说的宗旨。此时,他将"诚意"深化为"尽致知",这正与《大学》中"致知"的宗旨相吻合。此后,王阳明依然十分重视"诚意"在其思想体系中的作用,他认为良知的本体就是真诚恻怛。

朱熹将推究万物之理当作"格物致知",并认为"格物"先而"诚意"后。王阳明认为这种观点容易使人的思想意识被客观事物所限,因此对其加以批判。虽然朱熹提出"敬"以重视心性涵养,并据此对《大学》中"传"的内容加以补充,但王阳明认为此观点毫无根据,只是朱熹为弥补自己思想弊端的一种无奈之举,因为《大学》的根本就是"诚意",而"诚意"并非仅凭"敬"就可以实现。当王阳明正式将"致良知"作为自己学说宗旨的时候,也阐述了这样的观点。

就"诚意"为《大学》之根本这一观点,王阳明这样说道:"工夫难处，全在格物致知上，此即诚意之事。意既诚，大段心亦自正，身亦自修。但正心修身工夫，亦各有用力处，修身是已发边，正心是未发边。心正则中，身修则和。"（《传习录》上卷）

如上，王阳明将"诚意"作为格物致知的根本，同时也作为《大学》之根本。那么，《大学》中为何将"正心""格物""致知""修身""齐家""治国""平天下"的过程与"诚意"并列呢？如按王阳明所说，"诚意"为《大学》之根本，那么《大学》只需阐述"诚意"，而没必要尽述"正心""格物""致知""修身"等内容。

王阳明在晚年时将"致良知"作为其学说的宗旨，当时他也曾思考过这个问题，并对此进行了论道。（见《传习录》中王阳明与守衡的问答）

至于守衡为何许人，至今尚无定论。据陈荣捷博士所著《王阳明〈传习录〉详注集评》中的《年谱》所述，嘉靖十三年（1534），即王阳明去世四年后，其弟子四十余人齐聚京师，其中提到朱衡之名。因此，陈博士推断守衡即为朱衡的笔误（《王阳明〈传习录〉详注集评》所记载年次由《年谱》修正）。另外，《明人传记资料索引》认为党以平即守衡。党以平，字守衡，号颖东，河南禹州人，正德九年（1514）进士。党以平担任过户部广西司主事、户部浙江司郎中、浙江左布政使，后告老还乡。

守衡问："《大学》工夫只是诚意，诚意工夫只是格物。修、齐、治、平，只诚意尽矣。又有'正心之功，有所忿懥好乐，则不得其正'，何也？"

先生曰："此要自思得之，知此则知未发之中矣。"

守衡再三请。曰："为学工夫有浅深。初时若不着实用意去好善、恶恶，如何能为善去恶？这着实用意便是诚意。然不知心之本体原无一物，一向着意去好善、恶恶，便又多了这分意思，便不是廓然大公。《书》所谓'无有作好作恶'，方是本体。所以说'有所忿懥好乐，则不得其正'。正心只是诚意工夫里面体当自家心体，常要鉴空衡平，这便是未发之中。"（《传习录》上卷）

由此可知，王阳明所说的"正心"存在于"诚意"之中。对此，日本明治维新时期的心学家东泽泻将王阳明提出的"诚意"与"正心"合为一体来论述，他认为诚意与正心并非两个独立的过程，并提出"有志则无需有意，有里则无需有表，二者已浑然一体"。

由此可知，王阳明认为《大学》的"本体"工夫即为"诚意"，且融入其他工夫中。这正是心学的特点，所谓于统一主体中求得"诚意"。因此，"诚意"之外并不存在"正心""修身"，因为"正心""修身"已存在于"诚意"的工夫中。可以说，"诚意"是根本之工夫，而"正心""修身"则为枝叶之工夫。只有先立根本才可得枝叶，否则工夫就会陷于支离破碎。对于"诚意"与"格物"的关系，王阳明也持同样的观点。

心学的三大学说

一、"培根"说

王阳明与徐爱论学时,曾提出"根本枝叶"之论。例如,为亲尽孝中最重要的一点就是要有诚挚的孝心,此为根本。为尽孝而采取的具体方法和学习的相关知识,则为枝叶。这就是王阳明所提"根本枝叶"论的具体内容。有鉴于此,王阳明对徐爱说:对于父母的一切孝行皆应出自诚挚的孝心,这就如同树木一样,诚挚的孝心为根,而各种孝行为枝叶。有根之后才可开枝散叶,绝无舍根而求枝叶之理。

这就是王阳明所提出的"培养根本"说,简称"培根"说。直到晚年,王阳明依然致力于丰富该学说的内容。相对应地,朱熹的学说可称为"枝叶"说。王阳明认为,"枝叶"说注重表相,其思想难免陷于支离。"培根"说所倡导的就是"诚意",在王阳明晚年时该学说逐渐演化为"致良知"说。

二、"立诚"说

正德七年(1512),友人黄绾因病辞官返乡,王阳明赠以《别黄宗贤归天台序》留念。王阳明在文章中阐述了自己提出的"明镜"论,并讲解了立诚的必要性:

> 君子之学以明其心。其心本无昧也，而欲为之蔽，习为之害。故去蔽与害而明复，匪自外得也。心犹水也，污入之而流浊；犹鉴也，垢积之而光昧。孔子告颜渊"克己复礼为仁"，孟轲氏谓"万物皆备于我""反身而诚"。夫己克而诚，固无待乎其外也。
>
> 世儒既叛孔、孟之说，昧于《大学》"格致"之训，而徒务博乎其外，以求益乎其内，皆入污以求清，积垢以求明者也，弗可得已。

王阳明认为"心即理"，反对从心外之物来推究天理，因为这就好像"自污水中求清流、自污镜里求光明"一样不切实际。王阳明提出，心学的主旨就是"明镜"说与"立诚"说，同时他对朱子学中"求博学"的理学观点也进行了批判。

那么，王阳明为何如此重视"诚"的思想呢？这是由于王阳明自龙场悟道后提出了"知行合一"说，该学说提倡"以行为根本，知行才会合一"，这也暗示了心学重视实践过程的宗旨。由此，我们就不难理解王阳明为何将"诚意"作为《大学》之根本，因为只有"诚"才是主导实践的理念。《中庸》提到"诚即天道，人道即思诚"，这句话充分体现了孔子"以行为本"的教育精神。

王阳明在四十岁出头时曾积极倡导"立诚"。正德八年（1513），他在《与黄宗贤（五）》（《王文成公全书》卷四）中做过如下论述：

> 仆近时与朋友论学，惟说"立诚"二字。杀人须就咽喉上着刀，吾人为学，当从心髓入微处用力，自然笃

实光辉。虽私欲之萌，真是红炉点雪，天下之大本立矣。

若就标末妆缀比拟，凡平日所谓学问思辨者，适足以为长傲遂非之资，自以为进于高明光大，而不知陷于狠戾险嫉，亦诚可哀也已！

王阳明的观点正好触到了主张"助长傲慢之心，以悖论为真理"的朱子学家们的痛处。

心学以实践为根本，因此王阳明所提出的"立诚"与前篇的"立志"是一脉相承的。并且，王阳明在晚年提出"致良知"说后，依然积极倡导"立志立诚"。

三、"良知"说

王阳明注重实践，并将其作为心学的根本。他在提出"良知"说的同时，也对《大学》中"格物致知"的"致知"做了以下论述：

知是心之本体，心自然会知：见父自然知孝，见兄自然知悌，见孺子入井自然知恻隐，此便是良知，不假外求。若良知之发，更无私意障碍，即所谓"充其恻隐之心，而仁不可胜用矣"。然在常人不能无私意障碍，所以须用致知格物之功，胜私复理。即心之良知更无障碍，得以充塞流行，便是致其知。知致则意诚。（《传习录》上卷）

王阳明认为，《大学》中"致知"的"知"就是良知，由此可见，王阳明在四十岁左右时就已提出"致良知"说，不过此时王阳明还未将"致良知"作为心学的宗旨。

王阳明强调，实现致知就必须去除蒙蔽心体的障碍。如果废弃此过程而仅凭主观良知行事，就如同"以贼为子，以土为食"一样愚不可及。那么，王阳明晚年提出的"致良知"与此时的"良知"说有何不同呢？在"致良知"中，王阳明将"致"的全部过程理解为良知的作用。也就是说，他将除私欲的过程同样归结于良知。这也是王阳明在晚年时将"致良知"作为其学说宗旨的原因之一。

王阳明倡导心即理，同时也非常注重实践的过程。他主张以整体演绎的方法来理解古典儒学，反对朱子学所采取的分析、归纳之法。同样，王阳明对于《论语》中的"博文"与"约礼"、《尚书》中的"道心"与"人心"、《中庸》中的"道问学"与"尊德性"的理解也与朱熹的不同。

儒学的三大论题

一、博文与约礼

《论语·雍也篇》提到"君子博学于文，约之以礼，亦可以弗畔矣夫"，同时，《子罕篇》提到"惟夫子（孔子）循循善诱，先博我以文，使我知古今，达事变；然后约我以礼，使我尊所闻，行所知"。由此可知,孔子将"博文、约礼"当作为学之道。所谓"博文",是指通过博览群书来探究天道,而"约礼"是以传统礼法来约束自身行为,从而不失天道。因此,博文为知,约礼为行。

朱熹认为,君子要做到博文,就要多读书以求得天道,之后再将天道应用于实践。他的观点就是广知万物之理,然后将其付诸实践。同时,朱熹认为"礼"就是实践的道理。因此,朱熹倾向于先博文而后约礼,这正是他所提倡的"先知后行"的思想。

对此,王阳明的理解不同。由于王阳明主张知行合一,因此他将博文与约礼视为一个整体过程,而不像朱熹那样认为二者有先后之别。若将朱熹与王阳明的观点加以比较会发现,前者重视博文,而后者重视约礼。

正因为朱熹重视博文,所以他难以摆脱先知后行的思想局限;因为王阳明重视约礼,所以他提倡知行合一。王阳明认为,博文即为约礼。虽然朱熹与王阳明都将博文作为约礼的必要过程,但两人的思想主旨完全不同,这也使得当时许多受朱子学影响颇深的学者无法理解王阳明的观点。

王阳明与徐爱问答时曾提到,虽然朱熹的"格物"论牵强附会,但他的"精一"说与"博约"说的观点与自己的相同(《传习录》上卷)。不过,两人所持思想主旨有较大差异,因此徐爱不免对王阳明的学说抱有疑问。对此,他们曾有以下问答:

爱问:"先生以'博文'为'约礼'工夫,深思之未能得,略请开示。"

先生曰:"'礼'字即是'理'字。'理'之发见可见者谓之'文','文'之隐微不可见者谓之'理':只是一物。

"'约礼'只是要此心纯是一个天理。要此心纯是天理,须就'理'之发见处用功。如发见于事亲时,就在事亲上学存此天理;发见于事君时,就在事君上学存此天理;发见于处富贵贫贱时,就在处富贵贫贱上学存此天理;发见于处患难、夷狄时,就在处患难、夷狄上学存此天理;至于作止语默,无处不然,随他发见处,即就那上面学个存天理。这便是'博学之于文',便是'约礼'的工夫。'博文'即是'惟精','约礼'即是'惟一'。"

(《传习录》上卷)

王阳明认为,博文就是从具体事情中学习存天理,因为天理就是心,存天理即为约礼。因此,王阳明将博文作为约礼的过程,同时约礼也蕴含着博文的过程。这与他的"知即行"的观点是一致的。

王阳明与朱熹都将博文作为约礼的过程,但王阳明将"文"作为"理"的表现形式,也就是具体事情。事即意,因此他认为,理与事同样存于心内。心之本体即为良知,而心于先天已知其理。如果心受到私欲的影响,理就无法发扬光大。私欲去后理自明,因为理已植根于心中。所谓约礼,就是由具体事物实现存天理。

然而,朱熹认为理即心外之理,博文即知晓外物之理,此理存在于圣贤的著作中。他认为博文就是通过阅读圣人之言求理的过程,而约礼就是在实践过程中不违背圣人之言。由此可知,朱熹将"博约"说与"先知后行"说视为一体,而王阳明则将"博约"说与"知行合一"说视为一体。

二、道心与人心

道心即道德心,人心即人欲。《尚书·大禹谟》中有言曰:"人心惟危,道心惟微。惟精惟一,允执厥中。"程颐是一位道德立场鲜明的儒学家,他将道心解释为天理,将人心解释为人欲,同时还指出了二者的区别,这就是所谓"二心论"。

朱熹并不赞同"二心论",他没有像程颐一样只是简单地将道心当作天理、将人心当作人欲,但提出"道心为主,人心必须遵从于道心"的观点。可见,朱熹的思想并未摆脱"二心论"的束缚。王阳明提出心即理,主张整体论。在他看来,朱熹之说显然存在弊端。就此问题,徐爱曾求教于王阳明:

爱问:"'道心常为一身之主,而人心每听命。'以先生'精一'之训推之,此语似有弊。"

先生曰:"然。心一也,未杂于人谓之道心,杂以人伪谓之人心。人心之得其正者即道心,道心之失其正者即人心,初非有二心也。

"程子谓'人心即人欲,道心即天理',语若分析而意实得之。今日'道心为主,而人心听命',是二心也。天理、人欲不并立,安有天理为主,人欲又从而听命者?"(《传习录》上卷)

其实，王阳明对程颐之说的解释略有牵强附会之嫌。程、朱认为，心的本原就是道心，并没有特别强调"二心论"。心若受私欲影响，便多现人欲；心若严守天理，就能保持公正。由此，心自然呈现出两种表现形式。但是，程、朱所提倡的严守天理之说过于严苛，会抑制道心原有的生命力，使人畏惧天理。因此，使道心焕发活力的最佳方法就是鼓舞人心。王阳明将道心与人心视为一体，其目的就是让人之道心充满活力。

三、尊德性与道问学

"尊德性"即尊重先天所具的德性，"道问学"即依靠后天所做的学问。《中庸》认为，此二者皆为修身之道，相辅相成，裨益无穷。不过，朱熹却偏重道问学，而陆九渊偏重尊德性。虽然王阳明反对朱、陆的分说论，主张将二者视为一个整体，但他还是继承了陆象山的部分观点。就此问题，弟子黄直曾求教于王阳明，王阳明如此回答：

> "道问学"即所以"尊德性"也。晦翁言"子静以尊德性诲人，某教人岂不是道问学处多了些子"，是分尊德性、道问学作两件。且如今讲习讨论，下许多工夫，无非只是存此心，不失其德性而已。岂有尊德性只空空去尊，更不去问学？问学只是空空去问学，更与德性无关涉？如此，则不知今之所以讲习讨论者，更学何事？
> （《传习录》下卷）

"道问学"即"尊德性"。王阳明说过,象山授人以"尊德性",却不提及所教所授乃出自"道问学"。由此可知,他将"尊德性"与"道问学"视作不同。我们讲学论道、潜心修身的目的,就是保持心之本原,使其不失德性。不过,"尊德性"若限于表相,则无益于问学。同样,"道问学"若限于表相,则无益于德性。若如此,讲学论道就会变得空洞无物。

敬王通而轻韩愈

尽管韩愈被称为"宋代儒学之先驱",但王阳明敬王通而不敬韩愈。

自秦始皇焚书坑儒以来,儒学思想的发展就陷入了长期的停滞。虽然汉朝的儒学家将儒学奉为国学,但他们的贡献仅限于为经典训诂注释。而在之后的魏晋南北朝时期,儒学又逐步丧失了主导地位。

与此同时,道教与佛教却日渐昌盛,儒学逐渐被取而代之。到唐朝时,佛教的发展越发繁荣,而儒学的内容依旧局限于训诂注释。尽管儒学也是当时科考的科目之一,但其内容仅为背诵经典或注疏的词句。

韩愈成名于唐朝中期,由于对当时的儒学状况十分担忧,因此他提出要重振孔孟之道,以削弱佛教的统治地位。

韩愈认为,老庄思想、佛教给中国的思想领域带来了诸多弊端，他慨叹自孟子后圣人之学已绝迹。因此，他主张以儒学观点来论道，同时指出只有孔孟之道才是真理正道之所在，而佛教等言皆为谬论。

此外，韩愈最杰出的贡献就是倡导古文运动。他认为六朝之后的文人只注重辞藻华丽，忽视了文章内涵，因此他在文风上极为推崇古体而排斥近体。

有人认为，韩愈提倡复兴儒学，反对老庄思想及佛教，功莫大焉。虽然孟子反对"唯我"说（利己主义）与"兼爱"说（"博爱"说），并将杨子（杨朱[1]）与墨子的观点视为洪水猛兽而极力排斥，但与孟子相比，韩愈的功绩要超出许多。就宋代儒学发展而言，韩愈的思想虽未能完全摆脱佛教的影响，但他对"性""道"的论述则尽显儒学之精髓。然而，王阳明未对此予以肯定。

王阳明曾说："退之文人之雄耳，文中子贤儒也。后人徒以文词之故推尊退之，其实退之去文中子远甚。"（《传习录》上卷）

那么，王阳明极力推崇的王通又是何许人？如前所述，汉唐时期的儒学家仅局限于为经典训诂注疏，因此，史学家将这段时期的儒学称为"汉唐注疏学"。

纵观历史，汉唐时期的儒学发展近于空白，但仍然涌现出了很多杰出的思想家。例如，汉朝的陆贾、贾谊、董仲舒、刘向、扬雄、桓谭以及王充，魏晋南北朝时期的王肃、何晏、王弼及范宁，隋朝的王通，唐朝的韩愈、李翱（字习之）等。其中，隋朝的王通便是一位相当杰出的思想家。

---

[1] 杨朱：战国时期的思想家，主张利己主义、享乐主义。

王通自幼天资聪颖、勤奋好学，曾遍读"五经"。他曾向隋文帝进"太平十二策"，因未被采纳而退隐。隋炀帝时，朝廷多次许以官职，但都被他谢辞。此后，他在家乡致力于著书、讲学，其门人弟子多达千余人。初唐名士李靖、房玄龄、魏徵皆出自王门。王通于大业十三年（617）去世，年仅三十四岁。文中子是王通的谥号，由其弟子敬献。其著作有《礼论》二十二篇、《乐论》二十篇、《续书》一百五十篇、《续诗》三百六十篇、《元经》五十篇及《易赞》七十篇。其弟子将这六部著作合称为"王通六经"。此外，他还著有《中说》（又名《文中子》）十篇。

　　《中说》仿照《论语》而作，格式以问答体为主，其中格言居多。然而，唐朝有学者却认为此书并非王通所著，而是王通之弟王凝与其子王福畤根据王通的遗言著就。由于该书在唐朝未获重视，此种猜测难免有诋毁之意。

　　宋朝时，《中说》终被奉为上品，有人甚至将王通称为孔子的继任者。就连理学大师程颐也予以高度评价："王通乃隐士之君子。其《中说》多有格言，此乃荀子、杨子所不及也。"如此一来，附和之人便逐渐增多。另外，日本学者也极为重视对王通的研究，有的人已将研究范围拓展至南北朝时期。

　　汉代第一儒学家扬雄所著《法言》十三卷也是仿照《论语》而作，该书在六朝及唐宋时期极受推崇。但是，宋代的程颐、苏轼及朱熹等学者却极力批判此书。此外，扬雄还曾仿照《周易》而作《太玄》，此书被当时儒学者批评为"非圣人而云圣人言"。

　　王阳明赞王通为"贤儒"，称韩愈远不及王通。但徐爱认为，王通仿照《论语》而作《中说》实乃不敬圣贤之举，王阳明对此不置可否。对此,徐爱曾特地问道于王阳明。

爱问:"何以有拟经之失?"

先生曰:"拟经恐未可尽非。且说后世儒者著述之意,与拟经如何?"

爱曰:"世儒著述,近名之意不无,然期以明道。拟经纯若为名。"

先生曰:"著述以明道,亦何所效法?"

曰:"孔子删述'六经',以明道也。"

先生曰:"然则拟经独非效法孔子乎?"

爱曰:"著述,即于道有所发明。拟经,似徒拟其迹,恐于道无补。"

先生曰:"子以明道者,使其反朴还淳而见诸行事之实乎?抑将美其言辞而徒以诳诳于世也?天下之大乱,由虚文胜而实行衰也。使道明于天下,则'六经'不必述。删述'六经',孔子不得已也。

"自伏羲画卦,至于文王、周公,其间言《易》如《连山》《归藏》之属,纷纷藉藉,不知其几,易道大乱。

"孔子以天下好文之风日盛,知其说之将无纪极,于是取文王、周公之说而赞之,以为惟此为得其宗。于是纷纷之说尽废,而天下之言《易》者始一。

"《书》《诗》《礼》《乐》《春秋》皆然。《书》自《典》《谟》以后,《诗》自《二南》以降,如《九丘》《八索》,一切淫哇逸荡之词,盖不知其几千百篇;《礼》《乐》之名物度数，至是亦不可胜穷。孔子皆删削而述正之，然后其说始废。如《书》《诗》《礼》《乐》中，孔子何尝加一语？今之《礼记》诸说，皆后儒附会而成，已非孔子之旧。

"至于《春秋》，虽称孔子作之，其实皆鲁史旧文。所谓'笔'者，笔其旧；所谓'削'者，削其繁：是有减无增。孔子述'六经'，惧繁文之乱天下，惟简之而不得，使天下务去其文以求其实，非以文教之也。

"《春秋》以后，繁文益盛，天下益乱。始皇焚书得罪，是出于私意，又不合焚'六经'。若当时志在明道，其诸反经叛理之说，悉取而焚之，亦正暗合删述之意。

"自秦、汉以降，文又日盛，若欲尽去之，断不能去；只宜取法孔子，录其近是者而表章之，则其诸怪悖之说，亦宜渐渐自废。

"不知文中子当时拟经之意如何？某切深有取于其事，以为圣人复起，不能易也。

"天下所以不治，只因文盛实衰，人出己见，新奇相高，以眩俗取誉，徒以乱天下之聪明，涂天下之耳目，使天下靡然争务修饰文词，以求知于世，而不复知有敦本尚实、反朴还淳之行，是皆著述者有以启之。"（《传习录》上卷）

不妄议经书,不提倡著述

由前文可知,对文人著述的行为,王阳明心存怀疑的同时也加以批判。众所周知,朱熹善于大量著述,而王阳明则不然。王阳明认为,正因为朱熹在著述方面耗费了过多的精力,致使他在悟道方面所得甚少。理解这一点,也是参透心学的关键。王阳明与徐爱的以下问答,进一步展现了阳明的思想:

> 爱曰:"著述亦有不可缺者,如《春秋》一经,若无《左传》,恐亦难晓。"
> 先生曰:"《春秋》必待《传》而后明,是歇后谜语矣。圣人何苦为此艰深隐晦之词?《左传》多是鲁史旧文,若《春秋》须此而后明,孔子何必削之?"
> 爱曰:"伊川亦云:'传是案,经是断。'如书弑某君、伐某国,若不明其事,恐亦难断。"
> 先生曰:"伊川此言,恐亦是相沿世儒之说,未得圣人作经之意。如书'弑君',即弑君便是罪,何必更问其弑君之详?征伐当自天子出,书'伐国',即伐国便是罪,何必更问其伐国之详?"(《传习录》上卷)

孔子与"六经"之删定

王阳明认为,孔子删定"六经"的目的就在于"正人心",

只有去除私欲，才能正人之心，搬弄文辞，只会助长私欲。因此，王阳明不像朱熹那样执着于著述。

他曾对徐爱说道：

圣人述"六经"，只是要正人心，只是要存天理、去人欲，于存天理、去人欲之事，则尝言之；或因人请问，各随分量而说，亦不肯多道，恐人专求之言语，故曰"予欲无言"。

若是一切纵人欲、灭天理的事，又安肯详以示人？是长乱导奸也。故孟子云："仲尼之门，无道桓、文之事者，是以后世无传焉。"

此便是孔门家法。世儒只讲得一个伯者的学问，所以要知得许多阴谋诡计，纯是一片功利的心，与圣人作经的意思正相反，如何思量得通？

讲到这里，王阳明不禁慨叹道："此非达天德者，未易与言此也。"

接着，王阳明又道："圣人只是要删去繁文，后儒却只要添上。"王阳明认为，研究"六经"必须消除朱熹所设定的经书与史书的界限，导入"经即史，史即经"的思想。此观点实基于王阳明所提出的"心外无理，心外无事"的整体论，这也是心学的重要特点。王阳明与徐爱的以下问答，进一步证明了这一点：

爱曰："先儒论'六经'，以《春秋》为史。史专记事，恐与'五经'事体终或稍异。"

先生曰："以事言谓之史，以道言谓之经。事即道，道即事。《春秋》亦经，'五经'亦史。《易》是庖羲氏之史，《书》是尧、舜以下史，《礼》《乐》是三代史。其事同，其道同，安有所谓异？"（《传习录》上卷）

王阳明认为，史书所记录的事件可起到训诫世人的作用，因此史书也是经书。此外，孔子删除"六经"中诸多叛逆之事而仅存训诫之语，其目的是防止恶行流于世间。那么，孔子为何未删除《诗经》中有淫邪之气的"郑风"及"卫风"呢？这不免让人对王阳明之说怀有些许疑问。朱熹认为此类恶诗能约束人们放荡之心（见《论语集注·为政篇注》）。对此，王阳明则认为"郑风""卫风"之诗乃后人附会之作，现存《诗经》并非经孔子删定之原作。王阳明道：

《诗》非孔门之旧本矣。孔子云："放郑声，郑声淫。"又曰："恶郑声之乱雅乐也。郑、卫之音，亡国之音也。"此是孔门家法。孔子所定三百篇，皆所谓雅乐，皆可奏之郊庙，奏之乡党，皆所以宣畅和平，涵泳德性，移风易俗，安得有此？是长淫导奸矣。

此必秦火之后，世儒附会，以足三百篇之数。盖淫泆之词，世俗多所喜传，如今闾巷皆然。

"恶者可以惩创人之逸志"，是求其说而不得，从而为之辞。（《传习录》上卷）

王阳明就王通仿圣贤之作而著书一事，谈到了孔子删定"六经"的真意，同时批判了社会上无谓著述的风气，阐述了著述应奉行的宗旨。可以说，王阳明所提倡的实践哲学理论已成为历代文人学者的训示。

与门人游四明山

抚今追昔，儒学之士志在寻求经世之道，以探求并实现理想的社会生活为己任。至明清时，很多儒者经常游于深山幽谷，其目的是"使我之理想更为高尚"。这些儒者认为，要实现自己的理想，就要保持一颗毫无私欲的纯粹之心，而游于山川，则有利于自己的道德之心免受世俗污染。儒者中有"怀山林之志者可托天下国家"一说，很多儒者在为官后也经常于闲暇时游览名山秀水、探访深谷幽泉，因此，他们的诗作中难免会流露出隐士之情。

尽管王阳明天生体弱，他却十分喜欢与友人游于山谷，以期获得对自我的深刻认识。如前所述，湛甘泉和黄绾离京之时，王阳明均以文章相赠。文中，王阳明表示愿与两位挚友结庐于天台山、雁荡山，以讲学论道终其一生。此后，王阳明在赴任南京太仆寺少卿途中，顺路回了一趟故乡余姚，并与友人游学于深谷。在此期间，他理所当然地希望与同道们相会讲学。

此时是正德八年（1513）二月，由王阳明致黄绾的书信可知，王阳明原本计划与爱徒徐爱同游天台山和雁荡山，只因自己多年未归故里，亲朋多有造访，以致无法抽出时间，只好作罢。

天台山位于今浙江省天台县北部，与括苍山、雁荡山、四明山、金华山相邻，其山脉绵延至东海之滨。天台山山势雄伟壮阔、蔚为壮观，被誉为佛教仙山。天台山北部有一长数十丈的石桥，相传神仙曾居于此地。隋朝时，智者大师（法号智颛）于此处修建寺庙，以弘扬佛法。雁荡山位于今浙江省乐清市与平阳县的交会处，山顶有湖，由于此山常见春归之雁，因此得名雁荡山。

王阳明回乡期间，亲戚朋友时有造访。直至五月，他才稍能脱身，随即决定开始游学，此时酷夏已至。在动身前，他常与徐爱及数位好友吟诵于余姚的名山秀水之间，一起等待黄绾前来同游雁荡山。然而，一个月后黄绾仍然没有前来。由于徐爱赴任有限期，徐父也多次催促，他们只好提前开始这次游学。

王阳明一行人经上虞进入四明山，先于白水山上眺望壁立千尺的奇观，然后又寻着龙溪源头探访了杖锡寺，之后登上雪窦山的千丈崖，欣赏了天姥峰和华顶峰的壮观景象。随后，他们经奉化前往赤城山，此地干旱日久，田地荒芜，民不聊生，沿途常见当地人虔诚求雨。见此情景，众人不禁黯然神伤。一行人未在此地久留，便经宁波乘船回到了余姚。这次游学历时半个多月。

四明山位于浙江鄞县[1]西南一百五十里、余姚以南一百一十里处，为江南名山。此山约有二百八十座山峰，各座灵峰间有分水岭。山中有一石窗玲珑剔透，可反射日月星辰之光，因此得名四明山，又称句余山。道教将此山称为第九洞天。白水山位于四

---

[1] 今宁波市鄞州区。

明山以西，距余姚六十里，其山势颇为陡峭，有四十二条瀑布贯穿其中，因此得名白水山。雪窦山为四明山支脉，位于浙江奉化县[1]以西六十里处，山中景致美不胜收。宋理宗曾于梦中来此山游玩，因此又得名应梦山。

王阳明在此次游学后曾致信黄绾（《王文成公全书》卷四），其中提到"此次游学，同行诸友虽各有收获，但终无新的发现"。王阳明对黄绾没能同往甚感惋惜。

此次游学，王阳明所到之处均有诗作，其中有《四明观白水二首》两首，《杖锡道中用张宪使韵》《又用曰仁韵》《书杖锡寺》各一首（《王文成公全书》卷二十）。畅游白水山是王阳明的夙愿，他在《四明观白水二首》中充分描绘了白水山雄奇壮丽的景色。尽管王阳明一行人途经干旱之地让他们黯然神伤，但白水山的飞瀑奇观仍使一行人大饱眼福。

《四明观白水二首》之一中有"百源旱方歇，云际犹飞湍。霏霏洒林薄，漠漠凝风寒"之句。

《四明观白水二首》之二中有"千丈飞流舞白鸾，碧潭倒影镜中看。……卜居断拟如周叔，高卧无劳比谢安"之句。

诗一及诗二的开头两句充分描绘了白水山飞瀑的壮丽之色。不过，王阳明在诗二的末尾两句则流露出效仿古人归隐山林之意。正所谓"人间正道是沧桑"，莫不如像宋代理学鼻祖周敦颐那样归隐于庐山莲花峰，或像东晋政治家谢安一样辞官不做，与歌伎游乐于会稽山中，岂不逍遥自在？

---

[1] 今宁波市奉化区。

此外,《书杖锡寺》的末尾两句"诛茆竟何时,白云愧舒卷"(不知何时才能归耕于山林,多么羡慕随风而动的白云,能如此惬意安适),也表现出王阳明对退隐生活的向往。

王阳明天生喜爱亲近山水,他所作的诗均有感而发,情真意切。此外,他也希望借助优美的自然环境来洗涤大家的世俗之心,使讲学取得更好的效果。朱熹讲学主要局限在学院里,王阳明则喜欢于山水中边游玩边讲学。因此,朱熹的教学方式较为呆板,而王阳明的则更为灵活。游学正是王阳明讲学的特色之一。朱、王二人所处环境的不同,决定了他们在教学方式上必然有所不同,但根本原因在于二人学风上的巨大差异。

据黄宗羲所著《明儒学案》及《永乐寺碑记》(《南雷文定》后集一)记载,与王阳明同游四明山的除徐爱外,还有蔡希渊、朱守中、王世瑞及许半圭。据徐爱所记,五人曾一同夜宿永乐寺,并即景吟诗。此后,蔡希渊与朱守中因故先行返回余姚,未能与徐爱同往雪窦山。此时恰逢雪窦山景色最为壮丽之时,不亚于孔子的弟子曾子所说的春风沂水之乐。

王阳明于正德二年(1507),即赶往贵州龙场前夕,曾与弟子徐爱、蔡希渊和朱守中同游四明山。此三人入师门较早,其中又以徐爱为最先。如前所述,王阳明非常赞赏三位弟子在学术上的钻研精神,他曾说"徐生之温恭,蔡生之深潜,朱生之明敏,皆予所不逮"。

在三位弟子中,蔡希渊的性格最为孤傲,他习惯自比君子,视他人为小人,因此为上级官员所嫌恶。黄宗羲曾用"孤介之人,不被当世所喜"来评价希渊。出于对弟子的保护,王阳明曾写信给回乡的蔡希渊，劝导他行事要谨慎，分清轻重利害。然而，直至晚年，蔡希渊的孤傲性格依旧没有改变。

要改变一个人的性格是极其困难的，但只有做出改变才能领悟圣人之道。因此，张载提倡"变化气质"。他认为，面对各种世事、利害、屈辱，要做到坦然处之、喜怒不形于色。尽管这样做很难，却必须尽力为之。

正德七年（1512），王阳明在写给弟子王道[1]的信中提到，曾任大名县知县的汪渊[2]为官时，常以"变化气质"为座右铭。同时，王阳明还引用汪景颜之语，阐述了变化气质的必要性："居常无所见，惟当利害，经变故，遭屈辱，平时愤怒者到此能不愤怒，忧惶失措者到此能不忧惶失措，始是能有得力处，亦便是用力处。天下事虽万变，吾所以应之，不出乎喜怒哀乐四者。此为学之要，而为政亦在其中矣。"

会晤了庵和尚

正德八年（1513）五月，王阳明见到了正要返回日本的了庵

---

[1] 王道（1487—1547）：字纯甫，号顺渠。山东东昌府高唐州武城县人。正德六年进士。初学王阳明，后师事湛甘泉。

[2] 汪渊：字景颜。江西饶州府（今江西上饶）人。正德六年进士。曾任沂水知县，后擢监察御史。

和尚。此时，了庵和尚恰好住在鄞江[1]边的嘉宾堂。为此，王阳明特别写了一篇《送日本正使了庵和尚归国序》赠予他。由序中所写"五月既望"的字样，可推知王阳明是与徐爱在余姚近郊游玩时顺便拜访了庵。不过，该序未被收入《王文成公全书》。

日本已故作家铃木由次郎在《阳明学大系》第二卷（昭和四十六年十一月三十日，明德出版社）上，曾发表过一篇题为《王阳明与了庵和尚——中日文化交流》的文章。该文章对王阳明与了庵和尚的交往过程做了详尽介绍，特在此转载，以备读者查阅：

> 昭和二年（1927），蒙斋翁送我一幅匾额，以庆祝我新婚之喜。该匾额所刻内容正是王阳明《送日本正使了庵和尚归国序》的全文（据真迹复制）。我想，先生可能考虑到我与了庵和尚同籍，特以此相赠。当时，我对心学并无兴趣，但因此序未见于《王文成公全书》，故备感珍贵。在此特书草文，以酬蒙斋翁赠序之厚意。
>
> 又王阳明《送日本正使了庵和尚归国序》不见于《王文成公全书》，《拙堂文话》（日本汉学家斋藤拙堂所著）云，该序藏于山田祠官[2]正住隼人家，字画稳秀，神采奕奕，余顷得其景印，稳秀神采。如拙翁所言，了庵名桂悟，住伊势安养寺，后迁至京都东福寺。永正三年（1506），奉足利义澄（日本室町幕府第十一代将军）之命出使明朝。

---

1 鄞江：明时设有宁波办事衙门，日本使臣皆在此地登陆。
2 日本山田地区掌管祭祀的官员。

永正八年到宁波，同年八月十七日，晋谒武宗。武宗敕住育王山，居二年。将归，诸儒缙绅赠以诗文，此序盖系当时之作也。王阳明时年四十二岁，虽已说知行合一，而犹未以致良知训学者也。其倾倒于了庵法容洁修、律行坚巩。乃曰，偶不期离而自异，尘不待浣而已绝矣。设令了庵驻锡数年，导王阳明以其道，则或弃其所学，从了庵而来我国，亦未可知也。虽然，其文缘了庵故得永存于君子国，则王阳明之幸矣。

历经几度春秋，匾额日渐陈旧，我也慢慢将其遗忘。恰逢明德出版社为纪念王阳明诞辰五百周年而推出的《阳明学大系》全十二卷即将出版，此套书为当代心学泰斗安冈正笃先生与中国哲学研究大师宇野哲人先生亲自监修。此书问世之及时如同久旱逢甘霖，真乃学术界一大幸事。同时，该匾额以相片形式收录于此套书的第一卷中，从此它又能重现昔日神采了。

下面是王阳明《送日本正使了庵和尚归国序》的全文：

世之恶奔竞而厌烦拏者，多遁而之释焉。为释有道，不曰清乎？挠而不浊，不曰洁乎？狎而不染，故必息虑以浣尘，独行以离偶，斯为不诡于其道也。苟不如是，则虽皓其发、缁其衣、焚其书，亦逃租徭而已耳，乐纵诞而已耳，其于道何如耶！

今有日本正使堆云桂悟字了庵者，年逾上寿，不倦为学，领彼国王之命，来贡珍于大明。舟抵鄞江之浒，寓馆于驲[1]。

予尝过焉，见其法容洁修、律行坚巩。坐一室，左右经书，铅采自陶，皆楚楚可观，非清然乎！与之辩空，则出所谓预修诸殿院之文，论教异同，以并吾圣人，遂性闲情安，不哗以肆，非净然乎！且来得名山水游，贤士大夫而从。靡曼之色，不接于目；淫哇之声，不入于耳；而奇邪之行，不作于身。故其心日益清，志日益净，偶不期离而自异，尘不待浣而绝矣。

兹有归思，吾国与之文学交者，若太宰公及诸缙绅辈，皆文儒之择也，咸惜其去，各为诗章，以艳饰迥蹋，固非贷而滥者，吾安得不序？

皇明正德八年岁在癸酉五月既望
余姚王守仁书

据此亦可知了庵是怎样的人。下面是铃木先生为了庵作的传记：

了庵和尚，姓三浦，名桂悟，号堆云，又号钵袋子。生于日本应永三十二年（1425）二月五日，日本伊势岩内（今日本三重县多气郡明和町岩内地区）人。他幼年上京（京

---

[1] 驲：古代驿站专用的车，后亦指驿马，在此借以比喻了庵居处的宁波安远嘉宾堂。

都），于洛北真如寺削发受戒，拜大疑禅师为师。此后，得法号证悟，以继承师道。大疑乃大愚的弟子，而大愚又为梦严大师的弟子，可以说了庵继承的正是梦严之学。

日本文明初年，了庵任伊势安养寺（位于今日本三重县多气郡明和町上野地区）第二十一代住持方丈，安养寺正对伊势神宫的参拜道。该寺院建于应仁五年（镰仓后期），是为迎接大慧禅师自真如寺返回伊势而建。

也许此地距了庵故乡较近，他在安养寺任职长达十年之久。至文明九年（1477），五十三岁的了庵才调至京都的东福寺任住持。其间，后土御门天皇久慕了庵盛名，特召他前去讲授佛法。天皇听完佛法之后，不禁大喜过望，特书"了庵"二字以赐之。

此后不久，了庵就卸去住持一职，于塔头大慈院中清静度日。永正三年（1506），足利义澄将军委派了庵为遣明正使出使明朝。此时了庵已八十二岁高龄。

在室町时代，日本向明朝派遣使臣多达二十几次，其中多以通商为主要目的。其出使团主要成员包括正使、副使、居坐、土官、从僧、通事和总船长，同时也有商人和水手。了庵所率使团总人数多达六百人，使团乘坐三只大船（包括两只大内船和一只细川船）前往大明。

永正三年十一月十七日，了庵一行经住吉至尼崎，乘便船到达周防山口。一行人在此滞留达三年之久。永正六年五月，他们终于重新启程。一行人自赤间关出发，于次年正月十一日到达博多，并由此地经海路前往大明。但是，由于航船在途中突遇逆风无法前行，一行人不得不中途返航。

同年十一月，了庵通过三条实隆大人向将军请辞正使一职，未能获准。于是，一行人于永正八年再次乘船出发，希望利用春汛之机，从博多顺利出航。在历经千难万险后，了庵一行终于在同年九月抵达浙江宁波。此时正值明朝正德六年（1511），了庵已八十七岁高龄。当时，宁波设有市舶提举司，以管理海上往来船只，同时还设有安远驿馆以专门接待日本客商。此后，了庵一直住在安远驿馆的嘉宾堂，其他一行人则住在周边的馆舍中。

了庵著有《壬申入明记》一卷、《语录》两卷，嵯峨妙智院所藏《策彦入明记》的手写本中收录了《壬申入明记》。策彦为天龙寺僧人，曾以遣明使身份再次出访明朝。策彦认为，《壬申入明记》可作为日本对明贸易的参考资料。

另外，牧田谛亮先生所著《策彦入明记之研究》，能让我们清楚了解了庵出使明朝的经过。《壬申入明记》中收录了了庵一行给明朝政府的三十篇上疏文，其内容全部是关于两国通商的。小叶田淳先生所著《中世纪日中交通贸易史研究》一书中，详细记录了了庵一行在明朝的通商活动。

其中，了庵一行所带货物主要是将军敬献给明朝皇帝的贡品及其他贸易商品。贸易商品主要是各种刀剑，共计七千把。另外，还包括各使臣单独向皇帝进献的刀剑，共计九百八十把。

　　了庵一行滞留宁波之时，当地官员速将此事禀报朝廷。此后，礼部向一行人颁发了上京许可，但人数仅限五十人。闻此，了庵曾上疏请求皇帝准许二百九十二人同往，但未获准。一般来说，遣明使要乘船沿运河上京，向皇帝呈上拜谒表文和进贡之物。由于宁波距京城路途遥远，上京至少需百日。

　　正德六年九月，了庵及随行五十人自宁波启程，途经山东时常有流寇前来滋扰。由于流寇甚为猖獗，一行人只得返回宁波。此后，他们经杭州至苏州，并在此滞留了半年左右的时间以待皇命。由于贼匪之势始终未见消减，了庵最终奉皇命前往南京进献贡品。

　　正德七年四月，一行人从苏州出发，当月下旬抵达南京。其中，一行人在南京受领皇帝所赐宴席、衣物等（参见《明史》卷三二二《外国三》中关于日本之记事）。同时，礼部以每把三百文的价格买下了贸易品中的三千把刀剑。同年五月，了庵一行返回杭州。其间他破例上疏布政司，请求朝廷再购入一些刀剑。同年六月，一行人终于返回宁波。不久，朝廷就下令买下剩余的全部刀剑，价格依弘治之例而行。

　　了庵闻此，不禁大喜，特地再赴杭州以奏谢圣恩。此事在日中贸易史上是绝无仅有的。然而，布政司所依弘治之例有两种，即弘治八年例，每把刀一千八百文；弘治九年例，每把刀三百文。

由于此事关乎贸易成败，了庵等人竭力与大明朝廷周旋，终以高价成交。不过，《壬申入明记》中未收录与最终结果相关的史料，所以详情不得而知。

京都五山与足利家族关系密切，遣明正、副使臣均由京都五山的僧人担任。正使代表日本幕府，也是一行人的统帅。除此以外，五山僧人还兼任幕府及领主的顾问，他们中不乏德才兼备之人，了庵便是其中一位。王阳明赞了庵"法容洁修、律行坚巩"，其实了庵更是一位深谋远虑、才华横溢的高僧。上述贸易事件，正充分说明了这一点。

日本学者辻善之助博士这样总结了庵的商贸谈判："面对强硬谈判，他或威吓，或恳求，或暴怒，或怯懦，最终令对方接受自己的要求，于永正十年满意而归。"（《日本佛教史·中世纪篇之四》）

此后，明武宗敬慕了庵的佛学造诣，命他担任宁波府育王山广利寺的住持，并派使者赐金襕袈裟。得此袈裟后，了庵随即赋诗一首："书尽恩荣北阙天，黄梅[1]夜半不曾传。育王山顶横云雾，无相[2]福田担一肩。"

每当了庵升坐于广利寺正堂时，众僧人皆欢呼雀跃，其间还有很多士大夫慕名前来，向了庵请教佛法。

---

1 黄梅：黄梅山，此山多见梅花。五祖弘忍大师迁居蕲州黄梅县，并于黄梅山建东山寺教化四方。

2 无相：为四大皆空之意。

正德八年，八十九岁高龄的了庵请辞住持一职，并希望返回日本。一行人于同年六月从宁波乘船出发，后抵达博多。同船归国的还有日本画家雪舟。此后，了庵暂居山口县数月，永正十一年三月十二日，返回京都，居于大慈院的堆云轩。之后，了庵奉后柏原天皇之命，担任了京都北部南禅寺的住持。他在重振山门后随即请辞，重返堆云轩居住。

了庵于永正十一年九月去世，享年九十岁。天皇赐谥号为佛日禅师（也有人称，了庵是日本永正三年任遣明正使时受赐此号的）。

下面是铃木写的了庵与王阳明交往的有关史实：

正德八年（1513）六月，了庵离开宁波踏上了归国之途。在了庵归国前，多位士大夫赠诗惜别，其中一位名叫卢希玉的士大夫所写的送别诗，载于《邻交征书》（伊藤松著）一书中。

> 赠予了庵归国
> 明发行囊晓拂尘，岂辞霜鬓苦吟身。
> 调高不是阳关唱，杯泛何妨趣米春。
> 水阔帆飞风力顺，华红叶绿雁声细。
> 至家解知诗笥重，为报贤王谢紫宸。
> 广平府知府、前都给事中、九十叟、月湖卢希玉

王阳明于正德八年五月既望，因可惜了庵的离去而赠序一篇，其中写道："舟抵鄞江之浒，寓馆于驲。予尝过焉。"由此可知，王阳明初会了庵应为正德六年九月，也就是了庵一行人刚抵达宁波之时。

然而，据《年谱》记载，王阳明于正德三年春被贬于贵州龙场任驿丞。次年，宦官刘瑾被诛，王阳明的冤情得以昭雪。正德五年，王阳明被重新起用，任命为江西庐陵县知县。同年十二月，升任南京刑部四川清吏司主事。正德六年（了庵于同年抵达宁波）正月，调任京城吏部验封清吏司主事。同年二月，任会试同考试官，十月升任文选清吏司员外郎。

据此记载，正德六年，王阳明在京城为官，根本不可能赶去宁波见了庵。不过，正德七年十二月，王阳明补任南京太仆寺少卿，恰巧弟子徐爱任期已满，也被调任至南京工部。其间，师徒二人在赴任南京途中，顺道回乡省亲。在南行的船中，王阳明为弟子讲解了《大学》的宗旨。

正德八年二月，二人返回余姚，并一直住到年底。由于余姚距离宁波很近，想必王阳明是在家乡闻得了庵大名后，才决定前往宁波府安远驿馆拜访的。如此推断，正与"舟抵鄞江之浒，寓馆于驲。予尝过焉……"所描写的情景吻合。此时，了庵已卸下广利寺住持一职，准备由宁波返回日本。

另据《年谱》记载，王阳明于正德八年五月开始游学，同行者有徐爱等弟子。他们经上虞进入四明山，观白水山，探龙溪之源，访杖锡寺，登雪窦山，攀千丈崖，远眺天姥、华顶二峰。此后，王阳明一行人经宁波返回余姚。

由于王阳明赠序中有"且来得名山水而游,贤士大夫而从"之句,因此《延宝传灯录》[1]认为"学士王阳明屡次随了庵游于山水",并进一步推测了庵或许参加了王阳明等人的这次游学。所以,王阳明与了庵的会面时间应该是正德八年(日本永正十年),即王阳明省亲期间。当时,王阳明四十二岁,而了庵已是八十九岁高龄。

王阳明在赠序中称赞了庵"年逾上寿,不倦为学""法容洁修,律行坚巩。坐一室,左右经书,铅采自陶""心日益清,志日益净"。可见,王阳明对了庵之人品和学问都深深敬服。

据《年谱》记载,正德四年,王阳明在贵州龙场首次提出"知行合一"的观点。正德十六年,王阳明于南昌首次提出"致良知"说。可以想象,王阳明与了庵初会之时,双方皆被对方的人品和学识所折服。

了庵不仅精通佛学,在程朱理学研究方面也颇有造诣。在了庵入明之前,心学并未传入日本。了庵与王阳明结识之后,若曾结伴同游山水,其间他必定频繁接触到王阳明的学术思想。不过,心学是否经由了庵而传入日本,尚无定论。

由于了庵归国后次年便离世,很难想象他在这短短的一年时间里是如何弘扬心学的,同时也没有证据可以证明这一点。内阁文库中藏有《了庵和尚语录》(延宝七年的印刷本),据说该书中收

---

[1]《延宝传灯录》:此书是日本临济宗僧师蛮(1626—1710)花费三十余年心血所完成的禅宗史。

录了庵所著《语录》二卷,但笔者终未得见。

另外,小叶田淳先生认为,《语录》作于正德八年五月十八日,学者张迪文为该书题跋。也就是说,王阳明赠序与了庵著书前后不到两天。此种说法显然不妥,因为从商贸谈判结束到归国仅短短数日,了庵根本无法完成《语录》。

据推测,了庵可能携《语录》入明,在归国前请张迪文题跋。足利氏评价该书为"虽用儒学之词而并无儒学之见,可谓不失禅僧本色"(日本镰仓、室町时期的儒教特点)。我们可以确定的是,《语录》中丝毫未提及王阳明,但不能确定的是,了庵从归国到去世的一年中,是否写过或提起过有关王阳明及心学思想的内容。

在江户时代初期,《王文成公全书》才传到日本。其中,学者那波鲁堂所著《学问源流》一书就提到"宋朝陆象山、明朝王阳明之著述堪比藤原惺窝之作。藤原门人也称,心学能使人明辨是非……借鉴他人之所长,有助于增长自身的学问"。

虽然藤原惺窝及儒学家林罗山并未专攻心学,但他们在信奉程朱理学的同时,也十分敬重陆、王二人。了庵则是日本心学研究史上里程碑式的人物,因为他是最早接触心学的日本人,要比藤原惺窝早一百年左右。

关于阳明学传到日本与了庵的关系,大概也就像铃木先生所论述的那样。另外,关于王阳明赠序的真迹所在,铃木先生也有相关记载:日本佛教史学家师蛮所著《本朝高僧传》的"桂悟篇"收录了王阳明赠序的全文。另外,伊势津藩儒斋藤拙堂在《拙堂文话》中写道:"山田祠官正住隼人家中藏有一卷轴,其内容即为王阳明赠了庵序的全篇。偶然得见,只觉笔锋稳秀、神采奕奕,

定为王阳明亲书。因其文思畅达，且《阳明全集》未曾收录该序，故将全文抄录。"(《拙堂文话》卷二)

现在，伊势市仍然保留着正住氏的古宅，正住隼人曾任祭祀官也是事实。令人不解的是，王阳明赠序的真迹是如何辗转到了正住氏手中的。据说，在伊势的丹生地区（今日本三重县多气郡）的神宫寺中，曾藏有名为"送居士五郎太夫归日本"的字幅，现在却不知所踪。据传，该字幅写有"正德癸酉六月朔""四明季春亭"等字句。

由此推测，此作写于王阳明赠序后。想必名为"五郎太夫"的人也是了庵一行中的一位。关于此字幅藏于伊势丹生神宫寺中的原因，也同样不得而知。

另据《拙堂文话》记载，津藩（今日本三重县津市）三宅士强家中藏有明朝人詹僖（字仲和，号铁冠道人，宁波人）所书"苇牧斋"三字的横幅以及跋文一篇。苇牧斋为士强家族十一世的祖先，曾任遣明使，其入明时间约比了庵早一年。

《拙堂文话》认为："王阳明赠序与此字幅均存于同一地区，实在令人称奇。"不过，王阳明的真迹现已无处寻觅。据《大日本史料》一书的第九篇第四节记载，第二次世界大战前，旧摄津三田藩主九鬼子爵家中曾藏有此序。在明治时代，九鬼氏族人九鬼隆一男爵是日本美术界的风云人物，因此，很有可能是他得到了此序的真迹，并将其转赠给家乡的三田博物馆。蒙斋翁赠给铃木先生的字幅，很可能就是仿此真迹而作。

训诫弟子：理气之辨

王阳明深知弟子蔡希渊性格孤傲，曾多次开导、劝诫他。正德八年（1513），四十二岁的王阳明居越之时，特地以书信（《王文成公全书》卷四）劝导希渊。在信中，王阳明谈道：君信中提到"学问之道仅在于寻求所失之本心"，此句真乃一针见血。然而，正所谓学海无涯，就连孔圣人都说："吾尝终日不食，终夜不寝，以思，无益，不如学也。"世间做学问之人必定都有志向，而笃学之士却寥寥无几。对于这样善于钻研的人，老师、朋友要及时开导，否则他们会被个性所左右而变得刚愎自用，最终无法得其正道，以致抱憾终生。

王阳明主要强调的是，不可因个人性情而偏废道理。蔡希渊所说"学问之道仅在于寻求所失之本心"出自《孟子·告子上》，原文是"学问之事，固非一端，然其道则在于求其放心而已"。这一观点后为陆九渊所继承，并与王阳明所提"心即理"相吻合，因此王阳明十分赞同蔡希渊所言。由于心是气之精妙所在，因此"心即理"也容易被理解成"气即理"。不过，"气即理"并不同于程、朱所提倡的"理气二元"论的观点。乍一看去，似乎王阳明也以二元角度阐述理与气，但他并不赞同程朱之说。

王阳明认为，理与气应为一体，所谓"二元""一元"之说不过是从本体论的角度而言。然而，就工夫（过程）论而言，王阳明并不赞同将"气"与"理"混为一谈。他认为，只有不断地刻苦钻研，才可使"气"最终归于"理"。总之，从本体论的角度来看，王阳明主张"理气一元"论；从工夫论的角度来看，王阳明则主张将"理""气"加以区分。

那么，王阳明的观点与朱熹提出的"本体工夫二元"论的观点是否相同呢？实则不然，王阳明认为"工夫"应以"心即理"为基础，只有理解了"心即理"，才能求得本体。即使某些人对"心即理"的理解并不充分，但他们的学术思想也远胜过对此一无所知的人。

此时，王阳明所倡导的"本体工夫一体"论（本体即工夫，工夫即本体）尚不完善，直至晚年，王阳明提出"致良知"后，此学说才得以完善。在此信中，王阳明第一次确立了"本体即工夫"的思想观点，这完全不同于朱熹所提出的"本体工夫二元"论（从工夫中求得本体）。可以说，心学的主旨即"心即理"及"知行合一"说。

到滁州上任

正德八年（1513）十月二十二日，王阳明前往南京西北部的滁州（今安徽省东部）上任，此时他四十二岁。

北宋文豪欧阳修在三十九岁时因遭反改革派以不实之词弹劾，于庆历五年（1045）被降职为滁州知州。滁州位于滁水以北，此地交通虽不发达，但风景极佳，为江淮胜地。谪居之时，欧阳修自号"醉翁"，家喻户晓的《醉翁亭记》就作于此地，苏轼曾为此文题跋。后来，此文又被刻于石碑之上，成为当时文人雅士最爱背诵的名篇之一。

据《朱子语录》记载，欧阳修曾写了几十个字来描绘滁州的明山秀水，但他觉得未尽其意，于是经推敲后仅以"环滁皆山也"来概括其貌。当时，欧阳修经常携幕僚、下属同游滁州名山，并即景作诗联句。

欧阳修在《醉翁亭记》中曾这样描述山中美景，琅琊幽谷有鸣泉飞瀑，其音恰如行走时腰间玉佩的叮当之声，甚为动听。十年后，太常博士沈遵特来滁州聆听此泉音，并作琴曲《醉翁吟》。可以说，滁州借助欧阳修的名气才得以名扬天下。

王阳明去滁州赴任时途经丹阳（今属江苏省），当时多位道家名士都居于此地，汤云谷就是其中一位。弘治十五年（1502）时，王阳明曾于旅途中拜会过汤云谷，并向其请教神仙之术。此后，汤云谷入朝为官，担任给事中一职，负责向天子谏言。由于他为人正直，不为奸佞所容，最终辞官归隐。后来，王阳明也遭人陷害，被流放龙场。王阳明与汤云谷重逢之时，汤云谷已辞官三年有余，当时已年近七旬。次年，王阳明特意作序为汤云谷贺寿。

滁州虽然偏僻，却不乏名胜之所。由于太仆寺少卿一职较为清闲，王阳明经常与弟子同游于琅琊、让泉、龙潭等地。初到滁州之时，王阳明身边仅有两三名弟子陪伴。不久之后，其他弟子闻讯，从各地云集至此。

据《年谱》记载，自滁州讲学开始，王阳明身边的弟子就逐渐增多，其声望也越来越大。当时，王阳明的旧友湛甘泉特意到访滁州，向王阳明请教道教、佛教方面的问题。

在滁州任职期间，王阳明的生活十分清闲自在，心情也很惬意、安适。他尽情地享受着如同隐士一般的逍遥生活。《梧桐江用韵》（《王文成公全书》卷二十）一诗就很好地表现出王阳明的此种心境：

> 凤鸟久不至，梧桐生高冈。
> 我来竟日坐，清阴洒衣裳。
> 援琴俯流水，调短意苦长。
> 遗音满空谷，随风递悠扬。
> 人生贵自得，外慕非所臧。
> 颜子岂忘世，仲尼固遑遑。
> 已矣复何事，吾道归沧浪。

诗中提到，孔子的弟子颜渊虽身居陋巷，却未忘尘世。孔子以天下为己任而周游各地，却难以实现自己的抱负。当年，屈原在沧浪河边巧遇渔父，渔父对他说："沧浪之水清兮，可以濯我缨。沧浪之水浊兮，可以濯我足。"王阳明欲借此典故，表达归隐的愿望。

其实，王阳明并非真的想做一个不问世事的隐者。他所向往的，是能在闲时偶尔享受一下这种身居幽境、闲散自在的生活。通过《林间睡起》（《王文成公全书》卷二十）一诗，我们可以发现王阳明对于这种过于闲散的生活也怀有些许不安：

> 林间尽日扫花眠，只是官闲愧俸钱。

门径不妨春草合，齐居长对晚山妍。
每疑方朔非真隐，始信扬雄误《太玄》。
混世亦能随地得，野情终是爱邱园。

诗中提到，东方朔因直谏汉武帝而被贬至金马门（汉武帝时宦官的署门）任职，他并未因此归隐山林，而是随即走马上任。东方朔曾说过，"陆沉于俗，避世金马门"。宫殿中可以避世全身，何必深山之中、蒿庐之下？可见，东方朔认为"大隐隐于朝，小隐隐于林"。

同样是西汉人的扬雄，在汉成帝时代为官。他曾仿《论语》而著《法言》，仿《周易》而著《太玄》，被当时人称为大儒。但是，他所作《太玄》因有趋炎附势之嫌，而致使《周易》之理未能深明于天下。因此，王阳明说"扬雄误《太玄》"。

由此可以看出，王阳明非常赞赏东方朔的真隐士风格，不屑于扬雄那种阿谀奉承的行为。该诗的最后两句说明，王阳明因身处浊世而备感大自然的亲切、美好，提到"归隐"也是为了更好地表现这种热爱之情。

另外，王阳明与弟子还结伴游览了南京郊外的龙盘山（龙蟠山）、滁州西南部的琅琊山。对此，《年谱》中写到，王阳明每日与弟子游学于琅琊、让泉等地。每逢月朗星稀之夜，数百名弟子环坐龙潭而歌咏，歌声响彻山谷。由此可知，此时王阳明身边弟子甚多。在游学途中，王阳明随时随地为弟子答疑解惑。《龙潭夜坐》（《王文成公全书》卷二十）一诗就很好地描绘出了这种情景：

何处花香入夜清，石林茅屋隔溪声。
幽人月出每孤往，栖鸟山空时一鸣。
草露不辞芒履湿，松风偏与葛衣轻。
临流欲写猗兰意，江南江北无限情。

诗中提到的"猗兰"为兰花的一种，在此比喻君子。当年，孔子周游列国时虽被各国诸侯奉为上宾，却始终不受重用。孔子从卫国返回鲁国的途中，偶见山谷中兰花绽放，其香气沁人心脾。见此景致，孔子不禁停下脚步，抚琴唱道："夫兰为王者香，今乃独茂与众草为伍，譬犹贤者不逢时，与鄙夫为伦也。"此曲即为《猗兰操》。孔子以兰花比喻贤者，他在歌中赞扬了贤者的高雅品格，同时也表现出贤者（孔子自己）不为世人所容的无奈。

通过《夜坐龙潭》一诗，我们能更深刻地体会到王阳明对于自然风光的依恋之情。游学琅琊山时，王阳明作《山中示诸生》五首（《王文成公全书》卷二十），其中第一首揭示出了心学的宗旨：

其一
路绝春山久废寻，野人扶病强登临。
同游仙侣须乘兴，共探花源莫厌深。
鸣鸟游丝俱自得，闲云流水亦何心？
从前却恨牵文句，展转支离叹陆沉！

王阳明认为，自然环境不仅有益于自悟，也有益于领悟圣人的思想，因此说"从前却恨牵文句"。然而，诸如朱熹之类的学者只知研读经典，醉心于遣词造句，却忽略了自身思想体系的完善与丰富，这样只会与经典失之交臂。

其二
滁流亦沂水，童冠得几人？
莫负咏归兴，溪山正暮春。

其三
桃源在何许，西峰最深处。
不用问渔人，沿溪踏花去。

第二首诗作于游学滁水之时。诗中提到一个典故，当年孔子的弟子曾点曾说过，自己平生志向不过是在暮春时节，携五六个好友、六七个童子于沂水边沐浴、纳凉。孔子对此颇为赞赏。诗中，王阳明将滁水比喻为沂水，借此衬托自己超脱的心境。

第三首诗作于西峰山深处。最后两句的意思是，不用寻问渔翁，自己即可探访到桃花源之所在。在此，王阳明借用陶渊明的名篇《桃花源记》，阐述了心学宗旨即"心即理"的哲学思想。

其四
池上偶然到，红花间白花。
小亭闲可坐，不必问谁家。

其五

溪边坐流水，水流心共闲。

不知山月上，松影落衣斑。

北宋文豪苏东坡极为推崇唐朝王维的诗作，赞其为"诗中有画"，而上述两首诗恰有王维风格。在此，以王维的《鹿柴》（"柴"指为养鹿而建的木栅栏）为例加以佐证。（《鹿柴》："空山不见人，但闻人语响。返景入深林，复照青苔上。"）

另外，王阳明游学于琅玡山之时，曾作《琅玡山中三首》（《王文成公全书》卷二十）。其中第一首中写道："'六经'散地莫收拾，丛棘被道谁刊删？已矣驱驰二三子，凤图不出吾将还。"在此，王阳明慨叹圣人之道日益荒废，而圣贤之士难以寻觅，同时也表达出想解甲归田之意。在第三首诗中，王阳明写道："尘踪正自韬笼在，一宿云房尚未能。"此句表达了王阳明对尘世束缚的厌倦，对自由、惬意生活的向往。

王阳明在滁州为官期间，每逢子弟返乡，他都写诗相赠，以表师徒厚谊。其中，《赠熊彰归》一诗中写道："千年绝学蒙尘土，何处澄江无月明？"王阳明在感叹圣人之学已绝迹千年的同时，借用澄江明月来阐明自己的哲学思想，启发弟子要深刻领悟"心即理"的真谛。该诗最后一句"为问山田待耦耕"，王阳明以《论语·微子篇》中两位隐士长沮和桀溺躬耕农田的故事为例，表达了自己想要归隐的愿望。他嘱托弟子先备好农田农具，以待他日后前往。不过，关于熊彰其人，史料并无记载。

另外，弟子刘易仲返回辰州之时，王阳明也以诗相赠，题为

《别易仲》(《王文成公全书》卷二十)。其序云："辰州刘易仲从予滁阳，一日问：'道可言乎？'予曰：'哑子吃苦瓜，与你说不得。尔要知我苦，还须你自吃。'易仲省然有悟。久之辞归，别以诗。"其中"哑子吃苦瓜"是出自《碧岩录》的禅语，王阳明借此强调个体所具有的知识水平并不能取代自身悟道的过程。因此，《别易仲》中有两句是"至道不外得，一悟失群暗"。

其间，弟子刘观时曾就《中庸》中的"喜怒哀乐之未发，谓之中"一句向王阳明求教，王阳明同样以"哑子吃苦瓜"为例作答。(《传习录》上卷)当时，徐爱深谙老师用意，随即补充道，只有亲身悟道才能学到真正的知识，才有利于自身修养的提高。在场弟子们听完后皆如醍醐灌顶。

朱守中早年就拜王阳明为师，此次又专程赶到滁州求学。在他返乡之际，王阳明特作《送守中至龙盘山中》(《王文成公全书》卷二十)相赠，以酬师徒厚谊。诗中写道："何年稳闭阳明洞，榾柮山炉煮石羹。"意思是："不知何时能重回故乡会稽山的阳明洞，用山木烧炉来烹饪神仙食用之物。"王阳明借此表达了希望早日返乡，专注于圣学研究的愿望。

当年，王阳明被贬龙场之时，冀元亨特意从辰州赶来拜王阳明为师，此次又随王阳明来到滁州。在他将要返乡之际，王阳明作《送惟乾》二首(《王文成公全书》卷二十)相赠。在诗中，王阳明先忆起与冀元亨多年的交往之情，接着又畅想了弟子归途的景致。其中，"本来无物若为酬"一句既表达了对弟子远来求学的感动，又流露出自谦之意。

正德二年（1507），蔡希渊于京城拜王阳明为师，正德八年冬，蔡希渊进京参加科考途经滁州时，特来拜访王阳明。在此期间，他为王阳明的思想所折服，随即决定放弃考试，从学于王阳明直到第二年。

王阳明与蔡希渊同游琅琊山时曾多次论道，正因如此，蔡希渊最终得以领悟圣人之道。在爱徒即将离去之时，王阳明特作《送蔡希渊三首》（《王文成公全书》卷二十）相赠。在第一首诗中，王阳明将蔡希渊比作严冬的孤雁，赞扬了他不流于世俗的高尚人格。同时，该诗还描写了师徒二人游学山中的情景以及论道、悟道的种种乐趣：

其一
风雪蔽旷野，百鸟冻不翻。
孤鸿亦何事，叫叫溯寒云。
岂伊稻粱计，独往求其群。
之子眇万钟，就我滁水滨。
野寺同游请，春山共攀缘。
鸟鸣幽谷曙，伐木西涧矄。
清夜湛玄思，晴窗玩奇文。
寂景赏新悟，微言欣有闻。
寥寥绝代下，此意冀可论。

此外，王阳明在第二首诗中表达了对蔡希渊重返会稽的羡慕，同时感叹自己虽慕圣学却不得不为官职所累，过这种流于世俗的生活。其中"倘入阳明峰，为寻旧栖处"一句充分表现出王阳明对故乡山水的向往与思念。

在第三首诗中，王阳明写道："悟后'六经'无一字，静余孤月湛虚明。""六经"不过是领悟圣人之道的手段而已，当你悟道后，思想就会变得清晰明了，恰如清静、皎洁的月光一样。晚年时，王阳明将"良知"比作明月，想必原因也在于此。不过，王阳明此时还未将良知作为自己的学术宗旨。

王阳明于滁州讲学之时，提倡"静坐悟入"，就是在静坐的过程中悟道，因此，他在诗中强调"静余孤月湛虚明"。对这一问题，有弟子曾提出疑问，王阳明这样答道：在滁州讲学之时，诸生仅注重理论上的争辩，如此并不利于自身悟道。于是，我教他们通过静坐来悟道。刚开始时，弟子们未有大的改变。不过，随着静坐时间的延长，他们都变得喜静不喜动，有人已达到物我两忘之境，也有人能发出惊世之言。只有如此，我才会为其讲说"致良知"。

王阳明自龙场返回辰州讲学之时，就倡导"静坐悟入"。在滁州时，他依然将这作为主要的教学方式。不过，当王阳明发现这种教学方式有一定的弊端之后，就决定改进。王阳明离开滁州后，曾多次向弟子提起"致良知"。不过，直到晚年，他才正式将"致良知"作为自己的教学宗旨。

此外，弟子孟源（字伯生，滁州人）也曾就"静坐"问题求教王阳明。

孟源问道："静坐中思虑纷杂，不能强禁绝。"

王阳明答曰："纷杂思虑，亦强禁绝不得。只就思虑萌动处省察克治，到天理精明后，有个物各付物的意思，自然精专无纷杂之念。"

正德九年（1514），四十三岁的王阳明调任南京，并滞留一年之久。当时，孟源特地赶到南京向王阳明求教。临别之时，王阳明受托在书轴上留言(《王文成公全书》卷八)。在该文中，王阳明对"静坐悟入"进行了反思：

> 圣贤之学，坦如大路，但知所从入，苟循循而进，各随分量，皆有所至。后学厌常喜异，往往时入断蹊曲径，用力愈劳，去道愈远。
> 向在滁阳论学，亦惩末俗卑污，未免专就高明一路开导引接。……其间亦多兴起感发之士，一时趋向，皆有可喜。近来又复渐流空虚，为脱落新奇之论……
> 孟源伯生复来金陵请益，察其意向，不为无进，而说谈之弊，亦或未免，故因其归而告之以此。遂使归告同志，务相勉于平实简易之道，庶无负相期云耳。

弟子郑伯兴（湖南鹿门山人）返乡之时，王阳明作诗《郑伯兴谢病还鹿门雪夜过别赋赠三首》相赠(《王文成公全书》卷二十)。第一首诗中的"圣路塞已久，千载无复寻。岂无群儒迹，蹊径榛茆深。浚流须寻源，积土成高岑"之句与陆九渊所云"涓流积至沧溟水，拳石崇成泰华岑"有异曲同工之妙(《阳明先生全书论考》卷九《诗三》)。由此可知，陆、王心学乃一脉相承。在第二首诗的开头，王阳明写道："浚流须有源，植木须有根。根源未浚植，枝派宁先蕃？"这是在为弟子讲解"培根"说的主旨。

第十二章　滁州讲学

弟子王嘉秀、萧琦返乡时，王阳明同样写诗相赠（《门人王嘉秀实夫、萧琦子玉告归，书此见别意，兼寄声辰阳诸贤》，《王文成公全书》卷二十）。王嘉秀，字实夫，湖南沅陵人，爱好佛教、道教的养生说，画技过人。萧琦，字子玉，爱好禅理，其他生平不详。《传习录》上卷中曾提到过一个名为"萧惠"的人，此人也爱好佛道。有书将萧惠写作"萧蕙"。日本学者佐藤一斋根据毛奇龄先生所著《王文成传本》一书推测，萧惠为零都人，生平不详。至于萧琦与萧惠是否为同一人，至今仍无定论。

由题目可知，该诗不仅写给王、萧二人，也是写给王阳明在辰州的弟子的，因为有些人将王阳明所教"静坐悟入"错误地理解成"坐禅入定"。在诗中，王阳明指出了儒学与佛教、道教之间的区别，强调儒学应以简练、平实为本，要通过实践磨炼来悟道：

门人王嘉秀实夫、萧琦子玉告归，书此见别意，兼寄声辰阳诸贤

王生兼养生，萧生颇慕禅。
迢迢数千里，拜我滁山前。
吾道既匪佛，吾学亦匪仙。
坦然由简易，日用匪深玄。
始闻半疑信，既乃心豁然。
譬彼土中镜，暗暗光内全。
外但去昏翳，精明烛嫶妍。

世学如剪彩，妆缀事蔓延。
宛宛具枝叶，生理终无缘。
所以君子学，布种培根原。
萌芽渐舒发，畅茂皆由天。
秋风动归思，共鼓湘江船。
湘中富英彦，往往多及门。
临歧缀斯语，因之寄拳拳。

之前，王阳明曾为徐爱讲述过"培根"说的必要性，在此诗中，王阳明再次强调了事物内在、本原的重要性，对多数儒者重视外在、枝叶问题的做法提出了批判。

批评王嘉秀，开导王道

王阳明与弟子王嘉秀曾就佛教、道教问题展开问答，《传习录》上卷对此有所记载。据推测，这次问答就发生在王阳明任职滁州期间，其内容可作为王阳明对佛、道批判的论据。

尽管王阳明在诗句中常用仙境借喻圣学之境，但他自转投圣学后从未将成圣的希望寄托在佛、道上。王阳明与王嘉秀的以下问答，就揭示了这一点。

王嘉秀问："佛以出离生死诱人入道，仙以长生久视诱人入道,其心亦不是要人做不好,究其极至,亦是见得圣人上一截,然非入道正路。

"如今仕者有由科,有由贡,有由传奉,一般做到大官,毕竟非入仕正路,君子不由也。仙、佛到极处,与儒者略同,但有了上一截,遗了下一截,终不似圣人之全;然其上一截同者,不可诬也。

"后世儒者,又只得圣人下一截,分裂失真,流而为记诵、辞章、功利、训诂,亦卒不免为异端。是四家者终身劳苦,于身心无分毫益。视彼仙、佛之徒,清心寡欲,超然于世累之外者,反若有所不及矣。

"今学者不必先排仙、佛,且当笃志为圣人之学。圣人之学明,则仙、佛自泯。不然,则此之所学,恐彼或有不屑,而反欲其俯就,不亦难乎?鄙见如此,先生以为何如?"

先生曰:"所论大略亦是。但谓上一截、下一截,亦是人见偏了如此。若论圣人大中至正之道,彻上彻下,只是一贯,更有甚上一截、下一截?

"'一阴一阳之谓道',但'仁者见之便谓之仁,智者见之便谓之智,百姓又日用而不知,故君子之道鲜矣'。仁、智岂可不谓之道?但见得偏了,便有弊病。"

自古以来,关于儒学与佛教、道教之间关系的讨论就从未停止过。尤其是到了宋朝,这种争论更加激烈。学者们从形而上与形而下、本体与作用、上达与下学、格物的有无、人伦的肯定与否定等角度来展开讨论。在此不予详述。

王嘉秀认为，圣学的终极目的是儒、道、佛三者的统一。佛、道二教为圣学的上半部，即形而上的部分。对此，儒学也表示认同。但是，佛、道二教没有圣学的下半部，即形而下的部分。如此一来，后世儒者多忘记了圣学的上半部，而执着于下半部，即训诂、辞章、记诵、功利之学，以致陷入误区。王嘉秀认为，此类儒者还不及佛教、道教弟子清心寡欲、超脱凡尘。因此，他对佛、道二教持肯定态度。

王阳明指出，将圣学分为上、下两部分的观点过于偏狭，容易使人陷入误区。他认为，下半部即上半部，形而下即形而上。宋代理学家程颢曾说："形而上者存于洒扫应对之间。"可见，王阳明继承了程颢的思想观点。

对于儒学与佛、道二教的关系，王阳明在晚年时给出了结论。他认为，儒学承认形而下即形而上，佛、道二教只承认形而上，因此儒学涵盖了佛、道二教。

王嘉秀求学于滁州之时，王阳明受托在其书轴上留言（《王文成公全书》卷八《书王嘉秀请益卷》）。王阳明在该文中阐述了"万物一体之仁""自省"的必要性及"君子之学，为己之学"等观点。其中一句写道："呜呼！自以为有志圣人之学，乃堕于末世佛、老邪僻之见而弗觉，亦可哀也夫！"这是对弟子的严厉告诫。

弟子萧惠也好佛、道，王阳明也告诫过他。对此，《传习录》上卷中有记载："吾亦自幼笃志二氏（佛、老)，自谓既有所得，谓儒者为不足学。其后居夷三载，见得圣人之学若是其简易广大，始自叹悔错用了三十年气力。大抵二氏之学，其妙与圣人只有毫厘之间。汝今所学，乃其土苴，辄自信自好若此，真鸱鸮窃腐鼠耳！"

闻此，萧惠又向王阳明请教佛、老二氏之妙。王阳明道："向汝说圣人之学简易广大，汝却不问我悟的，只问我悔的！"

萧惠很惭愧，随即改问圣人之学。王阳明道："汝今只是了人事问，待汝办个真要求为圣人的心来与汝说。"萧惠又再三追问，王阳明道："已与汝一句道尽，汝尚自不会。"

另外，萧惠还就生死之道求教于王阳明。对此，王阳明认为，"知昼夜，即知死生""知昼则知夜"（《传习录》上卷）。孔子曾说过"知生即知死"，王阳明正是从这个角度来阐述生死的。

据王阳明的好友湛甘泉所写《阳明先生墓志铭》一文记载，湛甘泉从安南回乡之际，曾在滁州拜访过王阳明。二人彻夜讨论了儒与佛、道的关系，其间多次谈到佛、道之弊端。

王阳明在京师尚未返乡之时，曾写信给弟子王道，其中谈到了"气质变化"的重要性。然而，王道仍执着于旧有的思维模式。对此，王阳明十分忧心，后来又多次从余姚和滁州写信给王道，言辞恳切、语气真诚，令人敬服不已。

王阳明在写给王道的信中，进一步揭示出心学与朱子学的不同。正德八年（1513），王阳明在家乡时曾写信回答弟子的问题（《王文成公全书》卷四），信的开头写道："纯甫所问，辞则谦下，而语意之间，实自以为是矣。夫既自以为是，则非求益之心矣。吾初不欲答，恐答之亦无所入也……亦非自知其非而又故为自是以要我者，吾何可以遂已？故复备举其说以告纯甫。"

这封信的主旨便是阐述"明善"与"诚身"的关系。王阳明在信中指出，王道长期受朱子学影响，习惯将"知"与"行"分开讨论，而心学所倡导的正是知行合一。

王道在信中问道："学以明善诚身，固也。但不知何者谓之善？原从何处得来？今在何处？其明之之功当何如？入头当何如？与诚身有先后次第否？诚是诚个甚的？"

王阳明感到，王道近年虽努力研读心学，但并未深悟圣学之真意。朱子学提倡，万事万物皆各有至善，须于万物中求得至善，始为明善。

王道正是受此观点影响而对心学产生怀疑。对此，王阳明答道：

> 夫在物为理，处物为义，在性为善，因所指而异其名，实皆吾之心也。心外无物，心外无事，心外无理，心外无义，心外无善。吾心之处事物，纯乎理而无人伪之杂，谓之善，非在事物有定所之可求也。处物为义，是吾心之得其宜也，义非在外可袭而取也。

> 格者，格此也；致者，致此也。必曰事事物物上求个至善，是离而二之也。伊川（程颐）所云"才明彼即晓此"，是犹谓之二。性无彼此，理无彼此，善无彼此也。

> 纯甫所谓"明之之功当何如？入头处当何如？与诚身有先后次第否？诚是诚个甚的？"且纯甫之意，必以明善自有明善之功，诚身又有诚身之功也。若区区之意，则以明善为诚身之功也。夫诚者，无妄之谓。诚身之诚，则欲其无妄之谓。诚之之功，则明善是也。

此外，王阳明赴任滁州之后，也曾写信给王道（《王文成公全书》卷四）。通过这封信，我们可以了解到王道在王阳明的开导下，思想认识有极大提高，学业也有所精进。对此，王阳明备感欣慰，同时也反思了自己的教育方式："屡得汪叔宪书，又两得纯甫书，备悉相念之厚，感愧多矣！近又见与曰仁书，贬损益至，三复赧然。夫趋向同而论学或异，不害其为同也；论学同而趋向或异，不害其为异也。不能积诚反躬而徒腾口说，此仆往年之罪，纯甫何尤乎？因便布此区区，临楮倾念无已。"

离开滁州

正德九年（1514）四月二十一日，王阳明被任命为南京鸿胪寺卿。二十五日，他离开滁州赶往南京赴任（《王文成公全书》卷九《给由疏》）。鸿胪寺是接待外国使臣的部门，寺卿为部门长官。据《年谱》记载，王阳明是在五月到南京上任的。

由《夜坐龙潭》一诗可知，王阳明游学于滁州之时，有众多弟子陪伴左右。为便于更好地开展讲学，王阳明常与弟子们一同吃住。有时，王阳明与弟子会因见解不同而激烈争论，但是双方并不会因此而疏远，反而更加亲密。

宋代的道学先生只注重书院式的教育，王阳明则更加重视书本与实践相结合。当年，孔子也是在周游列国的同时对弟子进行教育的。如此看来，王阳明的教学方式与孔子相同。这种教学方式既有助于提高学生学习的积极性，又有利于开发学生的潜能。

王阳明启程时，弟子们难舍恩师，他们将王阳明一直送到滁州东南部的乌衣，仍不肯离去。王阳明也同样不愿离开弟子，不断与弟子互道珍重。直至日暮时分，双方仍不愿挥手告别。随即，王阳明作《滁阳（滁州）别诸友》（《王文成公全书》卷二十）一首。该诗既表现出对弟子的难舍之情，又流露出对今后生活的信心。

王阳明在该诗的序言中写道："滁阳诸友从游，送予至乌衣，不能别。及暮，王性甫汝德诸友送至江浦（滁州附近的县城），必留居，俟予渡江。因书此促之归，并寄诸贤，庶几共进此学，以慰离索耳。"诗云：

滁之水，入江流，江潮日复来滁州。
相思若潮水，来往何时休？
空相思，亦何益？欲慰相思情，不如崇令德。
掘地见泉水，随处无弗得。
何必驱驰为？千里远相即。
君不见尧羹与舜墙，又不见孔与跖对面不相识？
逆旅主人多殷勤，出门转盼成路人。

诗中，王阳明用扬子江潮来形容对弟子们的思念，足见师徒情深。他虽然不忍与弟子分离，却又不能违抗圣命。只有不断地寻求明德，才是慰藉思念之情的最好方法。事实上，明德存在于任何地方，并不需要四处奔波寻找。天道即人们固有的明德。舜帝对尧帝非常敬慕，是因为他深知尧之心，任何物品（祭祀的羹汤、倚坐的竹墙）都可以让舜想起尧的音容笑貌，进而回想起尧高贵的品格。

王阳明认为，自己与弟子就像尧舜一样，彼此心意相通，即使相隔千里，仍然心心相印。反之，就像孔子与盗跖，对面而坐仍好似远隔重洋。店主招待客人时百般热情，可一旦客人离去后，他们就变成陌路人，其原因就在于彼此心意不通。王阳明坚信，自己与弟子心思契合，这份深厚的情感绝不会因为时间、地点的改变而改变。

这首诗深切地道出了"海涛千里心相通"之意，堪称送别诗中的名篇。

第十三章

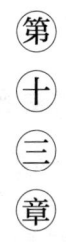

南京讲学

门人故交齐聚学

王阳明到南京赴任之时,恰逢弟子徐爱也到南京上任。随后,很多故交也闻讯从滁州赶到南京。据《年谱》记载,其中包括黄宗明、薛侃、马明衡、陆澄、季本、许相卿、王激、诸偁、林达、张寰、唐愈贤、饶文璧、刘观时、郑骝、周积、郭庆、栾惠、刘晓、何鳌、陈杰、杨杓、白说、彭一之、朱箎等。他们每日陪伴在王阳明身边,切磋学问、交流心得,学术氛围十分浓厚。

其间,有人对王阳明讲,很多滁州弟子喜欢高谈阔论,有违先生教诲。

王阳明道:"吾年来欲惩戒末俗之卑污,引接学者多就高明一路,以救时弊。今见学者渐有流入空虚,为脱落新奇之论,吾已悔之矣。"(《年谱》)因此,王阳明在南京讲学时,更注重提高弟子的自省能力,即省察克治。

其实,王阳明在滁州时就提倡学以致用。如前所述,王阳明在受王嘉秀所托而写的《书王嘉秀请益卷》(《王文成公全书》卷八)中提到,君子之学为"为己之学",正因为"为己"才要"克己",只有"克己"才能达到忘我之境。然而,世间学者多将"为己"理解成恣意妄为之意,以致行事不端、有悖伦常。此外,王阳明在写给王道、蔡希渊的信中，也论述了"克己"的重要性。我们从滁州时期的诗文中，也能看到王阳明对"克己"问题的阐述。

王阳明曾写信给滁州诸生，向他们阐述了省察克治的必要性，其言辞颇为严厉（《与滁阳诸生书并问答语》，《王文成公全书》卷二十六）："或患思虑纷杂，不能强禁绝。阳明子曰：'纷杂思虑，亦强禁绝不得，只就思虑萌动处省察克治，到天理精明后，有个物各付物的意思，自然静专，无纷杂之念；《大学》所谓知止而后有定也。'"王阳明告诫弟子，不要一味追求虚幻之物，而应经常进行自我反省。

钱德洪在该文的跋文中提到，王阳明于滁州、南京讲学之时，倡导"高明一路"（清高、圣明之道）。对此，钱德洪深感忧虑，担心这样会误入佛教（老庄）的空（虚无）之境。因此，王阳明在赣州讲学时，着力提倡在实践中省察克治，即在日常生活中学习如何"存天理、去私欲"。赣州位于江西，正德十二年（1517）正月，王阳明升任都察院左佥都御史，巡视赣州。

在南京、赣州讲学时，王阳明极为重视并阐述了省察克治的实际用处。因此，王阳明反对朱子学的以外知为事的观点，并批判其虚静倾向，而主张省察克治。

陆澄在南京时曾拜王阳明为师，他极爱静坐冥思，并曾就此问题求教于王阳明。

问："宁静存心时，可为'未发之中'否？"

先生曰："今人存心，只定得气。当其宁静时，亦只是气宁静，不可以为'未发之中'。"

曰："'未'便是'中',莫亦是求'中'工夫？"

曰："只要去人欲、存天理，方是工夫。静时念念去人欲、存天理，动时念念去人欲、存天理，不管宁静不宁静。若靠那宁静，不惟渐有喜静厌动之弊，中间许多病痛，只是潜伏在，终不能绝去，遇事依旧滋长。以循理为主，何尝不宁静；以宁静为主，未必能循理。"（《传习录》上卷）

王阳明认为，《中庸》所谓"未发之中"并非"心静"之意，只有时刻不忘去私欲、存天理，才能真正达到心静，这与个体的静、动之态无关。所谓"未发之中"即指天理，因为天理是公正的、无所偏倚的。

王阳明所说的私欲，不仅指名利色欲，也包括所有的私心杂念。他认为，名利色欲正是产生私心杂念的根源。（《传习录》上卷）

自南京讲学以来，王阳明尤为提倡实践的作用。

正德十年（1515），学者方鹏（字子凤，又字时举，号矫亭，正德三年进士，江苏昆山人）以"矫亭"取代"我亭"之号，并就此向王阳明求教，王阳明作《矫亭说》(《王文成公全书》卷七)答之："君子之论学也，不曰'矫'而曰'克'。克以胜其私，私胜而理复，无过不及矣。矫犹未免于意必也，意必亦私也。故克己则矫不必言。"

此外，王阳明对亲属也阐述过省察克治的必要性。王克彰是王阳明的族叔，同时也是王阳明的弟子。王阳明在致王克彰的信中写道："自俗儒之说行，学者惟事口耳讲习，不复知有反身克

己之道。"(《王文成公全书》卷二十六)

朱熹认为，克己先要弄清何为天理、何为私欲。就像诚意与究理的关系一样，只有尽知理，才能深诚意。否则，"诚"会陷于孤陋浅薄，最终与"理"背道而驰。对此，王阳明持不同意见。

王阳明认为："人若真实切己用功不已，则于此心天理之精微日见一日，私欲之细微亦日见一日。若不用克己工夫，终日只是说话而已，天理终不自见，私欲亦终不自见。如人走路一般，走得一段，方认得一段，走到歧路时，有疑便问，问了又走，方渐能到得欲到之处。今人于已知之天理不肯存，已知之人欲不肯去，且只管愁不能尽知。只管闲讲，何益之有？且待克得自己无私可克，方愁不能尽知，亦未迟在。"(《传习录》上卷)

王阳明认为，克己才能知天理，而天理就存于心中。心即理，只有真正认识自我，才能知天理。《中庸》提到的"中和"也由克己而来，因为喜怒哀乐的本体自是中和的。当本体附着其他意念时就会失去中和，便是私。

当时，很多学者将格物致知局限于口舌之论，忽视了个体对天理的认知与维系。对于这种现状，王阳明十分担忧，所以他在南京讲学时极力倡导省察克治。王阳明指出："今为吾所谓格物之学者，尚多流于口耳。况为口耳之学者，能反于此乎？天理人欲，其精微必时时用力省察克治，方日渐有见。如今一说话之间，虽只讲天理，不知心中俄忽之间已有多少私欲。盖有窃发而不知者，虽用力察之，尚不易见，况徒口讲而可得尽知乎？今只管讲天理来顿放着不循，讲人欲来顿放着不去，岂格物致知之学？后世之学，其极至，只做得个义袭而取的工夫。"(《传习录》上卷)

破山中贼易，破心中贼难

在宋代，也有儒者阐述过省察克治，由于他们的认识水平远未达到王阳明所说的"心即理"的高度，所以他们无法认识到个体领悟才是省察克治之根本道理。王阳明以心学为本，他对省察克治的阐述较前人要透彻得多。他提倡心即理，认为个体自身既可知天理，又可存天理。由此，王阳明将克己理解为"扫除廓清"，即将私欲杂念尽皆清除。对此，王阳明做了如下论述："须是平日好色、好利、好名等项一应私心，扫除荡涤，无复纤毫留滞。而此心全体廓然，纯是天理。方可谓之喜怒哀乐未发之中。方是天下之大本。"(《传习录》上卷)

王阳明并非一味排斥通过静坐来悟道，他认为很多初学者会有心猿意马、心不在焉的情况，静坐有利于他们凝神静气、专心向学。然而，一味静坐会让人变得漠然守静、心如枯槁，逐步陷入佛教、老庄之学的虚无之境，因此必须提倡省察克治。王阳明认为，省察克治与主体动静无关，要随时随地、坚决彻底地执行。只有经常自省，才有助于私心杂念的去除，这一点不容忽视。"省察克治之功，则无时而可间，如去盗贼，须有个扫除廓清之意。无事时，将好色、好货、好名等私欲逐一追究搜寻出来，定要拔去病根，永不复起，方始为快。常如猫之捕鼠，一眼看着，一耳听着，才有一念萌动，即与克去，斩钉截铁，不可姑容与他方便，不可窝藏，不可放他出路，方是真实用功，方能扫除廓清。"(《传习录》上卷)

正德十三年（1518），王阳明赶往江西、广东两地平定反贼。途中，他曾写信给弟子杨仕德、薛侃，其中写道："即日已抵龙南，明日入巢，四路兵皆已如期并进，贼有必破之势。某向在横水，尝寄书仕德云'破山中贼易，破心中贼难'。区区剪除鼠窃，何足为异？若诸贤扫荡心腹之寇，以收廓清平定之功，此诚大丈夫不世之伟绩。"（《王文成公全书》卷四）

其中"破山中贼易，破心中贼难"堪称名句，多为后人称道。据说，日本学者大盐中斋先生曾将这句话刻在印章上，时刻提醒自己。

由上可知，王阳明在克己之道上颇为用心。有些学者丝毫不知扫清私欲，只知将良知付诸口舌，自以为这样就一了百了。这些人应该铭记王阳明的这句名言以自省。

王阳明十分注重扫除私欲的彻底性，他认为一丝一毫的杂念都会引来恶果。如此鲜明的立场，胜于宋儒数倍。程颢在《秋日偶成》一诗中写道："富贵不淫贫贱乐，男儿到此是豪雄。"只有彻底去除私欲，才称得上"豪雄"。日本幕府末期的心学家池田草庵也曾说过："惟克服私欲者，方为英雄豪杰。"

一定要在事上磨炼

王阳明认为，克己之功不可间断，克己与本体所处的动静状态无关。一味求静，反而更容易潜藏私欲。因此，王阳明提倡于动时克己。

王阳明与弟子陆澄曾就此问题展开讨论，《传习录》上卷对此有记载：

> 问："静时亦觉意思好，才遇事便不同，如何？"
> 先生曰："是徒知静养而不用克己工夫也。如此，临事便要倾倒。人须在事上磨，方立得住，方能'静亦定，动亦定'。"

王阳明所说的"事上磨炼"，就是通过具体事情来实现克治之功，这要优于一味静心修养。

王阳明曾以弟子陆澄的真实经历为例，来阐述事上磨炼的重要性。陆澄在鸿胪寺小住期间，某日突然收到家信，得知儿子病重。闻此，陆澄心急如焚。王阳明见此便向他阐述事上磨炼的必要性。

王阳明道："此时正宜用功。若此时放过，闲时讲学何用？人正要在此等时磨炼。父之爱子，自是至情，然天理亦自有个中和处，过即是私意。人于此处多认做天理当忧，则一向忧苦，不知已是'有所忧患，不得其正'。大抵七情所感，多只是过，少不及者。才过便非心之本体，必须调停适中始得。"（《传习录》上卷）

此外，王阳明还举例道："日间工夫觉纷扰，则静坐。觉懒看书，则且看书。是亦因病而药。"

王阳明认为，"事上磨炼"并非完全否定静坐、静心之效用，他只是担心一味静心会陷入虚无缥缈之境，不利于修身。王阳明与弟子陈九川的问答正揭示了这一点：

又问："用功收心时，有声有色在前，如常闻见，恐不是专一。"

曰："如何欲不闻见？除是槁木死灰，耳聋目盲则可。只是虽闻见而不流去便是。"

曰："昔有人静坐，其子隔壁读书，不知其勤惰，程子称其甚敬。何如？"

曰："伊川恐亦是讥他。"

又问："静坐用功，颇觉此心收敛，遇事又断了。旋起个念头，去事上省察。事过又寻旧功，还觉有内外，打不作一片。"

先生曰："此格物之说未透。心何尝有内外？即如惟浚，今在此讲论，又岂有一心在内照管？这听讲说时专敬，即是那静坐时心，工夫一贯，何须更起念头？人须在事上磨炼做工夫乃有益，若只好静，遇事便乱，终无长进。那静时工夫亦差，似收敛而实放溺也。"（《传习录》下卷）

王阳明受命平定横水、桶冈、三浰反贼时，曾深切地感受到在行事中进行省察克治的重要性。因此，在正德十一年至正德十三年期间，王阳明讲学的重点即在事上磨炼。

王阳明主张，省察克治之功应为动时之功，即通过具体事件来实现。就禅宗而言，此为临济禅。与此相对，以朱熹为代表的宋代儒者提倡的"静坐论"就相当于禅宗的曹洞禅。

宋代高僧大慧宗杲及日本的白隐禅师均为临济派僧人。他们认为，于静处悟禅容易，于动处悟禅难。能于动处求得心静者是为真正心静，能于动处悟禅者是为大彻大悟。能真正心静者无关乎本体动静与否，此心静亦非由一味静坐而求得。专注静坐之人自以为悟禅，然此禅多于动时消泯。

总之，两位高僧认为动处悟禅的功效要胜过静处悟禅万倍，这与王阳明所提倡的"行事中进行省察克治"的观点不谋而合。

立诚是根本

自南京讲学以来，王阳明着重论述了省察克治。此外，他的另一个侧重点就是立诚，即诚意工夫。四十二岁返乡省亲之时，王阳明曾写信给黄绾，提出立诚乃细致入微的本原工夫，好比执刀于咽喉处，必要格外用心。

在滁州时，王阳明曾写信给弟子王承裕（王天宇），向他阐述诚意之学。王阳明认为，诚意为《大学》的根本工夫，由此出发，他还对朱子的《大学》说进行了批判。而阳明学的特色就是在这种独立于朱子学的过程中体现出来的，这一点前文已有述及。

在南京讲学时，王阳明尤为重视立诚。他认为，若想去私欲、存天理，若想实现省察克治，必须先立诚。唯有立诚才是根本工夫。

当时，王阳明在《赠林典卿[1]归省序》《赠周以善[2]归省序》及《赠郑德夫归省序》中均谈到了立诚的重要性。正德十三年（1518），王阳明特作《修道说》(《王文成公全书》卷七)，对立诚加以详细论述。

同年，薛侃刻印《传习录》。《传习录》中多处提到了立诚的必要性，其中包括诚意与格物致知的关系，诚意与正心的关系，诚意与修身、齐家、治国、平天下的关系，诚意与明善的关系，诚身与明善的关系等。

书中提到，"诚"不仅为《大学》之根本，也为《中庸》之根本。关于诚意与未发之中及已发之和的关系、诚意与好恶之情的关系、诚意与知行的关系、诚意与敬的关系等，书中都予以详细论述。

王阳明一直极为重视立诚，在他晚年所撰的《大学古本序》《与朱守中》《与席元山》《与顾维贤》《与邹谦之》等文章中，均可看到他对立诚的论述。

此外，从王阳明于嘉靖五年（1526）所撰的《南冈说》(《王文成公全书》卷二十四）以及王阳明去世后出版的《传习录》下卷中，我们也可看到相关论述。

---

1 林典卿：名元叙，字典卿，号益庵。浙江台州府临海县人。
2 周以善（1483—1565）：名积，字以善，号二峰，又号古愚。浙江衢州府江山县（今衢州市江山市）人。正德五年（1510）中举。在王阳明客死他乡之际，以善侍奉在其身边。

王阳明于晚年时将"致良知"作为学术宗旨,"致良知"也成为王阳明讲学的主旨和根本。在此之前,王阳明一直将"诚意"视作为学宗旨、《大学》之根本。王阳明注重实践,提倡知行合一、省察克治,反对朱子学的主观论。因此,他自然会将"诚意"作为《大学》之根本。

此外,王阳明还提出,心学为根本之学(或本原之学),朱子学为枝叶之学。对此,王阳明曾做如下论述:"为学须有本原,须从本原上用力,渐渐'盈科而进'。仙家说婴儿,亦善譬。婴儿在母腹时,只是纯气,有何知识?出胎后方始能啼,既而后能笑,又既而后能识认其父母兄弟,又既而后能立、能行、能持、能负,卒乃天下之事无不可能。皆是精气日足,则筋力日强,聪明日开,不是出胎日便讲求推寻得来。故须有个本原。"(《传习录》上卷)

王阳明认为,后世儒者多未领会格物真意,错将"格物"理解为推究万事万物之理。因此,他着力阐述本原工夫的重要性。所谓"本原工夫",即通过修身达到"未发之中"的过程。

弟子陆澄质问:"看书不能明,如何?"

对此,王阳明答道:"此只是在文义上穿求,故不明。如此,又不如为旧时学问,他倒看得多,解得去。只是他为学虽极解得明晓,亦终身无得,须于心体上用功。凡明不得,行不去,须反在自心上体当,即可通。盖'四书''五经'不过说这心体,这心体即所谓道,心体明即是道明,更无二。此是为学头脑处。"(《传习录》上卷)

王阳明提出,体认道心为根本之工夫、本原之工夫,体认道心才能尽知天理。此外，王阳明还以船舵为例来阐述为学之要旨："为学须得个头脑工夫，方有着落。纵未能无间，如舟之有舵，一提便醒。不然，虽从事于学，只做个义袭而取，只是行不著、习不察，非大本达道也。见得时，横说竖说皆是。若于此处通，彼处不通，只是未见得。"（《传习录》上卷）

那么，王阳明所说的为学头脑、为学本原究竟指何物呢？这包括存天理、去私欲，体认未发之中，省察克治，等等。其中的关键点就是，促使心体发挥作用。对王阳明来说，心体作用的终极目的即为立诚。诚意为根本之工夫，其他任何工夫皆应出自诚意，如此才有存在的价值。王阳明以树根与枝叶来形容诚意与其他工夫，该比喻极为贴切，由此可知王阳明为何会将"诚意"作为《大学》的主旨。

王阳明的弟子守衡（如前所述，陈荣捷博士将其误认为朱衡）曾向王阳明请教"诚意"。王阳明认为《大学》的主旨即为诚意，诚意之关键即为格物，而修身、齐家、治国、平天下也要由诚意来实现。此观点准确地揭示了心学的精髓。对此，王阳明补充道，工夫之难点就在于格物致知，格物即诚其意。意若诚，则心自正、身自修。然正心、修身之工夫又各不相同，正心为喜怒哀乐处于未发之时的工夫，修身为喜怒哀乐处于已发之时的工夫。总之，心若正则意"中"，身若修则气"和"。

由上可知，王阳明认为，诚意是贯穿《大学》《中庸》始终的本原工夫。

王阳明提出，诚即心之本体，唯有思诚才能恢复心之本体，因此，也可将"诚"称为本体工夫。所谓本原之学即指有生气、有活力的学问。

王阳明提出的"根本枝叶"论,有助于我们深刻理解本原之学(或学之要旨)的内涵,同时也使我们进一步认识到阳明心学区别于朱子学之处。对此,徐爱曾向王阳明请教,王阳明作如下回答:

> 且如事父,不成去父上求个孝的理;事君,不成去君上求个忠的理;交友治民,不成去友上、民上求个信与仁的理:都只在此心,心即理也。此心无私欲之蔽,即是天理,不须外面添一分。以此纯乎天理之心,发之事父便是孝,发之事君便是忠,发之交友、治民便是信与仁。只在此心去人欲、存天理上用功便是。(《传习录》上卷)

闻此,徐爱又提出,即便专心于心法,如果理法不通,仍会一无所获,所以,朱熹提倡的"主观"论是否也有可取之处?对此,王阳明答道:

> 如何不讲求?只是有个头脑,只是就此心去人欲、存天理上讲求。就如讲求冬温,也只是要尽此心之孝,恐怕有一毫人欲间杂;讲求夏清,也只是要尽此心之孝,恐怕有一毫人欲间杂:只是讲求得此心。此心若无人欲,纯是天理,是个诚于孝亲的心,冬时自然思量父母的寒,便自要去求个温的道理;夏时自然思量父母的热,便自

要去求个清的道理。这都是那诚孝的心发出来的条件。却是须有这诚孝的心,然后有这条件发出来。譬之树木,这诚孝的心便是根,许多条件便是枝叶,须先有根,然后有枝叶,不是先寻了枝叶,然后去种根。(《传习录》上卷)

由上可知,王阳明所说为学之头脑、本原之学就是培养根本之学,简称培根之学。王阳明在提出"致良知"之前,将诚意作为培根之学的主旨。当他提出"致良知"之后,致良知就成为培根之学的主旨。

立志为培根之学

对王阳明来说,立志即为培根之学。弟子陆澄曾就此求教王阳明,王阳明回答道:"立志用功如种树然,方其根芽,犹未有干,及其有干,尚未有枝,枝而后叶,叶而后花实。初种根时,只管栽培灌溉,勿作枝想,勿作叶想,勿作花想,勿作实想。悬想何益?但不忘栽培之功,怕没有枝叶花实?"(《传习录》上卷)

正德十年(1515),王阳明于南京讲学时,恰逢弟子郭庆(字善甫,湖北黄冈人)返乡,王阳明作《赠郭善甫归省序》相赠(《王文成公全书》卷七)。在文中,王阳明以农耕播种为例,阐述了立志的重要性,强调立志为学问之根本:

郭子自黄来学，逾年而告归，曰："庆闻夫子立志之说，亦既知所从事矣。今兹将远去，敢请一言以为夙夜勖。"

阳明子曰："君子之于学也，犹农夫之于田也，既善其嘉种矣，又深耕易耨，去其螟蟊，时其灌溉，早作而夜思，惶惶惟嘉种之是忧也，而后可望于有秋。

"夫志犹种也，学问思辨而笃行之，是耕耨灌溉以求于有秋也。志之弗端，是莨稗也。志端矣，而功之弗继，是五谷之弗熟，弗如莨稗也，吾尝见子之求嘉种矣，然犹惧其或莨稗也，见子之勤耕耨矣，然犹惧其莨稗之弗如也。

"夫农，春种而秋成，时也。由志学而至于立，自春而徂夏也；由立而至于不惑，去夏而秋矣。已过其时，犹种之未定，不亦大可惧乎？过时之学，非人一己百，未之敢望，而犹或作辍焉，不亦大可哀乎？

"从吾游者众矣，虽开说之多，未有出于立志者。故吾于子之行，卒不能舍是而别有所说。子亦可以无疑于用力之方矣。"

王阳明认为，立志之于学问，就好比良种之于耕种一样，意义非比寻常。立志的关键是端正态度，然后再通过学习实现自己的志向。如果态度不端正，再怎么学习都是徒劳无功的。当然，态度端正，也要刻苦钻研才能有所收获。

在文章的最后，王阳明将自己讲学的终极目的归结为立志，由此可知阳明心学极为重视立志的深远意义。此外，韩国学者李退溪也说过："立志以固本，居敬以持志。"朱熹也十分重视立志，他曾说："人之为事，必先立志以为本，志不立则不能为得事。虽能立志，苟不能居敬以持之，此心亦泛然而无主，悠悠终日，亦只是虚言。立志必须高出事物之表，而居敬则常存于事物之中，令此敬与事物皆不相违。"

可以看出，朱熹对立志的阐述与王阳明的观点较为接近。不过，王阳明更加明确地指出，立志为学问之根本，而朱熹尚未认识到这一点。

在南京讲学后期，王阳明曾作《与顾维贤》一文（《王文成公全书》卷二十七），其中提到"今时朋友大患不能立志"，故专求以诚立志。

此外，王阳明在《寄张世文》一文（《王文成公全书》卷二十七）中还提道："故区区于友朋中，每以立志为说。亦知往往有厌其烦者，然卒不能舍是而别有所先。诚以学不立志，如植木无根，生意将无从发端矣。自古及今，有志而无成者则有之，未有无志而能有成者也。"

王阳明认为，立志必须包含社会道德层面的远大抱负，不能一味鼓吹个人理想。对此，他曾做如下论述："只念念要存天理，即是立志。能不忘乎此，久则自然心中凝聚，犹道家所谓结圣胎也。此天理之念常存，驯至于美大圣神，亦只从此一念存养扩充去耳。"（《传习录》上卷）

其中"美大圣神"一词出自《孟子·尽心下》，为提升人格之意。浩生请孟子评价一下弟子乐正子之为人，孟子曰："其人为善人、信人也。"对方又问："以何谓善、谓信？"孟子曰："可欲之谓善，有诸己之谓信,充实之谓美,充实而有光辉之谓大,大而化之(天下)之谓圣,圣而不可知之之谓神。"

那么,诚意与立志究竟有何不同呢?据我所见,二者是同义不同名而已。诚意为主要决定因素,立志为个体的气质表现。自南京讲学开始,王阳明就着力阐述立志的重要性。晚年时,王阳明将"致良知"作为其学术宗旨。他同时也提出,致良知的关键就在于立志。由上可知王阳明对立志的重视程度。

正德九年(1514)秋,王阳明之弟王守文来南京从学于王阳明,次年夏季返乡,临别时王阳明特作《示弟立志说》(《王文成公全书》卷七)相赠,字里行间尽显骨肉至亲的深厚情意,言辞恳切,令人动容。同时,该文也充分揭示出王阳明对于立志的深刻认识:

> 予弟守文来学,告之以立志。守文因请次第其语,使得时时观省,且请浅近其辞,则易于通晓也。因书以与之。
>
> 夫学,莫先于立志。志之不立,犹不种其根而徒事培拥灌溉,劳苦无成矣。世之所以因循苟且,随俗习非,而卒归于污下者,凡以志之弗立也。故程子曰:"有求为圣人之志,然后可与共学。"
>
> 人苟诚有求为圣人之志,则必思圣人之所以为圣人者安在?非以其心之纯乎天理而无人欲之私欤?圣人之所以为圣人,惟以其心之纯乎天理而无人欲,则我之欲为圣人,亦惟在于此心之纯乎天理而无人欲耳。欲此心之纯乎天理而无人欲,则必去人欲而存天理。务去人欲

而存天理，则必求所以去人欲而存天理之方。求所以去人欲而存天理之方，则必正诸先觉，考诸古训，而凡所谓学问之功者，然后可得而讲，而亦有所不容已矣。

夫所谓正诸先觉者，既以其人为先觉而师之矣，则当专心致志，惟先觉之为听。言有不合，不得弃置，必从而思之；思之不得，又从而辨之，务求了释，不敢辄生疑惑。故《记》曰："师严，然后道尊；道尊，然后民知敬学。"苟无尊崇笃信之心，则必有轻忽慢易之意。言之而听之不审，犹不听也；听之而思之不慎，犹不思也；是则虽曰师之，犹不师也。

夫所谓考诸古训者，圣贤垂训，莫非教人去人欲而存天理之方，若"五经""四书"是已。吾惟欲去吾之人欲，存吾之天理，而不得其方，是以求之于此，则其展卷之际，真如饥者之于食，求饱而已；病者之于药，求愈而已；暗者之于灯，求照而已；跛者之于杖，求行而已。曾有徒事记诵讲说，以资口耳之弊哉！

夫立志亦不易矣。孔子，圣人也，犹曰："吾十有五而志于学。三十而立。"立者，志立也。虽至于"不逾矩"，亦志之不逾矩也。志岂可易而视哉！夫志，气之帅也，人之命也，木之根也，水之源也。源不浚则流息，根不植则木枯，命不续则人死，志不立则气昏。

是以君子之学，无时无处而不以立志为事。正目而视之，无他见也；倾耳而听之，无他闻也。如猫捕鼠，如鸡覆卵，精神心思凝聚融结，而不复知有其他，然后此志常立，神气精明，义理昭著。一有私欲，即便知觉，自然容住不得矣。故凡一毫私欲之萌，只责此志不立，即私欲便退；听一毫客气之功，只责此志不立，即客气便消除。或忿心生，责此志，即不忿；忽心生，责此志，即不忽；懆心生，责此志，即不懆；妒心生，责此志，即不妒；忿心生，责此志，即不忿；贪心生，责此志，即不贪；傲心生，责此志，即不傲；吝心生，责此志，即不吝。

盖无一息而非立志、责志之时，无一事而非立志、责志之地。故责志之功，其于去人欲，有如烈火之燎毛，太阳一出，而魍魉潜消也。

自古圣贤因时立教，虽若不同，其用功大指无或少异。《书》谓"惟精惟一"，《易》谓"敬以直内，义以方外"，孔子谓"格致诚正，博文约礼"，曾子谓"忠恕"，子思谓"尊德性而道问学"，孟子谓"集义养气，求其放心"，虽若人自为说，有不可强同者，而求其要领归宿，合若符契。何者？夫道一而已。道同则心同，心同则学同。其卒不同者，皆邪说也。

后世大患，尤在无志。故今以立志为说，中间字字句句，莫非立志。盖终身问学之功，只是立得志而已。若以是说而合精一，则字字句句皆精一之功；以是说而合敬义，则字字句句皆敬义之功。其诸"格致""博约""忠恕"等说，无不吻合。但能实心体之，然后信予言之非妄也。

守文启程时，王阳明另作五言长诗《守文弟归省携其手歌以别之》(《王文成公全书》卷二十)，以祝福弟弟旅途顺利，同时也叮嘱他谨言慎行，切勿懈怠学问之事。诗中流露出的殷殷嘱托之意、浓浓手足之情，令人感动不已。

> 尔来我心喜，尔去我心悲。
> 不为倚门念，吾宁舍尔归？
> 长途正炎暑，尔行慎兴居！
> 凉茗勿频啜，节食但无饥。
> 勿出船旁立，忽登岸上嬉。
> 收心每澄坐，适意时观书。
> 申洪皆冥顽，不足长嗔笞。
> 见人勿多说，慎默真如愚。
> 接人莫轻率，忠信持谦卑。
> 从来为己学，慎独乃其基。
> 纷纷多嗜欲，尔病还尔知。
> 到家良足乐，怡颜报重闱。
> 昨秋童蒙去，今夏成人归。
> 长者爱尔敬，少者悦尔慈。
> 亲朋称啧啧，美尔能若兹。
> 信哉学问功，所贵在得师。
> 吾匪崇外饰，欲尔沽名为。
> 望尔日造造，圣贤以为期。
> 九兄及印弟，诵此共勉之！

王阳明为王华长子，是正室郑夫人所生，他下面还有弟妹四人。二弟守文为王华续弦赵氏所出，大弟守俭、三弟守章为王华姜室杨氏所出。王阳明唯一的妹妹也为赵氏所出，后来嫁给了王阳明的爱徒徐爱。由于王阳明婚后一直无子，守俭、守章也均无子，所以王阳明四十四岁那年，王华便把王阳明堂弟守信之子正宪过继给他，正宪时年八岁。

在王阳明的诸多兄弟中，守文最好学。因此，王阳明为他特作《示弟立志说》一文，向他阐述立志对于学问的重要性。日本江户中期著名阳明学者三轮执斋非常重视这篇文章，特将此文抄录于《标注〈传习录〉》的中卷之后。日本幕府末期心学家吉村秋阳之子吉村斐山更以此文为基础，创作了《入学志彀》一书。

东正堂认为，此篇文章为初学者指明了求学之路，堪称《王文成公全书》中少有的佳作。由于此文专为守文而作，由此可知守文绝非资质平庸之辈。(《阳明先生全书论考》卷十四《年谱一》)

王阳明倡导"立志"说的终极目的就是成圣，此为学问之根本。若不以此为本，就算学业再精通，也终将一事无成。王阳明认为，成圣之道即在于存天理、去人欲。若要达到此目的，首先要求教于先贤，其次要遵从古训。

王阳明也说，立志并非易事，由初学至最终悟道，无不以立志为先。立志无关乎时间、地点，关键要有坚定、专一、恒久的意志力。志若立，则理自明，私欲萌动尽除。因此，我们必须常以立志自省责身。

此外，王阳明也多次向其他子侄阐述立志的必要性。

劝谏武宗迎佛

正德十年（1515）七月，武宗为迎接乌斯藏活佛，专门派遣使节远赴藏地。此举给朝廷上下带来不小震动，众大臣纷纷劝谏皇帝暂停此举，然均未被采纳。当时，全国灾害频发，盗匪猖獗，百姓处于水深火热之中。

见此情形，王阳明于同年八月写就奏疏，打算劝谏武宗切勿迎佛。然而，此举并未实行。唐朝的韩愈也曾上表劝诫皇帝，切勿为迎佛而劳民伤财。后世有人评价，王阳明之奏疏胜过韩愈之表文数倍。韩愈为宋代民族主义的发展奠定了坚实基础，其文章在中国思想史上占据着重要地位。如果仅就史学意义而言，王阳明的奏疏似略显平淡。在文中，王阳明效仿孟子劝诫齐宣王的手法，即在赞誉中巧妙地道出迎佛之举的弊端。该文论点明确、文采出众，堪称议论文中的典范。

至于王阳明为何没有上疏，目前尚不知晓。他虽然写了草稿，却并不特别重视。对此，东正堂做了如下分析：这篇文章作于王阳明四十四岁之时。当时劝谏奏疏虽已完稿，但王阳明最终并未上呈皇帝。后世之人认为，此文多效仿孟子劝诫齐王之法。还有人称，此文胜韩愈之表文数倍。愚以为，王阳明之文论点明晰，可与孟子之文比肩，但终不及昌黎之文矣。然当时天下以正时弊者犹多，迎佛之谏非为第一要务。先生必深思熟虑，故稿虽已成却未呈上。至嘉靖年间，贤愚之人皆议先生之行事，先生俱不回答。即便门下弟子相问，先生仍不发一言。盖先生经深思熟虑后终未上此疏，必有其深意。

据《明史·西域传》中的相关文献记载，武宗迎佛之事发生在正德十年。

当时，民间盛传乌斯藏乃通晓三世之高僧，被世人誉为活佛。武宗得知后想一睹圣僧尊容，于是命中官刘允乘马前去迎接圣僧。闻此，大臣梁储等人极力反对。然而，武宗一意孤行，派近侍前去赠幢幡。得知皇帝此举，朝野震惊。同时，武宗又准刘允携盐引（又称盐钞，为取盐之凭证）数万，马船近百艘前往，甚至还准许刘允随意处置钱财等物。

此举势必扰乱市场秩序，助长携带私盐之行，于官于民皆无益处。当时，蜀中贼势稍平，百姓生活极为艰难。为增加财政收入，各级官员只得增加税收。如此，势必又致贼势复发。礼部尚书毛纪、户科给事中邵锡、御史熊兰共同上疏，劝谏皇帝切勿迎佛，然均未被采纳。

最终，刘允前去迎佛。赏赐之物有珠琲（五百珠为一琲）幢幡、黄金供具及御赐金印。此次迎佛前后达十年之久，花费巨大，国库黄金告罄。

启程时，刘允携茶、盐数十万担，到达临清时，迎佛船队致使漕运阻塞。由于船队众多，河运不畅，船只首尾相连达二百余里。船队抵达成都后，每日需百石粮食、近百两银钱的蔬菜。就连驿馆也人满为患，附近数十家驿馆均被征用。进贡器具价值二十万两白银，是由工人连夜赶制完成的。

刘允一行在成都住了一年多后，才率领十名将校、千名士兵启程，历经两个月终抵圣僧之地。

然而，活佛却因惧怕被挟持入明而拒绝相见。闻此，众将士怒不可遏，遂以武力相逼。番人于夜间偷袭兵营，抢夺财物，致使两名将校、数百名士兵殒命，伤者近半。刘允乘快马逃跑及时，幸得活命。

众人返回成都后，刘允叮嘱属下切勿谈及遇袭一事。此后，刘允上奏此行经过，得闻武宗驾崩。世宗即位后，召刘允还朝，并将其交予吏部治罪。有关此事，东正堂是这样叙述的：此次迎佛，恰逢宁王遭擒而未被明正典刑之时，佞臣江彬[1]等人乘机蛊惑武宗，再度祸乱朝纲。王阳明见此，无法置身事外，随即决定上疏劝谏。然而，此时亦不同于韩愈写《谏佛骨表》之情形。王阳明未及上疏而作罢，必是武宗突然驾崩所致。因此，不应指责王阳明是惧于君臣之礼而未上疏。（《阳明先生全书论考》卷十一《奏疏·公移[2]一》）

以下是王阳明所作《谏迎佛疏》（《王文成公全书》卷九）全文：

臣自七月以来，切见道路流传之言，以为陛下遣使外夷，远迎佛教。群臣纷纷进谏，皆斥而不纳。臣始闻不信，既知其实，然独窃喜幸，以为此乃陛下圣智之开明，善端之萌蘖。群臣之谏，虽亦出于忠爱至情，然而

---

[1] 江彬（？—1521）：字文宜。北直隶宣府镇（今河北宣化）人。善骑射，得武宗宠爱，后成为武宗的义子，赐姓朱，封为宣府、大同、辽东、延绥四镇的统帅。正德十二年封平虏伯。

[2] 公移：不相统属的官署间来往公文的总称。

未能推原陛下此念之所从起。是乃为善之端，作圣之本，正当将顺扩充，溯流求原。而乃狃于世儒崇正之说，徒尔纷争力沮，宜乎陛下之有所拂而不受，忽而不省矣。

愚臣之见独异于是，乃惟恐陛下好佛之心有所未至耳。诚使陛下好佛之心果已真切恳至，不徒好其名而必务得其实，不但好其末而必务求其本，则尧、舜之圣可至，三代之盛可复矣。岂非天下之幸，宗社之福哉！臣请为陛下言其好佛之实。

陛下聪明圣知，昔者青宫（为太子时）固已播传四海，即位以来，偶值多故，未暇讲求五帝、三王神圣之道。虽或时御经筵，儒臣进说，不过日袭故事，就文敷衍。立谈之间，岂能遽有所开发？陛下听之，以为圣贤之道不过如此，则亦有何可乐？故渐移志于骑射之能，纵观于游心之乐。盖亦无所用其聪明，施其才力，而偶托寄于此。陛下聪明，岂固遂安于是，而不知此等皆无益有损之事也哉？驰逐困惫之余，夜气清明之际，固将厌倦日生，悔悟日切。而左右前后又莫有以神圣之道为陛下言者，故遂远思西方佛氏之教，以为其道能使人清心绝欲，求全性命，以出离生死，又能慈悲普爱，济度群生，去其苦恼而跻之快乐。

今灾害日兴，盗贼日炽，财力日竭，天下之民困苦已极。使诚身得佛氏之道而拯救之，岂徒息精养气，保全性命？岂徒一身之乐？将天下万民之困苦，亦可因是而苏息！故遂特降纶音，发币遣使，不惮数万里之遥，不爱数万金之费，不惜数万生灵之困毙，不厌数年往返之迟久，远迎学佛之徒。是盖陛下思欲一洗旧习之非，而幡然于高明光大之业也。陛下试以臣言反而思之，陛下之心，岂不如此乎？然则圣知之开明，善端之萌蘖者，亦岂过为谀言以佞陛下哉！

陛下好佛之心诚至，则臣请毋好其名而务得其实，毋好其末而务求其本。陛下诚欲得其实而求其本，则请毋求诸佛而求诸圣人，毋求诸外夷而求诸中国。此又非臣之苟为游说之谈以诳陛下，臣又请得而备言之。

夫佛者，夷狄之圣人；圣人者，中国之佛也。在彼夷狄，则可用佛氏之教以化导愚顽；在我中国，自当用圣人之道以参赞化育。犹行陆者必用车马，渡海者必以舟航。今居中国而师佛教，是犹以车马渡海，虽使造父为御，王良为右，非但不能利涉，必且有沉溺之患。夫车马本致远之具，岂不利器乎？然而用非其地，则技无所施。

陛下若谓佛氏之道虽不可以平治天下，或亦可以脱离一身之生死；虽不可以参赞化育，而时亦可以导群品之嚚顽。就此二说，亦复不过得吾圣人之余绪。陛下不信，则臣请比而论之。臣亦切尝学佛，最所尊信，自谓悟得其蕴奥。后乃窥见圣道之大，始遂弃置其说。臣请毋言其短，言其长者。

夫西方之佛，以释迦为最；中国之圣人，以尧、舜为最。臣请以释迦与尧、舜比而论之。夫世之最所崇慕释迦者,莫尚于脱离生死,超然独存于世。今佛氏之书具载始末,谓释迦住世说法四十余年,寿八十二岁而没,则其寿亦诚可谓高矣;然舜年百有十岁,尧年一百二十岁,其寿比之释迦则又高也。佛能慈悲施舍,不惜头目脑髓以救人之急难,则其仁爱及物,亦诚可谓至矣,然必苦行于雪山,奔走于道路,而后能有所济。若尧、舜则端拱无为,而天下各得其所。惟"克明峻德,以亲九族",则九族既睦;平章百姓,则百姓昭明;协和万邦,则黎民于变时雍;极而至于上下草木鸟兽,无不咸若。其仁爱及物,比之释迦则又至也。佛能方便说法,开悟群迷,戒人之酒,止人之杀,去人之贪,绝人之嗔,其神通妙用,亦诚可谓大矣,然必耳提面诲而后能。若在尧、舜,则光被四表,格于上下,其至诚所运,自然不言而信,不动而变,无为而成。盖"与天地合其德,与日月合其明,与四时合其序,与鬼神合其吉凶",其神化无方而妙用无体,比之释迦则又大也。若乃诅咒变幻,眩怪捏妖,以欺惑愚冥,是故佛氏之所深排极诋,谓之外道邪魔,正与佛道相反者。不应好佛而乃好其所相反,求佛而乃求其所排诋者也。

陛下若以尧、舜既没,必欲求之于彼,则释迦之亡亦已久矣;若谓彼中学佛之徒能传释迦之道,则吾中国之大,顾岂无人能传尧、舜之道者乎?陛下未之求耳。陛下试求大臣之中,苟其能明尧、舜之道者,日日与之推求讲究,乃必有能明神圣之道,致陛下于尧、舜之域者矣。

故臣以为陛下好佛之心诚至，则请毋好其名而务得其实，毋好其末而务求其本；务得其实而求其本，则请毋求诸佛而求诸圣人，毋求诸夷狄而求诸中国者，果非妄为游说之谈以诳陛下者矣。

陛下果能以好佛之心而好圣人，以求释迦之诚而求诸尧、舜之道，则不必涉数万里之遥，而西方极乐，只在目前；则不必縻数万之费，毙数万之命，历数年之久，而一尘不动，弹指之间，可以立跻圣地；神通妙用，随形随足。此又非臣之缪为大言以欺陛下，必欲讨究其说，则皆凿凿可证之言。孔子云："我欲仁，斯仁至矣。""一日克己复礼，而天下归仁。"孟轲云"人皆可以为尧、舜"，岂欺我哉？陛下反而思之，又试以询之大臣，询之群臣。果臣言出于虚缪，则甘受欺妄之戮。

臣不知讳忌，伏见陛下善心之萌，不觉踊跃喜幸，辄进其将顺扩充之说。惟陛下垂察，则宗社幸甚！天下幸甚！万世幸甚！臣不胜祝望恳切殒越之至！专差舍人某具疏奏上以闻。

在上文中，王阳明将武宗爱好佛教的动机归结为济世救民，但他同时指出，要达成此目的，不能倚靠外邦的佛教，而要仰仗中国传统的儒学文化。简而言之，就是舍佛教而尊儒学。王阳明多次将儒学与佛教进行比较，劝谏皇帝要重视儒学。韩愈在《谏佛骨表》中，针对儒佛之异、华夷之别做了明确论述，提出了崇儒排佛的观点。王阳明则不同，他考虑到武宗的好佛之心，通过儒、佛之间的对比，提出应该更加重视儒学的观点。

当年，孟子游说齐宣王（《孟子·梁惠王下》）时，使用的就是这种先扬后抑的手法。可以说，王阳明之文深受孟子启发，二者文风一脉相承。齐宣王喜好音乐、喜欢逞勇、爱好钱财，对此，孟子都曾予以劝谏。以下就以孟子劝谏齐宣王好乐之心为例，加以佐证：

庄暴见孟子："暴见于王，王语暴以好乐，暴未有以对也。好乐何如？"

孟子曰："王之好乐甚，则齐国其庶几乎！"

他日，见于王曰："王尝语庄子以好乐，有诸？"

王变乎色，曰："寡人非能好先王之乐也，直好世俗之乐耳。"

曰："王之好乐甚，则齐其庶几乎！今之乐犹古之乐也。"

曰："可得闻与？"

曰："独乐乐，与人乐乐，孰乐乎？"

曰："不若与人。"

曰："与少乐乐，与众乐乐，孰乐？"

曰："不若与众。"

"臣请为王言乐：今王鼓乐于此，百姓闻王钟鼓之声，管龠之音，举疾首蹙頞而相告曰：'吾王之好鼓乐，夫何使我至于此极也？父子不相见，兄弟妻子离散。'

今王田猎于此，百姓闻王车马之音，见羽旄之美，举疾首蹙頞而相告曰：'吾王之好田猎，夫何使我至于此极也？父子不相见，兄弟妻子离散。'此无他，不与民同乐也。

"今王鼓乐于此，百姓闻王钟鼓之声，管龠之音，举欣欣然有喜色而相告曰：'吾王庶几无疾病与！何以能鼓乐也？'今王田猎于此，百姓闻王车马之音，见羽旄之美，举欣欣然有喜色而相告曰：'吾王庶几无疾病与，何以能田猎也？'此无他，与民同乐也。今王与百姓同乐，则王矣。"

《庄子·让王》有云："道之真以治身，其绪余以为国家，其土苴以治天下。"可见，老庄之学、佛教之道将圣人之道作为其道之余绪。在前文中，王阳明论述儒、佛之别时曾提到："陛下若谓佛氏之道虽不可以平治天下，或亦可以脱离一身之生死；虽不可以参赞化育，而时亦可以导群品之嚚顽。就此二说，亦复不过得吾圣人之余绪。"由此可知，王阳明将老庄之学、佛教之道作为儒学正道的余绪。

奏请停职休养

如前所述，王阳明于正德九年（1514）五月前往南京赴任。

次年四月，王阳明作《自劾乞休疏》(《王文成公全书》卷九)，详述自己不堪重任，奏请停职休养。以下为此疏文的概要：

> 臣由弘治十二年（1499）进士，历任今职，盖叨位窃禄十有六年，中间鳏旷之罪多矣。迩者朝廷举考察之典，拣汰群僚。臣反顾内省，点检其平日，正合摈废之列。虽以阶资稍崇，偶幸漏网，然其不职之罪，臣自知之，不敢重以欺陛下。况其气体素弱，近年以来，疾病交攻，非独才之不堪，亦且力有不任。夫幸人之不知，而鼠窜苟免，臣之所甚耻也；淑慝混淆，使勤惩之典不明，臣之所甚惧也。伏惟陛下明烛其罪，以之为显罚，使天下晓然知不肖者之不得以幸免，臣之愿，死且不朽。若从末减，罢归田里，使得自附于乞休之末，臣之大幸，亦死且不朽。臣不胜惶恐待罪之至！

然而，此疏并未获准。于是，王阳明于同年八月再上《乞病养疏》(《王文成公全书》卷九)。内容如下：

> 顷者臣以朝廷举行考察，自陈不职之状，席藁待罪，其时臣疾已作。然不敢以疾请者，人臣鳏旷废职，自宜摈逐以彰国法，疾非所言矣。陛下宽恩曲成，留使供职，臣虽冥顽，亦宁不知感激自奋！及其壮齿，陈力就列，少效犬马。然臣病侵气弱，力不能从其心。臣自往岁投窜荒夷，往来道路，前后五载。蒙犯瘴雾，魑魅之与游，

蛊毒之与处。其时虽未即死，而病势因仍，渐肌入骨，日以深积。后值圣恩汪灭，掩瑕纳垢，复玷清班；收敛精魂，旋回光泽，其实内病潜滋，外强中槁。顷来南都，寒暑失节，病遂大作。

且臣自幼失母，鞠于祖母岑，今年九十有六，耄甚不可迎侍，日夜望臣一归为诀。臣之疾痛，抱此苦怀，万无生理。陛下至仁天覆，惟恐一物不遂其生。伏乞放臣暂回田里，就医调治，使得目见祖母之终。臣虽殒越下土，永衔犬马帷盖之恩！倘得因是苟延残喘，复为完人，臣齿未甚衰暮，犹有图效之日。臣不胜恳切愿望之至！

此时，王阳明旧病复发，加之思念祖母，因而再次上疏，请求停职休养。不过，这次上疏仍未获准。